कॉलेज ड्रॉपआउट अरबपतियों की प्रेरक कहानियाँ

प्रदीप ठाकुर

प्रभात
पेपरबैक्स
www.prabhatbooks.com

प्रकाशक
प्रभात पेपरबैक्स
प्रभात प्रकाशन प्रा. लि. का उपक्रम
4/19 आसफ अली रोड, नई दिल्ली–110002
फोन : 23289777 • हेल्पलाइन नं. : 7827007777
इ–मेल : prabhatbooks@gmail.com ❖ वेब ठिकाना : www.prabhatbooks.com

संस्करण
प्रथम, 2021

COLLEGE DROPOUT ARABPATIYON KI PRERAK KAHANIYAN
by Shri Pradeep Thakur

Published by **PRABHAT PAPERBACKS**
An imprint of Prabhat Prakashan Pvt. Ltd.
4/19 Asaf Ali Road, New Delhi-110002

ISBN 978-93-90378-26-5

भूमिका

दुनिया के कुछ सबसे धनी और सबसे प्रभावशाली उद्यमी कॉलेज पूरा करने से पहले ही पढ़ाई छोड़कर बाहर हो गए। स्टीव जॉब्स, बिल गेट्स और मार्क जुकरबर्ग, सभी ने अपने डिप्लोमा लेने से पहले कॉलेज छोड़ दिया। माइकल डेल ने 19 साल की उम्र में ऑस्टिन में टेक्सास विश्वविद्यालय से कॉलेज की पढ़ाई बीच ही में छोड़ दी। उन्होंने डेल टेक्नोलॉजीज की स्थापना की और अब इसकी कीमत 20.9 बिलियन डॉलर है। एप्पल के संस्थापक ने रीड कॉलेज तब छोड़ा, जब वे सिर्फ 19 वर्ष के थे। मार्क जुकरबर्ग ने हार्वर्ड से बीच में ही निकलकर फेसबुक की स्थापना की और दुनिया के 5वें सबसे धनी व्यक्ति बन गए। 'द फेसबुक इफेक्ट' पुस्तक के अनुसार, कॉलेज छोड़ने का निर्णय लेने में उन्हें सिर्फ पाँच मिनट लगे। लैरी एलिसन एक सॉफ्टवेयर अरबपति और ओरेकल के संस्थापक के रूप में जाने जाते हैं। उन्होंने वक्त से पहले ही शिकागो विश्वविद्यालय में डॉक्टरी की पढ़ाई छोड़ दी। आज उनकी कंपनी की कीमत 55 बिलियन डॉलर से अधिक है।

बहुत से लोगों का मानना है कि जो बच्चा स्कूल-कॉलेज में पढ़ाई में पिछड़ जाता है, वह जीवन में भी पिछड़ जाता है और उसकी गिनती सफल लोगों में नहीं होती। अधिकांश माता-पिता इसी विचारधारा को ध्यान में रखते हुए अपने बच्चों को स्कूल कॉलेज के दिनों में अत्याधिक कड़े अनुशासन में रखते हैं और उनसे अपेक्षा करते हैं कि वे कैसे भी टॉपर बनें। ऐसा करने से बच्चों का स्वाभाविक विकास रुक जाता है और बच्चा जिस क्षेत्र में जाना चाहता है, जिस क्षेत्र में उसका रुझान होता है, जो उसका पसंदीदा क्षेत्र होता है, उधर नहीं जा पाता और अभिभावकों के दबाव में बेमन से नापसंद क्षेत्र में प्रयास करने को मजबूर होता है। इसका परिणाम यह होता है कि वह उस क्षेत्र में सफल नहीं हो पाता।

यह एक बेहद संवेदनशील एवं महत्त्वपूर्ण बिंदु है, जिसे अभिभावकों को

अच्छी तरह से समझने की आवश्यकता है।

जीवन में शैक्षिक योग्यता आपको एक स्तर तक कामयाब होने में मददगार हो सकती है, लेकिन वास्तविक सफलता के लिए जीवन में जिस संकल्प, इच्छाशक्ति, लगन एवं मेहनत करने के जुनून की आवश्यकता होती है, वह व्यक्तिगत होती है। अमेरिका में जनमे माइक्रोसॉफ्ट के संस्थापक बिल गेट्स का नाम आज विश्व के सबसे अमीर व्यक्तियों में कभी शुमार किया जाता है। स्कूल कॉलेज में कभी भी टॉपर नहीं रहनेवाले बिल गेट्स को कंप्यूटर प्रोग्रामिंग, कंप्यूटर गेम बनाने का प्रारंभ से ही बहुत शौक था। उन्हें कंप्यूटर में काम करने का ऐसा जुनून था कि उन्होंने स्नातक शिक्षा के बाद हावर्ड कॉलेज में प्रवेश लेने के बाद भी अपनी पढ़ाई पूरी नहीं की। वर्ष 1975 में बिल गेट्स ने माइक्रोसॉफ्ट कंपनी शुरू की, और देखते-ही-देखते आज विश्व के सबसे अमीर व्यक्तियों में उनका नाम दर्ज होता है।

एप्पल कंपनी के सहसंस्थापक स्टीव जॉब्स ने कॉलेज की पढ़ाई पूरी नहीं की। कॉलेज में पढ़ना उनके लिए महँगा था और माता-पिता इतना अधिक व्यय वहन नहीं कर सकते थे। आगे चलकर उन्होंने एपल, नेक्स्ट स्टेप एवं पिक्सर जैसी कंपनियों की स्थापना की।

पुस्तक में ऐसी ही बहुत सी कहानियाँ हैं, जो हमें आगे बढ़ने के लिए प्रेरित करती हैं।

अनुक्रम

बिल गेट्स

बचपन में माँ के खिलाफ विद्रोह करनेवाले बिल गेट्स ने उच्च विद्यालय में ही प्रक्रिया-सामग्री (सॉफ्टवेयर) बनाना शुरू कर दिया था और फिर हार्वर्ड की पढ़ाई बीच में ही छोड़कर माइक्रोसॉफ्ट की स्थापना की थी''और 38 वर्ष की आयु में बन गया था, विश्व का सबसे धनी व्यक्ति।

वर्ष 1987 में 32 वर्ष के होने से बस कुछ ही दिनों पहले माइक्रोसॉफ्ट के सह-संस्थापक विलियम हेनरी बिल गेट्स-III की परिसंपत्तियों का निवल मूल्य (नेटवर्थ) 1.20 अरब डॉलर आँका गया था और वह विश्व का सबसे धनी 'स्व-निर्मित अरबपति' बन गया था, जब 'फोर्ब्स' पत्रिका ने उसे पहली बार विश्व के अरबपतियों की सूची में शामिल किया था। मई 1993 में 38 वर्ष की आयु में गेट्स की परिसंपत्तियों का निवल मूल्य 9.35 अरब हो गया था और वह पहली बार अमेरिका का सबसे धनी व्यक्ति बन गया था। अगले दो वर्षों बाद ही वर्ष 1995 में 'फोर्ब्स' पत्रिका की विश्व के सबसे धनी व्यक्तियों की सूची में बिल गेट्स पहले स्थान पर आ गया था और वर्ष 2017 तक के अगले 23 वर्षों 18 बार (1997, 2008, 2010, 2011, 2012 व 2013 को छोड़कर) पहले स्थान पर रहा था। मई 2017 में गेट्स की परिसंपत्तियों का कुल निवल मूल्य 88.5 अरब आँका गया था, जो 1999 की 101 अरब डॉलर की ऐतिहासिक ऊँचाई से बहुत नीचे था।

हालाँकि बिल गेट्स का जन्म 28 अक्तूबर, 1955 को सिएटल के एक ऐसे संभ्रांत परिवार में हुआ था, जिसका व्यापार, राजनीति व सामुदायिक सेवा में अच्छा इतिहास रहा है। उनके पुरखे अंग्रेजी, जर्मन व स्कॉट्स-आयरिश मूल के थे। उनके परदादा विधायक व महापौर थे, जबकि दादा व नाना बैंक व्यवसाय में थे। उनके पिता विलियम एच. गेट्स सीनियर प्रमुख वकील रहे हैं, लेकिन बिल गेट्स ने 'रंक से राजा' की यात्रा स्वयं की है और वह भी महाविद्यालय की पढ़ाई बीच में ही छोड़कर। इसीलिए बिल गेट्स को 'कॉलेज ड्रॉप आउट अरबपतियों' की सूची में सबसे ऊपर रखा जाता है।

बचपन में बिल हमेशा अपनी माँ के खिलाफ 'विद्रोह' करता था और वह हमेशा सबकुछ अपने तरीके से ही किया करता था। जब तक कुछ-न-कुछ उसके नियंत्रण में न दिया जाता, उसे साथ रख पाना लगभग मुश्किल-सा होता था। बिल के विद्रोही स्वभाव को उसकी माँ बरदाश्त नहीं कर पा रही थी, इसीलिए वह उसे कुछ वर्षों तक मनोचिकित्सक के पास भी भेजती रही थी। अंत में मनोवैज्ञानिक ने उसकी माँ को जोर देकर समझाया था कि वे बिल को माफ कर दें। मनोवैज्ञानिक का मानना था कि 'बिल जैसा है वैसा ही रहेगा और स्वयं को छोड़ उसे और कोई नहीं भी बदल नहीं सकता।"

बिल के प्रारंभिक जीवन में ही यह स्पष्ट हो चुका था कि महत्त्वाकांक्षा, बुद्धि व प्रतिस्पर्धा की भावना उसे विरासत में मिली थी। प्राथमिक विद्यालय में बिल शीघ्र ही लगभग सभी विषयों, विशेष रूप से गणित व विज्ञान में, अपने सहपाठियों से बहुत आगे निकल चुका था। ऐसे में जब वहाँ पर उसके सामने कोई चुनौती ही नहीं रही थी तो स्वाभाविक रूप से वहाँ उसका मन ऊबने लगा था।

बिल के प्रारंभिक जीवन में ही यह स्पष्ट हो चुका था कि महत्त्वाकांक्षा, बुद्धि व प्रतिस्पर्धा की भावना उसे विरासत में मिली थी। प्राथमिक विद्यालय में बिल शीघ्र ही लगभग सभी विषयों, विशेष रूप से गणित व विज्ञान में, अपने सहपाठियों से बहुत आगे निकल चुका था। ऐसे में जब वहाँ पर उसके सामने कोई चुनौती ही नहीं रही थी तो स्वाभाविक रूप से वहाँ उसका मन ऊबने लगा था। अब बिल के माता-पिता ने उसकी उन्नत बौद्धिक क्षमता को पहचाना था और उसे तीव्र शैक्षिक वातावरण के लिए प्रसिद्ध स्थानीय निजी विद्यालय लेकसाइड स्कूल में भरती करने

का निर्णय लिया था। उस समय बिल की आयु करीब 12 वर्ष थी और उसे आठवीं में नामांकित किया गया था।

एक साक्षात्कार में बिल गेट्स ने लेकसाइड स्कूल में अपने नामांकन के बारे में कहा था—

"मेरे माता-पिता की यह धारणा थी कि मुझमें किसी-न-किसी तरह की उच्च क्षमता थी और मैं इसका लाभ नहीं ले पा रहा था। मैं जिस वातावरण में रहता आ रहा था, गंभीर होने से भी अधिक, कामचोर होना सामाजिक रूप से अधिक पुरस्कार योग्य था। यह सरकारी विद्यालय था, इसीलिए वे लोगों को उतने परिश्रम से आगे नहीं बढ़ाते थे। आप पहले सप्ताह में पाठ्य पुस्तक पढ़ सकते हैं और शेष स्कूल वर्ष में वहाँ कुछ भी रोचक होनेवाला नहीं था। तो, वे मुझे एक निजी विद्यालय में जाने के लिए एक परीक्षा दिलाने ले आए थे और मैंने सोचा, 'अच्छा, मुझे यह परीक्षा उत्तीर्ण करना चाहिए कि नहीं? आप इसे असफल भी कर सकते हैं और आपको जाने की आवश्यकता नहीं होगी।' लेकिन उस तरह के कार्य से मेरी निष्ठा की भावना को ठेस पहुँचती थी। 'अरे, मैं परीक्षा देने में अच्छा हूँ। मैं उसके बारे में उलझन में नहीं पड़ना चाहता हूँ।' इसलिए मैंने दाखिला लिया और उन्होंने मुझे (स्कूल) जाने के लिए प्रोत्साहित किया था।

लेकिन उस तरह के कार्य से मेरी निष्ठा की भावना को ठेस पहुँचती थी। 'अरे, मैं परीक्षा देने में अच्छा हूँ। मैं उसके बारे में उलझन में नहीं पड़ना चाहता हूँ।' इसलिए मैंने दाखिला लिया और उन्होंने मुझे (स्कूल) जाने के लिए प्रोत्साहित किया था।

"यह लड़कों का स्कूल था, सही अर्थों में कठोर। यह वास्तव में बदल गया था मेरे वहाँ रहते हुए, उसका लड़कियों के विद्यालय के साथ विलय हुआ था और विद्यालय की पोशाक पहनना बंद हो गया था। शिक्षकों को 'मास्टर' पुकारना बंद कर दिया गया था। इसलिए यह बहुत सामान्य हो गया था, लेकिन यह एक बदलाव था, जो पहली बार हुआ था और जैसा कि सरकारी विद्यालय में होता रहा था, वहाँ कामचोर की तरह रहना उच्च पुरस्कार की स्थिति नहीं थी। तो मेरे माता-पिता सही थे, इसमें अधिक चुनौतीपूर्ण वातावरण बनाने का अभिप्रेत प्रभाव था और कुछ अध्यापक, जो अच्छे थे, कहा करते थे कि मुझे कठिन परिश्रम करना चाहिए और वे मेरे सामने गणित व विज्ञान का बहुत कुछ उजागर करते थे और अंततः वही

स्थान था, जहाँ मुझे कंप्यूटर का उपयोग करने को मिला था।" (स्रोत : अचीवमेंट ओर्ग.)

वास्तव में लेकसाइड स्कूल में स्थानांतरित किए जाने के बारे में बिल आरंभ में खुश नहीं था। क्यों? बिल गेट्स ने बाद में इसके बारे में बताया था—

लेकसाइड स्कूल में विद्यालय-दिवस अधिक लंबा था और यह परिवर्तन था। मैं सरकारी विद्यालय में ऊँची श्रेणी का आरामपसंद हो चुका था, कामचोर होने जैसा और यहाँ लोग अध्ययनशील थे और पहले चूँकि मुझे बहुत अच्छे अंक नहीं मिले, उन्होंने मुझे अध्ययन-कक्ष में डाल दिया था और कुछ लोग, जिन्हें वास्तव में अच्छे अंक मिले थे, उन्हें अध्ययन-कक्ष में नहीं जाना पड़ता था। किसी को पता नहीं था कि मैं वास्तव में चतुर था, इसलिए वे वास्तव में कुछ औसत छात्रों की तरह मुझसे व्यवहार करते थे। वैसे भी यह एक समायोजन था।

"लेकसाइड स्कूल में विद्यालय-दिवस अधिक लंबा था और यह परिवर्तन था। मैं सरकारी विद्यालय में ऊँची श्रेणी का आरामपसंद हो चुका था, कामचोर होने जैसा और यहाँ लोग अध्ययनशील थे और पहले चूँकि मुझे बहुत अच्छे अंक नहीं मिले, उन्होंने मुझे अध्ययन-कक्ष में डाल दिया था और कुछ लोग, जिन्हें वास्तव में अच्छे अंक मिले थे, उन्हें अध्ययन-कक्ष में नहीं जाना पड़ता था। किसी को पता नहीं था कि मैं वास्तव में चतुर था, इसलिए वे वास्तव में कुछ औसत छात्रों की तरह मुझसे व्यवहार करते थे। वैसे भी यह एक समायोजन था। वहाँ बहुत से और भी बच्चे थे। वे सभी उसी तरह समायोजन कर रहे थे। तो, मुझे अपना स्थान बनाने में कुछ वर्ष लग गए थे। मैं बहुत अधिक खुश हूँ कि मैं उस विद्यालय में गया था। यह एक भव्य विद्यालय है।" (स्रोत : अचीवमेंट ओर्ग.)

वहाँ पर 10वीं के छात्र पॉल ऐलन के साथ बिल की घनिष्ठता हो गई थी। पॉल के पिता वाशिंगटन स्टेट यूनिवर्सिटी (डब्ल्यू.एस.यू.) में संदर्भ पुस्तकालय के अध्यक्ष (रिफ्रेंस लाइब्रेरियन) के रूप में शामिल हुए थे और बाद में संयुक्त निदेशक पदोन्नत हो गए थे। पॉल की माता पढ़ने में बहुत रुचि लेती थी। वह स्थानीय विद्यालय में चौथी कक्षा के छात्रों को पढ़ाती थी और उसी ने पुस्तकें दे-देकर पॉल में प्रौद्योगिकी व विज्ञान में रुचि जाग्रत् की थी, जो लेकसाइड स्कूल में

आने के बाद उभरकर सामने आई थी।

लेकसाइड स्कूल में कंप्यूटर—वास्तव में, माइक्रोसॉफ्ट की कहानी सीएटल के उत्तरी छोर पर स्थित हालर-लेक क्षेत्र स्थित निजी विद्यालय लेकसाइड स्कूल से ही आरंभ हो गई थी, जहाँ बिल गेट्स व पॉल ऐलन ने लेकसाइड मदर्स एसोसिएशन व लेकसाइड गणित विभाग द्वारा उपलब्ध कराए गए 'समय साझा कंप्यूटर' पर कागज-पेंसिल खेल 'टिक-टैक-टोए' खेलने के लिए प्रक्रिया-सामग्री कार्यक्रम (सॉफ्टवेयर प्रोग्राम) का विकास कर लिया था।

वर्ष 1968 की वसंत ऋतु में लेकसाइड स्कूल ने छात्रों को कंप्यूटर से परिचय कराने का निर्णय लिया था। उस समय कंप्यूटर आकार में बहुत बड़ा और महँगा होता था। स्पष्ट है कि विद्यालय के लिए अपने संसाधनों से इसे खरीद पाना संभव नहीं था। ऐसे में अपेक्षित धनराशि एकत्र करने के लिए विद्यालय के विद्यार्थियों की माताओं की मंडली 'मदर्स क्लब' ने पुरानी चीजों की 'सेल' का आयोजन किया। कुछ हजार डॉलर एकत्र हुए थे, जिससे विद्यालय ने अपने बच्चों के उपयोग के लिए एक टेलीटाइप मॉडल 33 ए.एस.आर. टर्मिनल और जनरल इलेक्ट्रिक (जी.ई.) के मेनफ्रेम कंप्यूटर पर कंप्यूटर-समय का एक हिस्सा खरीदा था। विद्यालय ने अनुमान लगाया था कि यह कंप्यूटर-समय अगले एक वर्ष के लिए पर्याप्त था, लेकिन ऐसा हुआ नहीं था। इस अद्‍भुत मशीन के प्रति कुछ युवाओं में कितना अधिक उत्साह था, इसका अनुमान विद्यालय प्रबंधन ने ठीक से नहीं लगाया था। शीघ्र ही बिल गेट्स, पॉल ऐलन और कुछ अन्य लेकसाइड के छात्र (जिनमें से कई माइक्रोसॉफ्ट में काम पर रखे गए पहले प्रक्रिया-सामग्री कार्यक्रम निर्माता थे) कंप्यूटर से अलग न किए जा सकनेवाले छात्र बन गए थे। वे कार्यक्रम को लिखते, कंप्यूटर-साहित्य को पढ़ते या फिर कंप्यूटरिंग से संबधित कुछ और करते हुए पूरे

वर्ष 1968 की वसंत ऋतु में लेकसाइड स्कूल ने छात्रों को कंप्यूटर से परिचय कराने का निर्णय लिया था। उस समय कंप्यूटर आकार में बहुत बड़ा और महँगा होता था। स्पष्ट है कि विद्यालय के लिए अपने संसाधनों से इसे खरीद पाना संभव नहीं था। ऐसे में अपेक्षित धनराशि एकत्र करने के लिए विद्यालय के विद्यार्थियों की माताओं की मंडली 'मदर्स क्लब' ने पुरानी चीजों की 'सेल' का आयोजन किया।

दिन व रात कंप्यूटर कक्ष में रहने लग पड़े थे।

बिल गेट्स ने जनरल इलेक्ट्रिक (जी.ई.) के कंप्यूटर पर 'बेसिक' (बिगिनर्स' ऑल पर्पस सिंबॉलिक इंस्ट्रक्शन कोड) कार्यक्रम निर्माण (प्रोग्रामिंग) में रुचि दिखाई थी और उस कंप्यूटर पर पहला प्रक्रिया-सामग्री कार्यक्रम (सॉफ्टवेयर प्रोग्राम) लिखा था—'टिक-टैक-टोए' का कार्यान्वयन, जो उपयोगकर्ताओं को कंप्यूटर पर 'गेम' खेलने की अनुमति देता था। वास्तव में, बिल मशीन द्वारा हर बार उसके द्वारा लिखे गए कार्यक्रम की संकेत लिपि (कोड) को लागू कर लेने की प्रक्रिया पर मोहित हो गया था और वह ऐसे अन्य कार्यक्रमों के विकास के बारे में सोचने लगा था। ऐसे में इन कंप्यूटर प्रेमियों को अपने वर्ग शिक्षक से कठिनाई आने लगी थी, क्योंकि उन लोगों के गृहकार्य पूरे नहीं हो रहे थे। कंप्यूटर कक्ष में रहने के लिए वे अपनी नियमित कक्षाओं को छोड़ने लगे थे और सबसे गंभीर घटना यह हुई थी कि गलत काम यह हुआ कि उन्होंने कुछ सप्ताहों में ही विद्यालय द्वारा साझा कंप्यूटर पर खरीदा गया समय खर्च कर लिया था।

लेकिन वर्ष 1968 में कंप्यूटर कंट्रोल कॉरपोरेशन (सी.सी.सी.) ने सिएटल में अपनी सेवाएँ आरंभ की थीं और अपेक्षाकृत सस्ती दरों पर साझा कंप्यूटर समय का प्रस्ताव किया था। सी.सी.सी. के मुख्य कार्यक्रम निर्माता (प्रोग्रामर) का एक बच्चा लेकसाइड स्कूल में पढ़ता था। सी.सी.सी. व विद्यालय के बीच कंप्यूटर-समय के लिए एक समझौता हुआ था और उसके अंतर्गत छात्रों को वहाँ जाने की अनुमति मिल गई थी।

लेकिन वर्ष 1968 में कंप्यूटर कंट्रोल कॉरपोरेशन (सी.सी.सी.) ने सिएटल में अपनी सेवाएँ आरंभ की थीं और अपेक्षाकृत सस्ती दरों पर साझा कंप्यूटर समय का प्रस्ताव किया था। सी.सी.सी. के मुख्य कार्यक्रम निर्माता (प्रोग्रामर) का एक बच्चा लेकसाइड स्कूल में पढ़ता था। सी.सी.सी. व विद्यालय के बीच कंप्यूटर-समय के लिए एक समझौता हुआ था और उसके अंतर्गत छात्रों को वहाँ जाने की अनुमति मिल गई थी। गेट्स व उनके साथियों ने शीघ्र ही इस नई मशीन के अंदर की सामग्रियों की खोज आरंभ कर दी थी। वह समय दूर नहीं था, जब इन युवाओं ने नित नई-नई खोजों व सॉफ्टवेयर प्रयोगों से सी.सी.सी. की कंप्यूटर प्रणाली को बाधित करना भी आरंभ कर दिया था। उनके प्रयोगों के कारण प्रणाली बार-बार

बंद होने लगी थी, क्योंकि बिल व उसकी मंडली ने कंप्यूटर प्रणाली की सुरक्षा-व्यवस्था को तोड़ दिया था। इतना ही नहीं, उन लोगों ने उस फाइल को भी बदल दिया था, जिसमें उन लोगों द्वारा उपयोग होनेवाला कंप्यूटर-समय अभिलेखित होता था, लेकिन वे लोग ऐसा करते हुए पकड़ लिए गए थे और सी.सी.सी. ने लेकसाइड स्कूल के उन चार छात्रों—बिल गेट्स, पॉल ऐलन, रिक वेईलैंड व केंट इवांस को कंप्यूटर के उपयोग पर गरमियों में कई सप्ताहों के लिए प्रतिबंध भी लगा दिया था।

'लेकसाइड प्रोग्रामर्स ग्रुप'—लेकसाइड स्कूल के ये कंप्यूटर दीवाने यहीं नहीं रुकनेवाले थे और वर्ष 1968 के अंत में उन चारों ने 'लेकसाइड प्रोग्रामर्स ग्रुप' का गठन किया था। वे अपनी कंप्यूटिंग क्षमता का वास्तविक संसार में उपयोग करने का हर संभव प्रयास कर रहे थे। उनके सपने को सच करने का अवसर उसी सी.सी.सी. से ही मिला था, जिसने उन्हें उनकी शरारतों के लिए प्रतिबंधित किया था। वास्तव में कंप्यूटर सुरक्षा प्रणाली के कमजोर होने और कंप्यूटर के बार-बार बंद होने के चलते सी.सी.सी. के व्यवसाय को क्षति हो रही थी। सी.सी.सी. का संचालक गेट्स व उसके कंप्यूटर-नशेड़ी साथियों के पिछले क्रियाकलापों से दुःखी होने के साथ-साथ उनकी प्रतिभा से प्रभावित भी था। ऐसे में उसने अपनी समस्या को दूर करने के लिए 'लेकसाइड प्रोग्रामिंग ग्रुप' से मौखिक समझौता किया था। यह समूह सी.सी.सी. की कंप्यूटर प्रणाली की सुरक्षा की देखभाल करेगा और उसके बदले में कंपनी समूह के चारों सदस्यों हेतु असीमित कंप्यूटर-समय प्रदान करेगा। स्पष्ट था, इन कंप्यूटर-नशेड़ियों के समूह ने इस समझौता-प्रस्ताव को तत्काल स्वीकार कर लिया था, क्योंकि उन्हें मनचाहा कंप्यूटर-समय मिल रहा था और वह भी निःशुल्क।

उन लोगों ने उस फाइल को भी बदल दिया था, जिसमें उन लोगों द्वारा उपयोग होनेवाला कंप्यूटर-समय अभिलेखित होता था, लेकिन वे लोग ऐसा करते हुए पकड़ लिए गए थे और सी.सी.सी. ने लेकसाइड स्कूल के उन चार छात्रों—बिल गेट्स, पॉल ऐलन, रिक वेईलैंड व केंट इवांस को कंप्यूटर के उपयोग पर गरमियों में कई सप्ताहों के लिए प्रतिबंध भी लगा दिया था।

वैसे तो इस समूह को केवल 'सॉफ्टवेयर बग्स' (सॉफ्टवेयर की गलतियाँ, खामियाँ या वायरस) खोजने के काम पर रखा गया था, लेकिन वे दिन की पाली के

बाद पीछे छोड़ दिए गए अन्य कंप्यूटर से संबंधित सामग्रियों को पढ़ते थे। ये युवा कंप्यूटर-प्रेमी नई जानकारियों के लिए सी.सी.सी. के कार्यालय में प्रक्रिया सामग्री कार्यक्रम निर्माताओं (सॉफ्टवेयर प्रोग्रामर) के पास भी चले जाते थे और उनकी सहायता से कंप्यूटर-कार्यक्रम भाषा—फोरट्रॉन, लिस्प व मशीन लैंग्वेज में उपयोग होनेवाली स्रोत संकेत लिपियों (सोर्स कोड) को भी सीखने लगे थे। यह क्रम मार्च 1970 तक चला था। सन् 1969 के अंत में सी.सी.सी. को वित्तीय समस्याएँ आनी शुरू हो गई थीं और उसे अपना संचालन बंद करना पड़ा था।

ये युवा कंप्यूटर-प्रेमी नई जानकारियों के लिए सी.सी.सी. के कार्यालय में प्रक्रिया सामग्री कार्यक्रम निर्माताओं (सॉफ्टवेयर प्रोग्रामर) के पास भी चले जाते थे और उनकी सहायता से कंप्यूटर-कार्यक्रम भाषा—फोरट्रॉन, लिस्प व मशीन लैंग्वेज में उपयोग होनेवाली स्रोत संकेत लिपियों (सोर्स कोड) को भी सीखने लगे थे। यह क्रम मार्च 1970 तक चला था। सन् 1969 के अंत में सी.सी.सी. को वित्तीय समस्याएँ आनी शुरू हो गई थीं और उसे अपना संचालन बंद करना पड़ा था।

वेतन-पत्रक कार्यक्रम का विकास—कंप्यूटर कॉरपोरेशन सेंटर (सी.सी.सी.) के बंद हो जाने के बाद 'लेकसाइड प्रोग्रामर्स ग्रुप' को कंप्यूटर-समय के लिए नया रास्ता ढूँढ़ना था। अंततः उन्हें पॉल ऐलन के पिता की सहायता से वाशिंगटन स्टेट यूनिवर्सिटी (डब्ल्यू.एस.यू.) के परिसर में कुछ कंप्यूटर मिल सके थे। अब उन्होंने अपने कंप्यूटर-कौशल लागू करने के लिए नए अवसरों की खोज शुरू कर दी। नवंबर 1970 में इनफॉर्मेशन साइंसेज इनकॉरपोरेशन (आई.एस.आई.) ने वेतन-पत्रक (पे-रोल) के लिए प्रक्रिया-सामग्री कार्यक्रम विकसित करने का काम दिया था। एक बार फिर से इस समूह को निःशुल्क कंप्यूटर-समय के साथ-साथ आय भी प्राप्त करने का पहला अवसर मिला था। आई.एस.आई. ने इस समूह को उसके द्वारा विकसित कार्यक्रम की बिक्री पर स्वत्वाधिकार शुल्क (रॉयल्टी) प्रदान करने का भी अनुबंध किया था और इस तरह से लेकसाइड प्रोग्रामर्स ग्रुप विधिवत् व्यवसाय बन गया था।

इस घटना को याद करते हुए बिल गेट्स ने एक साक्षात्कार में कहा था—

"पोर्टलैंड (ओरेगन) की इस कंपनी ने कहा था, 'अरे, हम बस आप लोगों

को यूँ ही कंप्यूटर-समय नहीं देने जा रहे। आपको कुछ करना होगा।' इसलिए हम इस वेतन-पत्रक कार्यक्रम (पे-रोल प्रोग्राम) लिखने के लिए सहमत हो गए थे। पे-रोल प्रोग्राम आश्चर्यजनक रूप से जटिल होता है। राज्य स्तर और संघीय स्तर पर करों, प्रतिवेदनों व अन्य बातों का ध्यान रखना पड़ता है। मैंने उस सौदे पर बातचीत की थी और दो बड़े सदस्य—पॉल ऐलन व रिक वेईलैंड ने कहा था, 'चारों को जाने के लिए वहाँ पर्याप्त काम नहीं है, इसलिए हम इस मामले का प्रभार लेने के लिए जा रहे हैं।' और मैंने कहा, 'ठीक है, मुझे इसमें उतनी रुचि नहीं है,' क्योंकि मेरे मस्तिष्क में था कि मैं इस पे-रोल प्रोग्राम को कैसे करना चाहता हूँ।

"तो, वे तीन महीने तक चारों ओर उलझे रहे। अधिक कुछ नहीं हो पाया था और फिर उन्होंने कहा था, 'क्या तुम वापस शामिल होगे?' और मैंने कहा, 'यदि ऐसा है तो ठीक है, मैं इसका प्रभारी हूँ,' और यह भविष्य की गतिविधियों के लिए उदाहरण स्थापित होने जा रहा था। लेकिन उन्होंने कहा, 'नहीं, नहीं। यह ठीक है।' और इसलिए हमने काम किया था। हमने इस पे-रोल प्रोग्राम को वास्तव में संपूर्ण किया था। यह एक बहुत बड़ा काम था। केंट इवांस, जो मेरी आयु का मित्र था और मैंने काम का बड़ा हिस्सा पूरा किया था। अब दुर्भाग्य से, बिल्कुल जैसे ही उसने और मैंने इस काम के बड़े हिस्से को खत्म किया था कि वह पहाड़ पर चढ़ाई की दुर्घटना (28 मई, 1972) में मारा गया था। तो फिर हममें से केवल तीन ही थे, जो शेष थे, पॉल ऐलन सहित, जो मेरे से भी अधिक पत्रिकाएँ पढ़ा करता था। वही एक था, जिसने वास्तव में बहुत छोटे से

केंट इवांस, जो मेरी आयु का मित्र था और मैंने काम का बड़ा हिस्सा पूरा किया था। अब दुर्भाग्य से, बिल्कुल जैसे ही उसने और मैंने इस काम के बड़े हिस्से को खत्म किया था कि वह पहाड़ पर चढ़ाई की दुर्घटना (28 मई, 1972) में मारा गया था। तो फिर हममें से केवल तीन ही थे, जो शेष थे, पॉल ऐलन सहित, जो मेरे से भी अधिक पत्रिकाएँ पढ़ा करता था। वही एक था, जिसने वास्तव में बहुत छोटे से अस्पष्ट लेख में चिप—तथाकथित 'माइक्रोप्रोसेसर'—पर कंप्यूटर को देखा और वर्ष 1971 में जिसे मेरे लिए लाया था। तो हम लोग 15 के ही थे, मेरी उम्र 15 थी और वे उस समय 17 वर्ष के थे।

अस्पष्ट लेख में चिप—तथाकथित 'माइक्रोप्रोसेसर'—पर कंप्यूटर को देखा और वर्ष 1971 में जिसे मेरे लिए लाया था। तो हम लोग 15 के ही थे, मेरी उम्र 15 थी और वे उस समय 17 वर्ष के थे।

(स्रोत—अचीवमेंट ओर्ग.)

जब गेट्स 10वीं में था, विद्यालय प्रशासकों को उसकी कंप्यूटर प्रक्रिया सामग्री कार्यक्रम निर्माण (सॉफ्टवेयर प्रोग्रामिंग) क्षमताओं के बारे में पता चला और उसे कक्षाओं में छात्रों को सूचीबद्ध करने के लिए कार्यक्रम—'वर्ग अनुसूची कार्यक्रम' (क्लास शिड्यूलिंग प्रोग्राम) लिखने को कहा गया था। पहले तो गेट्स ने यह कहकर मना कर दिया था कि यह काम कठिन है, जिसे वरिष्ठ साथी ही कर सकते थे, लेकिन जब ऐसा नहीं हुआ तो लगभग एक वर्ष बाद गेट्स ने इसके लिए ऐलन से सहयोग लिया था और उस कार्यक्रम को सफलतापूर्वक तैयार किया था। इस बीच वर्ष 1971 की दूसरी छमाही में लेकसाइड में 12वीं की पढ़ाई पूरी करने के बाद ऐलन यूनिवर्सिटी ऑफ वाशिंगटन (यू.डब्ल्यू.) में स्नातक कला-समाज विज्ञान (बी.ए.-सोशल साइंस) में प्रवेश कर चुका था। इस कार्य के लिए विद्यालय ने उन दोनों को भुगतान भी किया था।

इस बीच वर्ष 1971 की दूसरी छमाही में लेकसाइड में 12वीं की पढ़ाई पूरी करने के बाद ऐलन यूनिवर्सिटी ऑफ वाशिंगटन (यू.डब्ल्यू.) में स्नातक कला-समाज विज्ञान (बी.ए.-सोशल साइंस) में प्रवेश कर चुका था। इस कार्य के लिए विद्यालय ने उन दोनों को भुगतान भी किया था।

'टर्फ-ओ-डेटा' की स्थापना—वर्ष 1972 की गरमियों में, जब बिल गेट्स 12वीं में प्रवेश कर रहा था और पॉल ऐलन भी छुट्टियाँ बिताने के लिए महाविद्यालय से घर आ गया था तो दोनों ने एक साझा कंपनी 'टर्फ-ओ-डेटा' की स्थापना की थी। इसका उद्देश्य सड़क यातायात की गिनती करनेवाली मशीनों से प्राप्त कच्चे आँकड़ों को पढ़ना और यातायात अभियंताओं (ट्रैफिक इंजीनियर्स) के लिए प्रतिवेदन तैयार करना था। वैसे तो इस कंपनी ने लगभग 20 हजार डॉलर की आय अर्जित की थी, लेकिन यह अनुभव कुछ वर्षों बाद माइक्रोसॉफ्ट की स्थापना की दिशा में महत्त्वपूर्ण भूमिका निभानेवाला था।

वास्तव में, उस समय अमेरिका में राज्य व स्थानीय प्रशासन 'वायवीय सड़क नली' (न्युमेटिक रोड ट्यूब) तकनीक पर आधारित 'ट्रैफिक काउंटर' (यातायात

की गिनती करनेवाली मशीन) के माध्यम से यातायात सर्वेक्षण करता था। रबड़ की नलियों को सड़क भर में फैला दिया जाता था और गुजर रहे वाहन नलियों की हवा में कंपन पैदा करते थे, जो सड़क के किनारे पर लगी मशीन पर अभिलेखित होते रहते थे। वर्ष 1970 में, उन गिनतियों को पेपर टेप पर यांत्रिक तरीके से टंकित किया जाता था। शहर का स्थानीय प्रशासन इन यातायात आँकड़ों को प्रतिवेदन में बदलने के लिए निजी कंपनियों को नियुक्त करती थी और यातायात अभियंता 'ट्रैफिक लाइट' को समायोजित करने या सड़कों को अधिक अच्छा बनाने के लिए इन प्रतिवेदनों का उपयोग करते थे।

गेट्स व ऐलन ने सोचा कि वे अन्य स्थानीय कंपनियों की तुलना में इन यातायात आँकड़ों से अधिक सस्ते में व शीघ्रता से प्रतिवेदन तैयार कर सकते थे। उन्होंने पेपर-टेप में छेद-नमूनों को पढ़ने और कंप्यूटर-कार्ड पर टंकित कर प्रतिलिपि तैयार करने के लिए सहपाठियों को नियुक्त किया और फिर वाशिंगटन स्टेट यूनिवर्सिटी के कंप्यूटर का उपयोग कर यातायात-प्रवाह-सारणी (ट्रैफिक फ्लो चार्ट) तैयार की।

वर्ष 1970 में, उन गिनतियों को पेपर टेप पर यांत्रिक तरीके से टंकित किया जाता था। शहर का स्थानीय प्रशासन इन यातायात आँकड़ों को प्रतिवेदन में बदलने के लिए निजी कंपनियों को नियुक्त करती थी और यातायात अभियंता 'ट्रैफिक लाइट' को समायोजित करने या सड़कों को अधिक अच्छा बनाने के लिए इन प्रतिवेदनों का उपयोग करते थे।

यह टर्फ-ओ-डेटा का आरंभ था। फिर कंपनी ने ऐसे उपकरण का निर्माण करने की योजना बनाई, जो यातायात पेपर-टेप को सीधे पढ़ सके और हाथ से किए जाने वाले कार्य की थकाऊ प्रक्रिया को समाप्त कर सके। इसके लिए माइक्रोप्रोसेसर (सूक्ष्म प्रक्रमक) की आवश्यकता थी। इस बीच अप्रैल 1972 में इंटेल कॉरपोरेशन ने 'इंटेल 8008 माइक्रोप्रोसेसर' प्रस्तुत किया था, जो 16 के.बी. (किलोबाइट) स्मृति (मेमोरी) का उत्तर दे पाने में सक्षम था, लेकिन गेट्स व ऐलन, दोनों में से किसी को भी धातु सामग्री (हार्डवेयर) का अनुभव नहीं था और वे उस उपकरण को विकसित करने में सक्षम नहीं थे। लिहाजा, वे लाचार हो रहे थे। उस समय सिएटल में कंप्यूटर समुदाय अपेक्षाकृत छोटा था। अब वे ऐसे व्यक्ति की खोज करने लगे थे, जो एक कंप्यूटर पत्रिका में छपे रेखाचित्र के आधार पर पुर्जों को

जोड़कर, जो उनके लिए नि:शुल्क कंप्यूटर बना दे, उन्होंने इसके लिए वाशिंगटन स्टेट यूनिवर्सिटी में ही विद्युत् अभियांत्रिकी (इलेक्ट्रिकल इंजीनियरिंग) के छात्र पॉल गिल्बर्ट से संपर्क किया और उसके समक्ष 'टर्फ-ओ-डाटा' में हिस्सेदार बनने का प्रस्ताव रखा। फिर गिल्बर्ट ने विद्युत घटकों (इलेक्ट्रिकल कंपोनेंट्स) के टुकड़ों को जोड़कर कंप्यूटर बनाना और गेट्स व ऐलन ने उसके लिए प्रक्रिया सामग्री (सॉफ्टवेयर) लिखना आरंभ किया था। इसके लिए भी पॉल ऐलन के पिता ने उनकी सहायता की थी और उन लोगों ने विश्वविद्यालय के कंप्यूटर 'आई.बी.एम.-360' पर 'इंटेल-8008 माइक्रोप्रोसेसर' का अनुकरण करनेवाली प्रक्रिया सामग्री लिखना और फिर अपने निर्माणाधीन कंप्यूटर पर उसका परीक्षण करना आरंभ किया था।

इस बीच गेट्स व ऐलन को 'विद्युत्-संजाल नियंत्रण प्रणाली' (इलेक्ट्रिसिटी ग्रिड कंट्रोल सिस्टम) की सामग्री प्रक्रिया को दोषमुक्त रखने का काम मिला था। यह उत्तर पश्चिम प्रशांत क्षेत्र में विद्युत्-संजाल को नियंत्रित करने के लिए कंप्यूटर का उपयोग करने की परियोजना थी। सरकारी अभिकरण बोनविले पावर एडमिनिस्ट्रेशन ने इसके लिए रक्षा ठेकेदार कंपनी टी.आर.डब्ल्यू. इनकॉरपोरेशन के साथ अनुबंध किया था।

इस बीच गेट्स व ऐलन को 'विद्युत्-संजाल नियंत्रण प्रणाली' (इलेक्ट्रिसिटी ग्रिड कंट्रोल सिस्टम) की सामग्री प्रक्रिया को दोषमुक्त रखने का काम मिला था। यह उत्तर पश्चिम प्रशांत क्षेत्र में विद्युत्-संजाल को नियंत्रित करने के लिए कंप्यूटर का उपयोग करने की परियोजना थी। सरकारी अभिकरण बोनविले पावर एडमिनिस्ट्रेशन ने इसके लिए रक्षा ठेकेदार कंपनी टी.आर. डब्ल्यू. इनकॉरपोरेशन के साथ अनुबंध किया था। यह उच्च विश्वसनीयता का विशाल प्रक्रिया-सामग्री विकास कार्यक्रम था, लेकिन टी.आर.डब्ल्यू. को इसमें कठिनाइयाँ आ रही थीं और वह ऐसे कार्यक्रम निर्माता की खोज में थी, जो इसे ठीक करने के साथ-साथ इसका रख-रखाव भी करता। सीएटल से करीब 180 किलोमीटर दूर पोर्टलैंड (ऑरेगोन प्रांत) में बोनविले पावर एडमिनिस्ट्रेशन का मुख्यालय था, जहाँ टी.आर.डब्ल्यू. के लोग कार्यक्रम निर्माताओं की खोज कर रहे थे, तब किसी कार्यक्रम निर्माता से उन्हें गेट्स व ऐलन के बारे में पता चला था। इस काम के लिए गेट्स को विद्यालय से और और ऐलन को विश्वविद्यालय से विशेष

अनुमति लेनी पड़ी थी। इस काम के लिए वर्ष 1973 की गरमियों में दोनों करीब चार महीने तक पोर्टलैंड से सटे वाशिंगटन प्रांत के शहर वैंकूवर (कोलंबिया नदी के उत्तरी छोर पर) में किराए के अपार्टमेंट में रहे थे। वास्तव में, इस कार्य ने गेट्स व ऐलन के मन में अपनी सॉफ्टवेयर कंपनी बनाने के विचार का बीजारोपण किया था।

इस काम के पूरा होने के साथ बिल गेट्स अपनी 12वीं और कॉलेज में नामांकन की तैयारियों में जुट गया था। लेकसाइड प्रोग्रामर्स ग्रुप का एक साथी केंट इवांस पिछले वर्ष ही दुर्घटना का शिकार होकर चल बसा था और एक अन्य साथी रिक वेईलैंड स्टैनफोर्ड यूनिवर्सिटी चला गया था। इस तरह सीएटल में गेट्स व ऐलन ही बचे थे। ऐलन यूनिवर्सिटी ऑफ वाशिंगटन में दूसरा वर्ष पूरा कर तीसरे में जानेवाला था। वर्ष 1973 की शरद ऋतु में बिल गेट्स भी हार्वर्ड विश्वविद्यालय चला गया था। इस तरह व्यावहारिक तौर पर टर्फ-ओ-डेटा का काम पॉल ऐलन व पॉल गिल्बर्ट के ऊपर आ गया था। लगभग दो वर्षों के परिश्रम व 1,500 डॉलर की लागत पर गिल्बर्ट ने मशीन का जो प्रारंभिक प्रारूप (प्रोटोटाइप) तैयार किया था, जिसका ग्राहक मिला था। वाशिंगटन राज्य सरकार ने शहरों को नि:शुल्क 'यातायात प्रसंस्करण सेवा' (ट्रैफिक प्रोसेसिंग सर्विस) उपलब्ध करा दी थी और निजी ठेकेदारों की आवश्यकता समाप्त हो गई थी। बाद में इस मशीन को दक्षिण अमेरिकी राज्यों में भी बेचने की कोशिशें की गई थीं, लेकिन सफलता नहीं मिली थी।

ऐसे में दोनों की भेंट तभी हो पाती थी। जब गेट्स छुट्टियों में घर आता था, लेकिन उन्हें अधिक दिनों तक दूर नहीं रहना पड़ा था, क्योंकि ऐलन ने वर्ष 1974 की गरमियों में अपनी पढ़ाई बीच में ही छोड़ दी थी व बिल के समीप रहने के लिए बोस्टन के पास हनीबेल इंटरनेशनल के कंप्यूटर विभाग में कार्यक्रम निर्माता (प्रोग्रामर) की नौकरी शुरू कर ली थी।

इस बीच बिल गेट्स हार्वर्ड विश्वविद्यालय में रहकर पॉल ऐलन व पॉल गिल्बर्ट की मदद कर रहा था, लेकिन हार्वर्ड में रहते हुए गेट्स को ऐलन की दूरी खटक रही थी। सीएटल और हार्वर्ड की दूरी करीब पाँच हजार किलोमीटर की है। ऐसे में दोनों की भेंट तभी हो पाती थी, जब गेट्स छुट्टियों में घर आता था। लेकिन उन्हें अधिक दिनों तक दूर नहीं रहना पड़ा था, क्योंकि ऐलन ने वर्ष 1974 की गरमियों में अपनी पढ़ाई बीच में ही छोड़ दी थी व बिल के समीप रहने के

लिए बोस्टन के पास हनीबेल इंटरनेशनल के कंप्यूटर विभाग में कार्यक्रम निर्माता (प्रोग्रामर) की नौकरी शुरू कर ली थी। इसमें अधिक समय नहीं लगा था कि जब वर्ष 1975 के आरंभ में उन दोनों को हमेशा के लिए अपना जीवन बदल लेने का मौका मिल गया था और 4 अप्रैल को माइक्रोसॉफ्ट की स्थापना हो गई थी। (वर्ष 1974 से 1980 के बीच टर्फ-ओ-डेटा को लगभग चार हजार डॉलर का शुद्ध घाटा हुआ था और इस बीच माइक्रोसॉफ्ट की स्थापना होने के बाद उसका काम लगभग बंद ही हो गया था।)

हार्वर्ड विश्वविद्यालय—बिल गेट्स ने महाविद्यालय में नामांकन के लिए अमेरिका में आयोजित होनेवाली प्रवेश-परीक्षा 'शैक्षिक मूल्यांकन परीक्षा' (स्कॉलैस्टिक असेसमेंट टेस्ट/सैट) में 1600 में से 1590 अंक हासिल किए थे। उसके आवेदन को हार्वर्ड, येल व प्रिंसटन, तीनों विश्वविद्यालयों ने स्वीकार कर लिया था, लेकिन अपने गणित प्रेम के कारण उसने हार्वर्ड में कानून (लॉ) के पाठ्यक्रम को चुना था।

हार्वर्ड में बिल गेट्स अकसर विज्ञान-केंद्र में 'द ऐकेन लैब' में ही जमा रहता था। यह प्रयोगशाला इलेक्ट्रो-मेकैनिकल कंप्यूटर—'मार्क-1' के आविष्कारक हार्वर्ड ऐकेन के नाम पर है और जहाँ गेट्स की सबसे प्रिय मशीन डिजिटल इक्विपमेंट कॉरपोरेशन (डी.ई.सी.) की पी.डी. पी.-10 थी। वहाँ पी.डी.पी.-1 कंप्यूटर भी था, जिस पर 'स्पेस वॉर' गेम भी खेला जाता था। प्रथम वर्ष की कंप्यूटर परियोजना के अंतर्गत 'वीडियो बेस बॉल गेम' के लिए गेट्स ने पी.डी.पी.-10 व पी.डी.पी.-1 को आपस में जोड़ा था। ऐसा करने के पीछे एक कारण यह भी था कि वह पी.डी.पी.-1 पर स्पेस-वॉर गेम के लिए भी वही प्रदर्शन पटल उपयोग में लाया करता था।

वहाँ पी.डी.पी.-1 कंप्यूटर भी था, जिस पर 'स्पेस वॉर' गेम भी खेला जाता था। प्रथम वर्ष की कंप्यूटर परियोजना के अंतर्गत 'वीडियो बेस बॉल गेम' के लिए गेट्स ने पी.डी.पी.-10 व पी.डी.पी.-1 को आपस में जोड़ा था। ऐसा करने के पीछे एक कारण यह भी था कि वह पी.डी.पी.-1 पर स्पेस-वॉर गेम के लिए भी वही प्रदर्शन पटल उपयोग में लाया करता था।

रोचक तथ्य है कि बिल गेट्स अपने किसी भी पाठ्यक्रम के वर्ग में व्याख्यान (लेक्चर) सुनने के लिए नहीं जाता था और इसके स्थान पर उन वर्गों में निरीक्षण

करता जिनसे उसका कोई संबंध न था। पहले वर्ष में तो उसने अपने वर्ग को लगभग अस्वीकार ही कर दिया था। वह ठीक उसी समय दूसरे वर्ग में जाया करता था, जब उसका अपने विषय का वर्ग होता था। अपनी खीझ उतारने के लिए वह जमकर 'पोकर' (ताश का विशेष खेल, जो जुआ, रणनीति व कौशल को सम्मिलित करता है) खेलता था। कुरीअर हाउस के विनोद-कक्ष (कॉमन-रूम) में यह खेल रात-रात भर चलता था, जो 'पोकर रूम' के रूप में जाना जाने लगा था। हर रात एक हजार डॉलर या उससे ज्यादा राशि की हार-जीत होती थी। पोकर में भी बिल गेट्स का प्रिय था 'सेवेन कार्ड स्टड'। वास्तव में गेट्स एकोन्मादी था। यदि वह किसी चीज पर ध्यान केंद्रित करता तो बस उससे चिपक ही जाता था।

अर्थशास्त्र की कक्षा में गेट्स की मुलाकात स्टीव बाल्मर से हुई थी, जो वर्ष 1980 में माइक्रोसॉफ्ट के 30वें कर्मचारी व पहले व्यवसाय प्रबंधक (बिजनेस मैनेजर) के रूप में नियुक्त हुआ था, वर्ष 1998 में अध्यक्ष (प्रेसिडेंट) और वर्ष 2001 में मुख्य कार्यकारी अधिकारी (सी.ई.ओ.) बना था। बाल्मर कुरीअर हाउस में ही गेट्स से नीचेवाली मंजिल पर रहता था। वैसे तो बाल्मर ऊपरी तौर पर गेट्स से बहुत अलग था, लेकिन वह ऊधम मचानेवाला व झुंड में रहनेवाला था। वह विश्वविद्यालय के सर्वाधिक सक्रिय छात्रों में था, जो हर संगठन में शामिल होने या नेतृत्व करने के लिए उतावला रहा करता था। वह अंतर स्नातकों (अंडर ग्रेजुएट्स) के बीच मित्रता, बातचीत व सौहार्द लाने के लिए प्रसिद्ध 'हेस्टी पुडिंग क्लब' में सक्रिय था। (हेस्टी पुडिंग अमेरिका का पारंपरिक पकवान है, जो हलुवे की तरह का होता है और मक्का के आटे व दूध से बनाया जाता है।) वह फुटबॉल टीम में भी शामिल था। वह समलैंगिक अधिकारों की आवाज उठानेवाली पत्रिका 'द एडवोकेट' का

अर्थशास्त्र की कक्षा में गेट्स की मुलाकात स्टीव बाल्मर से हुई थी, जो वर्ष 1980 में माइक्रोसॉफ्ट के 30वें कर्मचारी व पहले व्यवसाय प्रबंधक (बिजनेस मैनेजर) के रूप में नियुक्त हुआ था, वर्ष 1998 में अध्यक्ष (प्रेसिडेंट) और वर्ष 2001 में मुख्य कार्यकारी अधिकारी (सी.ई.ओ.) बना था। बाल्मर कुरीअर हाउस में ही गेट्स से नीचेवाली मंजिल पर रहता था। वैसे तो बाल्मर ऊपरी तौर पर गेट्स से बहुत अलग था, लेकिन वह ऊधम मचानेवाला व झुंड में रहनेवाला था।

प्रकाशक और हार्वर्ड कॉलेज के अंतर-स्नातकों द्वारा निकाले जानेवाला कैंब्रिज (मेसाचुसेट्स) के एकमात्र दैनिक अखबार 'द हार्वर्ड क्रिमसन' का विज्ञापन प्रबंधक भी था। गेट्स और बाल्मर के बीच मित्रता का सबसे बड़ा कारण था, उन दोनों की असाधारण तीव्रता। वे एकसाथ ऊँची आवाज में बातें करते थे, तर्क-वितर्क करते थे, अध्ययन करते थे, धमाल करते रहते थे और दोनों एक साथ फिल्में देखने भी जाते थे।

विश्व के पहले व्यक्तिगत कंप्यूटर के दुभाषिया की रचना—पॉपुलर इलेक्ट्रॉनिक्स ने जनवरी 1975 अंक में एम.आई.टी.एस. के 'ऑल्टेयर 8800' को विश्व के पहले व्यक्तिगत कंप्यूटर के रूप में आवरण-कथा प्रकाशित की थी, जिसे पढ़ते ही पॉल ऐलन ने तत्काल अनुमान लगा लिया था कि आगे क्या होनेवाला है और शीघ्र ही हार्वर्ड छात्रावास 'कुरिअर हाउस' में बिल गेट्स को उसने वह लेख दिखाया था। दोनों को यह समझते देर नहीं लगी कि यदि उन्होंने इस काम को नहीं पकड़ा तो कोई-न-कोई इस अवसर का लाभ उठा लेगा। ऐसे में उन्होंने 'ऑल्टेयर 8800' के लिए पहले से ही प्रचलित कंप्यूटर कार्यक्रम-भाषा 'बेसिक' का दुभाषिया (इंटरप्रेटर) विकसित करने का फैसला किया था, जो जल्द ही 'ऑल्टेयर बेसिक' के रूप में प्रसिद्ध होनेवाला था।

दोनों को यह समझते देर नहीं लगी कि यदि उन्होंने इस काम को नहीं पकड़ा तो कोई-न-कोई इस अवसर का लाभ उठा लेगा। ऐसे में उन्होंने 'ऑल्टेयर 8800' के लिए पहले से ही प्रचलित कंप्यूटर कार्यक्रम-भाषा 'बेसिक' का दुभाषिया (इंटरप्रेटर) विकसित करने का फैसला किया था, जो जल्द ही 'ऑल्टेयर बेसिक' के रूप में प्रसिद्ध होनेवाला था।

कोई उत्तर नहीं मिलने पर जनवरी 1975 की शुरुआत में गेट्स के सुझाव पर जब पॉल ऐलन ने एम.आई.टी.एस. में एड रॉबर्ट्स को फोन किया था, तो उसने कहा था, जो सबसे पहले सॉफ्टवेयर लेकर आएगा, काम उसी को मिलेगा। अब समय नहीं था और जल्द-से-जल्द सॉफ्टवेयर तैयार करना था। चूँकि उनके पास 'ऑल्टेयर' नहीं था, इसीलिए पॉल ऐलन ने हार्वर्ड की एकेन लेबोरेटरी में उपलब्ध मेनफ्रेम कंप्यूटर 'डी.ई.सी. पी.डी.पी.-10' का उपयोग कर 'ऑल्टेयर' का प्रतिरूप तैयार किया था और 'इंटेल-8080' माइक्रोप्रोसेसर की विवरणिका (मैन्युअल) खरीदकर

एक सप्ताह के भीतर 'सिम्युलेटर' (नकल करनेवाला) सहित अन्य उपकरणों के सॉफ्टवेयर लिखना शुरू कर दिया था। दूसरी ओर, बिल गेट्स पीले कागजवाली कानूनी पुस्तिका पर पागलों की तरह 'बेसिक' के 'दुभाषिया' की संकेतलिपि (कोड) लिखे जा रहा था। ज्यों ही ऐलन का सिम्युलेटर सफल हुआ था, गेट्स ने डी.ई.सी. पी.डी.पी.-10 टर्मिनल उस संकेतलिपियों को टंकित करना शुरू कर दिया था। उन्होंने हार्वर्ड के छात्र की मदद से सॉफ्टवेयर की 'फ्लोटिंग पॉइंट' सबंधी विशेष समस्या को भी दूर कर लिया था और दिन-रात एक कर 'बेसिक इंटरप्रेटर' तैयार कर पाने में सफल हो गया था।

एड रॉबट्र्स ने ऐलन को एम.आई.टी.एस. में निदेशक-सामग्री प्रक्रिया विकास (डायरेक्टर-सॉफ्टवेयर डेवलपमेंट) के रूप में पूर्णकालिक नौकरी का प्रस्ताव दिया था। मार्च 1975 की शुरुआत में पॉल ऐलन अल्बुक्वेर्क चला गया था, जबकि गेट्स ने हार्वर्ड में ही रहने का फैसला किया था, लेकिन हार्वर्ड के पाठ्यक्रम में ध्यान देने की बजाय गेट्स का पूरा ध्यान ऐलन के साथ सॉफ्टवेयर विकसित करने और कारोबार को ऊँचाइयों पर पहुँचाने की ओर लगा हुआ था।

एड रॉबट्र्स ने ऐलन को एम.आई.टी.एस. में निदेशक-सामग्री प्रक्रिया विकास (डायरेक्टर-सॉफ्टवेयर डेवलपमेंट) के रूप में पूर्णकालिक नौकरी का प्रस्ताव दिया था। मार्च 1975 की शुरुआत में पॉल ऐलन अल्बुक्वेर्क चला गया था, जबकि गेट्स ने हार्वर्ड में ही रहने का फैसला किया था, लेकिन हार्वर्ड के पाठ्यक्रम में ध्यान देने की बजाय गेट्स का पूरा ध्यान ऐलन के साथ सॉफ्टवेयर विकसित करने और कारोबार को ऊँचाइयों पर पहुँचाने की ओर लगा हुआ था। किसी तरह दूसरे वर्ष की पढ़ाई पूरी करने के बाद 1975 की गरमियों में गेट्स ने हार्वर्ड की पढ़ाई बीच में छोड़कर ऐलन के पास अल्बुक्वेर्क जाने का फैसला कर लिया था।

माइक्रोसॉफ्ट की स्थापना—वैसे तो माइक्रोसॉफ्ट की अनौपचारिक स्थापना 4 अप्रैल, 1975 को अब्लुक्वेर्क (न्यू मैक्सिको, संयुक्त राज्य अमेरिका) में हुई थी, लेकिन पंजीकरण की प्रक्रिया पूरी होने में करीब डेढ़ साल का वक्त लग गया था। इस बीच 7 अप्रैल, 1975 को एक नए इतिहास की शुरुआत हुई थी, जब एम.आई.टी.एस. ने अपने पहले आधिकारिक मासिक समाचार-पत्रक 'कंप्यूटर नोट्स' में

घोषणा की थी कि 'ऑल्टेयर' के लिए माइक्रोसॉफ्ट द्वारा तैयार मूलभूत सामग्री प्रक्रिया दुभाषिया 'ऑल्टेयर बेसिक' सक्रिय रूप से काम कर रहा था, जिसकी कीमत 500 डॉलर थी। फिर 22 जुलाई, 1975 को एम.आई.टी.एस. ने 'ऑल्टेयर बेसिक' के लिए बिल गेट्स व पॉल ऐलन के साथ अनुबंध पर हस्ताक्षर किए थे।

1976 के अंत में, जब एम.आई.टी.एस. के कर्मचारियों की संख्या बढ़कर 230 व कुल बिक्री 60 लाख डॉलर पर पहुँच गई थी, तब एड रॉबट्र्स ने एम.आई.टी.एस. को 60 लाख डॉलर में परटेक कंप्यूटर कॉरपोरेशन को बेचने का फैसला कर लिया था और माइक्रोसॉफ्ट को अपने स्वत्वाधिकार शुल्क (कॉपीराइट फी) के लिए नए प्रबंधन के साथ कानूनी लड़ाई शुरू करनी पड़ी थी। इस बीच माइक्रोसॉफ्ट ने 'बेसिक इंटरप्रेटर' से आगे बढ़कर अन्य कार्यक्रम भाषाओं—कोबोल, फोरट्रॉन व पास्कल में भी सामग्री-प्रक्रिया कार्यक्रमों का विकास करना तेज कर दिया था। अंतत: जब दिसंबर 1978 में माइक्रोसॉफ्ट को गेट्स व ऐलन के गृह नगर सीएटल से केवल 17 किलोमीटर दूर बेल्लेवुए (वाशिंगटन) में स्थानांतरित किया गया था, तब तक उसका बिक्री राजस्व 10 लाख डॉलर को पार कर चुका था और कर्मचारियों की संख्या 12 हो चुकी थी। बाद में माइक्रोसॉफ्ट का मुख्यालय बेल्लेवुए के उत्तर-पूर्व में 16 किलोमीटर दूर रेडमोंड में बनाया गया था।

जापान स्थित पूर्वी एशियाई देशों का एजेंट कजुहिको (के) निशि अच्छा कारोबार ला रहा था। रंगीन कंप्यूटर पत्रिकाओं के प्रकाशन के कारण जापान की इलेक्ट्रॉनिक्स कंपनियों में उसकी अच्छी पकड़ थी, जिनके लिए माइक्रोसॉफ्ट के उत्पादों को बेचना अब बड़ा कारोबार सिद्ध हो रहा था।

अब कंपनी ने अपना डी.ई.सी. सिस्टम-2020 खरीद लिया था। मार्च तक कंपनी के पास बेसिक, फोरट्रॉन-80 व कोबोल-80 के सौ से अधिक ओ.ई.एम. (ओरिजिनल इक्विपमेंट मैन्युफेक्चरर) ग्राहक हो गए थे। जापान स्थित पूर्वी एशियाई देशों का एजेंट कजुहिको (के) निशि अच्छा कारोबार ला रहा था। रंगीन कंप्यूटर पत्रिकाओं के प्रकाशन के कारण जापान की इलेक्ट्रॉनिक्स कंपनियों में उसकी अच्छी पकड़ थी, जिनके लिए माइक्रोसॉफ्ट के उत्पादों को बेचना अब बड़ा कारोबार सिद्ध हो रहा था। दो बड़ी जापानी कंपनियों—एन.ई.सी. (निप्पोन इलेक्ट्रिकल कंपनी) व रिको कंपनी ने माइक्रोसॉफ्ट सॉफ्टवेयर के लिए इतनी बड़ी

राशियों के अनुबंध प्रस्तावित किए थे, जो उस समय गेट्स व ऐलन के अनुमानों से बहुत बड़े थे। इससे पहले टेक्सास इंस्ट्रूमेंट्स ने भी बड़ा अनुबंध किया था, जो दोनों के लिए आश्चर्यजनक आँकड़ा था। अब उनके पास इतना अधिक काम आ गया था और आ रहा था कि वे उसके लिए आवश्यक सामग्री-प्रक्रिया विकासकर्ताओं (सॉफ्टवेयर डेवलपर) की भरती भी नहीं कर पा रहे थे और बहुधा माँगों को निपटाने में देरी होने लगी थी।

वर्ष 1978 का बिक्री राजस्व 13 लाख डॉलर के थोड़ा ऊपर रहा था और वे अगले वर्ष 20 लाख डॉलर की आशा कर रहे थे। इसी बीच जब माइक्रोसॉफ्ट को बेल्लेवुए (सीएटल) आए करीब छह महीने ही हुए थे कि 1979 की गरमियों में बहुचर्चित अमेरिकी उद्यमी रॉस पीरॉट ने माइक्रोसॉफ्ट को खरीदने का प्रस्ताव रख दिया था। केवल 23 वर्ष का बचकाने व्यक्तित्ववाला बिल गेट्स जब पीरॉट से मिलने डल्लास स्थित उसके मुख्यालय में सौदेबाजी के लिए उपस्थित हुआ था तो पीरॉट व उनके शीर्ष कार्यकारियों ने न केवल उम्मीद से कम दाम लगाया था, वरन माइक्रोसॉफ्ट की व्यापक संभावनाओं के बारे में गेट्स के दावे को अनसुना कर दिया था, लेकिन बिल गेट्स को पता था कि माइक्रोसॉफ्ट क्या कर रहा था, क्या करनेवाला था और उसकी कितनी अधिक कारोबारी संभावनाएँ थीं। इसीलिए वह उन लोगों को विनम्रतापूर्वक मना कर वापस लौट आया था। जापान से अंधाधुंध काम मिलने के कारण इस सौदे के टूट जाने का ऐलन व गेट्स के आत्मविश्वास पर कोई असर नहीं हुआ था। जी हाँ, उनका अनुमान बिल्कुल सही निकला था; उन्होंने काम को सही समय पर पूरा करने व लगातार बढ़ते कारोबार को सँभालने के लिए कुल 15 नए कार्यक्रम विकासकर्ताओं को नियुक्त कर लिया था; और 1979 में माइक्रोसॉफ्ट के कुल कर्मचारियों की संख्या 28 हो गई थी और उसका कुल कारोबार 23,90,145 डॉलर हो गया था,

वर्ष 1978 का बिक्री राजस्व 13 लाख डॉलर के थोड़ा ऊपर रहा था और वे अगले वर्ष 20 लाख डॉलर की आशा कर रहे थे। इसी बीच जब माइक्रोसॉफ्ट को बेल्लेवुए (सीएटल) आए करीब छह महीने ही हुए थे कि 1979 की गरमियों में बहुचर्चित अमेरिकी उद्यमी रॉस पीरॉट ने माइक्रोसॉफ्ट को खरीदने का प्रस्ताव रख दिया था।

अनुमान से करीब 4 लाख डॉलर अधिक!

अप्रैल 1980 में माइक्रोसॉफ्ट ने 'जेड-80 सॉफ्टकार्ड' के साथ सी.पी.एम. परिचालन प्रणाली (ऑपरेटिंग सिस्टम) व 'बेसिक-इंटरप्रेटर' पूरा संकुल (पैकेज) केवल 349 डॉलर में प्रस्तुत कर बाजार में धमाका किया था, क्योंकि अलग-अलग खरीदे जाने पर उन सभी सामग्री-प्रक्रियाओं की कुल कीमत प्रति कंप्यूटर 5,000 डॉलर से अधिक बैठ रही थी और 1981 में माइक्रोसॉफ्ट ने कुल 80 लाख डॉलर मूल्य के 25 हजार सॉफ्टकार्ड बेचे थे। हालाँकि बाजार नकली सॉफ्टकार्ड के आ जाने से अगले दो वर्ष बिक्री स्तर सामान्य हो गया था, लेकिन इसके माध्यम से माइक्रोसॉफ्ट ने सी.पी.एम. परिचालन प्रणाली आधारित 8-बिट कंप्यूटर बाजार के कार्यक्रम भाषा सामग्री प्रक्रिया (प्रोग्रामिंग-लैंग्वेज सॉफ्टवेयर) कारोबार पर अपना नियंत्रण स्थापित कर लिया था, जो उभरते घरेलू कंप्यूटर बाजार में उसके लिए सुरक्षित मोर्चा सिद्ध हुआ था। अब माइक्रोसॉफ्ट के लगातार बढ़ते कारोबार के सामान्य प्रबंधन (जनरल मैनेजमेंट) को सँभाल पाना पॉल ऐलन व बिल गेट्स के लिए संभव नहीं रह गया था।

अप्रैल 1980 में माइक्रोसॉफ्ट ने 'जेड-80 सॉफ्टकार्ड' के साथ सी.पी.एम. परिचालन प्रणाली (ऑपरेटिंग सिस्टम) व 'बेसिक-इंटरप्रेटर' पूरा संकुल (पैकेज) केवल 349 डॉलर में प्रस्तुत कर बाजार में धमाका किया था, क्योंकि अलग-अलग खरीदे जाने पर उन सभी सामग्री-प्रक्रियाओं की कुल कीमत प्रति कंप्यूटर 5,000 डॉलर से अधिक बैठ रही थी और 1981 में माइक्रोसॉफ्ट ने कुल 80 लाख डॉलर मूल्य के 25 हजार सॉफ्टकार्ड बेचे थे।

इस काम के लिए बिल गेट्स को हार्वर्ड का अपना सहपाठी स्टीवन एंथनी 'स्टीव' बामर सबसे सुयोग्य लगा था। बामर ने हार्वर्ड से स्नातक कला—व्यावहारिक गणित व अर्थशास्त्र (बी.ए.—एप्लाइड मैथमेटिक्स एंड इकोनॉमिक्स) के बाद प्रॉक्टर एंड गैंबल (पी एंड जी) में दो वर्ष तक सहायक उत्पाद प्रबंधक (असिस्टेंट प्रोडक्ट मैनेजर) के रूप में काम किया था और अब स्टैनफोर्ड ग्रेजुएट स्कूल ऑफ बिजनेस (स्टैनफोर्ड जी.एस.बी., स्टैनफोर्ड, कैलिफोर्निया) में व्यवसाय प्रशासन निष्णात (मास्टर ऑफ बिजनेस एडमिनिस्ट्रेशन/एम.बी.ए.) नामांकन किया ही था कि गेट्स ने उस पर माइक्रोसॉफ्ट में आने का दबाव बनाना शुरू दिया था।

बिल को लगा था कि बिना हिस्सेदारी-प्रस्ताव के बामर को स्टैनफोर्ड से पढ़ाई छुड़वाकर माइक्रोसॉफ्ट में शामिल करना मुश्किल था। इसीलिए गेट्स ने बामर को 5 प्रतिशत हिस्सेदारी देने के लिए ऐलन को सहमत कर लिया था। अप्रैल 1980 में जब यह फैसला हुआ था, तब ऐलन किसी कारोबारी यात्रा पर जाने की जल्दी में था। कुछ दिनों बाद जब वह वापस आया तो उसे कार्यालय के लोगों से पता चला था कि गेट्स ने बामर को 7.5 प्रतिशत हिस्सेदारी का प्रस्ताव कर दिया था। फिर 11 जून, 1980 को स्टीव बामर को व्यवसाय प्रबंधक (बिजनेस मैनेजर) पद पर, माइक्रोसॉफ्ट के 30वें स्थायी कर्मचारी के रूप में नियुक्त कर लिया गया था और यहीं से पॉल ऐलन व बिल गेट्स के बीच दूरियाँ बननी शुरू हो गई थीं।

माइक्रोसॉफ्ट को अब तक सबसे बड़ी सफलता तब मिली थी, जब 6 नवंबर, 1980 को आई.बी.एम. ने उसके साथ कुल 4.30 लाख डॉलर का अनुबंध किया था, जिसमें 75 हजार डॉलर सामग्री प्रक्रिया 'रूपांतर, परीक्षण व परामर्श' के लिए, 45 हजार डॉलर कंप्यूटर परिचालन प्रणाली डिस्क ऑपरेटिंग सिस्टम/डॉस के लिए और 3.10 लाख डॉलर 16-बिट मंच (प्लेटफॉर्म) पर विभिन्न भाषाओं के दुभाषियों (लैंग्वेज इंटरप्रेटर) व उनके संकलकों (कंपाइलर) की एक व्यूह-रचना तैयार करने के लिए।

माइक्रोसॉफ्ट को अब तक सबसे बड़ी सफलता तब मिली थी, जब 6 नवंबर, 1980 को आई.बी.एम. ने उसके साथ कुल 4.30 लाख डॉलर का अनुबंध किया था, जिसमें 75 हजार डॉलर सामग्री प्रक्रिया 'रूपांतर, परीक्षण व परामर्श' के लिए, 45 हजार डॉलर कंप्यूटर परिचालन प्रणाली डिस्क ऑपरेटिंग सिस्टम/डॉस के लिए और 3.10 लाख डॉलर 16-बिट मंच (प्लेटफॉर्म) पर विभिन्न भाषाओं के दुभाषियों (लैंग्वेज इंटरप्रेटर) व उनके संकलकों (कंपाइलर) की एक व्यूह-रचना तैयार करने के लिए। इसके बाद 15 दिसंबर, 1980 को माइक्रोसॉफ्ट ने सीएटल कंप्यूटर प्रोडक्ट्स के साथ 86-डॉस के लिए उपरोक्त लाइसेंसिंग समझौता किया, ताकि आई.बी.एम.-पीसी के लिए डॉस का संस्करण—आई.बी.एम.-पीसी डॉस का विकास शुरू हो सके। जब 12 अगस्त 1981 को, आई.बी.एम.-पीसी को बाजार में उतारा गया था, तब आई.बी.

एम. को भी पता नहीं था कि 1983 के अंत में वह एप्पल के बाद दूसरा सबसे अधिक बिकनेवाला व्यक्तिगत कंप्यूटर (पीसी) हो जाएगा। इतना ही नहीं, 1985 तक, आई.बी.एम.-पीसी का वार्षिक बिक्री राजस्व 4.5 अरब डॉलर हो चुका था और एप्पल के अलावा सभी व्यक्तिगत कंप्यूटर निर्माताओं ने 'डॉस' को अपनाकर माइक्रोसॉफ्ट को 'परिचालन प्रणाली का सम्राट्' स्वीकार कर लिया था, जब उसके कर्मचारियों की संख्या 910 व बिक्री राजस्व 14.04 करोड़ डॉलर हो चुका था।

माइक्रोसॉफ्ट निदेशक-मंडल में अपना स्थान सुरक्षित रखते हुए 18 फरवरी, 1983 को विधिवत् इस्तीफा दे दिया। हालाँकि कंपनी में ऐलन के योगदान को देखते हुए उसे बहुमत से 'उपसभापति' (वाइस चेयरमैन) चुन लिया गया था, लेकिन छह महीने बाद बिल गेट्स ने उसका सारा सामान उसके घर के पते पर भेज दिया था और इस तरह ऐलन का माइक्रोसॉफ्ट के साथ प्रत्यक्ष संबंध का अंत हो गया था।

लेकिन इस बीच 25 सितंबर को प्रारंभिक जाँच से यह पता चल सका था कि पॉल ऐलन को 'लिंफोमा' (एक तरह का ब्लड कैंसर) है, लेकिन आगे और गहन जाँच के बाद अगली सुबह कुछ अच्छा समाचार मिला था कि वह 'हॉज्किन' रोग (लिंफोमा की शुरुआती अवस्था) था। अगले छह सप्ताहों तक हर सप्ताह में पाँच दिनों के विकिरण उपचार (रेडिएशन थेरैपी) के बाद ऐलन बहुत कमजोर हो गया था। फिर भी उसने कार्यालय जाना जारी रखा था, लेकिन बिल गेट्स व स्टीव बामर के रूखे व्यवहार से वह इतना दुःखी हो गया था कि माइक्रोसॉफ्ट निदेशक-मंडल में अपना स्थान सुरक्षित रखते हुए 18 फरवरी, 1983 को विधिवत् इस्तीफा दे दिया। हालाँकि कंपनी में ऐलन के योगदान को देखते हुए उसे बहुमत से 'उपसभापति' (वाइस चेयरमैन) चुन लिया गया था, लेकिन छह महीने बाद बिल गेट्स ने उसका सारा सामान उसके घर के पते पर भेज दिया था और इस तरह ऐलन का माइक्रोसॉफ्ट के साथ प्रत्यक्ष संबंध का अंत हो गया था।

इस बीच बिल गेट्स ने स्टीव जॉब्स से अपने नजदीकी सबंध का लाभ उठाया था और जॉब्स के नेतृत्व में एप्पल मैकिनटोश के लिए विकसित की जा रही चित्रात्मक उपयोगकर्ता अंतराफलक (ग्राफिकल यूजर इंटरफेस/जी.यू.आई.) आधारित परिचालन प्रणाली की नकल कर 'माइक्रोसॉफ्ट विंडोज' का विकास

शुरू कर दिया था। जब जॉब्स को इसका पता चला था तो एप्पल ने माइक्रोसॉफ्ट को न्यायालय में घसीट लिया था, लेकिन 17 सितंबर, 1985 को स्टीव जॉब्स से त्याग-पत्र लेने के बाद एप्पल के तत्कालीन मुख्य कार्यकारी अधिकारी जॉन स्कुल्ली ने माइक्रोसॉफ्ट से समझौता कर लिया था और 20 नवंबर, 1985 को बिल गेट्स ने 'माइक्रोसॉफ्ट विंडोज 1.0, को बाजार में उतारने में सफलता प्राप्त की थी। इस तरह माइक्रोसॉफ्ट बिना किसी रुकावट के व्यक्तिगत कंप्यूटर परिचालन प्रणाली बाजार में अपना एकाधिकार स्थापित करने की दिशा में तेजी से आगे बढ़ गया था।

26 फरवरी, 1986 को, जब माइक्रोसॉफ्ट सीएटल महानगर से 26 किलोमीटर पूर्व में स्थित अर्धशहरी क्षेत्र रेडमोंड के हरे-भरे जंगलों के बीच 88 एकड़ के बड़े भूखंड पर विकसित भव्य मुख्यालय परिसर में हमेशा के लिए स्थानांतरित हुआ था, तब उसके कर्मचारियों की संख्या 900 से ऊपर चली गई थी। वर्ष 2012 तक यह परिसर 500 एकड़ में फैले 125 कार्यालय भवनों, उद्यानों, खेल मैदानों व अन्य अत्याधुनिक सुविधाओंवाला विशाल उपनगर बन चुका था तथा इसमें लगभग 41,000 कर्मचारी काम कर रहे थे।

26 फरवरी, 1986 को, जब माइक्रोसॉफ्ट सीएटल महानगर से 26 किलोमीटर पूर्व में स्थित अर्धशहरी क्षेत्र रेडमोंड के हरे-भरे जंगलों के बीच 88 एकड़ के बड़े भूखंड पर विकसित भव्य मुख्यालय परिसर में हमेशा के लिए स्थानांतरित हुआ था, तब उसके कर्मचारियों की संख्या 900 से ऊपर चली गई थी। वर्ष 2012 तक यह परिसर 500 एकड़ में फैले 125 कार्यालय भवनों, उद्यानों, खेल मैदानों व अन्य अत्याधुनिक सुविधाओंवाला विशाल उपनगर बन चुका था तथा इसमें लगभग 41,000 कर्मचारी काम कर रहे थे।

मुख्यालय परिसर के निर्माण के समानांतर माइक्रोसॉफ्ट अपने 'प्रारंभिक सार्वजनिक प्रस्ताव' (आई.पी.ओ.) की तैयारियाँ कर रहा था। 14 मार्च, 1986 को माइक्रोसॉफ्ट का आई.पी.ओ. 21 डॉलर प्रति शेयर की दर पर खुला था, जो 27.75 डॉलर पर बंद हुआ था। इस आई.पी.ओ. में माइक्रोसॉफ्ट ने कुल 27.95 लाख सामान्य स्वामित्व हिस्सेदारियाँ (कॉमन शेयर ऑफ स्टॉक) की बिक्री कर 51.97 करोड़ डॉलर की ब्याज रहित पूँजी की उगाही की थी। इनमें मूल स्वामित्व धारकों (स्टॉक होल्डर) द्वारा बेची

गई स्वामित्व हिस्सेदारियों की संख्या 7.95 लाख थी और एक दिन में बिल गेट्स, पॉल ऐलन व स्टीव बामर सहित कंपनी के बड़े हिस्सेदार करोड़पति हो चुके थे। आनेवाले 16 वर्षों में (1987 से 2003 तक) माइक्रोसॉफ्ट की मूल स्वामित्व हिस्सेदारी को कुल नौ बार विभाजित (स्प्लिट) किया गया था; अर्थात् 1986 में आई.पी.ओ. के समय खरीदी 1 स्वामित्व हिस्सेदारी (शेयर ऑफ स्टॉक) 2003 में 288 हो गई थी। यदि आपने 14 मार्च, 1986 को माइक्रोसॉफ्ट की एक स्वामित्व हिस्सेदारी को 21 डॉलर के प्रस्ताव मूल्य पर खरीदा होता और उसे 26 मार्च, 1999 को 178.13 डॉलर के भाव में बेचा होता तो आपको 51,301.44 डॉलर की प्राप्ति हुई होती और यदि आपने इसे 1 दिसंबर 2008 को ऐतिहासिक निम्नतम भाव 14.87 डॉलर प्रति शेयर पर बेचा होता तो भी आपको 4282.56 डॉलर मिले होते।

14 अप्रैल, 1993 को माइक्रोसॉफ्ट ने घोषित किया था कि विश्व भर में 'माइक्रोसॉफ्ट विंडोज' के कुल उपयोगकर्ताओं की संख्या 2.5 करोड़ से अधिक हो चुकी थी और वह चित्रात्मक उपयोगकर्ता अंतरफलक (जी.यू.आई.) आधारित सबसे लोकप्रिय परिचालन प्रणाली बन चुकी थी।

❑

स्टीव जॉब्स

हिप्पी गतिविधियों में मग्न स्टीव जॉब्स ने 19 वर्ष की आयु में रीड कॉलेज में बीच में ही पढ़ाई छोड़ दी थी। अटारी कॉरपोरेशन में नौकरी कर धन जुटाया था और भारत की आध्यात्मिक यात्रा पर निकल गया था। वापस लौटने के बाद स्टीव ने वोज्निअक द्वारा प्रारूपित एप्पल-I को बाजार में उतारा था और व्यक्तिगत कंप्यूटर क्रांति का नेतृत्व कर सिलिकॉन वैली का महानायक बन गया था।

एप्पल व पिक्सर का संस्थापक स्टीव जॉब्स प्रौद्योगिकी का महान् नेतृत्वकर्ता था, जिसने जनसाधारण के लिए 'मैकिनटोश' व्यक्तिगत कंप्यूटर (पीसी) का आविष्कार किया था। फिर उसने 'आईपॉड' नामक ऐसे क्रांतिकारी संगीतवादन उपकरण (म्यूजिक प्लेयर) की रचना की थी, जिसने विश्व संगीत उद्योग को हमेशा के लिए बदल दिया और आईपॉड ने 'आईफोन' के विकास का मार्ग प्रशस्त किया था। जॉब्स ने 'आईफोन' में चल-दूरभाष (मोबाइल फोन) व कंप्यूटर की विशेषताएँ समाहित कर सूचना-प्रौद्योगिकियों (इनफॉर्मेशन टेक्नोलॉजी) की संपूर्ण शक्तियों को जनसाधारण की मुट्ठियों में रख दिया था।

एप्पल में दोबारा वापस आने से पहले स्टीव जॉब्स ने पिक्सर एनीमेशन स्टूडियो के साथ कंप्यूटर जीव-संचारण (एनीमेशन) क्षेत्र में प्रवेश किया था और

'टॉय स्टोरी' जैसे ऐसे उच्च गुणवत्ता के जीव संचारित कथाचित्रों (एनिमेटेड फीचर फिल्म) की रचनाएँ की थीं कि उद्योग की महारथी द वॉल्ट डिज्नी कंपनी ने पिक्सर को 7.4 अरब डॉलर के मूल्यांकन पर अपने पाले में झटक लिया था।

जॉब्स के जीवन का अंतिम नवाचार टेबलेट कंप्यूटर 'आईपैड' था, जिसके माध्यम से उसने बहुत हद तक व्यक्तिगत कंप्यूटर (पीसी) की आवश्यकता को ही खत्म कर दिया था। वास्तव में जॉब्स 'आईपैड' के रूप में एक ऐसे उपकरण की रचना करना चाहता था, जो विश्व की सभी प्रकार की जानकारियों के साथ अपने छोटे से परदे पर मस्तिष्क की प्रसंस्करण शक्ति (प्रोसेसिंग पावर) का विस्तार कर सके।

जॉब्स ने अत्यंत आकर्षक बनावटों, तकनीकी जटिलताओं के बाद भी उनके उपयोग की सरलता से समूचे पृथ्वी ग्रह के उपयोगकर्ताओं के मन व मस्तिष्क को जीत लिया था। एप्पल के हर उत्पाद हास्य के प्यारे स्पर्श के साथ न केवल असाधारण थे, बल्कि सुरुचिपूर्ण भी थे।

रोचक तथ्य यह भी है कि प्रौद्योगिकी उद्योग में स्टीव जॉब्स ऐसा क्रांतिकारी नवाचारी था, जो अपने ही उत्पादों की हत्या करने में भी कभी डरा नहीं था। इंटरनेट आधारित वाणिज्य (इ-कॉमर्स) की शुरुआत के साथ ही जॉब्स के आविष्कार जनसंचार माध्यमों (मास मीडिया) के खुदरा बाजार में उथल-पुथल मचानेवाले साबित हुए थे और उन्हें एप्पल के वाणिज्यिक पारिस्थितिकी तंत्र (कॉमर्स इकोसिस्टम)—'आईट्यून स्टोर' में समाहित होना पड़ा था। उपभोक्ता एप्पल उत्पादों के लिए गरजने लगे थे और कंपनी के वित्तीय परिणाम सार्वजनिक बाजारों में उसके नेतृत्व की ध्वज फहराने लगे थे और स्टीव जॉब्स के चमत्कारी नेतृत्व व निगरानी में एप्पल इतिहास की सबसे अधिक सफल कंपनियों में गिना जाने लगा था।

जॉब्स ने अत्यंत आकर्षक बनावटों, तकनीकी जटिलताओं के बाद भी उनके उपयोग की सरलता से समूचे पृथ्वी ग्रह के उपयोगकर्ताओं के मन व मस्तिष्क को जीत लिया था। एप्पल के हर उत्पाद हास्य के प्यारे स्पर्श के साथ न केवल असाधारण थे, बल्कि सुरुचिपूर्ण भी थे। नवाचार में एप्पल नेतृत्व को बनाए रखने के लिए जॉब्स एक तरफ आपूर्तिकर्ताओं को नए मानकों पर खरा उतरने के लिए लगातार धकेलता रहता था, तो दूसरी तरफ कंपनी के अंदर प्रतिभाशाली अभियंताओं

की छोटी सी मंडली का नेतृत्व करते हुए उन्हें नए अनुप्रयोगों के विकास के लिए ललकारता भी रहा था।

भारतीय आध्यात्मिकता के प्रभाव ने स्टीव जॉब्स को अपने पश्चिमी मित्रों से अलग दूरदर्शी नेतृत्वकर्ता के रूप में विकसित किया था। यही कारण था कि वह वर्तमान की बजाय भविष्य की आवश्यकताओं व चुनौतियों पर अपना ध्यान केंद्रित कर पाने में सक्षम व सफल सिद्ध हुआ था। आध्यात्मिक तीव्रता (स्पीरिचुअल इंटेंसिटी) ने जॉब्स को 'थिंक डिफरेंट' (अलग सोचो) के लिए, अर्थात् बिल्कुल नई प्रकार की ऐसी चीजों की कल्पना करनेवाला बनाया था, जो दूसरे लोग देख नहीं सके। यही कारण था कि जब जॉब्स किसी नए उत्पाद का शुभारंभ करता था, तो प्रौद्योगिकी समीक्षक सारी सीमाएँ तोड़कर उसकी प्रशंसा करते थे और अगली सुबह उसे सबसे पहले प्राप्त करने के लिए एप्पल स्टोर्स के सामने रात में उपभोक्ताओं की लंबी-लंबी कतारें सजने लगती थीं।

ग्राहकों को आकर्षित करने के लिए सैमसंग ने वर्ष 2016-17 में 3.7 अरब डॉलर्स खर्च किए थे, जबकि एप्पल ने केवल 1.8 अरब डॉलर्स। पिछले डेढ़ दशक में आईपॉड, आईट्यून, आईफोन व आईपैड से एप्पल ने चार उद्योगों में क्रांति लाने के बाद अप्रैल 2015 में कंप्यूटर क्षमतावाली घड़ियाँ 'एप्पल वॉच' उतारी थीं और 2016 (31 दिसंबर तक) में 1.16 करोड़ इकाइयाँ बेचकर 'स्मार्ट वॉच' बाजार की 55 प्रतिशत हिस्सेदारी पर कब्जा जमा लिया था।

जी हाँ, स्टीव जॉब्स ने एप्पल को 'संप्रदाय (कल्ट) ब्रांड' के रूप में विकसित किया था। 'फोर्ब्स' पत्रिका ने मई 2017 में 170 अरब डॉलर ब्रांड मूल्यांकन के साथ अपनी 'विश्व की सबसे मूल्यवान 100 ब्रांड' सूची में एप्पल को लगातार सातवें वर्ष भी पहले स्थान पर बनाए रखा था। न केवल ब्रांड मूल्य में बल्कि 214.2 अरब डॉलर ब्रांड राजस्व के साथ एप्पल अपने निकटतम प्रतिद्वंद्वियों गूगल (ब्रांड मूल्य : 101.8 अरब डॉलर; ब्रांड राजस्व 80.5 अरब डॉलर), माइक्रोसॉफ्ट (ब्रांड मूल्य : 87 अरब डॉलर; ब्रांड राजस्व : 85.3 अरब डॉलर) व फेसबुक (ब्रांड मूल्य : 73.5 अरब डॉलर; ब्रांड राजस्व : 25.6 अरब डॉलर) से बहुत आगे चल रहा था। वैसे तो स्मार्टफोन की विश्वव्यापी बिक्री के मामले में एप्पल

का सैमसंग के साथ लगातार संघर्ष चलता रहा है, लेकिन सैमसंग ब्रांड मूल्य (38.2 अरब डॉलर) व ब्रांड राजस्व (166.7 अरब डॉलर) दोनों ही मामलों में एप्पल से बहुत पीछे था। रोचक तथ्य यह है कि ग्राहकों को आकर्षित करने के लिए सैमसंग ने वर्ष 2016-17 में 3.7 अरब डॉलर्स खर्च किए थे, जबकि एप्पल ने केवल 1.8 अरब डॉलर्स। पिछले डेढ़ दशक में आईपॉड, आइट्यून, आईफोन व आईपैड से एप्पल ने चार उद्योगों में क्रांति लाने के बाद अप्रैल 2015 में कंप्यूटर क्षमतावाली घड़ियाँ 'एप्पल वॉच' उतारी थीं और 2016 (31 दिसंबर तक) में 1.16 करोड़ इकाइयाँ बेचकर 'स्मार्ट वॉच' बाजार की 55 प्रतिशत हिस्सेदारी पर कब्जा जमा लिया था।

ध्यान रहे कि नेतृत्व का परिवर्तन किसी भी कंपनी के लिए बहुत चुनौतीपूर्ण होता है। यह तब और भी कठिन होता है, जब किसी प्रतिष्ठित कंपनी के संस्थापक के स्थान पर कोई दूसरा आता है। याद करें कि जब नाइकी के फिल नाइट व स्टारबक्स के हॉवर्ड शुल्त्ज ने अपना पड़ छोड़ा तो दोनों कंपनियाँ लड़खड़ाने लगी थीं। वर्ष 1985 में स्टीव जॉब्स को भी एप्पल से बाहर किया गया था और वर्ष 1990 के दशक में कंपनी मौत के कगार पर पहुँच गई थी, लेकिन जब वर्ष 1996 में जॉब्स वापस आया तो एप्पल को फिर से अभूतपूर्व ऊँचाइयों की ओर ले गया था। अक्तूबर 2011 में जॉब्स की मृत्यु के बाद टीम कुक ने एप्पल की कमान सँभाली थी। वैसे कई वर्ष पहले ही अपनी बीमारी के दौरान जॉब्स ने उसे अपना उत्तराधिकारी घोषित कर दिया था। यदि पिछले कुछ वर्षों से कुक के नेतृत्व में भी एप्पल की सफलता की गाड़ी तेजी से घूम रही है तो स्पष्ट है कि एप्पल अपनी ब्रांड निष्ठा व आंतरिक रचनाधर्मिता के दम पर आगे भी क्रांतिकारी उत्पाद प्रस्तुत करने में सफल रहेगी।

अक्तूबर 2011 में जॉब्स की मृत्यु के बाद टीम कुक ने एप्पल की कमान सँभाली थी। वैसे कई वर्ष पहले ही अपनी बीमारी के दौरान जॉब्स ने उसे अपना उत्तराधिकारी घोषित कर दिया था। यदि पिछले कुछ वर्षों से कुक के नेतृत्व में भी एप्पल की सफलता की गाड़ी तेजी से घूम रही है तो स्पष्ट है कि एप्पल अपनी ब्रांड निष्ठा व आंतरिक रचनाधर्मिता के दम पर आगे भी क्रांतिकारी उत्पाद प्रस्तुत करने में सफल रहेगी।

और यह सब कंपनी के महान् सनकी युवा सह-संस्थापक स्टीव जॉब्स के

नेतृत्व में संभव हुआ था, जो हिप्पी समुदाय का सदस्य था, जिसने आध्यात्मिक चेतना के लिए महाविद्यालय की पढ़ाई बीच में ही छोड़ दी थी और सिलिकॉन वैली के उत्थान के साथ-साथ प्रौद्योगिकी जगत का सबसे अधिक चमकदार सितारा बन गया था।

'सिलिकॉन वैली' का उत्थान—सफलता के लिए सही समय व सही स्थान उपलब्ध होना सबसे आवश्यक माना जाता है। यह व्यक्ति विशेष की सूझ-बूझ भी हो सकती है, लेकिन बहुधा यह महज संयोग होता है कि कोई किस समय कहाँ उपस्थित रहता है। स्टीव जॉब्स व स्टीव वोज्निअक की सफलता में बहुत बड़ा योगदान उनके पलने-बढ़ने के स्थान को भी माना जाता है। जब जॉब्स दंपती ने माउंटेन व्यू में और वोज्निअक दंपती ने सनीवेल में निवास करना शुरू किया था तो हर कोने पर खूबानी व बेर के बगीचे थे। अमेरिकी सेना के भारी निवेश के कारण सांता क्लारा वैली के विभिन्न नगरों-उपनगरों—कैंपबेल, क्यूपर्टिनो, गिलरॉय, लॉस अल्टोस, अल्टोस हिल्स, लॉस गटोस, मिल्पिटास, मोंटे सेरेनो, मोर्गन हिल, माउंटेन व्यू, पॉलो ऑल्टो, सैन जोस, सांता क्लारा, साराटोगा, सनीवेल—में प्रौद्योगिकी उछाल (टेक्नोलॉजी बूम) का वातावरण बनना शुरू हो चुका था। अब 'दिलखुश घाटी' की पहचान तेजी से बदलने लगी थी और इस समूचे क्षेत्र को 'सिलिकॉन वैली' का नाम मिलने जा रहा था।

अमेरिकी सेना के भारी निवेश के कारण सांता क्लारा वैली के विभिन्न नगरों-उपनगरों—कैंपबेल, क्यूपर्टिनो, गिलरॉय, लॉस अल्टोस, अल्टोस हिल्स, लॉस गटोस, मिल्पिटास, मोंटे सेरेनो, मोर्गन हिल, माउंटेन व्यू, पॉलो ऑल्टो, सैन जोस, सांता क्लारा, साराटोगा, सनीवेल—में प्रौद्योगिकी उछाल (टेक्नोलॉजी बूम) का वातावरण बनना शुरू हो चुका था। अब 'दिलखुश घाटी' की पहचान तेजी से बदलने लगी थी और इस समूचे क्षेत्र को 'सिलिकॉन वैली' का नाम मिलने जा रहा था।

अमेरिका के हरे-भरे हजारों अन्य उपनगरों के मुकाबले सांता क्लारा वैली के ये क्षेत्र पूरी तरह से अलग थे; इन उपनगरों के अधिकांश निवासी किसी-न-किसी कंपनी में अभियंता (इंजीनियर) थे। साधारण व्यक्ति भी यहाँ अभियंता बनने के प्रयास करता दिख रहा था। अमेरिका में ऐतिहासिक प्रौद्योगिकी क्रांति के इस

मुख्य क्षेत्र में पलते-बढ़ते स्टीव जॉब्स का संवेदनशील बाल-मन हर छोटी-बड़ी गतिविधि को अपने अंदर समेट रहा था और उसके अंदर कुछ विशेष करने की आकांक्षा गहरी हो रही थी। माउंटेन व्यू से महज पाँच किलोमीटर की दूरी पर सनीवेल में नागरिक-सैन्य संयुक्त हवाई अड्डे—मोफ्फेट फेडरल एयरफील्ड के विशाल परिसर में ही राष्ट्रीय वैमानिकी व अंतरिक्ष प्रशासन (नेशनल एयरोनॉटिक्स एंड स्पेस एडमिनिस्ट्रेशन/नासा) का एम्स रिसर्च सेंटर भी था। पॉल जॉब्स अपने जिज्ञासु पुत्र को वहाँ घुमाने ले गया था और जब स्टीव ने पहली बार वहाँ प्रदर्शित 'मेनफ्रेम कंप्यूटर टर्मिनल' को देखा था तो वह बस उसी में खो-सा गया था। नासा परिसर के ठीक बगल में लॉक हीड कॉरपोरेशन था, जहाँ स्टीव वोज्निअक का पिता रॉकेट अभियंता था और उसने अपने घर को ही प्रयोगशाला में बदल रखा था। इस प्रकार जैसे-जैसे सांता क्लारा वैली 'वैली ऑफ हार्ट्स डिलाइट' से 'सिलिकॉन वैली' की दिशा में अग्रसर हो रही थी, व्यक्तिगत कंप्यूटर के भावी क्रांतिकारी स्टीव जॉब्स व स्टीव वोज्निअक भी बड़े हो रहे थे।

जहाँ स्टीव वोज्निअक का पिता रॉकेट अभियंता था और उसने अपने घर को ही प्रयोगशाला में बदल रखा था। इस प्रकार जैसे-जैसे सांता क्लारा वैली 'वैली ऑफ हार्ट्स डिलाइट' से 'सिलिकॉन वैली' की दिशा में अग्रसर हो रही थी, व्यक्तिगत कंप्यूटर के भावी क्रांतिकारी स्टीव जॉब्स व स्टीव वोज्निअक भी बड़े हो रहे थे।

जी हाँ, जनवरी 1971 में जब इंटेल कॉरपोरेशन ने 4-बिट केंद्रीय प्रक्रमन एकक (सेंट्रल प्रोसेसिंग यूनिट/सी.पी.यू.)—इंटेल-4004—का डिजाइन पूरा कर लिया था, जिसे 'माइक्रोप्रोसेसर' (सूक्ष्म संसाधक) नाम दिया गया था और दो माह बाद मार्च में उसे बाजार में उतारा गया था। इसके साथ ही सांता क्लारा वैली की पहचान बदलने लगी थी। तब लोकप्रिय साप्ताहिक व्यापार समाचार पत्र—इलेक्ट्रॉनिक्स न्यूज—में स्तंभकार डॉन सी. होएफ्लर ने 'सिलिकॉन वैली यू.एस.ए.' शीर्षक से आलेख-शृंखला लिखना शुरू किया था। शीघ्र ही ऐतिहासिक अल कैमिनो रियल या रॉयल रोड ('अल्टा कैलिफोर्निया फ्रांसिस मिशन' के 21 गिरजाघरों को जोड़नेवाला मार्ग) के लगभग 62 किलोमीटर फैलाव पर दक्षिणी सैन फ्रांसिस्को से पॉलो ऑल्टो होते हुए सैन जोस तक फैले सांता क्लारा वैली के विभिन्न उपनगरों में

कंप्यूटर से संबंधित आरंभिक (स्टार्ट-अप) कंपनियों का जमघट शुरू हो गया था और यह क्षेत्र 'सिलिकॉन वैली' के रूप में प्रसिद्धि प्राप्त करने लगा था।

इस बीच वर्ष 1970 में स्टैनफोर्ड इंडस्ट्रियल पार्क में जेरॉक्स कॉरपोरेशन ने यहाँ पॉलो ऑल्टो रिसर्च सेंटर (पार्क) की स्थापना की थी। 'जेरोक्स पार्क' नाम से मशहूर इस शोध केंद्र द्वारा लेजर प्रिंटिंग, ईथरनेट, आधुनिक व्यक्तिगत कंप्यूटर (पीसी), चित्रात्मक उपयोगकर्ता अंतराफलक (ग्राफिकल यूजर इंटरफेस/जी.यू.आई.), वस्तु उन्मुख कार्यक्रम निर्माण (ऑब्जेक्ट ओरिएंटेड प्रोग्रामिंग), उन्नत कंप्यूटिंग अवधारणा—सर्वव्यापक कंप्यूटिंग, आकारहीन सिलिकॉन अनुप्रयोग (आमोरफस सिलिकॉन एप्लीकेशंस), बहुत बड़े पैमाने पर एकीकरण (वैरी लार्ज स्केल इंटीग्रेशन/वी.एल.एस.आई.) आदि के आविष्कार ने 1980 के दशक की व्यक्तिगत कंप्यूटर क्रांति में अग्रणी भूमिका अदा की थी।

वर्ष 1970 में स्टैनफोर्ड इंडस्ट्रियल पार्क में जेरॉक्स कॉरपोरेशन ने यहाँ पॉलो ऑल्टो रिसर्च सेंटर (पार्क) की स्थापना की थी। 'जेरोक्स पार्क' नाम से मशहूर इस शोध केंद्र द्वारा लेजर प्रिंटिंग, ईथरनेट, आधुनिक व्यक्तिगत कंप्यूटर (पीसी), चित्रात्मक उपयोगकर्ता अंतराफलक (ग्राफिकल यूजर इंटरफेस/ जी.यू.आई.), वस्तु उन्मुख कार्यक्रम निर्माण (ऑब्जेक्ट ओरिएंटेड प्रोग्रामिंग), उन्नत कंप्यूटिंग अवधारणा— सर्वव्यापक कंप्यूटिंग, आकारहीन सिलिकॉन अनुप्रयोग (आमोरफस सिलिकॉन एप्लीकेशंस), बहुत बड़े पैमाने पर एकीकरण (वैरी लार्ज स्केल इंटीग्रेशन/वी.एल.एस.आई.) आदि के आविष्कार ने 1980 के दशक की व्यक्तिगत कंप्यूटर क्रांति में अग्रणी भूमिका अदा की थी।

वर्ष 1972 में यूजीन क्लीनर, टॉम पर्किंस, फ्रैंक जे. कौफील्ड, व ब्रूक बायर्स ने सैंड हिल रोड मेंलो पार्क (सैंट मातेओ काउंटी, कैलिफोर्निया) में पहली उद्यम पूँजी कंपनी—क्लीनर पर्किंस कौफील्ड एंड बायर्स (के.पी.सी.बी.) की स्थापना की थी। सैन फ्रांसिस्को खाड़ी क्षेत्र (बे एरिया) के मातेओ काउंटी के बिल्कुल पूर्वी छोर पर बसे संभ्रांत शहर मेंलो पार्क के उत्तर में सैन फ्रांसिस्को खाड़ी, दक्षिण में पॉलो ऑल्टो व स्टैनफोर्ड विश्वविद्यालय और

पश्चिम में आथर्टन, नॉर्थ फेयर ओक्स व रेडवुड सिटी बसा हुआ है। सैंड हिल रोड का उत्तरी हिस्सा स्टैनफोर्ड शॉपिंग सेंटर (पॉलो ऑल्टो) की पार्किंग में खत्म होता है। शीघ्र ही, सैंड हिल रोड पर उद्यम-पूँजी प्रतिष्ठानों (वेंचर कैपिटल फर्म्स) के अपने कार्यालय खुलने लगे थे, जिनके माध्यम से सिलिकॉन वैली की आरंभिक प्रौद्योगिकी कंपनियाँ समूचे अमेरिका की कुल वार्षिक उद्यम-पूँजी निवेश का एक-तिहाई अपनी ओर खींचने लगी थीं। लेकिन इस उद्यम पूँजी बाजार में वास्तविक उछाल दिसंबर 1980 में एप्पल कंप्यूटर के 130 करोड़ डॉलर के ऐतिहासिक आई.पी.ओ. के बाद आया था और सैंड हिल रोड को सिलिकॉन वैली का 'वाल स्ट्रीट' कहा जाने लगा था।

परित्यक्त लेकिन 'चयनित' व 'विशिष्ट' बालक—जिस समय सिलिकॉन वैली का विकास हो रहा था, दो विश्वयुद्धों की त्रासदियों को झेलने के बाद अमेरिका विश्व के सबसे शक्तिशाली राष्ट्र के रूप में उभर रहा था। युवाओं में अंतर्जातीय विवाह का चलन तो तेज हो चुका था, लेकिन विवाह से पहले गर्भधारण को व्यापक सामाजिक स्वीकारोक्ति मिलना शेष था। अभी भी बड़े महानगरों से दूर के क्षेत्रों में विवाह से पहले या उससे अलग शारीरिक संबंधों को 'पाप' ही माना जाता था। इससे भी बड़ी बात यह थी कि सुरक्षित गर्भपात की आधुनिक प्रौद्योगिकी अभी सर्वसुलभ नहीं हो सकी थी। जानलेवा गर्भपात की घटनाएँ बढ़ रही थीं; ऐसे में कुछ समाजसेवी चिकित्सक 'अविवाहित माँ' के जीवन को बचाने के लिए सुरक्षित प्रसव की व्यवस्था कर रहे थे और फिर सुरक्षित भविष्य के लिए उन बच्चों को नि:संतान दंपतियों को 'गोद' देने का अभियान चला रहे थे।

युवाओं में अंतर्जातीय विवाह का चलन तो तेज हो चुका था, लेकिन विवाह से पहले गर्भधारण को व्यापक सामाजिक स्वीकारोक्ति मिलना शेष था। अभी भी बड़े महानगरों से दूर के क्षेत्रों में विवाह से पहले या उससे अलग शारीरिक संबंधों को 'पाप' ही माना जाता था।

ऐसे में 24 फरवरी, 1955 को सैन फ्रांसिस्को के समाजसेवी चिकित्सक की देखरेख में अविवाहित माँ जोआन कैरोल स्चिएबले ने 'बेबी जॉन डोए' को जन्म दिया था। इस बालक को एक नि:संतान दंपती पॉल रेनहोल्ड जॉब्स व क्लारा हगोपियन ने गोद लिया था; तीन साल बाद 'बेबी जॉन डोए' को आधिकारिक नाम मिला था—

स्टीवन पॉल जॉब्स, जो स्टीव जॉब्स के रूप में विश्वप्रसिद्ध होनेवाला था।

पॉल व क्लारा जॉब्स ने स्टीव का हमेशा 'विशेष रूप से चुना हुआ' व 'भगवान् का उपहार' मानकर ही पालन-पोषण किया था। उन दोनों ने भूल से भी स्टीव की अवहेलना करने की गलती नहीं की थी। स्टीव से भी उन्हें जीवन भर 'एक हजार प्रतिशत वास्तविक माता-पिता' का मान-सम्मान मिला था, लेकिन स्टीव को बचपन में ही इस क्रूर सत्य का पता चल गया कि वह 'दत्तक' था; उसके जन्मदाताओं ने उसका 'परित्याग' कर दिया था और यह एक ऐसा दर्द था, जिसने उसके व्यक्तित्व को बुरी तरह प्रभावित किया था। 'परित्यक्त', 'चयनित' व 'विशिष्ट' ऐसी तीन अवधारणाएँ थीं, जो स्टीव जॉब्स के व्यक्तित्व का हिस्सा बन गई थीं और वह स्वयं को भी आजीवन इन्हीं रूपों में देखता रहा था।

लेकिन पॉल व क्लारा जॉब्स ने अपने बच्चे के लिए जो वातावरण बनाया था, वह 1950 के दशक के अंतिम वर्षों का आम चलन था। स्टीव जब दो साल का था तो उसके दत्तक माता-पिता ने उसके लिए एक बहन 'पैटी' को भी गोद ले लिया था। पॉल जॉब्स को उसकी कंपनी ने पॉलो ऑल्टो स्थित कार्यालय में स्थानांतरित कर दिया था, जो परिवार की आय से बहुत महँगा क्षेत्र था। इसीलिए जॉब्स दंपती ने अपने लिए अपेक्षाकृत सस्ते माउंटेन व्यू (286 दिआब्लो एवेन्यू) को चुना था। पॉल जॉब्स ने वहाँ भी अपनी गैराज में पुरानी कारों को ठीक-ठाक कर बेचने का अल्पकालिक व्यवसाय शुरू कर लिया था। बालक स्टीव अपने पिता के काम-काज को बहुत ही बारीकी से परख रहा था। पॉल जॉब्स पूर्णतावादी (परफेक्शनिस्ट) था और कार के अंदर के कल-पुर्जों की

पॉल व क्लारा जॉब्स ने स्टीव का हमेशा 'विशेष रूप से चुना हुआ' व 'भगवान् का उपहार' मानकर ही पालन-पोषण किया था। उन दोनों ने भूल से भी स्टीव की अवहेलना करने की गलती नहीं की थी। स्टीव से भी उन्हें जीवन भर 'एक हजार प्रतिशत वास्तविक माता-पिता' का मान-सम्मान मिला था, लेकिन स्टीव को बचपन में ही इस क्रूर सत्य का पता चल गया कि वह 'दत्तक' था; उसके जन्मदाताओं ने उसका 'परित्याग' कर दिया था और यह एक ऐसा दर्द था, जिसने उसके व्यक्तित्व को बुरी तरह प्रभावित किया था।

बनावट की सुंदरता व पूर्ण शुद्धता का विशेष ध्यान रखता था। उसका मानना था कि हर चीज अपने सही स्वरूप में होनी चाहिए, भले ही वह बाहर से दिखाई देती हो या नहीं। स्टीव ने अपने पिता के इस उत्पादन-दर्शन (प्रोडक्शन फिलॉसफी) को बचपन में ही आत्मसात् कर लिया था, जो भविष्य में एप्पल के हर उत्पाद की अद्‍भुत विशेषता के रूप में संसार के सामने आनेवाला था।

कारों के सुधार के माध्यम से ही पॉल जॉब्स ने पहली बार बालक स्टीव का इलेक्ट्रॉनिक्स से साक्षात्कार कराया था। वह स्वयं इलेक्ट्रॉनिक्स का विशेषज्ञ तो नहीं था, लेकिन उसने स्टीव को कार में उपयोग होनेवाले इलेक्ट्रॉनिक्स पुर्जों के माध्यम से आधारभूत ज्ञान प्रदान करने का प्रयास किया था। स्टीव अपने पिता की बात को बहुत ही रुचि से सुना-समझा करता था। स्टीव को इससे भी अधिक आनंद तब आता था, जब वह पॉल के साथ सस्ते कल-पुर्जों की खोज में बड़े कबाड़खानों में लेकर जाया करता था। पॉल जॉब्स कुशल खरीदार था; वह कार के कल-पुर्जों की खोज में बहुत अधिक समय लगाता था और फिर उन्हें सबसे कम मूल्य पर खरीदने के लिए बहुत ही अधिक तोल-मोल करता था। स्टीव बहुत ध्यान से सबकुछ देखा-परखा करता था और पिता के साथ उन्हीं खरीदारी यात्राओं के क्रम में, उसमें भी विशेष रूप से इलेक्ट्रॉनिक कल-पुर्जों की सूक्ष्मता को समझने व तोल-मोल कर न्यूनतम मूल्य पर खरीदारी करने की अद्‍भुत कला विकसित होनी शुरू हो गई थी, जो भविष्य में सिलिकॉन वैली में किंवदंती बननेवाली थी।

> ***स्टीव के बाल मन पर उसके अपने व आस-पड़ोस के घरों की सुरुचिपूर्ण, आधुनिक, साधारण व सस्ती बनावट ने गहरा असर डाला था। वर्ष 1950 से 1974 के बीच प्रसिद्ध अचल संपत्ति विकासकर्ता (रियल एस्टेट डेवलपर) जोसफ एइचलर ने कैलिफोर्निया के विभिन्न उपखंडों में अमेरिकी 'आम आदमी' की आवश्यकताओं व खरीद-क्षमता को ध्यान में रखते हुए 11 हजार से अधिक साधारण व आधुनिक घरों का निर्माण किया था।***

स्टीव के बाल मन पर उसके अपने व आस-पड़ोस के घरों की सुरुचिपूर्ण, आधुनिक, साधारण व सस्ती बनावट ने गहरा असर डाला था। वर्ष 1950 से 1974 के बीच प्रसिद्ध अचल संपत्ति विकासकर्ता (रियल एस्टेट डेवलपर) जोसफ

एइचलर ने कैलिफोर्निया के विभिन्न उपखंडों में अमेरिकी 'आम आदमी' की आवश्यकताओं व खरीद-क्षमता को ध्यान में रखते हुए 11 हजार से अधिक साधारण व आधुनिक घरों का निर्माण किया था। इन घरों की बनावट व क्षेत्र की नागरिक सुविधाओं को विश्वविख्यात अमेरिकी वास्तुकार (आर्किटेक्ट) व आंतरिक सज्जाकार (इंटीरियर डिजाइनर) की 'जैविक वास्तुकला' (ऑर्गेनिक आर्किटेक्चर) के दर्शन पर विकसित किया गया था, जो अपनी अद्भुत बनावट अवधारणा (डिजाइन कॉन्सेप्ट) के माध्यम से सामुदायिक जीवन व प्राकृतिक वातावरण के बीच अधिक सामंजस्य को प्रोत्साहित करती थी। इन घरों की सुरुचिपूर्ण, आधुनिक, साधारण व सस्ती संरचनाएँ स्टीव के मन को मोहती थीं। उसके मन की गहराइयों में बचपन से ही इस अवधारणा ने ठोस रूप लेना शुरू कर दिया था कि कम लागत में भी जनसाधारण के लिए उत्कृष्ट उत्पाद बनाए जा सकते थे और बाद में एप्पल के विभिन्न उत्पाद स्टीव जॉब्स में बचपन में विकसित हुई अवधारणा के जीवंत प्रमाण के रूप में सामने आनेवाले थे।

उस समय स्टीव प्राथमिक विद्यालय में चौथी कक्षा में पढ़ रहा था। वह अपने पिता से बहुत प्यार करता था, लेकिन उसे पता नहीं चला था कि उसके पिता अचानक क्यों टूट-से गए थे? बहुत बाद में स्टीव को यह बात समझ में आई थी कि उसके पिता ने सफल विक्रेता बनने के लिए चापलूसी व चालाकी को नहीं अपनाया था।

इस बीच पॉल जॉब्स ने दूसरों की देखा-देखी अचल संपत्ति की खरीद-बिक्री का काम शुरू किया था, लेकिन बाजार मंदा होने के कारण उसे भारी घाटा उठाना पड़ा था। परिवार की आर्थिक स्थिति अचानक चरमराने लगी थी और क्लारा जॉब्स को बही लेखक (बुक कीपर) की नौकरी के लिए बाध्य होना पड़ा था। उस समय स्टीव प्राथमिक विद्यालय में चौथी कक्षा में पढ़ रहा था। वह अपने पिता से बहुत प्यार करता था, लेकिन उसे पता नहीं चला था कि उसके पिता अचानक क्यों टूट-से गए थे? बहुत बाद में स्टीव को यह बात समझ में आई थी कि उसके पिता ने सफल विक्रेता बनने के लिए चापलूसी व चालाकी को नहीं अपनाया था। अचल संपत्ति के धंधे में लोगों को चूसना पड़ता है, जो पॉल जॉब्स का मूल स्वभाव नहीं था। वे शांत व विनम्र स्वभाव के थे और अंततः वे फिर से मिस्त्री बन गए थे। स्टीव ने बचपन की इस घटना से भी बहुत कुछ सीखा था। वह हमेशा ही अपने

पिता के सरल स्वभाव की प्रशंसा करता रहा था और गर्व भी महसूस करता था, लेकिन उसने कभी भी अपने कार्य व व्यापार-व्यवहार में पिता की 'नकल' नहीं की थी। स्टीव का आधारभूत स्वभाव भी अत्यंत ही भावुक था, लेकिन वह बचपन से ही दृढ़संकल्पी था और हमेशा सफल बनने के प्रयास करता रहता था। इसीलिए उसने पिता के अत्यंत नैतिक कार्य-व्यवहार को कभी भी अपने ऊपर हावी नहीं होने दिया। भविष्य की घटनाएँ प्रमाणित करती हैं कि सफलता सुनिश्चित करने के लिए स्टीव ने स्वयं को कितना 'जटिल' व 'चतुर' बना लिया था।

चौथी कक्षा के अंत में जब स्टीव के शिक्षा-स्तर का परीक्षण किया गया था, तब पॉल जॉब्स सहित उसके प्राथमिक विद्यालय के सभी शिक्षक भी चौंक पड़े थे—स्टीव ने 10वीं कक्षा के छात्रों के बराबर अंक हासिल किए थे। इससे पहली बार पॉल व क्लारा जॉब्स को इस बात के ठोस प्रमाण मिल सके थे कि वे अपने बेटे को 'विशेष' मानकर कोई गलती नहीं कर रहे थे। साथ ही, शिक्षकों को अपनी गलती की अनुभूति हुई थी कि वे 'विशेष' छात्र के साथ ठीक व्यवहार नहीं कर रहे थे।

चौथी कक्षा के अंत में जब स्टीव के शिक्षा-स्तर का परीक्षण किया गया था, तब पॉल जॉब्स सहित उसके प्राथमिक विद्यालय के सभी शिक्षक भी चौंक पड़े थे—स्टीव ने 10वीं कक्षा के छात्रों के बराबर अंक हासिल किए थे। इससे पहली बार पॉल व क्लारा जॉब्स को इस बात के ठोस प्रमाण मिल सके थे कि वे अपने बेटे को 'विशेष' मानकर कोई गलती नहीं कर रहे थे। साथ ही, शिक्षकों को अपनी गलती की अनुभूति हुई थी कि वे 'विशेष' छात्र के साथ ठीक व्यवहार नहीं कर रहे थे। उन्होंने स्टीव के प्रति स्वयं का दृष्टिकोण बदला और स्टीव के सामने सीखने की चुनौती प्रस्तुत करने के उद्‍देश्य से उसे सीधे दो कक्षा ऊपर 'सातवीं' में भेजने का प्रस्ताव रखा, लेकिन माता-पिता ने अधिक संवेदनशीलता के साथ फैसला किया था और स्टीव को एक कक्षा ऊपर छठी में भेजा गया था, लेकिन इसके लिए स्टीव को उस विद्यालय में स्थानांतरित होना पड़ा था, जहाँ के छात्र गुंडागर्दी के लिए बदनाम थे और हाल में ही कुछ छात्रों को सामूहिक बलात्कार (गैंग रेप) के आरोप में जेल भेजा गया था। ऐसे वातावरण में स्टीव ने किसी तरह छठी कक्षा तो पूरी कर ली थी, लेकिन सातवीं कक्षा के बीच में

पहुँचने तक वह इतना अधिक परेशान हो चुका था कि उसने माता-पिता के सामने दूसरे स्कूल में डालने या फिर पढ़ाई छोड़ देने की धमकी दे दी थी।

लेकिन स्टीव की धमकी ने पॉल व क्लारा जॉब्स के सामने गंभीर आर्थिक चुनौती खड़ी कर दी थी। वे बड़ी मुश्किल से घर के खर्चे पूरे कर पा रहे थे। ऐसे में स्कूल बदलने का सीधा अर्थ था, अपने पारिवारिक निवास को दूसरे शिक्षा-जिला क्षेत्र में स्थानांतरित करना। यह आसान काम तो नहीं था, लेकिन स्टीव के माता-पिता अपने 'विशेष' बेटे के लिए चाहे जो भी हो, 'कुछ भी' करने को तैयार थे। उन्होंने विभिन्न विद्यालय-जिला क्षेत्रों का अध्ययन किया और अपनी आर्थिक क्षमता से ऊपर जाकर माउंटेन व्यू (दिअब्लो एवेन्यू) से करीब 13 किलोमीटर दक्षिण में स्थित लॉस अल्टोस (2066 क्रिस्ट ड्राइव) में 21 हजार डॉलर में तीन शयनकक्षों व गैराज सहित पहले से बड़ा व अधिक सुविधाओंवाला घर खरीदा। यह 'क्यूपर्टिनो-सनीवेल विद्यालय जिला' क्षेत्र के अंतर्गत आता था, जो सांता क्लारा वैली के सबसे सुरक्षित व संभ्रांत क्षेत्रों में से एक था। तब उस घर के आसपास खूबानी, बेर व सब्जियों के कई बगीचे मौजूद थे; स्टीव अकसर उन बगीचों में जाया करता था; वहाँ के मालियों ने उसे जैविक खेती का महत्त्व समझाया था व उसके गुर भी सिखाए थे; और वहीं से जैविक फलों व सब्जियों के प्रति स्टीव का जो लगाव शुरू हुआ, वह बाद में उसका 'जीवन-आहार' बन गया था।

पॉल व क्लारा जॉब्स अपने 'विशेष' बालक को धार्मिक शिक्षा भी देना चाहते थे। इसके लिए उन्होंने स्टीव को नियमित रूप से रविवार को समीप के लूथर गिरजाघर में भी ले जाना शुरू किया था, लेकिन जब स्टीव 13 वर्ष का हुआ तो उन्हें अचानक यह क्रम रोकना पड़ा था। वास्तव में जुलाई 1968 के अंक में 'लाइफ' पत्रिका ने मुख पृष्ठ पर बियाफ्रा (नाइजीरिया) में भुखमरी के शिकार बच्चों के चित्रों के साथ हृदय-विदारक आवरण कथा को प्रकाशित किया था।

पॉल व क्लारा जॉब्स अपने 'विशेष' बालक को धार्मिक शिक्षा भी देना चाहते थे। इसके लिए उन्होंने स्टीव को नियमित रूप से रविवार को समीप के लूथर गिरजाघर में भी ले जाना शुरू किया था, लेकिन जब स्टीव 13 वर्ष का हुआ तो उन्हें अचानक यह क्रम रोकना पड़ा था। वास्तव में जुलाई 1968 के अंक में 'लाइफ'

पत्रिका ने मुख पृष्ठ पर बियाफ्रा (नाइजीरिया) में भुखमरी के शिकार बच्चों के चित्रों के साथ हृदय-विदारक आवरण कथा को प्रकाशित किया था। स्टीव इस पत्रिका के साथ गिरजाघर की रविवारीय कक्षा में पहुँचा था और उसे दिखाते हुए पादरी से पूछा, "क्या ईश्वर इन बच्चों के बारे में जानता है?" पादरी ने स्टीव को समझाते हुए कहा, "हाँ, ईश्वर जानता है।" स्टीव ने तत्काल ही घोषित कर दिया कि उसकी ऐसे 'ईश्वर' की पूजा में कोई रुचि नहीं है; और फिर वह आजीवन कभी भी गिरजाघर नहीं गया था।

स्टीव जॉब्स को पिता से व्यावसायिक कुशलता के साथ-साथ 'मिस्त्री' की लगनशीलता—कार की बजाय इलेक्ट्रॉनिक्स उपकरणों के प्रति—भी हासिल हुई थी। उसी प्रकार स्टीव वोज्निअक को अपने पिता से तकनीकी प्रतिभा के साथ व्यवसाय के प्रति अरुचि भी विरासत में मिली थी। भविष्य में स्टीव जॉब्स की यही व्यावसायिक कुशलता स्टीव वोज्निअक की तकनीकी प्रतिभा पर भारी पड़नेवाली थी।

उस समय पॉल जॉब्स सांता क्लारा के समीप इलेक्ट्रॉनिक्स व मेडिकल उपकरणों के लिए लेजर का उत्पादन करनेवाली कंपनी स्पेक्ट्रा फिजिक्स में मिस्त्री (मशीनिस्ट) की नौकरी कर रहा था। वह अभियंताओं द्वारा आविष्कृत उत्पादों के प्रारंभिक कार्यशील नमूने (प्रोटोटाइप) तैयार करता था। लेजर के उत्पादन में सटीक मिलान (प्रिसिजन एलाइनमेंट) की आवश्यकता होती है; इसके लिए पॉल जॉब्स को विशेष प्रकार के औजार (टूल) व साँचे (डाई) विकसित करने पड़ते थे और फिर लेथ व मिलिंग मशीनों पर कठोर परिश्रम कर उत्पादों को तैयार करना पड़ता था। स्टीव अपने पिता की इस हस्तकला से अत्यंत प्रभावित था, लेकिन उसने मशीनों पर अपने हाथ गंदे कर उस कला को सीखने में कोई रुचि नहीं ली थी, क्योंकि तब तक वह इलेक्ट्रॉनिक उपकरणों का पागल प्रेमी बन चुका था और दिन-रात सपने देखा करता था।

स्टीव जॉब्स के विपरीत स्टीव वोज्निअक की पारिवारिक पृष्ठभूमि बिल्कुल अलग थी। स्टीव के पिता उच्च विद्यालय भी पूरा नहीं कर सके थे, लेकिन वे कुशल कार-मिस्त्री थे और उसके कल-पुर्जों की सही खरीदारी कर जीवनयापन के लिए पर्याप्त स्व-व्यवसाय करने में सक्षम थे, लेकिन स्टीव' वोज्निअक के पिता याकूब फ्रांसिस 'जैरी' वोज्निअक लॉकहीड मिसाइल एंड स्पेस कंपनी (एल.एम.एस.सी.)

में रॉकेट वैज्ञानिक तो थे, लेकिन उनमें कोई व्यवसाय-प्रतिभा नहीं थी। स्टीव जॉब्स को पिता से व्यावसायिक कुशलता के साथ-साथ 'मिस्त्री' की लगनशीलता—कार की बजाय इलेक्ट्रॉनिक्स उपकरणों के प्रति—भी हासिल हुई थी। उसी प्रकार स्टीव वोज्निअक को अपने पिता से तकनीकी प्रतिभा के साथ व्यवसाय के प्रति अरुचि भी विरासत में मिली थी। भविष्य में स्टीव जॉब्स की यही व्यावसायिक कुशलता स्टीव वोज्निअक की तकनीकी प्रतिभा पर भारी पड़नेवाली थी।

हिप्पी संस्कृति में युवा होते जॉब्स व वोज्निअक—सन् 1968 में जब स्टीव जॉब्स अपने क्षेत्र के जाने-माने होमस्टेड हाईस्कूल (क्यूपर्टिनो) में प्रवेश कर रहा था, स्टीव वोज्निअक उच्च विद्यालय पढ़ाई पूरी कर महाविद्यालय में जाने की तैयारी कर रहा था। वह आधुनिक अमेरिका के इतिहास का सबसे अशांत कालक्रम था। अश्वेत अमेरिकियों के विरुद्ध नस्ली भेदभाव को समाप्त करने और उन्हें संवैधानिक मताधिकार दिलाने के लिए 1954 में शुरू हुआ 'अफ्रीकी-अमेरिकी नागरिक अधिकार आंदोलन' अपने चरम पर था। 4 अप्रैल, 1968 को इस आंदोलन के महानायक मार्टिन लूथर किंग, जूनियर की हत्या कर दी गई थी। उसके तत्काल बाद, 11 अप्रैल, 1968 को अमेरिकी संसद् ने ऐतिहासिक 'नागरिक अधिकार अधिनियम-1968' पारित किया था, जिसके तहत जाति, धर्म या राष्ट्रीय मूल का विचार किए बिना सभी को समान निवास का अवसर प्रदान किया गया था। कुछ ही समय बाद 6 जून, 1968 को आधुनिक अमेरिकी उदारवाद के प्रतीक व राष्ट्रपति पद के प्रमुख दावेदार डेमोक्रेटिक पार्टी के उम्मीदवार रॉबर्ट फ्रांसिस कैनेडी की हत्या हो गई थी। डेमोक्रेटिक नेशनल कन्वेंशन (26-29 अगस्त, 1968; इंटरनेशनल एम्फीथियेटर, शिकागो) के दौरान वियतनाम युद्ध का विरोध कर रहे विरोध-संस्कृति से उपजे हिप्पी आंदोलनकारियों व पुलिस के बीच जबरदस्त भिड़ंत—जो 'पुलिस रॉयट' नाम से कुख्यात है—ने अमेरिकी युवाओं का ध्यान खींचा था।

डेमोक्रेटिक नेशनल कन्वेंशन (26-29 अगस्त, 1968; इंटरनेशनल एम्फीथियेटर, शिकागो) के दौरान वियतनाम युद्ध का विरोध कर रहे विरोध-संस्कृति से उपजे हिप्पी आंदोलनकारियों व पुलिस के बीच जबरदस्त भिड़ंत—जो 'पुलिस रॉयट' नाम से कुख्यात है—ने अमेरिकी युवाओं का ध्यान खींचा था।

होमस्टेड हाईस्कूल में स्टीव जॉब्स की आयु के बहुत कम छात्र थे और शीघ्र ही उसकी मित्रता कुछ ऐसे वरिष्ठ छात्रों से हो गई थी, जो विरोध-संस्कृति (काउंटर कल्चर) के समर्थक हिप्पी समुदाय की गतिविधियों में संलग्न थे। स्टीव की ही तरह उसके ये मित्र भी अत्यंत तीव्र बुद्धिवाले युवा थे; सभी की गणित, विज्ञान व इलेक्ट्रॉनिक्स में गहरी रुचि थी, लेकिन वे मुक्त सेक्स, मनोत्तेजक दवाओं (साइकोएक्टिव ड्रग्स) व अन्य नशीली सामग्रियों के सेवन की हिप्पी गतिविधियों में भी हिस्सा लेते थे। वोज्निअक की तरह जॉब्स इलेक्ट्रॉनिक्स का कीड़ा नहीं था; वह उन्मुक्त स्वभाव का उद्यमी झुकाव वाला प्रयोगधर्मी युवा था और इलेक्ट्रॉनिक्स के अतिरिक्त अन्य सामाजिक-सांस्कृतिक गतिविधियों में भी उसकी उतनी ही रुचि थी। स्पष्ट है कि हिप्पी गतिविधियों ने उसके युवा मन को आकर्षित किया था, जो उसके भावी जीवन पर गहरा प्रभाव डालनेवाली थीं।

स्टीव वोज्निअक व स्टीव जॉब्स, दोनों बचपन से ही इलेक्ट्रॉनिक्स के पागल-प्रेमी तो थे, लेकिन उनके पागलपन को उच्च स्तर पर ले जाने में होमस्टेड हाईस्कूल (क्यूपर्टिनो) व उसके इलेक्ट्रॉनिक्स शिक्षक जॉन मैककोल्लम ने अहम भूमिका निभाई थी। सन् 1964 में, जब स्टीव वोज्निअक ने प्रवेश किया था तो होमस्टेड हाईस्कूल की इलेक्ट्रॉनिक कक्षाओं को जॉन मैककोल्लम पूरी तरह से अपनी शैली में सँवार रहे थे।

स्टीव वोज्निअक व स्टीव जॉब्स, दोनों बचपन से ही इलेक्ट्रॉनिक्स के पागल-प्रेमी तो थे, लेकिन उनके पागलपन को उच्च स्तर पर ले जाने में होमस्टेड हाईस्कूल (क्यूपर्टिनो) व उसके इलेक्ट्रॉनिक्स शिक्षक जॉन मैककोल्लम ने अहम भूमिका निभाई थी। सन् 1964 में, जब स्टीव वोज्निअक ने प्रवेश किया था तो होमस्टेड हाईस्कूल की इलेक्ट्रॉनिक कक्षाओं को जॉन मैककोल्लम पूरी तरह से अपनी शैली में सँवार रहे थे। अमेरिकी नौसेना में 20 सालों तक विमानचालक (एयरक्राफ्ट पायलट) की सेवा देने के बाद सन् 1963 के अंत में जॉन मैककोल्लम ने इलेक्ट्रॉनिक्स के शिक्षक के रूप में नया जीवन शुरू किया था। स्पष्ट है कि स्टीव वोज्निअक होमस्टेड हाईस्कूल में पहुँचते ही मैककोल्लम का परम शिष्य बन गया था। उसे लीक से हटकर प्रयोग करने की छूट मिल गई थी और उसे स्कूल के इलेक्ट्रॉनिक्स क्लब का अध्यक्ष व गणित क्लब का सचिव भी चुन लिया गया था।

चूँकि विद्यालय में कंप्यूटर की सुविधा नहीं थी, इसलिए जॉन मैककोल्लम ने अपने एक मित्र के माध्यम से स्टीव वोज्निअक व ऐलन बौम के लिए सप्ताह में एक दिन माउंटेन व्यू स्थित इलेक्ट्रॉनिक निर्माता कंपनी जी.टी.ई. सिल्वेनिया की कंप्यूटर सुविधा में प्रशिक्षण की व्यवस्था कराई थी। पूरे एक वर्ष तक दोनों बुधवार की दोपहर में जी.टी.ई. सिल्वेनिया में जाते रहे थे, जहाँ कंपनी के कंप्यूटर अभियंताओं की देख-रेख में उन्हें कंप्यूटर प्रौद्योगिकी की आधारभूत शिक्षा प्राप्त करने का अवसर मिला था। वोज्निअक ने वहीं पर अपने जीवन का पहला मेनफ्रेम कंप्यूटर 'आई.बी.एम.-1130' देखा था और पहले दिन ही ठान लिया था कि वह कंप्यूटर कार्यक्रम बनाने की कुशलता सीखेगा। वोज्निअक ने तत्काल कंप्यूटर कार्यक्रम भाषा (प्रोग्रामिंग लैंग्वेज)—फोरट्रॉन (फॉर्मूला ट्रांसलेशन सिस्टम/सूत्र अनुवाद प्रणाली) सीखने की पुस्तक खरीद ली थी। फिर जी.टी.ई. सिल्वेनिया के कंप्यूटर कार्यक्रम निर्माता (प्रोग्रामर) की सहायता से वोज्निअक व बौम ने कंप्यूटर कार्यक्रमों को पंचकार्ड (एक विशेष प्रकार का कागज, जिस पर टाइपराइटर जैसी मशीन से छेद बनाया जाता था) पर टंकित करना, उन्हें कार्ड रीडर में डालना व कंप्यूटर में प्रयोग करना सीख लिया था। अब अपने घरों के अंदर भी उनका अधिकांश समय अपने कमरों के एकांत में ही बीतने लगा था और वे गंभीर शोधार्थियों की तरह बेचैन स्वभाव के व्यक्तित्वों में बदलते जा रहे थे। कंप्यूटर के बारे में सूझ-बूझ बढ़ने के साथ-साथ उनकी और अधिक जानने की भूख भी बढ़ती जा रही थी। सप्ताह में एक दिन सिल्वेनिया के कंप्यूटर के उपयोग से उनके मन को पूरी संतुष्टि नहीं मिल पा रही थी। अब वे कंप्यूटर के आस-पास और अधिक रह पाने का अवसर ढूँढ़ रहे थे और इसके लिए दोनों ने स्टैनफोर्ड

वोज्निअक ने तत्काल कंप्यूटर कार्यक्रम भाषा (प्रोग्रामिंग लैंग्वेज)—फोरट्रॉन (फॉर्मूला ट्रांसलेशन सिस्टम/सूत्र अनुवाद प्रणाली) सीखने की पुस्तक खरीद ली थी। फिर जी.टी.ई. सिल्वेनिया के कंप्यूटर कार्यक्रम निर्माता (प्रोग्रामर) की सहायता से वोज्निअक व बौम ने कंप्यूटर कार्यक्रमों को पंचकार्ड (एक विशेष प्रकार का कागज, जिस पर टाइपराइटर जैसी मशीन से छेद बनाया जाता था) पर टंकित करना, उन्हें कार्ड रीडर में डालना व कंप्यूटर में प्रयोग करना सीख लिया था।

लीनियर एक्सेलेरेटर सेंटर (अब स्लैक नेशनल एक्सेलेरेटर लेबोरेटरी, मेंलो पार्क) का चक्कर काटने शुरू कर दिए थे। होमस्टेड हाईस्कूल से इसकी दूरी करीब 17 कि.मी. थी।

अब तक मेनफ्रेम कंप्यूटर की तुलना में 'मिनी कंप्यूटर' बहुत छोटा व सस्ता भी हो गया था, लेकिन उसका आकार अभी भी प्रशीतक यंत्र (रेफ्रिजरेटर) के बराबर था और उसमें भी काफी संलग्नक (अटैचमेंट्स) जोड़ने की आवश्यकता होती थी। इस क्रम में 22 मार्च, 1965 को डिजिटल इक्विपमेंट कॉरपोरेशन (डी.ई.सी.) ने 16 हजार डॉलर के मूल्य पर मिनी कंप्यूटर—पी.डी.पी.-8 को बाजार में उतारा था और वह भी 50 हजार मशीनों की बिक्री के साथ। यह उस समय का सबसे लोकप्रिय मिनी कंप्यूटर था। डी.ई.सी. ने 1967 में करीब 400 पृष्ठों की 'स्मॉल कंप्यूटर हैंडबुक' जारी की थी, जिसमें पी.डी.पी.-8 के बारे में विस्तार से जानकारियाँ प्रस्तुत की गई थीं। यह अपनी तरह की पहली पुस्तक थी, जिसमें कंपनी ने अपने कंप्यूटर के बारे में लगभग सारे रहस्य उजागर कर दिए थे। स्पष्ट कि यह पुस्तक कंप्यूटर उद्योग में तेजी से सबसे अधिक लोकप्रिय बन गई थी। सिल्वेनिया के कंप्यूटर केंद्र में स्टीव वोज्निअक ने जब 'स्मॉल कंप्यूटर हैंडबुक' को देखा तो उसे लगा कि कंप्यूटर बनाने के सपने को साकार करने के लिए वह जिस पुस्तक की वर्षों से खोज करता आ रहा था, वह उसके सामने थी। सिल्वेनिया के प्रोग्रामर ने वोज्निअक को उस पुस्तक को घर ले जाने की अनुमति दे दी थी।

अब तक मेनफ्रेम कंप्यूटर की तुलना में 'मिनी कंप्यूटर' बहुत छोटा व सस्ता भी हो गया था, लेकिन उसका आकार अभी भी प्रशीतक यंत्र (रेफ्रिजरेटर) के बराबर था और उसमें भी काफी संलग्नक (अटैचमेंट्स) जोड़ने की आवश्यकता होती थी। इस क्रम में 22 मार्च, 1965 को डिजिटल इक्विपमेंट कॉरपोरेशन (डी.ई.सी.) ने 16 हजार डॉलर के मूल्य पर मिनी कंप्यूटर—पी.डी.पी.-8 को बाजार में उतारा था और वह भी 50 हजार मशीनों की बिक्री के साथ।

इससे पूर्व वोज्निअक व बौम की जोड़ी पहले से ही कंप्यूटर पत्रिकाओं के माध्यम से कंप्यूटर संबंधी कल-पुर्जों, विशेष रूप सेमीकंडक्टर कंपनियों द्वारा विकसित किए जा रहे एकीकृत परिपथ (इंटीग्रेटेड सर्किट/आई.सी.)—जिसे

आमतौर पर चिप/माइक्रोचिप कहा जाता है—की जानकारियाँ एकत्र करती रही थी। वैसे तो अभी तक किसी भी सेमीकंडक्टर कंपनी ने ऐसा कोई एकमात्र माइक्रोचिप विकसित नहीं किया था, जो कंप्यूटर की तरह काम कर सके, लेकिन कुछ ऐसे चिप थे, जिन्हें जोड़कर कंप्यूटर बनाया जा सकता था। दोनों इस तरह के चिप की डिजाइन-तकनीक को गहराई से समझने की कोशिशें कर रहे थे, जो नए कंप्यूटर की रचना के लिए सबसे आवश्यक था। चूँकि उनके पास वास्तविक चिप या अन्य कल-पुर्जे तो थे नहीं, इसलिए उनके लिए वास्तविक कंप्यूटर बनाने का प्रयास करना तो संभव ही नहीं था। ऐसे में उन्होंने यह काम कागज पर ही करना शुरू कर दिया था।

ठीक इसी प्रकार होमस्टेड हाईस्कूल में पहुँचने तक स्टीव जॉब्स की गतिविधियाँ इलेक्ट्रॉनिक्स के आस-पास सिमटी रही थीं। उसने अपने पुराने पड़ोसी हैवलेट पैकर्ड के इंजीनियर लैरी लैंग के पास आना-जाना बरकरार रखा हुआ था। लैंग ने स्टीव को उसका प्रिय कार्बन माइक्रोफोन दे दिया था और उसका ध्यान हीथकिट्स—हीथ कंपनी (सेंट जोसेफ, मिशिगन) द्वारा निर्मित शौकिया रेडियो व अन्य इलेक्ट्रॉनिक उपकरण बनाने का 'स्वयं संयोजन साज-सामान' (असेंबल-इट-योरसेल्फ किट)—की ओर खींचा था। लैंग ने स्टीव को 'हैवलेट पैकर्ड (एच.पी.) एक्स्प्लोरर्स क्लब'—करीब 15 छात्रों के समूह में भी शामिल करा दिया था। क्लब के छात्रों को परियोजना करने के लिए उत्साहित किया जाता था और स्टीव ने आवृत्ति मापक (फ्रीक्वेंसी काउंटर) यंत्र बनाने का निर्णय किया। इसके लिए उसे हैवलेट पैकर्ड (एच.पी.) द्वारा बनाए जानेवाले कुछ पुर्जों की आवश्यकता थी। ऐसे में उसने टेलीफोन उठाया और सीधे एच.पी. के मुख्य कार्यकारी अधिकारी (सी.ई.ओ.) बिल हैवलेट के घर का फोन नंबर घुमा दिया। आश्चर्य की कोई बात नहीं; उस समय लोगों के पास गैर-सूचीबद्ध

लैंग ने स्टीव को उसका प्रिय कार्बन माइक्रोफोन दे दिया था और उसका ध्यान हीथकिट्स—हीथ कंपनी (सेंट जोसेफ, मिशिगन) द्वारा निर्मित शौकिया रेडियो व अन्य इलेक्ट्रॉनिक उपकरण बनाने का 'स्वयं संयोजन साज-सामान' (असेंबल-इट-योरसेल्फ किट)—की ओर खींचा था। लैंग ने स्टीव को 'हैवलेट पैकर्ड (एच.पी.) एक्स्प्लोरर्स क्लब'—करीब 15 छात्रों के समूह में भी शामिल करा दिया था।

(अनलिस्टेड) फोन नंबर नहीं होते थे। स्टीव ने पॉलो ऑल्टो की दूरभाष निर्देशिका (टेलीफोन डायरेक्टरी) में बहुत आसानी से बिल हैवलेट के घर का फोन नंबर ढूँढ़ लिया था। तब तक एच.पी. सांता क्लारा वैली की बहुत बड़ी कंपनी बन चुकी थी और बिल हैवलेट प्रसिद्ध व्यक्ति; लेकिन उन्होंने बहुत विनम्रता से फोन उठाया और 20 मिनट तक स्टीव से बातचीत की थी। जब तक बातचीत खत्म होती, तब तक न केवल स्टीव द्वारा माँगे गए पुर्जे तो उसके पास पहुँच ही गए थे, वरन् 'फ्रीक्वेंसी काउंटर' बनानेवाले एच.पी. के संयोजन संयंत्र (असेंबली प्लांट) में ग्रीष्मकालीन नौकरी (समर जॉब) के लिए अनुबंध-प्रस्ताव-पत्र (कॉन्ट्रैक्ट ऑफर लैटर) भी उसके हस्ताक्षर की प्रतीक्षा कर रहा था। स्पष्ट है कि स्टीव का आत्मविश्वास सातवें आसमान पर था; उसने 'हीरो' की तरह एच.पी. की फैक्टरी में काम किया था। वैसे रोचक तथ्य है कि पूरी संयोजन-शृंखला (असेंबली लाइन) में उसका काम केवल 'नट-बोल्ट' लगाना भर ही था।

स्टीव को काम करने में बहुत आनंद आता था। उसके पास एक अखबार-मार्ग (न्यूजपेपर रूट) भी था और वह नियमित तौर पर अखबार भी बाँटा करता था; और जब कभी बारिश होती तो पॉल जॉब्स अपनी कार में बिठाकर उसकी मदद किया करता था। 10वीं कक्षा में पढ़ते हुए उसने सप्ताहांत में व गरमी की छुट्टियों में हल्टेक सरप्लस इलेक्ट्रॉनिक्स (लिंडा विस्टा एवेन्यू, माउंटेन व्यू) में भंडार लिपिक (स्टॉक क्लर्क) का भी काम किया था। हल्टेक के पास पुराने व अधिशेष इलेक्ट्रॉनिक्स पुर्जों व उपकरणों का विशाल भंडार था। समूचे सांता क्लारा वैली से इलेक्ट्रॉनिक्स के उत्साही आम नागरिक, कंपनियों में काम करनेवाले अभियंता, स्कूलों के उत्साही विज्ञान शिक्षक व स्टैनफोर्ड विश्वविद्यालय के प्राध्यापक वहाँ पहुँचते थे, क्योंकि उन्हें अपनी आवश्यकता के सभी पुर्जे व उपकरण बहुत ही सस्ते में मिल जाते थे।

स्टीव को काम करने में बहुत आनंद आता था। उसके पास एक अखबार-मार्ग (न्यूजपेपर रूट) भी था और वह नियमित तौर पर अखबार भी बाँटा करता था; और जब कभी बारिश होती तो पॉल जॉब्स अपनी कार में बिठाकर उसकी मदद किया करता था। 10वीं कक्षा में पढ़ते हुए उसने सप्ताहांत में व गरमी की छुट्टियों में हल्टेक सरप्लस इलेक्ट्रॉनिक्स (लिंडा विस्टा एवेन्यू, माउंटेन व्यू) में भंडार लिपिक (स्टॉक क्लर्क) का भी काम किया था।

जिस तरह मोटर पार्ट्स की समझदारी व खरीदारी के मामले में पॉल जॉब्स उस्ताद था और कबाड़खाना-प्रबंधकों पर भारी पड़ता था, उसी तरह इलेक्ट्रॉनिक्स पार्ट्स के विषय में स्टीव भी अथक परिश्रम व सूझ-बूझ से अपने पिता जैसा उस्ताद बन गया था। इतना ही नहीं, मोल-भाव व कमाई के नए तरीके ढूँढ़ने के विषय में स्टीव ने अपने पिता को भी बहुत पीछे छोड़ दिया था। वह बहुधा सैन जोस के कबाड़ी बाजार से सर्किट बोर्ड व अन्य पुर्जे खरीद लाता और हेल्टेक के प्रबंधक को बेचकर लाभ कमा लिया करता था।

इस प्रकार, 11वीं कक्षा में पहुँचने तक 15 वर्ष की आयु में ही पिता के सहयोग से स्टीव अपनी पहली कार खरीदने में सक्षम हो गया था। यह अमेरिकन मोटर्स कॉरपोरेशन (ए.एम.सी.) द्वारा निर्मित पुरानी 'नैश मेट्रोपोलिटन' कार थी, जिसमें पॉल जॉब्स ने एम.जी. इंजन स्थापित किया हुआ था। वास्तव में स्टीव को कार का मॉडल पसंद नहीं था, लेकिन वह यह बात अपने पिता को नहीं बताना चाहता था, क्योंकि वह स्वयं की कार का मालिक बनने का अवसर नहीं गँवाना चाहता था। उसके बाद वर्ष भर के अंदर ही स्टीव ने अपने विभिन्न प्रकार के कामों से इतनी बचत कर ली थी कि वह अपनी पसंद की लाल रंग की इटली में निर्मित कार 'फिएट 850' खरीद सकने में सक्षम हो गया था। स्पष्ट है कि कि पॉल जॉब्स ने उस कार की जाँच करने व खरीदने में उसकी सहायता की थी।

वास्तव में स्टीव को कार का मॉडल पसंद नहीं था, लेकिन वह यह बात अपने पिता को नहीं बताना चाहता था, क्योंकि वह स्वयं की कार का मालिक बनने का अवसर नहीं गँवाना चाहता था। उसके बाद वर्ष भर के अंदर ही स्टीव ने अपने विभिन्न प्रकार के कामों से इतनी बचत कर ली थी कि वह अपनी पसंद की लाल रंग की इटली में निर्मित कार 'फिएट 850' खरीद सकने में सक्षम हो गया था। स्पष्ट है कि कि पॉल जॉब्स ने उस कार की जाँच करने व खरीदने में उसकी सहायता की थी।

इसके अतिरिक्त स्टीव जॉब्स पूरी तरह से हिप्पी गतिविधियों में भी शामिल हो गया था। भाँग, गाँजा, एल.एस.डी. जैसी नशीली सामग्रियों का सेवन कर उसे भी समाधि, ध्यान, योग, धार्मिक परमानंद, सपने देखने व यहाँ तक कि मौत का समीप से अनुभव करने जैसे असाधारण मनोत्तेजक अनुभवों में आनंद की अनुभूति

होने लगी थी। एक दिन उसके पिता पॉल जॉब्स ने उसकी कार में एक पुड़िया देख ली थी तो जॉब्स ने बिना हिचकिचाहट के बताया था कि वह गाँजा था। उस दिन पॉल जॉब्स को पहली बार अपने 'विशेष' बेटे पर बहुत अधिक गुस्सा आया था, लेकिन विचित्र तथ्य है कि स्टीव जॉब्स पर उस गुस्से का कोई प्रभाव नहीं हुआ था। इलेक्ट्रॉनिक्स प्रेम के साथ-साथ स्टीव के मन में आध्यात्मिक चेतना प्राप्त करने की आकांक्षा भी लगातार बढ़ती जा रही थी। जॉब्स दंपती ने इस सत्य को अपने जीवन का हिस्सा बना लिया था और उन्होंने स्टीव पर गुस्सा करने के स्थान पर उसे और अधिक खुश रखने का प्रयास करना ही अधिक अच्छा समझा था। उन्हें अटूट विश्वास था कि उनका बेटा भविष्य में कुछ 'विशेष' ही करेगा।

इलेक्ट्रॉनिक्स प्रेम के साथ-साथ स्टीव के मन में आध्यात्मिक चेतना प्राप्त करने की आकांक्षा भी लगातार बढ़ती जा रही थी। जॉब्स दंपती ने इस सत्य को अपने जीवन का हिस्सा बना लिया था और उन्होंने स्टीव पर गुस्सा करने के स्थान पर उसे और अधिक खुश रखने का प्रयास करना ही अधिक अच्छा समझा था। उन्हें अटूट विश्वास था कि उनका बेटा भविष्य में कुछ 'विशेष' ही करेगा।

स्टीव वोज्निअक ने सैट (स्कोलैस्टीक एसेसमेंट टेस्ट/शैक्षिक आकलन परीक्षण)—में गणित व भौतिकी, दोनों में सौ फीसदी 800 अंक व रसायन शास्त्र में 770 अंक मिले—हासिल किए थे। लेकिन इतने उच्च अंक भी कैलिफोर्निया इंस्टीट्यूट ऑफ टेक्नोलॉजी/कैलटेक (पासाडेना, लॉस एंजिल्स काउंटी) में नामांकन के लिए कम पड़े थे और उसका नामांकन आवेदन रद्द हो गया था। उसके पिता जैरी वोज्निअक ने कैलटेक से ही विद्युत् अभियांत्रिकी की थी, इसीलिए अपनी पहली पसंद के पूरा न होने पर उसने वोज्निअक पर कैलिफोर्निया विश्वविद्यालय (बर्कले, अल्मिडा काउंटी) में आवेदन करने का दबाव बनाया था, लेकिन वोज्निअक ने कोलोरैडो विश्वविद्यालय (बोल्डर, कोलोरैडो) को चुना था जो हार्वर्ड विश्वविद्यालय के बाद अमेरिका का दूसरा सबसे महँगा विश्वविद्यालय था और उन्नत शिक्षा-सुविधाओं के अलावा खूबसूरत प्राकृतिक दृश्यों के बीच बने परिसर के लिए भी जाना जाता था।

वहाँ उसके आकर्षण का सबसे बड़ा केंद्र कोलोरैडो विश्वविद्यालय की कंप्यूटर

प्रयोगशाला थी, जहाँ पर उस समय की सुपर कंप्यूटर निर्माता कंपनी कंट्रोल डाटा कॉर्पोरेशन (सी.डी.सी.) द्वारा विकसित मेनफ्रेम कंप्यूटर 'सीडीसी 6400' स्थापित था। वोज्निअक पहले से ही 'फोरट्रॉन' से जानता था, अब कोलोरैडो में उसने एक अन्य नई कंप्यूटर कार्यक्रम भाषा—एल्गॉल (एल्गोरिदमिक लैंग्वेज/कलन-विधि भाषा) भी सीख ली थी। जल्दी ही वोज्निअक ने संख्यात्मक गणना से संबंधित सात कंप्यूटर कार्यक्रम तैयार कर लिये थे, जिसे उसने 'मैजिक कंप्यूटर नंबर्स' नाम दिया था। यहाँ तक सब कुछ ठीक था, लेकिन उसने इन कार्यक्रमों के परिणाम को देखने के लिए प्रिंट भी करना शुरू कर दिया था। वह सुबह-दोपहर-शाम, तीन सत्रों में कार्यक्रम संचालित करता था और हर दिन कुल 60 पृष्ठों का मुद्रित परिणाम (प्रिंट आउट) निकालने लगा था। स्पष्ट था कि सामूहिक उपयोग के लिए रखे जानेवाले कंप्यूटर-पेपर का अधिकांश हिस्सा अकेले वोज्निअक ने ही खर्च करना शुरू कर दिया था। ऐसे में उसके विरुद्ध कंप्यूटर समय व कागज के दुरुपयोग का प्रकरण बना दिया गया था और उसकी क्षतिपूर्ति के लिए भारी आर्थिक दंड के साथ-साथ शैक्षणिक सत्र को परिवीक्षा (प्रोबेशन) पर रखने का आदेश सुना दिया गया था। वोज्निअक ने प्राध्यापक की बातचीत से अनुमान लगाया कि दंड की कुल राशि हजारों डॉलर में होगी। इसलिए सत्र की समाप्ति पर वह अपना सबकुछ समेट सनीवेल वापस आ गया था और फिर डी अंजा कॉलेज (क्यूपर्टिनो) में नामांकन करा लिया था।

सामूहिक उपयोग के लिए रखे जानेवाले कंप्यूटर-पेपर का अधिकांश हिस्सा अकेले वोज्निअक ने ही खर्च करना शुरू कर दिया था। ऐसे में उसके विरुद्ध कंप्यूटर समय व कागज के दुरुपयोग का प्रकरण बना दिया गया था और उसकी क्षतिपूर्ति के लिए भारी आर्थिक दंड के साथ-साथ शैक्षणिक सत्र को परिवीक्षा (प्रोबेशन) पर रखने का आदेश सुना दिया गया था।

एक बार फिर से वोज्निअक अपनी पुरानी दिनचर्या में वापस लौट आया था और उसका कागज पर कंप्यूटर डिजाइन बनाने का क्रम तेज हो गया था। अब व्यक्तिगत-कंप्यूटर उद्योग की ऐतिहासिक जोड़ी—वोज्निअक व जॉब्स के एक-दूसरे के समीप आने की स्थितियाँ ठोस रूप ग्रहण कर रही थीं। डी अंजा कॉलेज में वोज्निअक व ऐलन बौम, दोनों ने कंप्यूटर कार्यक्रम भाषा से सबंधित कुछ वर्ग

एक जैसे रखे थे। रेखीय बीजगणित (लीनियर अलजेब्रा) के बारे में वोज्निअक को पहले से ही बहुत कुछ पता था, इसीलिए इस विषय की कक्षाओं में उसने शिक्षकों को धोखा देते हुए अपना ध्यान कंप्यूटर डिजाइन पर केंद्रित रखा हुआ था। यहाँ लगभग वर्ष भर बिताने के बाद 1971 की गरमियों में वोज्निअक ने कंप्यूटर पर कार्यक्रम बनाने का अनुभव हासिल करने के लिए नौकरी करने का निर्णय लिया था। वोज्निअक व ऐलन बौम टेनेट कंप्यूटर के कार्यालय पहुँच गए, जो कैलिफोर्निया मोटर वाहन विभाग के लिए कंप्यूटर बनाता था। वहाँ दोनों को कंप्यूटर प्रोग्रामर की नौकरी मिल गई। अभी कुछ ही समय हुआ था कि ऐलन बौम को मैसाचुसेट्स इंस्टीट्यूट ऑफ टेक्नोलॉजी/एम.आई.टी. (कैंब्रिज, मैसाचुसेट्स) में प्रवेश मिल गया और वह आगे की पढ़ाई के लिए वहाँ चला गया था, लेकिन वोज्निअक ने अपना काम जारी रखा और अपनी आगे की पढ़ाई को कुछ समय के लिए रोक दिया, लेकिन अभी नौकरी करते हुए वोज्निअक का पहला वर्ष पूरा हो ही रहा था कि 1972 की गरमियों में टेनेट कंप्यूटर आर्थिक मंदी की चपेट में आकर बंद हो गई थी और उसने स्वयं को बेरोजगारी-भत्ते के लिए पंजीकृत कराया था।

यही वह समय था, जब वोज्निअक की उसके पुराने पड़ोसी बिल फर्नांडिस से निकटता बढ़ी थी। बिल उससे बहुत छोटा था और उस समय होमस्टेड हाईस्कूल में इलेक्ट्रॉनिक्स की पढ़ाई कर रहा था। मैककोल्लम की शिक्षा का उस पर भी बहुत अच्छा प्रभाव था और उसकी गिनती प्रतिभाशाली छात्रों में होती थी। यही कारण था कि उच्च विद्यालय में उसकी स्टीव जॉब्स से भी निकटता हो गई थी और दोनों इलेक्ट्रॉनिक्स के अतिरिक्त विभिन्न हिप्पी गतिविधियों में भी सक्रिय थे। होमस्टेड हाईस्कूल में अभी भी वोज्निअक को

यही वह समय था, जब वोज्निअक की उसके पुराने पड़ोसी बिल फर्नांडिस से निकटता बढ़ी थी। बिल उससे बहुत छोटा था और उस समय होमस्टेड हाईस्कूल में इलेक्ट्रॉनिक्स की पढ़ाई कर रहा था। मैककोल्लम की शिक्षा का उस पर भी बहुत अच्छा प्रभाव था और उसकी गिनती प्रतिभाशाली छात्रों में होती थी। यही कारण था कि उच्च विद्यालय में उसकी स्टीव जॉब्स से भी निकटता हो गई थी और दोनों इलेक्ट्रॉनिक्स के अतिरिक्त विभिन्न हिप्पी गतिविधियों में भी सक्रिय थे।

इलेक्ट्रॉनिक्स हीरो के रूप में याद किया जाता था और क्षेत्र के आम लोगों के बीच भी उसकी प्रतिभा की चर्चा होती थी। बिल भी इलेक्ट्रॉनिक्स में कुछ विशेष की आकांक्षा रखता था और उसने इसके लिए अपने पिता के गैराज के एक कोने में एक कार्यशाला भी बना रखी थी। ऐसे में जब उसे वोज्निअक के कंप्यूटर डिजाइन के बारे में पता चला था तो वह उसका सहयोगी बन गया। वोज्निअक के लिए बिल की कार्यशाला अधिक सुविधाजनक थी और उसने वहीं बैठकर कंप्यूटर डिजाइन करना शुरू कर दिया था। शीघ्र ही दोनों ने विभिन्न कंपनियों से आवश्यक पुर्जे व चिपों का जुगाड़ कर लिया था और कागज पर बनाए गए डिजाइन को वास्तविक रूप देने में जुट गए थे। दोनों ने आपस में कार्य-विभाजन किया था—मुख्य डिजाइनर की भूमिका में वोज्निअक ने तार्किक डिजाइन पर अपना ध्यान केंद्रित किया था तो बिल आज्ञाकारी शिष्य की भूमिका में एक कुशल तकनीशियन की तरह कल-पुर्जों को अत्यंत सावधानी से सोल्डर के माध्यम से जोड़ता था। इस काम के दौरान दोनों क्रीम सोडा (मीठा कार्बनीकृत शीतल पेय) की कई बोतलें पी जाया करते थे। इस प्रकार कई सप्ताहों के अथक प्रयासों के बाद वोज्निअक ने बिल के शिष्यवत् सहयोग में 'मिनी कंप्यूटर' का लघु संस्करण तैयार कर लिया और उन्होंने उसे 'क्रीम सोडा कंप्यूटर' नाम दिया था, जो वास्तव में इलेक्ट्रॉनिक कैल्कुलेटर की तरह था।

सिलिकॉन वैली के इतिहास में किसी गैराज में दो महान् व्यक्तित्वों की भेंट की दूसरी सबसे बड़ी घटना मानी जाती है; करीब 32 पहले सन् 1939 में ठीक इसी तरह पॉलो ऑल्टो स्थित डेव पैकर्ड के गैराज में बिल हैवलेट की भेंट हुई थी और हैवलेट पैकर्ड कंपनी का जन्म हुआ था। परिचय के तुरंत बाद वोज्निअक व जॉब्स के बीच गैराज के बाहर ही जो बातचीत का क्रम शुरू हुआ, वह घंटों तक चला था—मानो दोनों न जाने कब से एक-दूसरे की प्रतीक्षा करते रहे थे।

जब 'क्रीम सोडा कंप्यूटर' लगभग तैयार हो गया था तो एक दिन अचानक बिल फर्नांडिस के मन में स्टीव जॉब्स को वोज्निअक से मिलाने का विचार कौंधा। वह स्टीव जॉब्स की इलेक्ट्रॉनिक प्रतिभा को बहुत अच्छी तरह जानता था और उसे लगा था कि यदि जॉब्स व वोज्निअक जैसी इलेक्ट्रॉनिक प्रतिभाएँ आपस में मिलकर

काम करें तो कुछ अनोखा संभव था। उसने अपने मन की बात वोज्निअक के सामने रखी थी; वोज्निअक ने भी तत्काल 'हाँ' कर दी, क्योंकि वह तो मित्रों की संख्या बढ़ाने के लिए तरस रहा था। यह 1971 में जून का महीना था, जब अचानक एक दिन बिल फर्नांडिस के गैरेज में स्टीव जॉब्स आ धमका और बिल ने वोज्निअक से जॉब्स का परिचय कराया। सिलिकॉन वैली के इतिहास में किसी गैराज में दो महान् व्यक्तित्वों की भेंट की दूसरी सबसे बड़ी घटना मानी जाती है; करीब 32 पहले सन् 1939 में ठीक इसी तरह पॉलो ऑल्टो स्थित डेव पैकर्ड के गैराज में बिल हैवलेट की भेंट हुई थी और हैवलेट पैकर्ड कंपनी का जन्म हुआ था। परिचय के तुरंत बाद वोज्निअक व जॉब्स के बीच गैराज के बाहर ही जो बातचीत का क्रम शुरू हुआ, वह घंटों तक चला था—मानो दोनों न जाने कब से एक-दूसरे की प्रतीक्षा करते रहे थे।

पहली भेंट में स्टीव जॉब्स भी वोज्निअक से बहुत अधिक प्रभावित हुआ था, क्योंकि वह पहला व्यक्ति था, जो जॉब्स को स्वयं अधिक जानकार लगा था। हाँ, जॉब्स अपनी आयु की तुलना में कुछ अधिक परिपक्व था, जबकि वोज्निअक अपनी आयु से थोड़ा कम परिपक्व। इसीलिए दोनों के बीच मित्रता का आधार समतल हो गया था।

पहली भेंट में स्टीव जॉब्स भी वोज्निअक से बहुत अधिक प्रभावित हुआ था, क्योंकि वह पहला व्यक्ति था, जो जॉब्स को स्वयं अधिक जानकार लगा था। हाँ, जॉब्स अपनी आयु की तुलना में कुछ अधिक परिपक्व था, जबकि वोज्निअक अपनी आयु से थोड़ा कम परिपक्व। इसीलिए दोनों के बीच मित्रता का आधार समतल हो गया था। इसके अतिरिक्त वे दोनों संगीत के प्रति भी अति उत्साही थे और विशेष रूप से वोज्निअक ने जॉब्स को बॉब डायलन के गौरवशाली संगीत की तरफ खींचा था।

इस भेंट के बाद वोज्निअक ने अपने 'क्रीम सोडा कंप्यूटर' के बारे में संसार को बताने का फैसला किया। वोज्निअक की माँ ने स्थानीय अखबार 'सैन जोस मरकरी' के परिचित संवाददाता को बुलाया था। वोज्निअक ने संवाददाता को कंप्यूटर के बारे में सभी जानकारियाँ दीं और फोटोग्राफर ने उस कंप्यूटर के साथ उसका व बिल फर्नांडिस का फोटो भी खींचा, लेकिन प्रदर्शन के क्रम में एक चिप जल गया और कंप्यूटर ने काम करना बंद कर दिया था। इस तरह व्यक्तिगत कंप्यूटर के आविष्कारक रूप में समाचार-पत्र में प्रकाशित होकर प्रसिद्धि प्राप्त

करने की उन दोनों की योजना सफल नहीं हो सकी थी।

इस बीच जॉब्स व वोज्निअक की मित्रता गहराने लगी थी और वे अपने इलेक्ट्रॉनिक्स-ज्ञान को लगातार बढ़ाते जा रहे थे। इसी क्रम में उन्होंने 'ब्लू बॉक्स' का निर्माण किया, जो दोनों की साझेदारी में तैयार किया गया पहला इलेक्ट्रॉनिक उपकरण था। दोनों में से किसी ने भी कभी 'ब्लू बॉक्स' के लिए आवश्यक अंकीय परिपथ (डिजिटल सर्किट) नहीं बनाया था, लेकिन वोज्निअक ने डायोड व ट्रांजिस्टर का उपयोग कर वह परिपथ बना लिया था और अपने छात्रावास के संगीत-छात्र की सहायता से उक्त उपकरण से आवश्यक ध्वनि-आवृत्ति प्राप्त करने में भी सफल हो गया था।

इस बीच जॉब्स व वोज्निअक की मित्रता गहराने लगी थी और वे अपने इलेक्ट्रॉनिक्स-ज्ञान को लगातार बढ़ाते जा रहे थे। इसी क्रम में उन्होंने 'ब्लू बॉक्स' का निर्माण किया, जो दोनों की साझेदारी में तैयार किया गया पहला इलेक्ट्रॉनिक उपकरण था।

जी हाँ, इस बीच वोज्निअक कैलिफोर्निया विश्वविद्यालय (बर्कले) में तीसरे वर्ष की पढ़ाई करने लगा था। ऐसे में अचानक एक रात वह अपनी कार में सवार होकर बर्कले से लॉस अल्टोस स्थित जॉब्स के घर में पहुँच गया था। फिर दोनों ने साथ मिलकर उस 'ब्लू बॉक्स' का प्रायोगिक परीक्षण किया था। तब पता चला था कि वह जादुई मशीन पूरी तरह ठीक काम कर रही थी। बाद में स्टीव के पिता पॉल जॉब्स व वोज्निअक के पिता जैरी वोज्निअक ने उनके इस उपकरण को देखा था। दोनों ने अपने अभिभावकों को आश्वस्त किया था कि वे इस उपकरण का अधिक उपयोग नहीं करेंगे, लेकिन उसके बाद उन लोगों ने घर का फोन उपयोग करने के स्थान पर टेलीफोन बूथ से 'ब्लू बॉक्स' का उपयोग कर नि:शुल्क दूरभाष कर खेल आरंभ कर दिया था। यह उन दोनों के साझेदारी की पहली उपलब्धि थी।

चूँकि जॉब्स पहले भी कमाई के जुगाड़ करता रहा था, इसलिए उसने 40 डॉलर की लागत से 'ब्लू बॉक्स' का उपभोक्ता प्रारूप भी तैयार कर लिया और शीघ्र ही वोज्निअक के छात्रावास के छात्रों के बीच 150 डॉलर की दर पर 'ब्लू बॉक्स' की 100 से अधिक इकाइयों को भी बेच डाला था, लेकिन उन्होंने एक दुर्घटना के बाद इस अवैध उपकरण का धंधा अचानक बंद कर देना ही उचित समझा। लेकिन उस साहसिक तकनीकी कारोबार ने दोनों के बीच की साझेदारी को

ठोस आधार प्रदान किया था। यह भले ही एक छोटा-सा इलेक्ट्रॉनिक परिपथ था, लेकिन ए.टी.एंड.टी. की करोड़ों डॉलर की उन्नत नियंत्रण-प्रौद्योगिकी को धोखा देने में सक्षम था।

जॉब्स की दार्शनिक उड़ान—'ब्लू बॉक्स' के माध्यम से गहराती मित्रता व कारोबारी साझेदारी के बीच वोज्निअक ने कैलिफोर्निया विश्वविद्यालय (बर्कले) में इलेक्ट्रॉनिक्स अभियांत्रिकी में स्नातक कर लिया था और जॉब्स ने होमस्टेड हाईस्कूल से 12वीं कक्षा उत्तीर्ण कर ली थी। जॉब्स के पास समीप के स्टैनफोर्ड विश्वविद्यालय में छात्रवृत्ति हासिल करना या फिर वोज्निअक की तरह कैलिफोर्निया विश्वविद्यालय में पढ़ने के सस्ते विकल्प उपलब्ध थे, लेकिन वह अपने माता-पिता की आर्थिक क्षमता के विपरीत आगे की पढ़ाई के लिए अमेरिका के सबसे महँगे शिक्षण संस्थानों में से एक रीड कॉलेज (पोर्टलैंड, ओरेगन) में कला विषयों से पढ़ाई करने की जिद पर अड़ गया।

इस बीच 1972 की गरमी की छुट्टियों में जॉब्स ने 11वीं कक्षा में पढ़ रही प्रेमिका क्रिसन ब्रेनन के साथ लॉस अल्टोस की पहाड़ियों में एक केबिन में रहते हुए समय बिताया था और उसकी हिप्पी गतिविधियाँ माता-पिता के नियंत्रण से बाहर हो चुकी थीं। अब तक जॉब्स में स्वयं के 'अनाथ' होने अर्थात् वास्तविक माता-पिता द्वारा परित्याग कर दिए जाने की पीड़ा चरम पर पहुँच गई थी और वह जीवन के दार्शनिक रहस्य को हिप्पी गतिविधियों के माध्यम से ढूँढ़ने का प्रयास कर रहा था।

इस बीच 1972 की गरमी की छुट्टियों में जॉब्स ने 11वीं कक्षा में पढ़ रही प्रेमिका क्रिसन ब्रेनन के साथ लॉस अल्टोस की पहाड़ियों में एक केबिन में रहते हुए समय बिताया था और उसकी हिप्पी गतिविधियाँ माता-पिता के नियंत्रण से बाहर हो चुकी थीं। अब तक जॉब्स में स्वयं के 'अनाथ' होने अर्थात् वास्तविक माता-पिता द्वारा परित्याग कर दिए जाने की पीड़ा चरम पर पहुँच गई थी और वह जीवन के दार्शनिक रहस्य को हिप्पी गतिविधियों के माध्यम से ढूँढ़ने का प्रयास कर रहा था। इस क्रम में सांता क्रूज की पहाड़ियों में घूमते हुए एक दिन जॉब्स की फिएट कार में आग लग गई और वह मरते-मरते बचा था।

ऐसे में पॉल व क्लारा जॉब्स के सामने अपने विशिष्ट बेटे की जिद को

पूरा करने के अतिरिक्त और कोई विकल्प नहीं बचा था। चूँकि वे दत्तक-ग्रहण अनुबंध के अनुसार स्नातक कराने की प्रतिज्ञा से बँधे हुए थे, इसलिए उन्होंने बड़ी कठिनाई से रीड कॉलेज में प्रथम वर्ष की पढ़ाई के खर्च की व्यवस्था की थी। इस तरह सितंबर 1972 में स्टीव जॉब्स आगे की पढ़ाई के लिए रीड कॉलेज चला गया और कुछ समय बाद जनवरी 1973 में स्टीव वोज्निअक को हैवलेट पैकर्ड में कर्मचारी अभियंता के रूप में कैल्कुलेटर की डिजाइनिंग का काम मिल गया।

जॉब्स को प्रभावित करनेवाली अन्य पुस्तकों—परमहंस योगानंद की 'ऑटोबायोग्राफी ऑफ ए योगी' (एक योगी की आत्मकथा), सोटो बौद्ध भिक्षु शुन्यु सुजुकी की 'जेन माइंड, बिगिनीर'स माइंड' (जेन मन, आरंभकर्ता का मन) व 'कटिंग थ्रू स्पीरिचुअल मटेरियलिज्म' (आध्यात्मिक भौतिकवाद से गुजरते हुए) प्रमुख थीं। एशियाई आध्यात्मिक दर्शनों, विशेष रूप से बौद्ध दर्शन के प्रति जॉब्स का यह झुकाव चंचल युवा मन का गुजरता हुआ आकर्षण भर नहीं था, वरन् उसके समूचे जीवन को प्रभावित करनेवाला था।

वास्तव में, 1960 के दशक में रीड कॉलेज को उसके मुक्त व उत्साही हिप्पी जीवन शैली के लिए जाना जाने लगा था। यह उसके कठोर मानदंडों व मुख्य पाठ्यक्रम के साथ मिलकर विचित्र शैक्षणिक वातावरण की रचना करता था। जब जॉब्स वहाँ पहुँचा था तब वहाँ की हिप्पी गतिविधियाँ अपने चरम पर थीं। आध्यात्मिकता व आत्मज्ञान संबंधी पुस्तकों ने जॉब्स को काफी आकर्षित किया था। इनमें बाबा रामदास (डॉ. रिचर्ड अल्बर्ट) की अध्यात्म, योग व ध्यान सबंधी रचना—'याद रखो, अब यहाँ रहो' प्रमुख थी। कई अन्य छात्र भी उस पुस्तक से प्रभावित थे, जो स्टीव जॉब्स की मित्र मंडली का हिस्सा बन गए थे। वे छात्रावास कक्ष में एकसाथ ध्यान लगाते, स्थानीय हरे कृष्णा मंदिर में आयोजित होनेवाले प्रेम समारोहों में हिस्सा लेते और वहाँ के महायान बौद्ध धर्म-शिक्षा केंद्र में नि:शुल्क शाकाहारी भोजन का आनंद लेते थे।

जॉब्स को प्रभावित करनेवाली अन्य पुस्तकों—परमहंस योगानंद की 'ऑटोबायोग्राफी ऑफ ए योगी' (एक योगी की आत्मकथा), सोटो बौद्ध भिक्षु शुन्यु सुजुकी की 'जेन माइंड, बिगिनीर'स माइंड' (जेन मन, आरंभकर्ता का मन)

व 'कटिंग थ्रू स्पीरिचुअल मटेरियलिज्म' (आध्यात्मिक भौतिकवाद से गुजरते हुए) प्रमुख थीं। एशियाई आध्यात्मिक दर्शनों, विशेष रूप से बौद्ध दर्शन के प्रति जॉब्स का यह झुकाव चंचल युवा मन का गुजरता हुआ आकर्षण भर नहीं था, वरन् उसके समूचे जीवन को प्रभावित करनेवाला था। इसी अध्ययन क्रम में फ्रांसिस मूर लप्पे की पुस्तक 'डाइट फॉर ए स्मॉल प्लेनेट' (छोटे ग्रह के लिए आहार) ने जॉब्स को इतना प्रभावित किया कि उसने तत्काल पूर्ण शाकाहार को अपना लिया।

इसी क्रम में जॉब्स रीड कॉलेज में छात्रसंघ के अध्यक्ष व रहस्यमयी व्यक्तित्व के शख्स रॉबर्ट फ्रीडलैंड के आभामंडल के घेरे में आ गया। याद रहे कि 1970 में जब फ्रीडलैंड बाउडोइन कॉलेज (मैने, ब्रंसविक) में स्नातक कला में द्वितीय वर्ष का छात्र था तो उसे करीब सवा लाख डॉलर मूल्य की एल.एस.डी. टेबलेट्स के साथ गिरफ्तार किया गया और महाविद्यालय से निष्कासित कर दिया गया। दो वर्ष की कैद भुगतने के बाद 1972 में वह पेरोल पर बाहर आया और रीड कॉलेज में स्नातक-राजनीति शास्त्र में दाखिल हुआ। 'रिमेंबर, बी हियर नाउ' पुस्तक से प्रभावित होकर फ्रीडलैंड ने 1973 की गरमियों में भारत-यात्रा की थी और नीम करोली बाबा से दीक्षा ली थी। वहाँ से लौटने के बाद वह कॉलेज में भी साधुओं की वेशभूषा में रहने लगा था और नंगे पाँव चला करता था। पढ़ाई के साथ-साथ फ्रीडलैंड 220 एकड़ के विशाल क्षेत्र का संचालन भी करता था, जिसे उसने 'ऑल वन फॉर्म' नामक एक धार्मिक समुदाय (कम्यून) में बदल दिया। वहाँ ध्यान के इच्छुक लोगों का जमावड़ा शुरू हो गया। फ्रीडलैंड से संपर्क बढ़ने के बाद जॉब्स भी अपने मित्रों के साथ 'ऑल वन फॉर्म' की गतिविधियों में बढ़-चढ़कर हिस्सा लेने लगा और उन लोगों का सप्ताहांत वहीं बीतने लगा।

> ***दो वर्ष की कैद भुगतने के बाद 1972 में वह पेरोल पर बाहर आया और रीड कॉलेज में स्नातक-राजनीति शास्त्र में दाखिल हुआ। 'रिमेंबर, बी हियर नाउ' पुस्तक से प्रभावित होकर फ्रीडलैंड ने 1973 की गरमियों में भारत-यात्रा की थी और नीम करोली बाबा से दीक्षा ली थी।***

फ्रीडलैंड का व्यक्तित्व प्रभावशाली अवश्य था, लेकिन वह वास्तविक रूप से धूर्त स्वभाव का व्यक्ति था। वह अपनी दृढ़ इच्छाशक्ति का प्रदर्शन कर परिस्थितियों को अपने पक्ष में झुकाने की कला में दक्ष था; वह चंचल था, लेकिन स्वयं के बारे में सुनिश्चित, और कुछ सीमा तक निरंकुश भी। इस प्रकार, फ्रीडलैंड के सान्निध्य

में जॉब्स के स्वभाव में ये सभी गुण–अवगुण कैसे आते चले गए, यह उसे भी पता नहीं चला। जॉब्स ने अपने जीवन में कभी भी किसी को ठगने या धोखा देनेवाले स्वभाव का प्रदर्शन नहीं किया, लेकिन अन्य सभी कलाएँ उसकी सफलता का मूल आधार मानी जाती हैं। जॉब्स की प्रबंधन–कला की सबसे बड़ी विशेषता यही मानी जाती है कि वह असंभव–सी दिखनेवाली अवधारणाओं के प्रति भी अपने कार्यदल की अंधभक्ति प्राप्त कर लेता और फिर उनको सामूहिक अति उत्साह के बल पर असंभव को भी संभव कर दिखाने में सफल हो जाता था। एप्पल के विभिन्न क्रांतिकारी उत्पाद जॉब्स की इसी कला के ठोस प्रमाण माने जाते हैं और जॉब्स की इस कला को सिलिकॉन वैली में 'रियलिटी डिसटॉशन फील्ड' (वास्तविकता विरूपण क्षेत्र) कहा जाता है।

'ऑल वन फार्म' का घोषित उद्देश्य भौतिकतावाद से अलग एक आध्यात्मिक आश्रय विकसित करना था, लेकिन जॉब्स को बहुत शीघ्र यह भी पता चल चुका था कि इस आयोजन के पीछे फ्रीडलैंड का वास्तविक उद्देश्य अपने सेब के बगीचे के लिए नि:शुल्क श्रमिक ढूँढ़ना व अपनी आध्यात्मिक प्रसिद्धि को प्रसारित करना था। ध्यान व उच्च मानसिक अवस्था प्राप्त करने की आकांक्षा में वहाँ प्रतिभाशाली युवा आते थे, जिनमें विशेष पोर्टलैंड के इस्कॉन मंदिर ('हरे कृष्णा' समुदाय के रूप में लोकप्रिय) से जुड़े संन्यासी व उनके शिष्य होते थे। वे लोग जीरे, धनिए व हल्दी की सुगंधवाले शाकाहारी व्यंजन तैयार करते थे, जो फार्म में निवास करनेवालों को सामूहिक भोज के रूप में परोसा जाता था। वैसे ज्यों–ज्यों लोगों को इस सत्य का आभास होता गया, वे फ्रीडलैंड के धोखे से बाहर होते जा रहे थे। बहुत बाद

'ऑल वन फार्म' का घोषित उद्देश्य भौतिकतावाद से अलग एक आध्यात्मिक आश्रय विकसित करना था, लेकिन जॉब्स को बहुत शीघ्र यह भी पता चल चुका था कि इस आयोजन के पीछे फ्रीडलैंड का वास्तविक उद्देश्य अपने सेब के बगीचे के लिए नि:शुल्क श्रमिक ढूँढ़ना व अपनी आध्यात्मिक प्रसिद्धि को प्रसारित करना था। ध्यान व उच्च मानसिक अवस्था प्राप्त करने की आकांक्षा में वहाँ प्रतिभाशाली युवा आते थे, जिनमें विशेष पोर्टलैंड के इस्कॉन मंदिर ('हरे कृष्णा' समुदाय के रूप में लोकप्रिय) से जुड़े संन्यासी व उनके शिष्य होते थे।

में इवान्होए माइंस लिमिटेड (वैंकूवर, ब्रिटिश कोलंबिया, कनाडा) के माध्यम से रॉबर्ट फ्रीडलैंड ताँबा-सोना खनन का प्रमुख अंतरराष्ट्रीय उद्यमी व अरबपति निधिप्रदाता (फाइनेंसर) बन गया था।

भले ही 'ऑल वन फार्म' के आयोजन के पीछे फ्रीडलैंड का वास्तविक उद्‌देश्य व्यावसायिक रहा हो, लेकिन स्टीव जॉब्स पर आध्यात्मिकता छाती चली गई। वह अपना अधिकांश समय दार्शनिक पुस्तकों के अध्ययन व सच्चे मन से योग व ध्यान करने में लगाने लगा। स्पष्ट था कि रीड कॉलेज के मूल पाठ्यक्रम में उसे ऊब-सी होती जा रही थी। वर्ष पूरा होते-होते अब जॉब्स को अनुभूति होने लगी थी कि रीड कॉलेज की अनावश्यक पढ़ाई के लिए माता-पिता की खून-पसीने की कमाई को लुटाने की उसकी जिद अनुचित थी, लेकिन रीड कॉलेज का शैक्षणिक वातावरण उसे बहुत अच्छा लगता था। ऐसे में उसने रीड कॉलेज में छात्र कल्याण विभाग के तत्कालीन अध्यक्ष (डीन) जैक दुदमन के माध्यम से शिक्षा-शुल्क का भुगतान किए बिना भी अपने प्रिय विषयों की कक्षाओं में जाने और छात्रावास में अपने मित्रों से घुले-मिले रहने की अनुमति प्राप्त कर ली थी। इस तरह वह महाविद्यालय के मुख्य पाठ्यक्रम से बाहर हो गया था और अपने विषय हस्तलिपि-विद्या (कैलीग्राफी) की कक्षाओं में मनोयोगपूर्वक हिस्सा लेने गया। वह पास में ही 20 डॉलर प्रतिमाह के किराए पर एक गैराज में रहने लगा। अब अकसर नंगे पाँव चलता, बर्फ पड़ने पर चप्पलें डाल लिया करता था। अपनी सीमित आवश्यकताओं को पूरा करने के लिए उसने अपनी पहले की तरह अपनी इलेक्ट्रॉनिक्स कला का उपयोग करते हुए आय का माध्यम भी ढूँढ़ लिया था; उसे महाविद्यालय के मनोविज्ञान विभाग की प्रयोगशाला में उपकरणों की देखभाल का काम भी मिल गया था।

> ***बीच-बीच में स्टीव वोज्निअक के अतिरिक्त जॉब्स की पुरानी प्रेमिका क्रिसन्न ब्रेन्नन भी वहाँ उससे मिलने आ जाया करती थी, लेकिन जॉब्स ने स्वयं को आत्मज्ञान की व्यक्तिगत खोज पर केंद्रित कर लिया था और अब उसके लिए संभोग नारी-शरीर का भावुक आकर्षण नहीं, वरन् साधना-प्रक्रिया का एक हिस्सा भर रह गया था।***

बीच-बीच में स्टीव वोज्निअक के अतिरिक्त जॉब्स की पुरानी प्रेमिका क्रिसन्न ब्रेन्नन भी वहाँ उससे मिलने आ जाया करती थी, लेकिन जॉब्स ने स्वयं को

आत्मज्ञान की व्यक्तिगत खोज पर केंद्रित कर लिया था और अब उसके लिए संभोग नारी-शरीर का भावुक आकर्षण नहीं, वरन् साधना-प्रक्रिया का एक हिस्सा भर रह गया था। जॉब्स का स्वभाव लगातार निर्मोही व निर्दयी होने लगा था—वह एक क्षण अत्यंत भावुक प्रेमी-सा दिखता था, तो अगले ही क्षण सांसारिक बंधनों से मुक्त निर्दयी साधक जैसा। स्पष्ट था, अपने हिप्पी मित्रों व प्रेमिकाओं की तरह ही जॉब्स के लिए भी भाँग, गाँजा व एल.एस.डी. जैसी नशीली सामग्रियों का नियमित सेवन मनोत्तेजक अनुभव प्राप्त करने की साधना-प्रक्रिया का आवश्यक हिस्सा बन चुका था। इस तरह रीड कॉलेज में कुल डेढ़ साल गुजारने के बाद वहाँ की पढ़ाई-लिखाई व हिप्पी गतिविधियों से स्टीव जॉब्स का मन पूरी तरह भर गया था। अब तक जॉब्स आध्यात्मिक यात्रा के उस पड़ाव पर पहुँच चुका था, जहाँ एक सच्चे साधक का मन आध्यात्मिक ज्ञान-दर्शन के महासागर में गोता लगाने के लिए व्याकुल होने लगता है। जी हाँ, लाखों अमेरिकी साधकों की तरह जॉब्स का साधक मन भी आगे के ज्ञान-दर्शन के लिए भारत-यात्रा पर जाने के लिए चंचल हो उठा, लेकिन इसके लिए मोटी धनराशि आवश्यक थी, जिसे पोर्टलैंड में रहते हुए प्राप्त नहीं किया जा सकता था। ऐसी स्थिति में जॉब्स ने रीड कॉलेज व अपने मित्रों से विदा लेने का निर्णय कर लिया और फरवरी 1974 में सभी सामान के साथ सिलिकॉन वैली में अपने माता-पिता के पास वापस आ गया।

स्टीव जॉब्स को स्नातक बनाने का पॉल व क्लारा जॉब्स का सपना और उसकी जन्मदाता माता से किया गया वादा पूरा न हो सका था। अपने 'विशेष' पुत्र के असहज निर्णय का सहृदयता से स्वागत करने के अलावा जॉब्स दंपती के पास और कोई विकल्प भी नहीं था।

स्टीव जॉब्स को स्नातक बनाने का पॉल व क्लारा जॉब्स का सपना और उसकी जन्मदाता माता से किया गया वादा पूरा न हो सका था। अपने 'विशेष' पुत्र के असहज निर्णय का सहृदयता से स्वागत करने के अलावा जॉब्स दंपती के पास और कोई विकल्प भी नहीं था। वे हृदय की गहराइयों में अब भी पूरी तरह से आशावान थे कि उनका बेटा अवश्य कुछ-न-कुछ 'विशेष' काम करेगा, लेकिन वे नहीं जानते थे कि वह 'क्या' करेगा? उन्हें स्टीव जॉब्स के चंचल मन को सांत्वना देनी थी और उन्होंने ऐसा ही किया था, लेकिन स्टीव का मन भारत-यात्रा पर टिका था।

अटारी में नौकरी व भारत-यात्रा—इस बीच सांता क्लारा वैली को

'सिलिकॉन वैली' कहे जाने का क्रम तीन वर्ष पहले 1971 से ही शुरू हो चुका था और अब इस क्षेत्र का व्यवसाय 'दिन दोगुने, रात चौगुने' स्तर पर बढ़ रहा था। स्थानीय अखबार 'सैन जोस मर्करी' में नौकरी संबंधी वर्गीकृत विज्ञापनों का 60 पृष्ठों का विशेष संस्करण भी प्रकाशित होने लगा था। पोर्टलैंड से आने के बाद जॉब्स एक दिन उन्हीं विज्ञापनों में अपने लिए काम का अवसर खोजने की कोशिश कर रहा था कि उसकी नजर वीडियो गेम विकासकर्ता कंपनी—अटारी कॉरपोरेशन के एक विज्ञापन पर पड़ी थी—मजे करो, पैसा कमाओ। इस कंपनी का मुख्यालय बिल्कुल पास के ही शहर सनीवेल में था। वहाँ जाने में देरी करने का कोई अर्थ नहीं था और विज्ञापन पढ़ने के कुछ समय बाद जॉब्स अटारी कॉरपोरेशन के प्रतीक्षा-कक्ष में मौजूद था।

अल्कोर्न ने जॉब्स की विचित्र वेशभूषा पर ध्यान नहीं दिया और उसके साथ अपना बरताव सहज रखा। इस भेंट में जॉब्स ने रॉबर्ट फ्रीडलैंड के सान्निध्य में विकसित 'वास्तविकता विरूपण-क्षेत्र' कला का पहली बार प्रयोग किया और अल्कोर्न को यह विश्वास दिलाने के सफल रहा कि वह अटारी के लिए काम का आदमी था।

अटारी कॉरपोरेशन की विधिवत् स्थापना को अभी दो साल भी पूरे नहीं हुए थे और वह 'पोंग' की सफलता के बाद आर्केड वीडियो गेम (सार्वजनिक स्थानों पर सिक्का डालकर वीडियो गेम खेलनेवाली मशीन) उद्योग की प्रमुख कंपनी के रूप में उभर रही थी। अटारी का हट्टा-कट्टा, 6.4 इंच लंबा संस्थापक नोलन बुशनेल अपने महँगे सूट, रॉल्स रॉयस कार और हॉट टब में बैठकर गाँजे के कश लगाते हुए कर्मचारियों के साथ विचारोत्तेजक बैठक करने को लेकर सिलिकॉन वैली की चर्चाओं में छाने लगा था। वैसे तो अटारी सफलता की सीढ़ियाँ चढ़ रही थी, लेकिन वह लाभदायकता संकट से उबर नहीं सकी थी। तब लगभग 50 कर्मचारी अभियंता व तकनीशियनों की नियुक्ति हो चुकी थी और ऐलन अल्कोर्न मुख्य अभियंता की भूमिका में नई-नई वीडियो गेम्स के विकास में जुटा हुआ था। ऐसे में, जब स्टीव जॉब्स अपने गंदे व कंधे तक लटकते उलझे हुए बालों और पैरों में चप्पल के साथ साक्षात्कार के लिए प्रस्तुत हुआ, तो कंपनी के कार्मिक निदेशक ने इसकी सूचना ऐलन अल्कोर्न को दी। वह अपने चमत्कारी संस्थापक नोलन बुशनेल की तुलना में अधिक विनम्र था और 'पोंग' की अपार सफलता का नशा उस पर नहीं चढ़ा था।

अल्कोर्न ने जॉब्स की विचित्र वेशभूषा पर ध्यान नहीं दिया और उसके साथ अपना बरताव सहज रखा। इस भेंट में जॉब्स ने रॉबर्ट फ्रीडलैंड के सान्निध्य में विकसित 'वास्तविकता विरूपण-क्षेत्र' कला का पहली बार प्रयोग किया और अल्कोर्न को यह विश्वास दिलाने के सफल रहा कि वह अटारी के लिए काम का आदमी था। इस तरह स्टीव जॉब्स को अटारी में पाँच डॉलर प्रति घंटे के पारिश्रमिक पर तकनीशियन की नौकरी मिल गई थी।

लेकिन शीघ्र ही जॉब्स की शारीरिक दुर्गंध से परेशान कर्मचारियों की शिकायत पर अल्कोर्न ने उसे नौकरी से छुट्टी कर देने का मन बना लिया और इसकी जानकारी नोलन बुशनेल को दी थी। बुशनेल के लिए जॉब्स के शरीर की दुर्गंध या फिर दूसरों के साथ उसका बर्ताव कोई विषय नहीं था; वह व्यवसाय को भी 'युद्ध' समझता था और उसकी प्रबंधन शैली में साम-दाम-दंड-भेद की युद्ध-रणनीति भी सम्मिलित थी। वैसे तो बुशनेल स्वयं भी चमत्कारी व्यक्तित्व का स्वामी था और उसने कर्मचारियों को अपने आभामंडल में बाँध रखा था, लेकिन वह भी जॉब्स की 'वास्तविकता विरूपण-क्षेत्र' कला के प्रभाव में आ गया था। बुशनेल को विश्वास हो गया था कि जॉब्स में अद्भुत प्रतिभा थी और वह अवश्य ही कोई क्रांतिकारी 'गेम' विकसित करने में सफल होगा। इसलिए बुशनेल ने जॉब्स को प्रथम पाली खत्म हो जाने के बाद देर रात तक अकेले बैठकर काम करने की अनुमति दे दी थी। बुशनेल की आशा सत्य प्रमाणित हुई थी; जॉब्स ने अपनी लीक से हटकर सोचने-समझने व कल्पना करने की क्षमता के उपयोग और इलेक्ट्रॉनिक्स के पूर्व अनुभव से वहाँ काम करनेवाले किसी भी प्रमाण-पत्रधारी अभियंता से अधिक अच्छा कार्य दिखाया था। जॉब्स का सबसे उल्लेखनीय काम 'टच मी' वीडियो गेम की तकनीकी जटिलता को दूर कर ज्यादा आसान बनाना रहा था।

जॉब्स ने अपनी लीक से हटकर सोचने-समझने व कल्पना करने की क्षमता के उपयोग और इलेक्ट्रॉनिक्स के पूर्व अनुभव से वहाँ काम करनेवाले किसी भी प्रमाण-पत्रधारी अभियंता से अधिक अच्छा कार्य दिखाया था। जॉब्स का सबसे उल्लेखनीय काम 'टच मी' वीडियो गेम की तकनीकी जटिलता को दूर कर ज्यादा आसान बनाना रहा था।

लगभग दो महीने की नौकरी के बाद जॉब्स ने इतना कमा लिया था कि वह

पूर्वयोजना के अनुसार भारत की आध्यात्मिक यात्रा पर निकल सकता था। अप्रैल की शुरुआत में जॉब्स ने अटारी संस्थापक बुशनेल व मुख्य अभियंता अल्कोर्न को अपना निर्णय सुना दिया था। इस प्रकार जब स्टीव जॉब्स दिल्ली हवाई अड्डे पर उतरा था तो उसे पता चला था कि वहाँ की सड़कें आग उगल रही थीं। जब वह बताए गए होटल में पहुँचा था तो वहाँ कमरा नहीं मिला। इसलिए वह उस होटल में चला गया, जिसके लिए टैक्सी चालक उसे हवाई अड्डे से ही परेशान करता चला आ रहा था। जॉब्स को समझ आ रहा था कि टैक्सीवाला उससे धोखा कर रहा था। फिर भी वह उसी होटल में ठहर गया था। उन दिनों बोतलबंद खनिज पानी (मिनरल वाटर) का चलन नहीं था और होटल मालिक ने स्वच्छ पानी के नाम पर जॉब्स को साधारण पानी ही उपलब्ध कराया था। ऐसे में जॉब्स पेचिश (डिसेंट्री) व बुखार की चपेट में आ गया और एक सप्ताह के भीतर उसका वजन 160 पौंड से घटकर सिर्फ 120 पौंड रह गया।

कुछ दिनों बाद जब वह चलने-फिरने के लायक हो गया तो उसने दिल्ली से तत्काल निकल भागने का तय किया। जॉब्स का अगला पड़ाव हरिद्वार था, जहाँ कुंभ मेला चल रहा था। जॉब्स ने कुंभ के मेले के बारे में सुन रखा था, लेकिन जब उसने अपनी आँखों से एक लाख से भी कम जनसंख्या वालेवाले हरिद्वार-ऋषिकेश क्षेत्र में एक करोड़ से भी अधिक के विशाल जनसमूह को देखा तो वह चकरा गया। सभी समस्याओं के बाद भी जॉब्स कुछ दिनों तक हरिद्वार में यहाँ-वहाँ साधुओं के तंबुओं व मंदिरों में चक्कर काटता रहा, लेकिन जॉब्स की इस आध्यात्मिक यात्रा

जॉब्स का अगला पड़ाव हरिद्वार था, जहाँ कुंभ मेला चल रहा था। जॉब्स ने कुंभ के मेले के बारे में सुन रखा था, लेकिन जब उसने अपनी आँखों से एक लाख से भी कम जनसंख्या वालेवाले हरिद्वार-ऋषिकेश क्षेत्र में एक करोड़ से भी अधिक के विशाल जनसमूह को देखा तो वह चकरा गया। सभी समस्याओं के बाद भी जॉब्स कुछ दिनों तक हरिद्वार में यहाँ-वहाँ साधुओं के तंबुओं व मंदिरों में चक्कर काटता रहा, लेकिन जॉब्स की इस आध्यात्मिक यात्रा का वास्तविक लक्ष्य था—श्री कैंची हनुमान मंदिर व आश्रम (कैंचीधाम, नैनीताल, उत्तराखंड)।

का वास्तविक लक्ष्य था—श्री कैंची हनुमान मंदिर व आश्रम (कैंचीधाम, नैनीताल, उत्तराखंड)।

हिमालय पर्वतमाला की तलहटी पर उलझी कुमाउँनी पहाड़ियों के बीच समुद्र तल से 1,400 मीटर की ऊँचाई पर विकसित यह मंदिर-आश्रम—अब पूरे क्षेत्र को कैंचीधाम कहा जाता है—नैनीताल-अल्मोड़ा रोड पर भोवाली से 9 किमी. दूर स्थित है। नैनीताल शहर से इसकी कुल दूरी करीब 17 किमी. है। दो तेजी से झुकते हुए दुर्गम पहाड़ी रास्तों के चलते स्थानीय बोली में इस गाँव का नाम 'कैंची' कहा जाने लगा था, जिसका कैंची (औजार) से कोई लेना-देना नहीं है। वास्तव में, यह स्थान सोमवारी महाराज व साधु प्रेमी बाबा का तपस्या-स्थल है, जहाँ नीम करोली बाबा या 'महाराजजी' ने भी तपस्या की थी। सन् 1942 में महाराजजी ने कैंची गाँव के एक भक्त श्री पूर्णानंद के साथ मिलकर यहाँ आश्रम बनाने की योजना बनाई, लेकिन दुर्गम रास्ते को ठीक होने में 20 साल गुजर गए। फिर 1962 में नीम करोली बाबा ने अपने दोनों तपस्वी गुरुओं की याद में हनुमान मंदिर व आश्रम की स्थापना की और 15 जून को हर साल विशाल भंडारे के आयोजन का सिलसिला शुरू हुआ। वर्ष 1973 में वृंदावन में समाधि लेने के बाद कैंची के इस आश्रम में नीम करोली बाबा का अस्थि-कलश स्थापित किया गया और 1974 में भव्य मंदिर व आश्रम का निर्माण शुरू हुआ। उसके बाद वहाँ विश्व भर के हिप्पियों के आने का क्रम तेज हुआ और अब 15 जून के भंडारे में हिस्सा लेनेवाले भक्तों की संख्या एक लाख से अधिक होने लग पड़ी थी।

> ***जॉब्स एक दिन जब हजारों भक्तों के बीच स्वादिष्ट भारतीय व्यंजनों का आनंद लेने में मग्न था तो आश्रम के संचालक व महाराजजी के मुख्य शिष्य ने उसे भीड़ से अलग उठा लिया। वह जॉब्स को पहाड़ी की ऊँचाई पर एक छोटे तालाब के पास ले गया, जहाँ पर उसका विधिवत् 'मुंडन संस्कार' (उस्तरे से बाल उतारने के बाद नहला-धुलाकर नए कपड़े पहनाकर धार्मिक दीक्षा देने की प्रक्रिया) संपन्न किया गया।***

स्पष्ट है, जब स्टीव जॉब्स यहाँ पहुँचा, तब उसकी भेंट महाराजजी से नहीं हो सकी थी। वह हरिद्वार से रेल व बस के माध्यम से इस स्थान पर पहुँचा था। उसने पास के गाँव में एक घर किराए पर लिया। वहीं पर जॉब्स की भेंट लैरी ब्रिलियंट

(भगवान् दास व रामदास के साथ सेवा फाउंडेशन के सह-संस्थापक) से हुई थी और तभी से दोनों घनिष्ठ मित्र बन गए थे। जॉब्स एक दिन जब हजारों भक्तों के बीच स्वादिष्ट भारतीय व्यंजनों का आनंद लेने में मग्न था तो आश्रम के संचालक व महाराजजी के मुख्य शिष्य ने उसे भीड़ से अलग उठा लिया। वह जॉब्स को पहाड़ी की ऊँचाई पर एक छोटे तालाब के पास ले गया, जहाँ पर उसका विधिवत् 'मुंडन संस्कार' (उस्तरे से बाल उतारने के बाद नहला-धुलाकर नए कपड़े पहनाकर धार्मिक दीक्षा देने की प्रक्रिया) संपन्न किया गया। जॉब्स को यह प्रक्रिया समझ नहीं आई, लेकिन महाराजजी के उस प्रमुख शिष्य ने उसके अच्छे स्वास्थ्य के लिए इस संस्कार को आवश्यक बताया था।

मनाली से लौटने के बाद जब दोनों अपने डाक के लिए अमेरिकन एक्सप्रेस ट्रेवल सर्विसेज (बाराखंभा रोड, नई दिल्ली) पहुँचे, तभी संयोगवश अमेरिकन एक्सप्रेस के कार्यालय में ओकलैंड अंतरराष्ट्रीय हवाई अड्डे (जॉब्स के लॉस अल्टोस स्थित घर से करीब 53 कि.मी. दूर) से उन दोनों को वापस भेजने का निर्देश मिला था। इस प्रकार अमेरिकन एक्सप्रेस ने दोनों को अगली उड़ान से वापस ओकलैंड भेज दिया।

उसके बाद जॉब्स ने भी दीक्षित साधुओं की तरह गेरुए वस्त्र धारण करना शुरू कर दिया, जो भारतीय गरमी के लिए सुखद वस्त्र था। इस बीच उसका रीड कॉलेज का मित्र भी पहुँच गया था। कैंची में करीब एक महीना बिताने के बाद जॉब्स व कोट्टके का मन ऊबने लगा। इसलिए दोनों ने दिल्ली को अपना केंद्र बनाया और फिर उत्तर भारत के विभिन्न शहरों, धार्मिक स्थलों व गाँवों का भ्रमण करना शुरू किया। वे अधिकतर रेल व बस से यात्रा करते थे। जहाँ रात हो जाती, वहीं किसी मंदिर में रुक जाते और जो भी शुद्ध शाकाहारी भोजन मिल जाता, उसे खाकर अपना पेट भर लेते। इस तरह करीब सात महीने बीत चुके थे। अब जॉब्स के पास भी उतना धन नहीं बचा था कि वह अपने साथ कोट्टके का खर्च भी अधिक समय तक उठा पाता। मनाली से लौटने के बाद जब दोनों अपने डाक के लिए अमेरिकन एक्सप्रेस ट्रेवल सर्विसेज (बाराखंभा रोड, नई दिल्ली) पहुँचे, तभी संयोगवश अमेरिकन एक्सप्रेस के कार्यालय में ओकलैंड अंतरराष्ट्रीय हवाई अड्डे (जॉब्स के लॉस अल्टोस स्थित घर से करीब 53 कि.मी. दूर) से उन दोनों

को वापस भेजने का निर्देश मिला था। इस प्रकार अमेरिकन एक्सप्रेस ने दोनों को अगली उड़ान से वापस ओकलैंड भेज दिया।

स्टीव जॉब्स व डेनियल कोट्टके—दोनों साधू की वेशभूषा में ही ओकलैंड हवाई अड्डे पर उतरे। वहाँ पहले से मौजूद जॉब्स के माता-पिता उन दोनों को ढूँढ़ने की कोशिश कर रहे थे। वे पाँच बार उन दोनों के सामने से गुजर चुके थे, लेकिन उन्हें पहचान नहीं पा रहे थे। फिर जॉब्स की माँ क्लारा उसके पास आईं और ध्यान से निहारते हुए आश्चर्यजनक भाव से पूछा था, 'स्टीव!' क्लारा को विश्वास नहीं हो रहा था कि वह वास्तव में उसका 'विशेष' बेटा 'स्टीव' ही था। जॉब्स ने 'हाँ' में अपना सिर हिलाया। तब तक पॉल जॉब्स भी माँ-बेटे के पास आ गए। निराश हो चुके पॉल व क्लारा जॉब्स के लिए यह अपने खोए बच्चे को दोबारा से प्राप्त करने जैसा भावुक क्षण था, लेकिन स्टीव जॉब्स के चेहरे पर वही पुराना निर्मोही भाव बना रहा था।

फिर जॉब्स की माँ क्लारा उसके पास आईं और ध्यान से निहारते हुए आश्चर्यजनक भाव से पूछा था, 'स्टीव!' क्लारा को विश्वास नहीं हो रहा था कि वह वास्तव में उसका 'विशेष' बेटा 'स्टीव' ही था। जॉब्स ने 'हाँ' में अपना सिर हिलाया। तब तक पॉल जॉब्स भी माँ-बेटे के पास आ गए। निराश हो चुके पॉल व क्लारा जॉब्स के लिए यह अपने खोए बच्चे को दोबारा से प्राप्त करने जैसा भावुक क्षण था, लेकिन स्टीव जॉब्स के चेहरे पर वही पुराना निर्मोही भाव बना रहा था।

इस प्रकार अक्तूबर 1975 में अमेरिका वापसी के बाद लॉस अल्टोस में जॉब्स के घर पर कुछ समय बिताने के बाद डेनियल कोट्टके तो वापस रीड कॉलेज में आगे की पढ़ाई के लिए वापस लौट गया था, लेकिन जॉब्स लंबे समय तक अशांत-सा रहा था। वह अपने अंतर्ज्ञान को जाग्रत् कर स्वयं को खोजने का प्रयास करता था। उसने सुबह व शाम को विधिवत् ध्यान लगाना और जैन व बौद्ध धर्म संबंधी साहित्य का अध्ययन करना शुरू किया। बीच के खाली समय में जॉब्स-स्टैन फोर्ड विश्वविद्यालय की भौतिकी या अभियांत्रिकी कक्षाओं में जाता और वहाँ के छात्रों के बीच रहते हुए सिलिकॉन वैली की प्रौद्योगिक गतिविधियों को समझने में रुचि लेने लगा।

भारत-यात्रा से वापसी के कुछ ही दिनों बाद जॉब्स को पता चला कि

'जेन माइंड, बिगिनर'स माइंड' पुस्तक के रचनाकार व अमेरिका में जैन व बौद्ध धर्म को प्रचारित करनेवाले भिक्षु शुन्नयु सुजुकी हर बुधवार को लॉस अल्टोस आते थे और अनुयायियों के एक छोटे समूह के लिए ध्यान-शिविर लगाते थे। जॉब्स तत्काल ही सुजुकी का निष्ठावान अनुयायी बन गया और लॉस अल्टोस के ध्यान शिविर में नियमित रूप से जाने लगा। फिर वह बहुधा तस्साजारा जेन माउंटेन सेंटर में भी जाने लगा। चूँकि जैन व बौद्ध धर्म के प्रति जॉब्स की आस्था गहरा गई थी, इसलिए उसने लगभग हर दिन वहाँ के प्रमुख भिक्षु कोबुन चाइनो ओटोगावा से मिलना शुरू कर दिया और स्वयं को पूरी तरह से आध्यात्मिक मार्ग पर डालने के लिए दबाव बनाना भी शुरू कर दिया, लेकिन कोबुन ने उसे हमेशा ही यही समझाने का प्रयास किया कि वह व्यवसाय करता हुआ भी आध्यात्मिकता से गहराई से जुड़ा रह सकता था। कोबुन से जॉब्स का संबंध लगातार गहराता चला गया। यह सबंध आजीवन जारी रहनेवाला था और 17 वर्षों बाद कोबुन ने ही जॉब्स विवाह समारोह में पुजारी की भूमिका निभाई थी।

जॉब्स ने उस समय में लॉस एंजिल्स के मनोचिकित्सक अर्थर जेनोव द्वारा विकसित व लोकप्रिय की गई 'आरंभिक चीख चिकित्सा' (प्राइमल स्क्रीम थेरैपी) लेने का मन बनाया। जेनोव की यह मानसिक चिकित्सा इस अवधारणा पर आधारित थी कि मनुष्य की मनोवैज्ञानिक समस्याएँ उसके बचपन के दर्द को दबाने का परिणाम होती हैं। जेनोव का दावा था कि बचपन के दर्द के क्षणों से पूरी तरह से उभारने और रोगी को उस दर्द से दोबारा गुजारने, कभी-कभी चीत्कार करने से, इन समस्याओं को दूर किया जा सकता था।

कोबुन से इतनी निकटता के बाद भी जॉब्स का मन शांत नहीं हो पा रहा था। वह आत्म जागरूकता (सेल्फ अवेयरनेस) की उपलब्धि के लिए व्याकुल था। वास्तव में वह अपने जन्मदाता माता-पिता द्वारा त्याग दिए जाने के क्रूर सत्य को भुला नहीं पा रहा था। उसके मन में हमेशा यही सवाल गूँजता रहता था कि आखिर वे कौन थे? पॉल व क्लारा जॉब्स ने उसे इतना तो बता ही दिया था कि उसके जन्मदाता माता-पिता बहुत पढ़े-लिखे थे, लेकिन शेष जानकारियाँ उनके पास भी नहीं थीं और उनके बारे में अधिक कुछ खोज पाने के जॉब्स के प्रयास विफल रहे थे। ऐसे में जॉब्स ने उस समय में लॉस एंजिल्स के

मनोचिकित्सक अर्थर जेनोव द्वारा विकसित व लोकप्रिय की गई 'आरंभिक चीख चिकित्सा' (प्राइमल स्क्रीम थेरैपी) लेने का मन बनाया। जेनोव की यह मानसिक चिकित्सा इस अवधारणा पर आधारित थी कि मनुष्य की मनोवैज्ञानिक समस्याएँ उसके बचपन के दर्द को दबाने का परिणाम होती हैं। जेनोव का दावा था कि बचपन के दर्द के क्षणों से पूरी तरह से उभारने और रोगी को उस दर्द से दोबारा गुजारने, कभी-कभी चीत्कार करने से, इन समस्याओं को दूर किया जा सकता था।

जॉब्स ने यह चिकित्सा कार्यक्रम आधे-अधूरे मन से पूरा किया। उसे इस कार्यक्रम का संचालन सतही लगा था, जिससे कोई खास उपलब्धि नहीं हासिल होनेवाली थी। लिहाजा, उसके बाद कुछ समय 'ऑल वन फॉर्म' बिताया और वापस लॉस अल्टोस आ गया था, लेकिन नजदीकियों ने महसूस किया था कि जेनोव के चिकित्सा कार्यक्रम के बाद जॉब्स में काफी आत्मविश्वास आ गया था। अब उसने ध्यान के लिए लॉस अल्टोस में अलग से एक कमरा किराए पर ले लिया था।

लिहाजा, उसके बाद कुछ समय 'ऑल वन फॉर्म' बिताया और वापस लॉस अल्टोस आ गया था, लेकिन नजदीकियों ने महसूस किया था कि जेनोव के चिकित्सा कार्यक्रम के बाद जॉब्स में काफी आत्मविश्वास आ गया था। अब उसने ध्यान के लिए लॉस अल्टोस में अलग से एक कमरा किराए पर ले लिया था।

अटारी में वापसी व वोज्निअक से साझेदारी—सन् 1975 के आरंभ में संभवत: फरवरी में, जब अटारी में ऐलन अल्कोर्न को जॉब्स के वापस आने का समाचार मिला तो उसने उसे फिर से कंपनी में काम करने के लिए बुलवाया। कुछ दिनों बाद जॉब्स अटारी के कार्यालय में साधुओं की तरह प्रकट हुआ—बिल्कुल नंगे पाँव, केसरिया चोगा पहने व हाथ में 'बी हियर नाऊ' किताब थामे। अल्कोर्न के साथ-साथ बुशनेल ने भी जॉब्स की वापसी का स्वागत किया। एक बार फिर से कार्यालय के अन्य साथियों के साथ सामंजस्य बिठाने के लिए पहले की ही तरह जॉब्स को रात में ही अपना काम करने की अनुमति मिल गई थी।

इस प्रकार लगभग ढाई वर्षों के बाद अब एक बार फिर से जॉब्स को अपने पुराने मित्र व साझेदार वोज्निअक के साथ निकटता बढ़ाने का मौका मिल गया था। सन् 1972 के अंत में जॉब्स रीड कॉलेज चला गया और जनवरी 1973 से

वोज्निअक ने हैवलेट पैकर्ड में अभियंता के रूप में कैल्कुलेटर संबंधी कल-पुर्जों के प्रारूप विकास का काम शुरू किया था। नौकरी के बाद वोज्निअक की आय अच्छी हो गई और उसने अपने माता-पिता के निवास से करीब डेढ़ कि.मी. दूर क्यूपरटिनो में एक अपार्टमेंट किराए पर लेकर रहना शुरू कर दिया। इस बीच, वोज्निअक का मित्र ऐलन बौम भी एम.आई.टी. से इलेक्ट्रॉनिक्स अभियांत्रिकी की पढ़ाई पूरी कर हैवलेट पैकर्ड में प्रशिक्षु बन गया था; उसे विश्व के पहले वैज्ञानिक पॉकेट कैल्कुलेटर—एच.पी.-35 परियोजना में काम करने का अवसर मिल गया था, जो एक प्रकार से कंप्यूटर विकसित करने जैसा ही था, लेकिन अब तक कंप्यूटर निर्माण के प्रति वोज्निअक का उत्साह ठंडा पड़ चुका था; वह अपनी नौकरी में व्यस्त था और उसके जीवन में ऐलिस रॉबर्टसन भी आ चुकी थी (करीब दो साल प्रेमालाप के बाद दोनों ने 1976 में शादी थी, जो चार साल बाद 1980 में टूट गई थी)।

वोज्निअक का मित्र ऐलन बौम भी एम.आई.टी. से इलेक्ट्रॉनिक्स अभियांत्रिकी की पढ़ाई पूरी कर हैवलेट पैकर्ड में प्रशिक्षु बन गया था; उसे विश्व के पहले वैज्ञानिक पॉकेट कैल्कुलेटर—एच.पी.-35 परियोजना में काम करने का अवसर मिल गया था, जो एक प्रकार से कंप्यूटर विकसित करने जैसा ही था, लेकिन अब तक कंप्यूटर निर्माण के प्रति वोज्निअक का उत्साह ठंडा पड़ चुका था; वह अपनी नौकरी में व्यस्त था और उसके जीवन में ऐलिस रॉबर्टसन भी आ चुकी थी (करीब दो साल प्रेमालाप के बाद दोनों ने 1976 में शादी थी, जो चार साल बाद 1980 में टूट गई थी)।

हाँ, इस बीच एडवांस्ड रिसर्च प्रोजेक्ट्स एजेंसी नेटवर्क (अरपानेट) की लगातार बढ़ती लोकप्रियता ने वोज्निअक का ध्यान आकर्षित किया था और उसने इस संजाल से जुड़नेवाले एक वैकल्पिक टी.वी. टर्मिनल का विकास किया था। याद रहे कि अमेरिकी रक्षा विभाग द्वारा विकसित 'अरपानेट' (मौजूदा विश्वव्यापी इंटरनेट संजाल का पूर्वज) को 1970 में सार्वजनिक करने का क्रम आरंभ किया जा चुका था। जुलाई 1974 तक 58 अंतरफलक संदेश संसाधक (इंटरफेस मैसेज प्रोसेसर/आई.एम.पी., जिसे अब 'राऊटर' कहा जाता है), परिचालन केंद्रों के माध्यम से अमेरिका के विभिन्न विश्वविद्यालयों व सरकारी

संस्थानों को 'अरपानेट' संजाल से जोड़ दिया गया था। ध्यान रहे कि 'अपरानेट' टेलीफोन संजाल से जुड़ा मेनफ्रेम कंप्यूटरों के संजाल का संजाल था। अब तक निजी क्षेत्र में भी मेनफ्रेम कंप्यूटर के साझा करने के लिए काल सहभाजन (टाइम शेयरिंग)—कई उपयोगकर्ताओं के बीच एक कंप्यूटिंग संसाधन के आवंटन का कारोबार विकसित हो चुका था। अपरानेट या फिर फिर किसी निजी टाइम शेयरिंग सेवा का उपयोग करने के लिए कंप्यूटर टी.वी. टर्मिनल की आवश्यकता होती थी, जो टेलीफोन के माध्यम से उससे जुड़ती थी। अभी भी टी.वी. टर्मिनल महँगा था, लेकिन वोज्निअक एक सस्ते टी.वी. व 60 डॉलर के एक की-बोर्ड का उपयोग कर एक ऐसा टी.वी. टर्मिनल विकसित कर चुका था, जो प्रति सेकंड 60 लिपियों (करैक्टर) को प्रदर्शित करने की क्षमता रखता था। अब उन्नत प्रौद्योगिक युग में यह सुनने में भले ही अजीब लगे, लेकिन उस वक्त एक बड़ी उपलब्धि थी। वोज्निअक का वह टी.वी. टर्मिनल बाजार में उपलब्ध अन्य महँगे टर्मिनलों की तुलना में छह गुना अधिक तेज था। इस प्रकार वोज्निअक का ध्यान स्वयं के द्वारा विकसित 'क्रीम सोडा कंप्यूटर' से भटक चुका था और अब वह अपनी इसी नई खोज में मग्न था।

जॉब्स की वापसी से वोज्निअक भी बहुत खुश था; उसका अपार्टमेंट अटारी के कार्यालय से अधिक दूर नहीं था और बहुधा रात के खाने के बाद वह जॉब्स के पास आने लग पड़ा। दोनों खूब हँसी-मजाक व आगे के काम के बारे में बातचीत किया करते थे। वोज्निअक वीडियो गेम्स के प्रति अति-उत्साही था। स्पष्ट है कि जॉब्स के पास आने का उसका एक उद्‌देश्य यह भी था कि उसे अटारी के कार्यालय में निःशुल्क वीडियो गेम्स खेलने का अवसर मिल जाता था।

जॉब्स की वापसी से वोज्निअक भी बहुत खुश था; उसका अपार्टमेंट अटारी के कार्यालय से अधिक दूर नहीं था और बहुधा रात के खाने के बाद वह जॉब्स के पास आने लग पड़ा। दोनों खूब हँसी-मजाक व आगे के काम के बारे में बातचीत किया करते थे। वोज्निअक वीडियो गेम्स के प्रति अति-उत्साही था। स्पष्ट है कि जॉब्स के पास आने का उसका एक उद्‌देश्य यह भी था कि उसे अटारी के कार्यालय में निःशुल्क वीडियो गेम्स खेलने का अवसर मिल जाता था।

इसी बीच गरमियों में एक दिन नोलन बुशनेल ने 'पोंग' का एकल खिलाड़ी

संस्करण विकसित करने का निर्णय लिया और उसने उसका रेखाचित्र बनाकर जॉब्स को पूरी योजना समझाई। वास्तव में बुशनेल ने जॉब्स को कम-से-कम चिप का उपयोग कर इस गेम को विकसित करने की तकनीकी चुनौती भी दी थी और साथ में लालच भी—यह बुशनेल का स्वयं-सिद्ध प्रबंधन-सूत्र था। उसने कहा था कि वह 50 से कम हरेक चिप के लिए जॉब्स को अधिलाभ (बोनस) का भुगतान करेगा। बुशनेल को पता था कि जॉब्स महान् अभियंता नहीं था, लेकिन वह यह भी जानता था कि जॉब्स का मित्र स्टीव वोज्निअक इलेक्ट्रॉनिक्स अभियांत्रिकी का जाना-माना जादूगर था, जिसकी सहायता से वह काम को अवश्य ही पूरा कर लेगा।

वोज्निअक ने यह तथ्य उजागर किया था कि जॉब्स ने अधिलाभ में उसे कोई हिस्सा नहीं दिया था। उसे केवल आधारभूत भुगतान में आधा (350 डॉलर) मिला था। जॉब्स तो हमेशा यही कहता रहा था कि उसने निष्ठापूर्वक वोज्निअक को आधी राशि दे दी थी, लेकिन उसने यह कभी स्पष्ट नहीं किया था कि उसे स्वयं बुशनेल ने कुल कितनी राशि का भुगतान किया था।

ऐसा ही हुआ भी था। दोनों ने चार दिन के भीतर केवल 45 चिप्स के उपयोग से उस प्रस्तावित वीडियो गेम का इलेक्ट्रॉनिक परिपथ तैयार कर लिया था। वोज्निअक ने परिपथ की रूपरेखा रचना की थी और जॉब्स ने चिप्स की वायरिंग की थी। इसका कोई प्रमाण नहीं मिलता कि बुशनेल ने जॉब्स को उस काम के लिए कितना भुगतान किया था, लेकिन लगभग दस वर्षों बाद जब जॉब्स व वोज्निअक के बीच खटपट हो गई तो वोज्निअक ने यह तथ्य उजागर किया था कि जॉब्स ने अधिलाभ में उसे कोई हिस्सा नहीं दिया था। उसे केवल आधारभूत भुगतान में आधा (350 डॉलर) मिला था। जॉब्स तो हमेशा यही कहता रहा था कि उसने निष्ठापूर्वक वोज्निअक को आधी राशि दे दी थी, लेकिन उसने यह कभी स्पष्ट नहीं किया था कि उसे स्वयं बुशनेल ने कुल कितनी राशि का भुगतान किया था।

सत्य जो भी हो, अटारी के अनुभव से जॉब्स को अपने व्यवसाय व उसकी संचालन-प्रकिया को आकार देने में बहुत अधिक सहायता मिली थी। उसने बुशनेल की प्रबंधन कला को भी कुछ सीमा तक अपनाया था। अब जॉब्स पूरी तरह से समझ गया था कि वह वोज्निअक की अद्‌भुत प्रतिभा विशेषज्ञता का किस प्रकार

उपयोग कर सकता था और उसकी स्वयं की क्या भूमिका होगी।

एप्पल-I का विकास—1960 के दशक में सांता क्लारा वैली के सिलिकॉन वैली व सैन फ्रांसिस्को के हिप्पी राजधानी में बदलने के साथ-साथ इस समूचे क्षेत्र में एक 'जुगाड़बाज' समुदाय भी विकसित हुआ था, जिसे 'हैकर' के रूप में जाना गया था। इस समुदाय में पूरी व अधूरी शिक्षा हासिल करनेवाले इलेक्ट्रॉनिक्स अभियंताओं के अतिरिक्त तकनीशियन व प्रौद्योगिकी के उत्साही आम लोग शामिल थे। ये वे लोग थे, जो इस क्षेत्र की रक्षा ठेकेदार, इलेक्ट्रॉनिक्स, सेमीकंडक्टर, वीडियो गेम्स या फिर कंप्यूटर कंपनियों की दैनंदिन कार्य-संस्कृति में स्वयं को समाहित नहीं कर सके थे। इनमें से अधिकांश विरोध-संस्कृति व हिप्पी गतिविधियों में शामिल अर्ध-शैक्षणिक समूहों के रूप में सक्रिय थे। ये समूह लीक से हटकर कुछ विशेष करने के प्रयासों में जुटे हुए थे। हर नया प्रौद्योगिक उपकरण इन 'हैकर' समुदायों के निशाने पर होता था। वे जुगाड़ के माध्यम से आम आदमी की पहुँच से बाहर की महँगी प्रौद्योगिकियों का सस्ता विकल्प निकालने का प्रयास करते थे। वे इस काम को गैर-कानूनी नहीं, वरन् आम आदमी के हित में समानांतर प्रौद्योगिकी-क्रांति मानते थे। स्पष्ट है कि इनका वास्तविक लाभ नकली या यूँ कहें कि वैकल्पिक प्रौद्योगिकी बेचनेवाले व्यापारी उठाते थे।

1960 के दशक में सांता क्लारा वैली के सिलिकॉन वैली व सैन फ्रांसिस्को के हिप्पी राजधानी में बदलने के साथ-साथ इस समूचे क्षेत्र में एक 'जुगाड़बाज' समुदाय भी विकसित हुआ था, जिसे 'हैकर' के रूप में जाना गया था। इस समुदाय में पूरी व अधूरी शिक्षा हासिल करनेवाले इलेक्ट्रॉनिक्स अभियंताओं के अतिरिक्त तकनीशियन व प्रौद्योगिकी के उत्साही आम लोग शामिल थे।

इसी बीच दिसंबर 1974 के अंतिम पखवाड़े में पॉपुलर इलेक्ट्रॉनिक्स ने दुनिया के पहले व्यक्तिगत कंप्यूटर 'ऑल्टेयर-8800' के जल्दी ही बाजार में आने सबंधी आवरण-कथा को प्रकाशित कर दिया था। इस समाचार ने माइक्रोसॉफ्ट के संस्थापकों—बिल गेट्स व पॉल ऐलन जैसे विभिन्न अमेरिकी विश्वविद्यालय में कंप्यूटर विज्ञान के छात्रों, शिक्षाविदों व कंप्यूटर प्रौद्योगिकी से जुड़ी कंपनियों के लाखों पेशेवर अभियंताओं के साथ-साथ सिलिकॉन वैली में सक्रिय कंप्यूटर प्रौद्योगिकी के जुगाड़बाजों में भी सनसनी पैदा कर थी। बिल गेट्स व पॉल ऐलन को

इस कंप्यूटर के लिए कंप्यूटर कार्यक्रम भाषा—बेसिक का दुभाषिया (इंटरप्रेटर) विकसित करने का ठेका मिल गया था। तो समानांतर प्रौद्योगिकी क्रांति के समर्थक हैकर-समुदाय ने 'होमब्रिऊ कंप्यूटर क्लब' का गठन किया था।

ऐलन बौम ने इस नवगठित क्लब की बैठक की सूचना हैवलेट पैकर्ड के बुलेटिन बोर्ड पर पढ़ी थी और इसकी जानकारी वोज्निअक को दी थी। किसी कारण से उसका जॉब्स से संपर्क नहीं हो सका और वह बौम के साथ उस बैठक में पहुँचा था। मेंलो पार्क स्थित एक गैराज में 30 लोग जमा हुए थे; वहाँ विश्व के सबसे पहले व्यक्तिगत कंप्यूटर 'ऑल्टेयर' को प्रदर्शित किया गया था और सभी उसी के बारे में चर्चा कर रहे थे। वोज्निअक को बौम ने इसके बारे में नहीं बताया था कि वहाँ कंप्यूटर का प्रदर्शन होनेवाला था; वह तो अपने क्रांतिकारी टी.वी. टर्मिनल के साथ सबका ध्यान अपनी ओर खींचने के आकर्षण में पहुँचा था। स्पष्ट है कि किसी ने भी वोज्निअक की खोज पर ध्यान नहीं दिया था और वह भी सहमा-सा चुपचाप 'ऑल्टेयर' की चर्चाएँ सुनता रहा था। सभी ऑल्टेयर में उपयोग किए गए सबसे आधुनिक माइक्रोचिप—'इंटेल-8080' के साथ-साथ और इंटेल कॉरपोरेशन द्वारा विकसित उससे पहले के इंटेल-8008 व 4004 के बारे में चर्चा कर रहे थे।

1960 के दशक में सांता क्लारा वैली के सिलिकॉन वैली व सैन फ्रांसिस्को के हिप्पी राजधानी में बदलने के साथ-साथ इस समूचे क्षेत्र में एक 'जुगाड़बाज' समुदाय भी विकसित हुआ था, जिसे 'हैकर' के रूप में जाना गया था। इस समुदाय में पूरी व अधूरी शिक्षा हासिल करनेवाले इलेक्ट्रॉनिक्स अभियंताओं के अतिरिक्त तकनीशियन व प्रौद्योगिकी के उत्साही आम लोग शामिल थे।

चूँकि वोन्जिअक पिछले तीन वर्षों से हैवलेट पैकर्ड में कैल्कुलेटर डिजाइन करने व बाद में अपनी निजी परियोजना के तौर पर कंप्यूटर टर्मिनल विकसित करने के काम में डूबा रहा था, इसीलिए माइक्रोचिप के विकास के बारे में उसे कोई जानकारी नहीं थी। उसके सामने चुपचाप सबकुछ सुनते रहने के अतिरिक्त कोई विकल्प नहीं था। बैठक खत्म होने के पहले किसी सदस्य ने 'इंटेल-8008' माइक्रोचिप की एक कनाडा की कंपनी द्वारा तैयार की गई नकल का आँकड़ा-पत्रक सभी सदस्यों को वितरित किया था। ठगा-ठगा सा वोज्निअक घर वापस लौट

आया था। फिर उसने पत्रक को ध्यान से पढ़ा था तो उसका माथा ठनका। अब उसे पछतावा हो रहा था कि जिस कंप्यूटर के विकास का काम उसने लगभग पाँच वर्ष पहले आरंभ किया था, वह अब सबसे आधुनिक माइक्रोचिप—'इंटेल-8080' से सामर्थ्यवान होकर विश्व के सबसे पहले व्यक्तिगत कंप्यूटर के रूप में उसके सामने मुख्य चर्चा के केंद्र में था। वोज्निअक अच्छी तरह से समझ रहा था कि जब उसने 'क्रीम सोडा कंप्यूटर' विकसित किया था तब 'इंटेल-8080' के विकसित हो जाने की दूर-दूर तक कोई संभावना नहीं थी। इसलिए 'ऑल्टेयर' से उसकी तुलना तार्किक नहीं थी, लेकिन वोज्निअक के मस्तिष्क में बार-बार यही प्रश्न उठ रहा था कि 'ऑल्टेयर' में 'इंटेल-8080' के अतिरिक्त ऐसा क्या था, जो उसके 'क्रीम सोडा कंप्यूटर' में नहीं था। संभवत: कुछ भी 'विशेष' नहीं!

वोज्निअक के पास की-बोर्ड सहित एक कार्यरत कंप्यूटर टी.वी. टर्मिनल था। उसमें बस 'ऑल्टेयर' की तरह माइक्रोचिप जोड़कर उसकी क्षमता ही तो बढ़ानी थी और फिर एकीकृत डेस्कटॉप कंप्यूटर तैयार। 'ऑल्टेयर' तो केवल एक सी.पी.यू. भर था और अन्य सभी उपकरण अलग से खरीदने का विकल्प दिया गया था, जो बाजार में पहले से ही उपलब्ध थे। ऑल्टेयर में एक माइक्रोचिप 'इंटेल-8080' का उपयोग कर सी.पी.यू. बनाया गया था, जो उसने पाँच साल पहले कई चिप्स को जोड़कर 'क्रीम सोडा कंप्यूटर' के लिए तैयार किया था।

वोज्निअक के पास की-बोर्ड सहित एक कार्यरत कंप्यूटर टी.वी. टर्मिनल था। उसमें बस 'ऑल्टेयर' की तरह माइक्रोचिप जोड़कर उसकी क्षमता ही तो बढ़ानी थी और फिर एकीकृत डेस्कटॉप कंप्यूटर तैयार। 'ऑल्टेयर' तो केवल एक सी.पी.यू. भर था और अन्य सभी उपकरण अलग से खरीदने का विकल्प दिया गया था, जो बाजार में पहले से ही उपलब्ध थे। ऑल्टेयर में एक माइक्रोचिप 'इंटेल-8080' का उपयोग कर सी.पी.यू. बनाया गया था, जो उसने पाँच साल पहले कई चिप्स को जोड़कर 'क्रीम सोडा कंप्यूटर' के लिए तैयार किया था। दोनों सी.पी.यू. में बस आँकड़ा प्रसंस्करण क्षमता का अंतर था। याद रहे कि 'होमब्रिऊ कंप्यूटर क्लब' की पहली बैठक में प्रस्तुत किए गए 'ऑल्टेयर' में बिल गेट्स व पॉल ऐलन द्वारा तैयार किए जा रहे कंप्यूटर कार्यक्रम भाषा 'बेसिक'

के दुभाषिए 'ऑल्टेयर बेसिक' को स्थापित नहीं किया जा सका था, लेकिन वोज्निअक के मस्तिष्क में उसके अपने संपूर्ण कंप्यूटर का चित्र घूम गया था; उसे पता था कि वह अपने कंप्यूटर की कार्यक्रम-भाषा का दुभाषिया भी आसानी से तैयार कर लेगा। बस, फिर क्या था? उसने 'क्रीम सोडा कंप्यूटर' की रूपरेखा को परिष्कृत कर तत्काल ही अपने नए कंप्यूटर का रेखांकन आरंभ कर दिया था।

वोज्निअक को 'ऑल्टेयर' खरीदकर उसकी नकल मारने की कोई आवश्यकता नहीं थी। विश्व के तथाकथित प्रथम व्यक्तिगत कंप्यूटर 'ऑल्टेयर' का सी.पी.यू. किट 439 डॉलर व उसका संयोजित संस्करण 621 डॉलर में प्रस्तुत किया गया था। उस समय वोज्निअक का घर पहुँचनेवाला मासिक वेतन भी 400 डॉलर के आस-पास था तो 'ऑल्टेयर' का सी.पी.यू. किट खरीदना महँगा विकल्प था। वैसे भी केवल किट खरीदने से कोई बात नहीं बननेवाली थी, काम के योग्य 'ऑल्टेयर' की कुल लागत एक हजार डॉलर से ऊपर बैठनेवाली थी। वोज्निअक के सामने प्रश्न इस लागत का नहीं था। उसके मस्तिष्क में 'ऑल्टेयर' की तुलना में कई गुना अधिक शक्तिशाली व्यक्तिगत कंप्यूटर का रेखाचित्र तैयार था। मात्र माइक्रोचिप के चुनाव की देर थी और फिर कंप्यूटर का काम आरंभ हो जाना था।

दिसंबर 1974 में मोटोरोला-6800 बाजार में आ चुका था, जो उसे हैवलेट पैकर्ड के मित्र के माध्यम से 40 डॉलर में मिल सकता था। उसने और खोज की थी तो पता चला था, मोटोरोला के पूर्व अभियंताओं ने नई कंपनी बनाकर अभी हाल में ही 'मोस टेक्नोलॉजी-6502' नामक माइक्रोचिप बहुत ही कम मूल्य पर बाजार में उतारा था, जो उसे मात्र 20 डॉलर में मिल सकता था।

वोज्निअक ने पहले 'ऑल्टेयर' की ही तरह अपने कंप्यूटर में भी 'इंटेल-8080' के उपयोग के बारे में विचार किया था, जिसे इंटेल कॉरपोरेशन ने अप्रैल 1974 में 360 डॉलर के खुदरा मूल्य पर प्रस्तुत किया था। ऑल्टेयर के संस्थापक एड रॉबर्ट्स ने मोल-भाव से उसे केवल 75 डॉलर प्रति इकाई के थोक भाव पर खरीदा था। यह तब गोपनीय तथ्य था और वोज्निअक के लिए एक चिप के लिए इंटेल से कोई मोल-भाव करना संभव भी नहीं था। इसीलिए उसने दूसरे विकल्पों पर विचार किया। उसे पता चला था कि दिसंबर 1974 में मोटोरोला-6800

बाजार में आ चुका था, जो उसे हैवलेट पैकर्ड के मित्र के माध्यम से 40 डॉलर में मिल सकता था। उसने और खोज की थी तो पता चला था, मोटोरोला के पूर्व अभियंताओं ने नई कंपनी बनाकर अभी हाल में ही 'मोस टेक्नोलॉजी-6502' नामक माइक्रोचिप बहुत ही कम मूल्य पर बाजार में उतारा था, जो उसे मात्र 20 डॉलर में मिल सकता था।

इस प्रकार वोज्निअक ने वैज्ञानिक कंप्यूटर कार्यक्रम भाषा—फोरट्रॉन में 'मोस टेक्नोलॉजी-6502' माइक्रोचिप का दुभाषिया तैयार करना आरंभ किया, लेकिन इस बीच होमब्र्यू कंप्यूटर क्लब की अप्रैल बैठक में बिल गेट्स व पॉल ऐलन का 'ऑल्टेयर बेसिक' का प्रदर्शन हो चुका था और उसके साथ ही बाजार में '101 बेसिक कंप्यूटर गेम्स' नामक पुस्तक भी बाजार में आ चुकी थी। इसीलिए वोज्निअक ने भी 'बेसिक' कंप्यूटर कार्यक्रम-भाषा को ही अपनाने का निर्णय किया था। लगभग तीन महीने के अथक परिश्रम से वोज्निअक ने सी.पी.यू. के साथ-साथ 'मोस टेक्नोलॉजी-6502' का बेसिक दुभाषिया भी लिख डाला था।

वोज्निअक ने उस दुभाषिए को अपने कंप्यूटर पर चलाया था; मशीन ने हूँ···हूँ की आवाज के साथ उसे स्वीकार किया था; फिर की-बोर्ड पर टाइप किया गया कंप्यूटर टी.वी. स्क्रीन पर प्रदर्शित होने लगा था। स्पष्ट था कि अपने मित्र व साझेदार की इस ऐतिहासिक उपलब्धि का पहला दर्शक भी जॉब्स ही था।

यह रविवार 29 जून, 1975 था, जब व्यक्तिगत कंप्यूटर के इतिहास ने एक नया मील का पत्थर पार किया था। वोज्निअक ने उस दुभाषिए को अपने कंप्यूटर पर चलाया था; मशीन ने हूँ···हूँ की आवाज के साथ उसे स्वीकार किया था; फिर की-बोर्ड पर टाइप किया गया कंप्यूटर टी.वी. स्क्रीन पर प्रदर्शित होने लगा था। स्पष्ट था कि अपने मित्र व साझेदार की इस ऐतिहासिक उपलब्धि का पहला दर्शक भी जॉब्स ही था।

इस बीच वोज्निअक के इस अभियान के लिए आवश्यक घटकों की खोज करने और उन्हें न्यूनतम मूल्य पर खरीदने का संपूर्ण उत्तरदायित्व स्टीव जॉब्स ने उठाया था। विशेष रूप से, जॉब्स ने अपनी प्रभावशाली व्यवहार-कुशलता का उपयोग कर नमूने के रूप में इंटेल कॉरपोरेशन से निःशुल्क गतिशील रैम (डायनामिक रैंडम एक्सेस मेमोरी) चिप हासिल कर लिया था। वह हर मोड़ पर

वोज्निअक से सवाल पूछता था और उसे अपने डिजाइन को बेहतर बनाने के लिए उकसाता था।

अब तक 'होमब्र्यु कंप्यूटर क्लब' के सदस्यों की संख्या बढ़कर 100 हो गई थी और उसकी बैठक पॉलो ऑल्टो स्थित स्टैनफोर्ड लीनियर एक्सेलरेटर सेंटर (मेंलो पार्क) के सभागार में होने लगी थी। जॉब्स भी उन बैठकों में जाने लगा था और वोज्निअक की सहायता करता था। चूँकि वोज्निअक शर्मीला था, इसीलिए जब वह सदस्यों के प्रश्नों के उत्तर देने में लड़खड़ाने लगता था तो जॉब्स ही कुशल विपणन प्रबंधक की तरह उसकी प्रौद्योगिक उपलब्धियों को प्रस्तुत करता था। क्लब के संस्थापक फ्रेड मूर ने व्यवसाय स्थान पर सदस्यों के बीच प्रौद्योगिकी की अदला-बदली व साझेदारी को क्लब का मूल उद्‌देश्य प्रचारित किया था। वोज्निअक का भावुक हृदय भी मूर के आदर्शवाद से प्रभावित था और वह स्वाभाविक रूप अपने व्यक्तिगत कंप्यूटर को निःशुल्क साझा करने के लिए भी तैयार हो गया था, लेकिन यह स्टीव जॉब्स ही था, जिसने वोज्निअक को ऐसा नहीं करने के लिए सहमत कर लिया था और उस कंप्यूटर को व्यावसायिक रूप में प्रस्तुत करने की तैयारी का आरंभ किया था।

क्लब के संस्थापक फ्रेड मूर ने व्यवसाय स्थान पर सदस्यों के बीच प्रौद्योगिकी की अदला-बदली व साझेदारी को क्लब का मूल उद्‌देश्य प्रचारित किया था। वोज्निअक का भावुक हृदय भी मूर के आदर्शवाद से प्रभावित था और वह स्वाभाविक रूप अपने व्यक्तिगत कंप्यूटर को निःशुल्क साझा करने के लिए भी तैयार हो गया था, लेकिन यह स्टीव जॉब्स ही था, जिसने वोज्निअक को ऐसा नहीं करने के लिए सहमत कर लिया था और उस कंप्यूटर को व्यावसायिक रूप में प्रस्तुत करने की तैयारी का आरंभ किया था।

इस बीच, जब पहली बार बिल गेट्स व पॉल ऐलन द्वारा तैयार 'ऑल्टेयर बेसिक' को प्रदर्शित किया गया था तो किसी सदस्य ने उसे चोरी कर लिया था और शीघ्र ही उसकी 25 प्रतियाँ क्लब के सदस्यों के बीच अदला-बदली की जानेवाली थीं। बिल गेट्स को इसका पता चल गया था और उसने क्लब को ऐसा करने से स्पष्ट रूप से मना कर दिया था, लेकिन जब क्लब के सदस्यों द्वारा उसकी मौखिक

चेतावनी को अनसुना कर 'ऑल्टेयर बेसिक' की प्रतियों को बाँटना जारी रखा हुआ था तो कई महीने बाद 3 फरवरी, 1976 को बिल गेट्स को 'उत्साहियों के लिए खुला पत्र' जारी किया गया था और परोक्ष रूप से क्लब सदस्यों को कानूनी काररवाई की धमकी भी दी गई थी। तब जाकर यह क्रम थमा था। जब यह बहस का विषय बना था, तब वोज्निअक को जॉब्स की रणनीति पूरी तरह समझ आई थी।

जॉब्स बहुत अच्छी तरह से जानता था कि वोज्निअक द्वारा तैयार कंप्यूटर के परिपथ-पटल (सर्किट बोर्ड) को पेशेवर बनाना जरूरी था ताकि उसकी कम-से-कम 50 प्रतियाँ तैयार की जा सकें। जॉब्स ने इस काम के लिए अटारी के पेशेवर डिजाइनर को चुना था। डिजाइनर शुल्क के 300 डॉलर सहित कुल लागत 1300 डॉलर बैठ रही थी अर्थात् 40 डॉलर प्रति सर्किट बोर्ड के बिक्री मूल्य पर शुद्ध लाभ 700 डॉलर, लेकिन वोज्निअक को जॉब्स के इस गणित पर भरोसा नहीं था। उसे नहीं लग रहा था कि इस बिक्री मूल्य पर कोई उसका बोर्ड खरीदेगा। वोज्निअक की समस्या यह थी कि कंप्यूटर विकसित करने के चक्कर में उसका बैंक खाता खाली हो चुका था और किराए के कुछ चेक अस्वीकार हो चुके थे। अब मकान मालिक नकद माँग रहा था, लेकिन जॉब्स को पता था कि वह वोज्निअक को कैसे उत्साहित बनाए रखेगा।

जॉब्स ने इस बात पर बहस नहीं की थी कि वे लोग निश्चित रूप में लाभ में रहेंगे, वरन् इस उद्यम को रोचक साहसिक खेल के रूप में वोज्निअक के सामने प्रस्तुत किया था। उसने वोज्निअक को समझाया था कि हानि भले ही हो, लेकिन उन्हें अपने जीवन की पहली कंपनी बनाने का तो आनंद अवश्य मिलेगा। वोज्निअक को भी वास्तविक लाभ की अधिक चिंता नहीं थी, लेकिन स्वयं की कंपनी होने की बात सोचकर ही वह भी उत्साह से भर गया था।

जॉब्स ने इस बात पर बहस नहीं की थी कि वे लोग निश्चित रूप में लाभ में रहेंगे, वरन् इस उद्यम को रोचक साहसिक खेल के रूप में वोज्निअक के सामने प्रस्तुत किया था। उसने वोज्निअक को समझाया था कि हानि भले ही हो, लेकिन उन्हें अपने जीवन की पहली कंपनी बनाने का तो आनंद अवश्य मिलेगा। वोज्निअक को भी वास्तविक लाभ की अधिक चिंता नहीं थी, लेकिन स्वयं की कंपनी होने की बात सोचकर ही वह भी उत्साह से भर गया था। कंपनी में अपने हिस्से की

पूँजी का योगदान करने के लिए वोज्निअक 500 डॉलर में अपना एच.पी.-65 कैल्कुलेटर बेच दिया था, लेकिन खरीदार 250 डॉलर से अधिक का भुगतान न करने पर अड़ गया था। इसी तरह जॉब्स ने 1,500 डॉलर में अपनी वोक्सवैगन को बेचने का सौदा किया था, लेकिन दो सप्ताह बाद उसका इंजन बैठ गया और उसे खरीददार को इंजन की मरम्मत के लिए आधी रकम लौटानी पड़ी। इसके अतिरिक्त दोनों ने अपनी नकद बचत से भी कुछ धन निकाला था और कंपनी के लिए कुल 1,300 डॉलर की कार्यशील पूँजी एकत्र की जा सकी थी। अब क्या था, जॉब्स व वोज्निअक अपने जीवन की पहली कंपनी की दिशा में आगे बढ़ गए थे।

कंपनी गठन के प्रपत्रों में कंपनी का नाम 'एप्पल कंप्यूटर' रखा गया था, लेकिन स्टीव वोज्निअक के पूर्णकालिक स्वामी बनने के लिए सहमत नहीं हुआ था। हैवलेट पैकर्ड में उसकी पक्की नौकरी थी और वह उसे छोड़कर कोई खतरा नहीं मोल लेना चाहता था। वह दिन में पहले की ही तरह नौकरी करना और रात का यथासंभव समय एप्पल कंप्यूटर को देना चाहता था।

कंपनी गठन के प्रपत्रों में कंपनी का नाम 'एप्पल कंप्यूटर' रखा गया था, लेकिन स्टीव वोज्निअक के पूर्णकालिक स्वामी बनने के लिए सहमत नहीं हुआ था। हैवलेट पैकर्ड में उसकी पक्की नौकरी थी और वह उसे छोड़कर कोई खतरा नहीं मोल लेना चाहता था। वह दिन में पहले की ही तरह नौकरी करना और रात का यथासंभव समय एप्पल कंप्यूटर को देना चाहता था। बस, इससे अधिक कुछ नहीं। इस बीच वोज्निअक का आदर्शवाद फिर से जाग्रत् हो उठा था। उसका मानना था कि उसने जो कुछ भी किया था, हैवलेट पैकर्ड में काम करते हुए किया था, इसीलिए उसके कंप्यूटर पर पहला अधिकार उसे नौकरी देनेवाली कंपनी का ही था। उसने ऐसा ही किया भी था। उसने मार्च 1976 में कंपनी के वरिष्ठ पदाधिकारियों के सामने अपने कंप्यूटर को प्रदर्शित किया था। सभी ने वोज्निअक के कार्य की सराहना की थी, लेकिन उनका कहना था कि उक्त कंप्यूटर हैवलेट पैकर्ड जैसी परिष्कृत उत्पादों की कंपनी के गुणवत्ता मानकों पर खरा नहीं उतरता था। वोज्निअक को ऐसी प्रतिक्रिया की आशा नहीं थी। वह न केवल दु:खी हुआ था, वरन् स्वयं को अपमानित भी महसूस कर रहा था। हाँ, अब वह हैवलेट पैकर्ड के प्रति अपने नैतिक कर्तव्य-भार से मुक्त हो चुका था और

एप्पल कंप्यूटर की साझेदारी में जाने के लिए भी स्वाधीन था।

1 अप्रैल, 1976 को वोज्निअक व जॉब्स, दोनों अटारी के मित्र रोन वायने के माउंटेन व्यू स्थित अपार्टमेंट में साझेदारी समझौते को अंतिम रूप देने के लिए गए थे। प्रस्तावित कंपनी की हिस्सेदारी व लाभ संरचना 45%-45%-10% थी और 100 डॉलर से ऊपर के खर्च के लिए कम-से-कम दो साझेदारों की सहमति अनिवार्य की गई थी। तीनों साझेदारों के उत्तरदायित्व स्पष्ट किए गए थे—स्टीव वोज्निअक विद्युत् अभियांत्रिकी से संबंधित सामान्य व विशेष दोनों उत्तरदायित्व निभाएगा; स्टीव जॉब्स विद्युत् अभियांत्रिकी व विपणन के सामान्य कार्यों को सँभालेगा और रोन वायने के पास यांत्रिक अभियांत्रिकी व दस्तावेज संबंधी कार्य होंगे। तीनों ने उस साझेदारी अनुबंध पर हस्ताक्षर कर दिए थे और उसे सांता क्लारा काउंटी के कंपनी पंजीकरण कार्यालय में जमा कर दिया गया था।

तीनों साझेदारों के उत्तरदायित्व स्पष्ट किए गए थे—स्टीव वोज्निअक विद्युत् अभियांत्रिकी से संबंधित सामान्य व विशेष दोनों उत्तरदायित्व निभाएगा; स्टीव जॉब्स विद्युत् अभियांत्रिकी व विपणन के सामान्य कार्यों को सँभालेगा और रोन वायने के पास यांत्रिक अभियांत्रिकी व दस्तावेज संबंधी कार्य होंगे। तीनों ने उस साझेदारी अनुबंध पर हस्ताक्षर कर दिए थे और उसे सांता क्लारा काउंटी के कंपनी पंजीकरण कार्यालय में जमा कर दिया गया था।

उसके बाद स्टीव जॉब्स ने कंपनी की भविष्य की रणनीति बनाई थी और वित्तीय आवश्यकताओं को रेखांकित कर दोनों अन्य साझेदारों वोज्निअक व वायने के सामने बैंक व अन्य स्रोतों से धन एकत्र करने का प्रस्ताव रखा था। जॉब्स की महत्त्वाकांक्षी योजना व उसके लिए ऋण की बात सुनकर वायने के हाथ-पाँव फूलने शुरू हो गए थे और वह 11 दिनों बाद बाद ही साझेदारी से बाहर हो गया था और अपनी पूँजी कुल 2,400 डॉलर कर ली थी। निश्चित रूप से रोन वायने ने बहुत बड़ी गलती की थी। यदि उसने साहस दिखाया होता तो 2012 में उसकी 10 प्रतिशत हिस्से हिस्सेदारी का मूल्य 54 अरब डालर होता, लेकिन उस समय रोन वायने नेवादा के छोटे एकांत शहर में सामाजिक सुरक्षा अनुदान के सहारे अपना बुढ़ापा काट रहा था। स्पष्ट था कि जॉब्स व वोज्निअक, दोनों ने आगे बढ़ने का साहस दिखाया था। वास्तव में उन्हें तो अपनी कंपनी के मालिक होने में आनंद आ रहा था

और वे अपने स्वप्न को साकार करने के लिए कुछ भी करने को तैयार थे।

योजना के अनुसार, 50 परिपथ-पटल (सर्किट बोर्ड) तैयार हो गए थे; जॉब्स ने होमब्र्यु कंप्यूटर क्लब के सदस्यों को चौंका देनेवाली विपणन रणनीति तैयार कर ली थी और दोनों क्लब की अगली बैठक की प्रतीक्षा कर रहे थे। उक्त बैठक में वोज्निअक ने अपना व्यक्तिगत कंप्यूटर—जो देखने में परिपथ-पटल भर था—को हाथ में उठाया था और उसकी विशेषताएँ गिनाई थीं कि उसके कंप्यूटर में आठ के.बी. (किलोबाइट) स्मृति-क्षमता का माइक्रोप्रोसेसर उपयोग किया था और उसे संचालित करने के लिए कार्यक्रम भाषा 'बेसिक' पर आधारित दुभाषिया (इंटरप्रेटर) भी तैयार था। इतना ही नहीं, उसके कंप्यूटर को संचालित करने के लिए किसी एल.ई.डी. व स्विचवाले 'फ्रंट पैनल' की आवश्यकता नहीं थी, क्योंकि यह कंप्यूटर कुंजी-पटल (की-बोर्ड) पर टंकित लिपियों को प्रदर्शन-परदे पर प्रदर्शित करने में सक्षम था।

उक्त बैठक में वोज्निअक ने अपना व्यक्तिगत कंप्यूटर—जो देखने में परिपथ-पटल भर था—को हाथ में उठाया था और उसकी विशेषताएँ गिनाई थीं कि उसके कंप्यूटर में आठ के.बी. (किलोबाइट) स्मृति-क्षमता का माइक्रोप्रोसेसर उपयोग किया था और उसे संचालित करने के लिए कार्यक्रम भाषा 'बेसिक' पर आधारित दुभाषिया (इंटरप्रेटर) भी तैयार था।

उसके बाद जॉब्स की बारी थी। उसने अपनी प्रभावशाली शैली में एप्पल कंप्यूटर को प्रस्तुत करने का प्रयास किया। उसने स्पष्ट किया कि 'ऑल्टेयर' के विपरीत 'एप्पल-I' में सारे घटक एकीकृत थे और प्रक्रिया सामग्री (सॉफ्टवेयर) पूरी तरह निःशुल्क। जॉब्स ने इस कंप्यूटर को किसी अविश्वसनीय रूप से मूल्यवान आविष्कार के रूप में प्रस्तुत किया और फिर एक चुनौतीपूर्ण सवाल फेंका—आप लोग इस तरह की अद्‍भुत मशीन के लिए कितना भुगतान करने के लिए तैयार हो जाएँगे? लेकिन क्लब सदस्यों की तरफ से कोई विशेष प्रतिक्रिया नहीं आई थी। सदस्यों का कहना था कि एप्पल के कंप्यूटर में मोस टेक्नोलॉजी के सबसे सस्ते माइक्रोप्रोसेसर का उपयोग किया गया था, जिसकी तुलना 'इंटेल 8080' की गुणवत्ता से नहीं की जा सकती थी अर्थात् सदस्यों को वोज्निअक व जॉब्स की बातों को अधिक महत्त्व नहीं दिया था।

हर ऐतिहासिक घटना के समय ऐसा ही होता है। अधिकांश लोग क्रांतिकारी

सोच की संभावनाओं को बिना मस्तिष्क पर जोर डाले ही अस्वीकार कर देते हैं, लेकिन उसी भीड़ में कुछ ऐसे पारखी लोग भी अवश्य ही होते हैं, जो भविष्य की आहट सुन लेते हैं। ये पारखी लोग ही हर क्रांति को पनपने का अवसर प्रदान करते हैं। मौका मिलता है और यहाँ भी ऐसा ही हुआ था। चूँकि वोज्निअक भावुक खोजी था, वह क्लब के सदस्यों की ठंडी प्रतिक्रिया से व्याकुल हो उठा था, लेकिन जॉब्स के लिए यह लंबी प्रक्रिया की पहली कड़ी थी। अब तक की दार्शनिक उड़ान से वह भीड़ की नकार में छुपी संभावना को परख सकने में सक्षम हो गया था। स्पष्ट था कि उसने वोज्निअक को शांत किया था और बैठक समाप्त होने के बाद वह सारा सामान उठाकर घर वापस जाने के लिए वाहन अड्डे में अपनी कार की ओर तेजी से आगे बढ़ा था। तभी उसके पीछे-पीछे एक व्यक्ति लगभग दौड़ता हुआ-सा आया था।

वह व्यक्ति था—पॉल टेर्रेल, जिसने 1975 में 'बाइट शॉप' नाम से मेंलो पार्क से गुजरते ऐतिहासिक राज्य मार्ग—कामिनो रियल पर कंप्यूटर दुकान खोली थी। उसकी पहली दुकान सफल रही थी और अब तक वह दो और दुकानें खोल चुका था। अब टेर्रेल 'बाइट शॉप' श्रृंखला को पूरे देश में फैलाने की योजना को लागू कर रहा था। वह समझदार व महत्त्वाकांक्षी व्यापारी था, इसीलिए उसे वोज्निअक व जॉब्स के कंप्यूटर में असीमित संभावनाएँ दिखाई दी थीं। वे दोनों कार में बैठकर विदा होनेवाले ही थे कि टेर्रेल उनके पास पहुँच गया था। जॉब्स ने अपने संभावित ग्राहक की आँखों को पढ़ लिया था। उसने वाहन अड्डे में ही खड़े होकर टेर्रेल के लिए विशेष प्रदर्शन प्रस्तुत किया था; और उसने टेर्रेल को इतना प्रभावित तो कर ही लिया था कि उसने दोनों को भेंट-पत्रक (विजिटिंग कार्ड) देते हुए कहा था, "संपर्क में रहें।" जॉब्स के लिए इतना संकेत बहुत था।

वह व्यक्ति था—पॉल टेर्रेल, जिसने 1975 में 'बाइट शॉप' नाम से मेंलो पार्क से गुजरते ऐतिहासिक राज्य मार्ग—कामिनो रियल पर कंप्यूटर दुकान खोली थी। उसकी पहली दुकान सफल रही थी और अब तक वह दो और दुकानें खोल चुका था। अब टेर्रेल 'बाइट शॉप' श्रृंखला को पूरे देश में फैलाने की योजना को लागू कर रहा था। वह समझदार व महत्त्वाकांक्षी व्यापारी था, इसीलिए उसे वोज्निअक व जॉब्स के कंप्यूटर में असीमित संभावनाएँ दिखाई दी थीं।

वह अपने ग्राहक की आवश्यकता को पहचान चुका था, लेकिन वोज्निअक इस क्रम में चुपचाप ही खड़ा रहा था। उसे कुछ भी समझ नहीं आया था। वह तो केवल यही सोच रहा था कि आखिर उसके कंप्यूटर में कमी क्या रह गई थी? घर लौटते हुए जॉब्स ने वोज्निअक को सांत्वना दी थी। फिर भी वह उदास ही रहा था।

पॉल टेर्रेल को यह आशा नहीं थी कि उसने जिनको 'उँगली' पकड़ाई थी, वह उसका 'गला' दबाने आ धमकेगा। जी हाँ, जॉब्स का चतुर विक्रेता मस्तिष्क पूरी तरह सही काम कर रहा था; वह विषय को ठंडा जाने देने के पक्ष में नहीं था और अगले दिन 'बाइट शॉप' पर टेर्रेल के सामने खड़ा हो गया था, "मैं संपर्क रख रहा हूँ।" टेर्रेल को समझ आ गई थी कि उसके सामने नंगे पाँव केसरिया चोगे में कोई सनकी हिप्पी नहीं, वरन् एक कुशल व हठी बिक्रीकर्ता खड़ा था। बात बन गई थी। टेर्रेल को मोटा लाभ कमाने के लिए सस्ते व बढ़िया माल (कंप्यूटर) की आवश्यकता थी और जॉब्स जैसे महत्त्वाकांक्षी विक्रेता को अपना माल बेचने के प्रथम अवसर की। टेर्रेल 50 कंप्यूटर का आदेश देने के लिए सहमत हो गया था, लेकिन उसने जॉब्स के सामने एक बड़ी शर्त रख दी थी। टेर्रेल ने कहा था कि उसे 50 डॉलर का परिपथ-पटल नहीं चाहिए, जिसके साथ ग्राहकों को कार्यशील कंप्यूटर बनाने के लिए विभिन्न चिप खरीदने पड़ेंगे व उसका संयोजन करना पड़ेगा। टेर्रेल का तर्क था कि बोर्ड खरीदनेवाले ग्राहकों की संख्या सीमित थी, क्योंकि उसे तो सिर्फ कंप्यूटर उत्साही ही खरीदने के लिए इच्छुक हो सकते थे। इसीलिए टेर्रेल ने एक ऐसे कंप्यूटर की आवश्यकता पर बल दिया था, जो पूरी तरह संयोजित हो और वह उस संयोजित कंप्यूटर के लिए प्रति इकाई 500 डॉलर देने को तैयार था। साथ ही, उसने माल पहुँचते ही नकद भुगतान कर देने का भी आश्वासन दिया था।

टेर्रेल को मोटा लाभ कमाने के लिए सस्ते व बढ़िया माल (कंप्यूटर) की आवश्यकता थी और जॉब्स जैसे महत्त्वाकांक्षी विक्रेता को अपना माल बेचने के प्रथम अवसर की। टेर्रेल 50 कंप्यूटर का आदेश देने के लिए सहमत हो गया था, लेकिन उसने जॉब्स के सामने एक बड़ी शर्त रख दी थी।

टेर्रेल की शर्त पर जॉब्स ने क्या उत्तर दिया था? क्या वह घबरा गया था? उसके पास तो उस समय परिपथ-पटल ही थे और टेर्रेल पूर्णतया संयोजित कंप्यूटर का आदेश दे रहा था। 50 संयोजित कंप्यूटर तैयार करना कोई साधारण कार्य था

क्या? इसके लिए बहुत से पुर्जों की आवश्यकता होती और उन्हें खरीदने के लिए बड़ी पूँजी की भी और फिर संयोजित करने के लिए तकनीशियनों का पूरा दल। कैसे हो पाएगा यह सब? अभी तो कंपनी के पास थोड़ी-सी कार्यशील पूँजी थी जो परिपथ-पटल बनाने में पहले ही खर्च हो चुकी थी, फिर कैसे पूरा होगा इतना बड़ा आदेश और वह भी बिना किसी अग्रिम भुगतान के? माल पहुँचने पर यदि भुगतान में देरी हुई तो? पता नहीं कितने प्रश्न एक साथ कौंधे थे जॉब्स के मस्तिष्क में, लेकिन जॉब्स ने 'हाँ' कहने में एक सेकंड भी नहीं लगाया था।

'बाइट शॉप' से निकलकर जॉब्स ने तत्काल वोज्निअक को फोन मिलाया और पूछा, "क्या तुम उदास बैठे हो?" वैसे तो उसने यूँ ही ठीक-ठाक होने का दावा किया था, लेकिन जॉब्स को पता था कि वह बहुत दुःखी था। जॉब्स ने उसको चौंकाने का मन बनाया था और 50 कंप्यूटर के आदेश का समाचार भी फोन पर नहीं दिया था। थोड़ी देर बाद वह वोज्निअक के सामने था और फिर उसने उसे यह समाचार सुनाया तो वोज्निअक अवाक् रह गया था। फिर दोनों ने बैठकर हिसाब लगाया। आदेश को पूरा करने के लिए कम-से-कम 15 हजार डॉलर मूल्य के पुर्जों की आवश्यकता थी। वोज्निअक के मित्र ऐलन बौम व उसके पिता 5,000 डॉलर का उधार देने को सहमत हो गए थे। जॉब्स ने लॉस अल्टोस के बैंक से भी ऋण लेने की कोशिश की थी, लेकिन प्रबंधक ने उसकी ओर देखा था और बस मना कर दिया था।

'बाइट शॉप' से निकलकर जॉब्स ने तत्काल वोज्निअक को फोन मिलाया और पूछा, "क्या तुम उदास बैठे हो?" वैसे तो उसने यूँ ही ठीक-ठाक होने का दावा किया था, लेकिन जॉब्स को पता था कि वह बहुत दुःखी था। जॉब्स ने उसको चौंकाने का मन बनाया था और 50 कंप्यूटर के आदेश का समाचार भी फोन पर नहीं दिया था। थोड़ी देर बाद वह वोज्निअक के सामने था और फिर उसने उसे यह समाचार सुनाया तो वोज्निअक अवाक् रह गया था।

लेकिन जॉब्स हार मानकर बैठनेवाला नहीं था। जॉब्स ने हल्टेक इलेक्ट्रॉनिक्स का दरवाजा खटखटाया था, जहाँ उसने कई साल पहले पुराने पुर्जे बेचने का अंशकालिक काम भी किया था। वह वहाँ वोज्निअक के साथ पहुँचा था और पुर्जे की आपूर्ति के बदले में एप्पल कंप्यूटर में हिस्सेदारी देने का प्रस्ताव किया था,

लेकिन हल्टेक के मालिक ने 'मैले-कुचैले लड़कों की जोड़ी' पर भरोसा नहीं किया था और बिना कुछ कहे पुर्जे की आपूर्ति से भी मना कर दिया था। जॉब्स का अभियान जारी रहा था और उसने अटारी के मुख्य अभियंता ऐलन अल्कोर्न से भी निवेदन किया, लेकिन अल्कोर्न ने भी नकद भुगतान के बिना चिप की आपूर्ति से मना कर दिया था। अंत में जॉब्स ने एक स्थानीय इलेक्ट्रॉनिक्स आपूर्तिकर्ता कंपनी—क्रेमर इलेक्ट्रॉनिक्स के प्रबंधक को पटा लिया। वह पुर्जों की आपूर्ति के लिए तैयार हो गया था, लेकिन वह यह भरोसा नहीं कर पा रहा था कि बिल्कुल एक नई कंपनी—एप्पल कंप्यूटर को सचमुच में 'बाइट शॉप' ने 25 हजार डॉलर का बड़ा ऑर्डर मिला था। जॉब्स ने प्रबंधक को आश्वस्त करने के लिए पॉल टेर्रेल से उसकी बातचीत करा दी थी। अब संदेह की गुंजाइश नहीं थी और क्रेमर इलेक्ट्रॉनिक्स 30 दिनों की उधारी पर एप्पल कंप्यूटर को जरूरी पुर्जों की आपूर्ति के लिए तैयार हो गया।

अब स्टीव जॉब्स ने अपने माता-पिता के लॉस अल्टोस निवास के गैराज को ही एप्पल कंप्यूटर की फैक्टरी बनाने का निर्णय लिया था और घर के कमरों को कार्यालय। जिन दत्तक माता-पिता को जॉब्स अब तक केवल कठिनाइयों में डालता आ रहा था, वे अपने 'विशेष' बेटे के सपने को पूरा करने के लिए कुछ भी करने को तैयार थे। क्लारा जॉब्स अपने 'विशेष' बेटे की कंपनी के लिए परिचारिका व स्वागत कर्मचारी की भूमिका में आ गई थी।

अब स्टीव जॉब्स ने अपने माता-पिता के लॉस अल्टोस निवास के गैराज को ही एप्पल कंप्यूटर की फैक्टरी बनाने का निर्णय लिया था और घर के कमरों को कार्यालय। जिन दत्तक माता-पिता को जॉब्स अब तक केवल कठिनाइयों में डालता आ रहा था, वे अपने 'विशेष' बेटे के सपने को पूरा करने के लिए कुछ भी करने को तैयार थे। क्लारा जॉब्स अपने 'विशेष' बेटे की कंपनी के लिए परिचारिका व स्वागत कर्मचारी की भूमिका में आ गई थी। पॉल जॉब्स ने अपने कार-सुधार व्यवसाय को निलंबित किया था और गैराज से सारे सामान को स्थानांतरित कर लिया था। फिर उसने गैराज में कंप्यूटर-संयोजन की सभी आवश्यक व्यवस्था कर दी थी। जॉब्स ने क्रेमर इलेक्ट्रॉनिक्स की उधारी की अवधि खत्म होने से पहले 'बाइट शॉप' के ऑर्डर को पूरा करने का लक्ष्य निर्धारित किया था।

अब काम को तेजी से पूरा करने के लिए कार्यदल के गठन की जरूरत थी। जॉब्स ने उपलब्ध सदस्यों की सूची बनाई थी—स्टीव जॉब्स, स्टीव वोज्निअक, डेनियल कोट्टके, एलिजाबेथ होल्म्स (जो कोट्टके से अपना प्रेम संबंध तोड़ चुकी थी और ऑल वन फॉर्म की गतिविधियों से खुद को अलग कर लिया था) व पैटी जॉब्स (जॉब्स की गर्भवती बहन, जिसकी शादी हो चुकी थी)। पैटी का खाली शयनकक्ष बन गया था, पुर्जा रखने का भंडार। घर की बैठक व रसोई बन गई थी एप्पल कंप्यूटर का स्वागत कक्ष और गैराज बन गया था कंप्यूटर संयोजित करने की फैक्टरी। घर का फोन एप्पल कंप्यूटर का आधिकारिक फोन बन गया था, लेकिन जॉब्स ने कंपनी को पेशेवर रूप देने के लिए आंसरिंग मशीन की सेवा ली थी, जिसके जरिए फोन-कॉल को क्लारा जॉब्स के पास स्थानांतरित करने का नाटक किया जाता था। कंपनी के आधिकारिक पते के रूप में जॉब्स ने स्थानीय डाक घर में पोस्ट बॉक्स नंबर आवंटित कराया था।

शीघ्र ही लगभग दर्जन भर एकीकृत परिपथ-पटल (इंटीग्रेटेड सर्किट बोर्ड) तैयार हो गए थे। वोज्निअक की सख्त परीक्षण प्रक्रिया से गुजरने के बाद उन्हें अलग-अलग कार्डबोर्ड-बॉक्स में संकुलित किया गया था। फिर पहली खेप लेकर जॉब्स बाइट शॉप पहुँचा था। पॉल टेर्रेल ने जब उस बोर्ड को देखा था तो चौंका था—उसमें बिजली आपूर्ति की कोई व्यवस्था नहीं थी; वह बिल्कुल नंगा बोर्ड था, जिसे किसी धातुई आवरण से ढका नहीं गया था; उसके साथ न तो कोई प्रदर्शन परदा था और न ही कोई कुंजी-पटल (की-बोर्ड)।

शीघ्र ही लगभग दर्जन भर एकीकृत परिपथ-पटल (इंटीग्रेटेड सर्किट बोर्ड) तैयार हो गए थे। वोज्निअक की सख्त परीक्षण प्रक्रिया से गुजरने के बाद उन्हें अलग-अलग कार्डबोर्ड-बॉक्स में संकुलित किया गया था। फिर पहली खेप लेकर जॉब्स बाइट शॉप पहुँचा था। पॉल टेर्रेल ने जब उस बोर्ड को देखा था तो चौंका था—उसमें बिजली आपूर्ति की कोई व्यवस्था नहीं थी; वह बिल्कुल नंगा बोर्ड था, जिसे किसी धातुई आवरण से ढका नहीं गया था; उसके साथ न तो कोई प्रदर्शन परदा था और न ही कोई कुंजी-पटल (की-बोर्ड)। टेर्रेल की कुछ अधिक ही अपेक्षा थी, लेकिन जॉब्स ने यहाँ पर भी अपनी 'वास्तविकता विरूपण-क्षेत्र'

कला का प्रयोग किया था और टेर्रेल की तरफ एकटक देखता रहा था। अंतत: टेर्रेल ने एप्पल-I को उसी स्थिति में स्वीकार किया था।

इस तरह एक महीने के भीतर ही एप्पल कंप्यूटर लाभ की स्थिति में आ गया था। जॉब्स ने आरंभिक अनुमान से अधिक सस्ते में क्रेमर इलेक्ट्रॉनिक्स के पुर्जों की आपूर्ति का सौदा किया था। इसलिए 'बाइट शॉप' का आदेश पूरा करने के बाद भी कंपनी के पास लगभग 50 एप्पल-I बना सकने योग्य पुर्जे पड़े हुए थे। शीघ्र ही जॉब्स ने बचे पुर्जों से बने कंप्यूटर को होमब्र्यू कंप्यूटर क्लब के सदस्यों व मित्रों को बेच दिया था और इसके माध्यम से 25 हजार डॉलर की अतिरिक्त आय प्राप्त करने में सफल हो गया था। अब जॉब्स की दृष्टि खुदरा कंप्यूटर विक्रेताओं के बड़े बाजार की तरफ गई थी, जिसके लिए 100 नए एप्पल-I का उत्पादन आरंभ कर दिया गया था।

एप्पल-II का विकास—संपूर्ण एकीकृत कंप्यूटर—एप्पल-II का उत्पादन कोई आसान काम नहीं था। इसके लिए बहुत बड़ी पूँजी की आवश्यकता थी, क्योंकि स्टीव जॉब्स उसे उपभोक्ता इलेक्ट्रॉनिक उत्पाद की तरह प्रस्तुत करना चाहता था। जॉब्स ने 'फोम मोल्डेड प्लास्टिक' से कंप्यूटर का आवरण-प्रारूप बनाने का फैसला किया था। अगला बड़ा विषय था, विद्युत् आपूर्ति की सुविधा प्रदान करने का। वोज्निअक के लिए यह कोई विशेष ध्यान देनेवाला उपकरण नहीं था, क्योंकि उसमें किसी उन्नत प्रौद्योगिकी की आवश्यकता नहीं थी, लेकिन उपयोगकर्ता की सुविधा की दृष्टि से इस उपकरण का चुनाव जॉब्स के लिए एक गंभीर मुद्दा था। जॉब्स ने इसके लिए दोलनदर्शी यंत्र (ओसिलियोस्कोप) में उपयोग होनेवाली परिवर्तनशील अवस्था विद्युत् आपूर्ति (स्विचिंग मोड पावर सप्लाई) प्रणाली को अपनाने का निर्णय लिया था, जो एप्पल-II के 'लॉजिक बोर्ड' की तरह ही क्रांतिकारी आविष्कार थी।

जॉब्स ने 'फोम मोल्डेड प्लास्टिक' से कंप्यूटर का आवरण-प्रारूप बनाने का फैसला किया था। अगला बड़ा विषय था, विद्युत् आपूर्ति की सुविधा प्रदान करने का। वोज्निअक के लिए यह कोई विशेष ध्यान देनेवाला उपकरण नहीं था, क्योंकि उसमें किसी उन्नत प्रौद्योगिकी की आवश्यकता नहीं थी, लेकिन उपयोगकर्ता की सुविधा की दृष्टि से इस उपकरण का चुनाव जॉब्स के लिए एक गंभीर मुद्दा था।

जॉब्स अधिक समझदार था। उसके सामने सबसे बड़ी चुनौती थी—पर्याप्त कार्यशील पूँजी की व्यवस्था। कंप्यूटर के जिस आवरण को जॉब्स ने पसंद किया था, उसके साँचे के निर्माण व उत्पादन में लगभग एक लाख डॉलर की आवश्यकता पड़नेवाली थी। शेष अन्य आवश्यकताओं के लिए एक लाख डॉलर और। अर्थात् एप्पल-II को बाजार में उतारने के लिए न्यूनतम दो लाख डॉलर की आवश्यकता थी। जॉब्स कुछ भी करने को तैयार था और उसके पास एक रास्ता था कि वह कंपनी की हिस्सेदारी बेचे, लेकिन नई कंपनी के हिस्सेदार ढूँढ़ना कौन सा आसान काम था? अब जॉब्स ने यह खोज शुरू की थी कि सिलिकॉन वैली की इंटेल जैसी कंपनियाँ कैसे सफल हुई थीं। कई बार उसे यह भी लगता था कि शायद वह अनुभवी नहीं है, इसीलिए उसे कठिनाई आ रही थी, लेकिन उसके सामने अटारी के नोलन बुशनेल का भी उदाहरण था, जिसने बिना किसी अनुभव के चार साल पहले 1972 में कंपनी शुरू की थी और अब वह स्वयं को एक करोड़ डॉलर से अधिक का मालिक होने का दावा कर रहा था।

जॉब्स अधिक समझदार था। उसके सामने सबसे बड़ी चुनौती थी—पर्याप्त कार्यशील पूँजी की व्यवस्था। कंप्यूटर के जिस आवरण को जॉब्स ने पसंद किया था, उसके साँचे के निर्माण व उत्पादन में लगभग एक लाख डॉलर की आवश्यकता पड़नेवाली थी। शेष अन्य आवश्यकताओं के लिए एक लाख डॉलर और। अर्थात् एप्पल-II को बाजार में उतारने के लिए न्यूनतम दो लाख डॉलर की आवश्यकता थी। जॉब्स कुछ भी करने को तैयार था और उसके पास एक रास्ता था कि वह कंपनी की हिस्सेदारी बेचे, लेकिन नई कंपनी के हिस्सेदार ढूँढ़ना कौन सा आसान काम था?

जॉब्स एप्पल-II बड़े स्तर पर बाजार में उतारना चाहता था, लेकिन वह सोच नहीं पा रहा था कि यह सब कैसे संभव हो सकेगा। यह विचार आते ही उसने पता लगाने के लिए इंटेल में फोन कर पूछा था कि उसका प्रचार-प्रसार कौन कर रहा था। वहाँ से उसे संपूर्ण विपणन सलाह व विज्ञापन-जनसंपर्क सेवा देनेवाली एजेंसी—रेगिस मैककेना इनकॉरपोरेशन का पता चला। जी हाँ, रेगिस मैककेना सिलिकॉन वैली का सबसे व्यस्त पेशेवर था। वह जॉब्स से भेंट के समय को टालता रहा था, लेकिन जॉब्स कहाँ पीछा छोड़नेवाला

था? अंततः मैककेना ने जॉब्स की बात सुनी और एप्पल-II को 'दुनिया के पहले व्यक्तिगत कंप्यूटर' के रूप में प्रस्तुत करने के लिए विपणन रणनीति बनाने को तैयार हो गया, लेकिन मैककेना से बातचीत में जॉब्स को पता चल गया था कि एप्पल-II को सही तरीके से बाजार में उतारने के लिए बहुत अधिक धन की आवश्यकता होगी।

जॉब्स के संपर्क में एक ही धनी व सफल उद्यमी था और वह एक बार फिर से अटारी के संस्थापक नोलन बुशनेल के पास गया था। इस बार जॉब्स ने बुशनेल के सामने 50 हजार डॉलर में कंपनी की एक-तिहाई हिस्सेदारी बेचने का प्रस्ताव रखा था। करोड़पति बुशनेल के लिए यह बहुत छोटी सी रकम थी और वह बहुत आसानी में निवेश कर सकता था। जॉब्स व वोज्निअक, दोनों की अनोखी प्रतिभाओं से भी बुशनेल अच्छी तरह परिचित था, लेकिन वह अटारी की सफलता के नशे में था और स्वयं को किसी नई परियोजना में नहीं झोंकना चाहता था, लेकिन बुशनेल ने इस बार जॉब्स की मदद करने की कोशिश की। उसने जॉब्स को उद्यम पूँजी कंपनियों के निवेश के तौर-तरीकों के बारे में बताया था और सिकोइया कैपिटल के संस्थापक डॉन वेलेंटाइन के सामने एप्पल की व्यापार-योजना प्रस्तुत करने का सुझाव दिया था।

जॉब्स व वोज्निअक, दोनों की अनोखी प्रतिभाओं से भी बुशनेल अच्छी तरह परिचित था, लेकिन वह अटारी की सफलता के नशे में था और स्वयं को किसी नई परियोजना में नहीं झोंकना चाहता था, लेकिन बुशनेल ने इस बार जॉब्स की मदद करने की कोशिश की। उसने जॉब्स को उद्यम पूँजी कंपनियों के निवेश के तौर-तरीकों के बारे में बताया था और सिकोइया कैपिटल के संस्थापक डॉन वेलेंटाइन के सामने एप्पल की व्यापार-योजना प्रस्तुत करने का सुझाव दिया था।

शीघ्र ही एक दिन महँगे नीले सूट में सजे-धजे डॉन वेलेंटाइन ने अपनी महँगी मर्सडीज जॉब्स के गैराज के सामने रोकी थी और एप्पल कंप्यूटर के बारे में पूछा था। जॉब्स ने वेलेंटाइन को आदरपूर्वक अपने घर की बैठक में बिठाया। क्लारा जॉब्स ने यथासंभव स्वागत करने का और जॉब्स व वोज्निअक ने अपना कंप्यूटर प्रदर्शित किया था। पहली ही दृष्टि में वेलेंटाइन को जॉब्स की हिप्पी वेशभूषा व शरीर की बदबू बुरी लगी थी, लेकिन उन्होंने अपने मन के भाव बाहर नहीं आने

दिए थे। वैसे भी वह किसी की वेशभूषा व रहन-सहन के आधार पर व्यक्ति विशेष की प्रतिभा व कारोबारी संभावना का आकलन नहीं करता था। उसने कुछ देर तक जॉब्स व वोज्निअक से बातचीत की और उनकी योजना को ठीक प्रकार से समझा। फिर वेलेंटाइन ने सुझाया कि एप्पल को विपणन व वितरण के किसी अनुभवी पेशेवर साझेदार की बहुत अधिक आवश्यकता है, जो व्यावहारिक कारोबारी योजना तैयार कर सकने व कंपनी का नेतृत्व कर सकने में सक्षम हो।

स्पष्ट है, वेलेंटाइन ने प्रत्यक्ष रूप से जॉब्स की क्षमताओं पर प्रश्न खड़े किए थे। वैसे भी बजुर्गों की सलाह मानना जॉब्स की आदत का हिस्सा नहीं था, लेकिन उसने वेलेंटाइन की सलाह को उत्साह से लिया था और उचित व्यक्तियों के नाम सुझाने को कहा था। कुछ दिनों बाद वेलेंटाइन ने जॉब्स को तीन नाम सुझाए थे और जॉब्स ने हरेक से भेंट की थी। जॉब्स को केवल एक व्यक्ति पसंद आया था। उसका नाम था माइक मार्ककुला, जो अगले दो दशकों तक एप्पल में संवेदनशील भूमिका निभानेवाला था।

नई कंपनी ने जॉब्स व वोज्निअक द्वारा स्थापित नौ महीने पुरानी साझेदारीवाली कंपनी को खरीद लिया था। बहुत कम लोगों को इस ऐतिहासिक घटना का पता चला था। उस महीने की बैठक में होमब्र्यू कंप्यूटर क्लब ने अपने सदस्यों का सर्वेक्षण किया था—कुल 181 सदस्यों ने कंप्यूटर खरीदा था, जिनमें से सिर्फ छह के पास एप्पल-I था। इसके बाद भी जॉब्स का आत्मविश्वास सातवें आसमान पर था, क्योंकि उसे पता था कि एप्पल-II सबकुछ बदलकर रख देगा।

माइक मार्ककुला ने जॉब्स व वोज्निअक के सामने एप्पल में एक-तिहाई हिस्सेदारी के बदले ढाई लाख डॉलर तक निवेश का फैसला सुना दिया था। इसके लिए उसने एप्पल कंप्यूटर को एक विधिवत् निगमित इकाई में बदलने का प्रस्ताव किया था, जिसमें यह तय किया गया कि तीनों—वोज्निअक, जॉब्स और वह खुद—26-26-26 फीसदी के बराबर हिस्सेदार होंगे और कंपनी की शेष हिस्सेदारी को भविष्य के निवेशकों के लिए आरक्षित रखा जाएगा। जॉब्स व वोज्निअक ने इस प्रस्ताव को खुशी-खुशी मान लिया था और माइक मार्ककुला के घर में संबंधित दस्तावेज पर तीनों ने हस्ताक्षर कर दिए थे। 3 जनवरी, 1977 को एक निगमित

व्यावसायिक इकाई के रूप में 'एप्पल कंप्यूटर कंपनी' का विधिवत् गठन हुआ था। नई कंपनी ने जॉब्स व वोज्निअक द्वारा स्थापित नौ महीने पुरानी साझेदारीवाली कंपनी को खरीद लिया था। बहुत कम लोगों को इस ऐतिहासिक घटना का पता चला था। उस महीने की बैठक में होमब्र्यू कंप्यूटर क्लब ने अपने सदस्यों का सर्वेक्षण किया था—कुल 181 सदस्यों ने कंप्यूटर खरीदा था, जिनमें से सिर्फ छह के पास एप्पल-I था। इसके बाद भी जॉब्स का आत्मविश्वास सातवें आसमान पर था, क्योंकि उसे पता था कि एप्पल-II सबकुछ बदलकर रख देगा।

सितंबर 1978 तक, एप्पल कंप्यूटर ने 79 लाख डॉलर्स के कुल बिक्री राजस्व पर 7.93 लाख डॉलर्स का लाभ अर्जित किया था। 30 सितंबर, 1979 को समाप्त हुए वित्त वर्ष में एप्पल कंप्यूटर ने पिछले वर्ष की तुलना में पाँच गुना से भी अधिक कुल 4.79 करोड़ डॉलर्स का बिक्री राजस्व प्राप्त किया था और उसका लाभ छह गुना से भी अधिक बढ़कर 50.73 लाख डॉलर्स हो गया था। 30 सितंबर, 1980 को खत्म हुए अगले वित्त वर्ष में कंपनी का बिक्री राजस्व 11.72 करोड़ डॉलर्स व लाभ 1.17 करोड़ डॉलर्स के स्तर पर पहुँच गया था।

मार्ककुला का विपणन-दर्शन जॉब्स की पहले की तैयारी से बिल्कुल मेल खाता था। अब न तो धन की कमी थी और न ही अनुभवी मार्गदर्शन की। इसीलिए जॉब्स ने रेगिस मैककेना से भेंट कर पूर्व विपणन योजना पर अमल के लिए हरी झंडी दिखा दी थी। इस बीच, गणित व कंप्यूटर के प्राध्यापक व होमब्र्यू कंप्यूटर क्लब के सक्रिय सदस्य जिम वारेन ने पहले 'वेस्ट कोस्ट कंप्यूटर फेयरी' (16-17 अप्रैल, 1977; सैन फ्रांसिस्को) की घोषणा की थी। इस मेले को पहले सबसे बड़े व्यक्तिगत कंप्यूटर महोत्सव के रूप में प्रचारित किया गया था। जॉब्स को यह मेला एप्पल-II को बाजार में उतारने का सबसे बड़ा अवसर समझ आया था। मार्ककुला ने जॉब्स की योजना को तत्काल हरी झंडी दे दी थी और जॉब्स ने मेला हॉल में प्रवेश द्वार के ठीक सामने के सबसे महँगे मुख्य स्थान को आरक्षित करने के लिए 5,000 डॉलर्स का अग्रिम भुगतान कर दिया था। जॉब्स ने विशाल स्टॉल को भव्य बनाने के हर संभव प्रयास किए। मेले के पहले दिन 16 अप्रैल, 1977 को एप्पल-II विश्व के सामने प्रस्तुत किया गया था। मेले में प्रदर्शित

की गई अन्य प्रमुख दो मशीनों—'टीआरएस 80' (तांदी कॉरपोरेशन द्वारा निर्मित व रेडियो शैक स्टोर्स द्वारा वितरित) व 'कमोडोर पेट' (कमोडोर इंटरनेशनल) की तुलना में एप्पल-II हर प्रकार से अधिक अच्छा प्रमाणित हुआ था। एप्पल-II का मूल्य 1,298 डॉलर रखा था और इस दर पर कंपनी को 300 मशीनों (3,89,400 डॉलर) का ऑर्डर मिला था। उसके बाद और माँग आई थी और इस तरह बाजार में आने के चार महीने बाद ही एप्पल-II ने कंपनी को कुल 42 हजार डॉलर्स का लाभ दे दिया था। सितंबर 1978 तक, एप्पल कंप्यूटर ने 79 लाख डॉलर्स के कुल बिक्री राजस्व पर 7.93 लाख डॉलर्स का लाभ अर्जित किया था। 30 सितंबर, 1979 को समाप्त हुए वित्त वर्ष में एप्पल कंप्यूटर ने पिछले वर्ष की तुलना में पाँच गुना से भी अधिक कुल 4.79 करोड़ डॉलर्स का बिक्री राजस्व प्राप्त किया था और उसका लाभ छह गुना से भी अधिक बढ़कर 50.73 लाख डॉलर्स हो गया था। 30 सितंबर, 1980 को खत्म हुए अगले वित्त वर्ष में कंपनी का बिक्री राजस्व 11.72 करोड़ डॉलर्स व लाभ 1.17 करोड़ डॉलर्स के स्तर पर पहुँच गया था। जी हाँ, अगले 16 वर्षों तक एप्पल-II के विभिन्न मॉडल की कुल 6 करोड़ इकाइयों की बिक्री हुई थी और सही अर्थों में एप्पल-II ने ही व्यक्तिगत कंप्यूटर क्रांति का नेतृत्व किया था।

इस प्रकार बीते चार वर्षों में एप्पल-II की अपार सफलता के साथ, जब 12 दिसंबर, 1980 को एप्पल कंप्यूटर का प्रारंभिक सार्वजनिक प्रस्ताव (आई.पी.ओ.) आया था, तो वर्ष 1956 के फोर्ड मोटर कंपनी के आई.पी.ओ. का कीर्तिमान ध्वस्त हो गया था। आई.पी.ओ. में 22 डॉलर्स मूल्य पर कुल 46 लाख शेयर सार्वजनिक किए गए थे। बाजार खुलते ही शेयर का मूल्य 29 डॉलर्स हो गया था और कारोबार के पहले दिन की समाप्ति पर एप्पल कंप्यूटर का बाजार मूल्य करीब 177.80 करोड़ डॉलर्स हो गया था। एक दिन में 300 से ज्यादा लोग करोड़पति हो गए थे और 25 वर्ष की आयु में जॉब्स की स्वामित्व हिस्सेदारियों का बाजार मूल्य 25.60 करोड़ डॉलर्स हो गया था।

इस सफलता ने जॉब्स व वोज्नियक की मित्रता में दरार पैदा कर दी थी और 1984 में मैकिनटोश के ऐतिहासिक शुभारंभ ने स्टीव जॉब्स को व्यक्तिगत कंप्यूटर उद्योग की क्रांति का महानायक बना दिया था, लेकिन आंतरिक सत्ता-संघर्ष में पराजित हो जाने पर अगस्त 1985 में जॉब्स को अपनी ही कंपनी से त्याग-पत्र देना पड़ा था और ग्यारह वर्ष बाद जुलाई 1997 में जब स्टीव जॉब्स वापस लौटा, तब कंपनी के दिवालिया होने में छह महीने का समय बचा था। कुछ ही वर्षों में

एप्पल 'विश्व की सबसे बड़ी कंप्यूटर कंपनियों में से एक' के स्थान से गिरकर अपनी विशिष्टता खो चुकी कंपनी रह गई थी। वह बहुत तेजी से बाजार हिस्सेदारी खोती जा रही थी। कोई भी उसके कंप्यूटर नहीं खरीद रहा था। उसके शेयर औंधे मुँह गिर पड़े थे और समाचार-पत्र उसकी लगातार नजदीक आती जा रही मृत्यु की भविष्यवाणी कर रहे थे, लेकिन जॉब्स के अद्भुत नेतृत्व में एप्पल ने अद्वितीय सफलता प्राप्त की थी।

❑

मार्क जुकरबर्ग

दंत-चिकित्सक पिता ने अपने अधूरे सपने को पूरा करने के लिए बाल-प्रतिभा मार्क जुकरबर्ग को कंप्यूटर-विज्ञान में आगे बढ़ने के लिए प्रोत्साहित किया था··· लेकिन, जब 20 वर्ष की आयु में उसने हार्वर्ड विश्वविद्यालय की पढ़ाई छोड़ 'फेसबुक' के विकास पर अपना ध्यान केंद्रित किया तो यह अनुमान लगाना कठिन था कि वह विश्व के सबसे बड़े सामाजिक संजालीकरण मंच का निर्माता व सबसे धनी युवा उद्यमी बननेवाला है।

मई 2017 में 'फोर्ब्स' पत्रिका ने सामाजिक संजालीकरण मंच 'फेसबुक' के सह-संस्थापक मार्क इलियट जुकरबर्ग की परिसंपत्तियों का निवल मूल्य (नेट वर्थ) 63.3 अरब डॉलर्स आँका था, उसे 'विश्व अरबपति' की सूची में 5वें स्थान पर रखा था। इससे कुछ समय पहले दिसंबर 2016 में फोर्ब्स ने 'विश्व के सबसे प्रभावशाली व्यक्ति' की सूची में 10वें स्थान पर रखा था, लेकिन ये सब कोई चौंकानेवाले तथ्य नहीं हैं, क्योंकि दिसंबर 2010 में ही 'टाइम' पत्रिका मार्क इलियट जुकरबर्ग को 'वर्ष का व्यक्ति' (पर्सन ऑफ द ईयर) घोषित कर चुकी थी, लेकिन अद्‍भुत तथ्य यह है कि मार्क जुकरबर्ग ने अपना महान् सौभाग्य अपने हाथों से लिखा है और वह विश्व के स्वनिर्मित धनी युवाओं में प्रथम स्थान पर स्थापित हो चुका है।

मार्क इलियट जुकरबर्ग का जन्म 14 मई, 1984 में व्हाइट प्लेंस (वेस्टचेस्टर काउंटी, न्यूयॉर्क, संयुक्त राज्य अमेरिका) में हुआ था। वह दंत-चिकित्सक डॉ. एडवर्ड जुकरबर्ग व मनोचिकित्सक करेन केंप्नर की दूसरी संतान हैं। परिवार को शीघ्र आर्थिक मदद पहुँचाने के लिए डॉ. एडवर्ड जुकरबर्ग के लिए कंप्यूटर क्षेत्र में जाना संभव नहीं हो सका था, लेकिन उन्होंने मानो अपने अधूरे सपनों को उड़ेलकर मार्क इलियट जुकरबर्ग को जन्म लेने का अवसर दिया था। मार्क कंप्यूटर की बाल-प्रतिभा था और डॉ. एडवर्ड ने सुनिश्चित किया था कि वह अपनी जन्मजात प्रतिभा को लगातार निखारे। हुआ भी ऐसा ही। कंप्यूटर क्षेत्र में कई प्रारंभिक प्रयोग करता हुआ मार्क जब हार्वर्ड विश्वविद्यालय पहुँचा था तो उसकी कंप्यूटर कार्यक्रम-निर्माण की अद्‌भुत प्रतिभा निखरकर सामने आई थी। विभिन्न अनुप्रयोगों (एप) का विकास कर मार्क विश्वविद्यालय का 'कंप्यूटर नायक' बन गया था। ऐसे में, जब उसने अपने छात्रावास कक्ष में अपने कुछ साथियों की मदद से 4 फरवरी, 2004 का शुभारंभ किया था तो वह विश्वविद्यालय में तत्काल लोकप्रिय हो गया था। उसके बाद फेसबुक संजाल में बहुत तेजी के साथ अन्य विश्व विश्वविद्यालय और फिर दूसरे क्षेत्र भी जुड़ने लगे थे।

2012 में फेसबुक की आय 5 अरब डॉलर्स थी, लेकिन 17 मई को नैस्डेक में उसे 38 डॉलर्स प्रति शेयर मूल्य पर सूचीबद्ध किया गया था, अर्थात् फेसबुक इंकॉर्पोरेटेड का बाजार मूल्य 105 अरब डॉलर्स आँका गया था, जो बिल्कुल नई सूचीबद्ध सार्वजनिक कंपनी के लिए उस तिथि का सबसे बड़ा मूल्यांकन था।

और, अपनी स्थापना के ठीक आठ वर्ष बाद जब फेसबुक इंकॉर्पोरेटेड ने 1 फरवरी 2012 को प्रारंभिक सार्वजनिक प्रस्ताव (इनिशियल पब्लिक ऑफर/आई.पी.ओ.) दाखिल किया, तब विश्व भर के 1 अरब से अधिक उपयोगकर्ता फेसबुक सामाजिक संजाल से जुड़ चुके थे। याद रहे कि 2012 में फेसबुक की आय 5 अरब डॉलर्स थी, लेकिन 17 मई को नैस्डेक में उसे 38 डॉलर्स प्रति शेयर मूल्य पर सूचीबद्ध किया गया था, अर्थात् फेसबुक इंकॉर्पोरेटेड का बाजार मूल्य 105 अरब डॉलर्स आँका गया था, जो बिल्कुल नई सूचीबद्ध सार्वजनिक कंपनी के लिए उस तिथि का सबसे बड़ा मूल्यांकन था। अगले दिन जब सार्वजनिक कारोबार शुरू हुआ, तब शेयर भाव 45 डॉलर तक उछले थे, लेकिन बाजार बंद होने तक

38.23 डॉलर्स पर आ टिका था। कंपनी ने आई.पी.ओ. से 16 अरब डॉलर्स की पूँजी हासिल की और मार्क जुकरबर्ग की व्यक्तिगत स्वामित्व हिस्सेदारी का बाजार मूल्य 19 अरब डॉलर हो गया था।

हालाँकि शुरुआत उत्साहजनक नहीं रही थी, लेकिन 14 जुलाई 2015 को फेसबुक का बाजार पूँजीकरण (मार्केट कैपिटलाइजेशन) 250 अरब डॉलर्स के कीर्तिमान स्तर पर पहुँच गया। इस तरह 'स्टैंडर्ड एंड पुअर्स 500 सूचकांक' में प्रारंभिक सार्वजनिक प्रस्ताव (आई.पी.ओ.) आने के केवल तीन वर्षों में फेसबुक इतना बड़ा बाजार मूल्य हासिल करनेवाली पहली कंपनी बन गई। इससे पहले इस सूचकांक में सबसे तेज गति से बाजार मूल्य बढ़ाने का कीर्तिमान गूगल के पास था, जिसे आई.पी.ओ. के बाद इस स्थिति में पहुँचने में आठ वर्ष लग गए थे। इसके साथ ही, फेसबुक 'स्टैंडर्ड एंड पुअर्स 500 सूचकांक' में वॉलमार्ट व प्रॉक्टर एंड गैंबल (पी एंड जी) को पछाड़कर नौवें स्थान पर पहुँच गई थी। इतना ही नहीं, उस दिन फेसबुक शेयर्स के भाव अपनी आमदनी से 87 गुना अधिक 90.10 डॉलर्स प्रति शेयर के स्तर पर चले गए थे, जो 'स्टैंडर्ड एंड पुअर्स 500 सूचकांक' के औसत मूल्य से पाँच गुना अधिक थे। दीर्घकालीन अवधि में फेसबुक के प्रति निवेशकों के भरोसे का कारण यह भी है कि वह पिछले तीन वर्षों में अपने राजस्व को 5 अरब डॉलर्स से बढ़ाकर 17.92 अरब डॉलर्स कर चुकी थी और दूसरे तेजी से बढ़ रहे अनुप्रयोग सेवाओं—इंस्टाग्राम, व्हाट्सएप व मैसेंजर एप पर भी विज्ञापन प्रकाशित करने की योजना पर अमल कर रही है। जी हाँ, वर्ष 2016 में फेसबुक इंकॉर्पोरेटेड का राजस्व 27.63 अरब डॉलर्स के स्तर पर पहुँच चुका था। जून 2017 में उसके सक्रिय मासिक उपयोगकर्ताओं की संख्या 2 अरब से अधिक हो चुकी थी और वह अपनी सेवाओं में तेजी से विस्तार कर रही थी।

> ***मार्क जुकरबर्ग की अद्भुत जीवन-यात्रा में उसके परिवार की भूमिका भी अहम रही है। डॉ. एडवर्ड का शुरुआती जीवन न्यूयॉर्क सिटी में ब्रुकलिन में बीता था। उसके डाकिया पिता का संबंध पोलैंड-यहूदी मूल के विस्थापित परिवारों से था। एडवर्ड स्वयं भी बहुत ही तीव्रबुद्धि का छात्र था।***

पारिवारिक पृष्ठभूमि व आरंभिक जीवन—लेकिन मार्क जुकरबर्ग की अद्भुत जीवन-यात्रा में उसके परिवार की भूमिका भी अहम रही है। डॉ. एडवर्ड

का शुरुआती जीवन न्यूयॉर्क सिटी में ब्रुकलिन में बीता था। उसके डाकिया पिता का संबंध पोलैंड-यहूदी मूल के विस्थापित परिवारों से था। एडवर्ड स्वयं भी बहुत ही तीव्रबुद्धि का छात्र था। उसने उच्च विद्यालय में गणित व विज्ञान में उत्कृष्ट प्रदर्शन किया था और वह कंप्यूटर विज्ञान की पढ़ाई करना चाहता था। उस समय यहूदी माता-पिता अपने बच्चे को चिकित्सक (डॉक्टर) बनाने का सपना देखा करते थे और एडवर्ड ने 1975 में न्यूयॉर्क सिटी विश्वविद्यालय के ब्रुकलीन कॉलेज (ब्रुकलीन, न्यूयॉर्क) से स्नातक-जीव-विज्ञान (बी.एस.-बायोलॉजी) की उपाधि हासिल की थी। 1970 के दशक के मध्य का यह वही समय था, जब लॉस अल्टोस (सांता क्लारा वैली/सिलिकॉन वैली, कैलिफोर्निया) में स्टीव जॉब्स अपने पिता के गैराज में स्टीव वोज्निअक के साथ मिलकर परिपथ पटल (सर्किट बोर्ड) आधारित व्यक्तिगत कंप्यूटर 'एप्पल-I' बना रहा था; और दूसरी तरफ हार्वर्ड की पढ़ाई छोड़कर बिल गेट्स अपने दोस्त पॉल ऐलन के साथ दुनिया के पहले व्यक्तिगत कंप्यूटर 'ऑल्टेयर 8800' के लिए कंप्यूटर कार्यक्रम भाषा-बेसिक का दुभाषिया 'ऑल्टेयर बेसिक' बना रहा था। लेकिन एडवर्ड जुकरबर्ग के लिए अपने संघर्षरत यहूदी परिवार की आर्थिक सुरक्षा व माता-पिता का सपना सबसे बड़ा प्रश्न था। उसे हर हाल में ऐसे पेशे को चुनना था, जिससे तत्काल आमदनी शुरू हो सके और उसके परिवार को प्रतिष्ठा मिले। इसीलिए उसने न्यूयॉर्क यूनिवर्सिटी (एन.वाई.यू.) कॉलेज ऑफ डेंटिस्ट्री (मिडटाउन मैनहट्टन, न्यूयॉर्क सिटी) में नामांकन कराया था।

इसी क्रम में एडवर्ड की भेंट ब्रुकलीन कॉलेज में पढ़ रही अंतर स्नातक छात्रा (जीव विज्ञान)—करेन कंपनर के साथ हुई थी, जिसके पिता सिडनी कंपनर का संबंध ऑस्ट्रियाई-यहूदी मूल के बुल्गोरिया के धनाढ्य कारोबारी परिवार से था, जो सन् 1944 में यहूदी मूल के नागरिकों की प्रताड़ना तेज हो जाने के विस्थापित होकर न्यूयॉर्क (अमेरिका) में आ बसा था।

इसी क्रम में एडवर्ड की भेंट ब्रुकलीन कॉलेज में पढ़ रही अंतर स्नातक छात्रा (जीव विज्ञान)—करेन कंपनर के साथ हुई थी, जिसके पिता सिडनी कंपनर का संबंध ऑस्ट्रियाई-यहूदी मूल के बुल्गोरिया के धनाढ्य कारोबारी परिवार से था, जो सन् 1944 में यहूदी मूल के नागरिकों की प्रताड़ना तेज हो जाने के विस्थापित

होकर न्यूयॉर्क (अमेरिका) में आ बसा था। वर्ष 1978 में दंत शल्य-चिकित्सक (डॉक्टर ऑफ डेंटल सर्जरी/डी.डी.एस.) की उपाधि हासिल करने के बाद एडवर्ड जुकरबर्ग ने 1979 में ब्रुकलीन वीए हॉस्पिटल में सामान्य अभ्यास निवास (जनरल प्रैक्टिस रेजिडेंसी) पूरा किया था और ब्रुकलिन में ही अपना दंत चिकित्सालय शुरू कर लिया था। फिर उसने करेन से शादी भी कर ली थी, जो उस समय न्यूयॉर्क मेडिकल कॉलेज (वलहैला, माउंट प्लेजेंट, वेस्टचेस्टर काउंटी) में मनोचिकित्सा (साइकेट्री) की पढ़ाई कर रही थी। करेन की कॉलेज आने-जाने की सुविधा के मद्देनजर नजदीकी शहर व्हाइट प्लेंस (वेस्टचेस्टर काउंटी) में एक अपार्टमेंट किराए पर ले लिया था और दोनों वहीं रहने लगे थे।

वर्ष 1982 में रैंडी जुकरबर्ग पैदा हुई थी, जिसके दो वर्ष बाद 1984 में मार्क इलियट जुकरबर्ग व उसके तीन वर्ष बाद 1986 में डोना जुकरबर्ग का जन्म हुआ था। इस बीच अपने लगातार बड़े हो रहे परिवार व अपने चिकित्सालय के लिए एडवर्ड पर स्थायी आवास चुनने का दबाव बना हुआ था। एडवर्ड को व्हाइट प्लेंस से 16 कि.मी. की दूरी पर स्थित ग्रामीण इलाका डॉब्स फेरी बहुत शांत व अच्छा लगा था, जो नदियों, पहाड़ियों व जंगल उद्यान से घिरा हुआ था। 1987 में घर तैयार हो जाने के बाद एडवर्ड-करेन अपने बच्चों सहित नए घर में रहने लगे थे। एडवर्ड ने डॉब्स फेरी (2 रसेल प्लेस, नॉर्थफील्ड एवेन्यू) निवास भूतल (बेसमेंट) को अत्याधुनिक दंत चिकित्सालय में बदल दिया था। करेन अब बाकायदा अनुज्ञापत्रधारी (लाइसेंस होल्डर) मनोचिकित्सक थी और उसने चिकित्सालय प्रबंधक का काम सँभाल लिया था। कुछ वर्षों बाद करेन

वर्ष 1982 में रैंडी जुकरबर्ग पैदा हुई थी, जिसके दो वर्ष बाद 1984 में मार्क इलियट जुकरबर्ग व उसके तीन वर्ष बाद 1986 में डोना जुकरबर्ग का जन्म हुआ था। इस बीच अपने लगातार बड़े हो रहे परिवार व अपने चिकित्सालय के लिए एडवर्ड पर स्थायी आवास चुनने का दबाव बना हुआ था। एडवर्ड को व्हाइट प्लेंस से 16 कि.मी. की दूरी पर स्थित ग्रामीण इलाका डॉब्स फेरी बहुत शांत व अच्छा लगा था, जो नदियों, पहाड़ियों व जंगल उद्यान से घिरा हुआ था। 1987 में घर तैयार हो जाने के बाद एडवर्ड-करेन अपने बच्चों सहित नए घर में रहने लगे थे।

ने कुछ समय तक अपने मनोचिकित्सक के पेशे में लौटने की कोशिश की थी, लेकिन अपने बच्चों की देखभाल के लिए उसे अपने पेशे को लगभग पूरी तरह त्याग देना पड़ा था।

डॉ. जुकरबर्ग हमेशा से शुरुआती प्रौद्योगिकियों को अपनानेवालों में से थे। उन्होंने 1981 में ही पहला घरेलू कंप्यूटर अटारी-800 खरीदा था। जब उन्होंने अपना घर खरीदा था तो उन्होंने उसमें इंटरनेट लगवाया था। हालाँकि उस वक्त 'डायल-अप कनेक्शन' काफी धीमा था, फिर भी उन्होंने ऑनलाइन बैंकिंग सेवा के जरिए अपने भुगतान की शुरुआत की थी। उस वक्त कंप्यूटर काफी महँगा हुआ करता था, लेकिन 1985 में जब पहली बार दंत चिकित्सालय प्रबंधन सॉफ्टवेयर आया था तो डॉ. जुकरबर्ग ने उसे अपने चिकित्सालय में लागू करवाया था। इस प्रकार जब वेस्टवेस्टर काउंटी के अधिकांश बच्चे पूरे परिवार के बीच धीमे 'डायल-अप कनेक्शन' को साझा कर रहे थे तो जुकरबर्ग परिवार चिकित्सालय में मौजूद पूर्णकालिक हाईस्पीड ब्रॉडबैंड, व्यक्तिगत कंप्यूटर, प्रिंटर, स्कैनर व अन्य संजालीकृत सुविधाओं का बेधड़क उपयोग कर रहा था।

मार्क विलक्षण बाल-प्रतिभा था और प्राथमिक शिक्षा के दौरान ही उसकी कंप्यूटर में रुचि बढ़ गई थी। केवल दस साल की आयु में ही डॉ. जुकरबर्ग ने मार्क को उसका पहला व्यक्तिगत कंप्यूटर (पीसी)—क्वांटेक्स 486 डीएक्स (इंटेल 486 माइक्रोचिप पर आधारित) खरीद दिया था। उसने मार्क को सबसे पहले बुनियादी कंप्यूटर कार्यक्रम भाषा (प्रोग्रामिंग लैंग्वेज)—अटारी—सिखाया था, जो 1990 के दशक में आर्केड कंप्यूटर गेम्स, घरेलू वीडियो गेम कंसोल, घरेलू कंप्यूटरों पर खासतौर पर खेल खेलने के लिए इस्तेमाल होता था।

मार्क विलक्षण बाल-प्रतिभा था और प्राथमिक शिक्षा के दौरान ही उसकी कंप्यूटर में रुचि बढ़ गई थी। केवल दस साल की आयु में ही डॉ. जुकरबर्ग ने मार्क को उसका पहला व्यक्तिगत कंप्यूटर (पीसी)—क्वांटेक्स 486 डीएक्स (इंटेल 486 माइक्रोचिप पर आधारित) खरीद दिया था। उसने मार्क को सबसे पहले बुनियादी कंप्यूटर कार्यक्रम भाषा (प्रोग्रामिंग लैंग्वेज)—अटारी—सिखाया था, जो 1990 के दशक में आर्केड कंप्यूटर गेम्स,

घरेलू वीडियो गेम कंसोल, घरेलू कंप्यूटरों पर खासतौर पर खेल खेलने के लिए इस्तेमाल होता था। डॉ. जुकरबर्ग ने बहुत जल्द भाँप लिया था कि कंप्यूटर कार्यक्रम निर्माता (प्रोग्रामर) बनने के उसने अधूरे सपने को मार्क पूरा कर सकता था। इसीलिए उसने मार्क को स्टीफन आर. डेविस की आम लोगों को कंप्यूटर कार्यक्रम भाषा 'सी++' सिखानेवाली लोकप्रिय पुस्तक 'सी++ फॉर डमीज' (जॉन विले एंड संस) भेंट की थी। मार्क के लिए यह पुस्तक वरदान साबित हुई। उसने उस किताब से खुद-ब-खुद कंप्यूटर कार्यक्रम बनाना शुरू कर दिया था।

1995 में मार्क्स को डॉब्स फेरी (नॉर्थफील्ड एवेन्यू) से करीब 2.2 कि.मी. पर स्थित आर्डस्ले (ग्रीनबर्ग शहर का हिस्सा) स्थित आर्डस्ले मिडिल स्कूल में पाँचवीं कक्षा में भरती कराया गया था। तभी डॉ. जुकरबर्ग ने उसके लिए एक स्थानीय सॉफ्टवेयर विकासकर्ता डेविड न्यूमैन को निजी शिक्षक नियुक्त किया था। 1996 में महज करीब 12 साल की उम्र में मार्क अपने पिता के चिकित्सालय के लिए अंतर-कार्यालय संचार सॉफ्टवेयर कार्यक्रम—जुकनेट—तैयार करने में सक्षम हो गया था, जिसके जरिए संजालीकृत कंप्यूटरों पर त्वरित संदेश (इंस्टेंट मैसेज) भेजा जा सकता था। आज यह एक मामूली-सा लगता है, लेकिन उस समय यह एक बड़ी खोज-सी थी। याद रहे कि अमेरिका की सबसे प्रभावशाली इंटरनेट सेवा कंपनी अमेरिका ऑनलाइन (ए.ओ.एल.) ने साल भर बाद 1997 में ए.ओ.एल. इंस्टेंट मैसेंजर (ए.आई.एम.) की पेशकश की थी।

1995 में मार्क्स को डॉब्स फेरी (नॉर्थफील्ड एवेन्यू) से करीब 2.2 कि.मी. पर स्थित आर्डस्ले (ग्रीनबर्ग शहर का हिस्सा) स्थित आर्डस्ले मिडिल स्कूल में पाँचवीं कक्षा में भरती कराया गया था। तभी डॉ. जुकरबर्ग ने उसके लिए एक स्थानीय सॉफ्टवेयर विकासकर्ता डेविड न्यूमैन को निजी शिक्षक नियुक्त किया था।

1999 में आर्डस्ले हाईस्कूल में नौवीं कक्षा में दाखिल होने के बाद मार्क का कंप्यूटर ज्ञान इतना हो गया था कि घर के पास में ही स्थित मर्सी कॉलेज (डॉब्स फेरी) ने उसे स्नातक स्तर के कंप्यूटर विज्ञान वर्ग में पढ़ाई करने की अनुमति दे दी थी, लेकिन मार्क की विलक्षण शैक्षणिक प्रतिभा को ध्यान में रखते हुए आर्डस्ले हाईस्कूल में कंप्यूटर विज्ञान व गणित की पढ़ाई का स्तर अधिक ऊँचा नहीं था। इसके साथ ही डॉ. जुकरबर्ग अपने बेटे को भविष्य में बड़े निजी विश्वविद्यालयों में

नामांकन करवाकर विश्वस्तरीय शैक्षणिक माहौल देना चाहते थे। इसीलिए उन्होंने 11वीं में मार्क का फिलिप्स एक्सेटर एकेडमी (एक्सेटर, रॉकिंगम काउंटी, न्यू हैम्पशायर) में नामांकन कराया था। एक्सेटर में मार्क ने विज्ञान (गणित, खगोल विज्ञान व भौतिकी) के साथ-साथ भाषा, साहित्य, दर्शन, इतिहास, कला, पुरातत्त्व व अन्य संस्कृति-सबंधी विषयों में भी ऊँचा स्थान प्राप्त किया था। ध्यान देने की बात है कि हार्वर्ड विश्वविद्यालय के अपने नामांकन आवेदन में मार्क ने उल्लेख किया था कि वह फ्रेंच, हिब्रू, लैटिन व प्राचीन यूनानी पढ़ व लिख सकता है। वह तलवारबाजी टीम का कप्तान भी था।

एक्सेटर में मार्क ने विज्ञान (गणित, खगोल विज्ञान व भौतिकी) के साथ-साथ भाषा, साहित्य, दर्शन, इतिहास, कला, पुरातत्त्व व अन्य संस्कृति-सबंधी विषयों में भी ऊँचा स्थान प्राप्त किया था। ध्यान देने की बात है कि हार्वर्ड विश्वविद्यालय के अपने नामांकन आवेदन में मार्क ने उल्लेख किया था कि वह फ्रेंच, हिब्रू, लैटिन व प्राचीन यूनानी पढ़ व लिख सकता है। वह तलवारबाजी टीम का कप्तान भी था।

12वीं की अंतिम तिमाही में एक्सेटर की परंपरा के अनुसार, मार्क को भी एक स्वतंत्र परियोजना पर काम करना था। उसने अपने सहपाठी एडम डी' एंजेलो के साथ मिलकर ऑनलाइन एमपी-3 संगीत वादन सामग्री प्रक्रिया कार्यक्रम (सॉफ्टवेयर प्रोग्राम)—सिनेप्स मीडिया प्लेयर—की रचना की थी। इस कार्यक्रम में उपयोगकर्ता की सुनने की आदतों को जानने व उसके अनुसार संगीत वादन सूची (म्यूजिक प्ले लिस्ट) तैयार करने के लिए कंप्यूटर विज्ञान की उच्च प्रौद्योगिकी व विशेषज्ञता प्राप्त शोध विषय 'कृत्रिम बुद्धि' (आर्टिफीशियल इंटेलिजेंस) का उपयोग किया गया था।

हार्वर्ड विश्वविद्यालय—मार्क जुकरबर्ग का हार्वर्ड विश्वविद्यालय (कैंब्रिज, मैसाचुसेट्स) व एडम डी' एंजेलो का कैलिफोर्निया इंस्टीट्यूट ऑफ टेक्नोलॉजी/कैलटेक (पासाडेना, कैलिफोर्निया) में दाखिला सुनिश्चित हो गया था। इस प्रकार सितंबर 2002 में, जब दोनों एक्सेटर में पढ़ाई पूरी करने के बाद अपने विश्वविद्यालयों में जाने की तैयारी कर रहे थे, तो उन्होंने अपने अनुप्रयोग (एप्लीकेशन/एप) की गुणवत्ता व उपयोगकर्ता-अनुभव (यूजर एक्सपीरियंस) को परखने का फैसला किया था। इसके लिए प्रौद्योगिकी केंद्रित समाचार वेबसाइट—स्लैशडॉट.ऑर्ग (डाइस होल्डिंग्स इनकॉरपोरेशन,

अर्बनडेल, आयोवा द्वारा संचालित) सबसे उपयुक्त माध्यम था। उन्होंने अपना कार्यक्रम उस वेबसाइट को भेज दिया था। वैसे तो मार्क जुकरबर्ग व एडम डी' एंजेलो ने यह सब कौतूहलवश किया था, लेकिन जारी किए जाने के करीब सात महीनों बाद यह चमत्कारी रूप से सफल अनुप्रयोग सिद्ध हुआ था। 'पीसी मैगजीन' ने इसे पाँच में से तीन अंक दिए थे; और 'स्लैशडॉट.ऑर्ग' ने भी इसकी प्रशंसा में आलेख लिखा था। इसके बाद अमेरिका की सबसे बड़ी इंटरनेट सेवा कंपनी अमेरिका ऑनलाइन (एओल), विंडोज परिचालन प्रणाली पर लोकप्रिय अनुप्रयोग 'विनएंप मीडिया प्लेयर' बनानेवाली कंपनी नुलसॉफ्ट (सेडोना, एरिजोना) व सॉफ्टवेयर महारथी कंपनी माइक्रोसॉफ्ट—सभी ने इस अनुप्रयोग को खरीदने में व दोनों प्रतिभाशाली विकासकर्ताओं को नौकरी पर रखने में रुचि दिखाई थी।

हार्वर्ड विश्वविद्यालय के दैनिक छात्र अखबार—हार्वर्ड क्रिमसन (अंक 23 अक्तूबर, 2003)—से बातचीत में मार्क जुकरबर्ग ने दावा किया था कि उन कंपनियों में से एक ने 'सिनेप्स मीडिया प्लेयर' को 9.5 लाख डॉलर में खरीदने का प्रस्ताव किया था, लेकिन कंपनी की शर्त थी कि दोनों विकासकर्ता तीन साल के लिए उसकी सेवा में रहें। स्पष्ट है कि दोनों ने ऐसा करने के स्थान पर अपनी पढ़ाई को आगे बढ़ाना अधिक अच्छा समझा था और उक्त प्रस्ताव को ठुकरा दिया था।

हार्वर्ड विश्वविद्यालय के दैनिक छात्र अखबार—हार्वर्ड क्रिमसन (अंक 23 अक्तूबर, 2003)—से बातचीत में मार्क जुकरबर्ग ने दावा किया था कि उन कंपनियों में से एक ने 'सिनेप्स मीडिया प्लेयर' को 9.5 लाख डॉलर में खरीदने का प्रस्ताव किया था, लेकिन कंपनी की शर्त थी कि दोनों विकासकर्ता तीन साल के लिए उसकी सेवा में रहें। स्पष्ट है कि दोनों ने ऐसा करने के स्थान पर अपनी पढ़ाई को आगे बढ़ाना अधिक अच्छा समझा था और उक्त प्रस्ताव को ठुकरा दिया था। इस घटना के बाद मार्क जुकरबर्ग व एडम डी' एंजेलो को पक्का भरोसा हो गया था कि ये कंपनियाँ उनकी महान् सामग्री प्रक्रिया कार्यक्रम (सॉफ्टवेयर प्रोग्राम) रचनाओं की चीर-फाड़ कर डालेंगी। इसीलिए उन दोनों ने 'इंटेलीजेंट मीडिया ग्रुप' का गठन किया और करीब 12 हजार डॉलर की साझा राशि से 'सिनेप्स मीडिया प्लेयर' का पेटेंट दाखिल करा लिया था।

नामांकन के बाद पहले वर्ष में ही मार्क जुकरबर्ग हार्वर्ड विश्वविद्यालय के विशाल छात्र-समुदाय के बीच 'प्रोग्रामिंग प्रोडिजी' (कंप्यूटर कार्यक्रम निर्माण की अद्भुत प्रतिभा) के रूप में जाना जाने लगा था। अपने घुँघराले भूरे बाल, छोटा कद, दुबला-गोरा शरीर व गहन अंतर्मुखी चेहरे के साथ मार्क केवल 15 साल का लगता था, जबकि उसकी वास्तविक आयु 19 वर्ष हो चुकी थी। उसका पहनावा भी निराला ही था। वह जाड़े के मौसम में भी ढीले-ढाले बैगी जींस, टी-शर्ट व रबर की चप्पलों में घूमा करता था। उसकी टी-शर्ट पर बहुत ही रोचक चित्र या वाक्यांश लिखे होते थे, जिनमें सबसे खास था, 'कोड मंकी' (कूटलिपि बंदर)।

वह अजनबियों के बीच बिल्कुल गुपचुप-सा दिखता था। इसका अर्थ यह नहीं कि वह मुखर नहीं था। वह बोलनेवाले की तरफ काफी देर तक बिल्कुल एकटक देखता रह सकता था। इसका अर्थ यह भी नहीं था कि वह सामनेवाले की बात सुन रहा हो। हो सकता था कि वह देख तो आपकी तरफ रहा हो, लेकिन आपको सुनने के स्थान पर कुछ और ही सोच रहा हो। वास्तव में, शांत-सा दिखना उसके स्वभाव का हिस्सा था। उसके इस स्वभाव से सामनेवाला व्यक्ति धोखे में रह सकता था कि वह उसे ही ध्यानपूर्वक सुन रहा था, लेकिन यदि कोई लंबी हाँकता था और उसमें मार्क की रुचि नहीं होती थी, तो वह अपनी आंतरिक ध्यान-मुद्रा में चला जाता था। जब सामनेवाला व्यक्ति बोलना बंद करता था तो वह बस 'हाँ' कहकर दूसरे विषय को छेड़ देता था। यही कारण था कि नजदीकी मित्र भी मार्क के चेहरे से यह भाँप नहीं पाते थे कि उसके दिमाग में क्या चल रहा है ? कुल मिलाकर मार्क एक अबूझ पहेली-सा था। वह जब बोलता था तो बहुधा टेढ़ा ही बोलता था और उसके विचारों से सामनेवाले को जोरदार झटका भी लग सकता था। इसका अर्थ यह भी नहीं था कि वह दूसरों के विचारों का आदर नहीं करता था। वह अत्यंत सचेत विचारक व नितांत तर्कशील व्यक्ति है। उसकी लिखावट सुव्यवस्थित, अति सतर्क व बहुत छोटी है; और वह इसका उपयोग लंबी विवेचनाओं को अपनी स्मरण-पुस्तिका (नोटबुक) को भरने के लिए करता है।

इसका अर्थ यह भी नहीं था कि वह सामनेवाले की बात सुन रहा हो। हो सकता था कि वह देख तो आपकी तरफ रहा हो, लेकिन आपको सुनने के स्थान पर कुछ और ही सोच रहा हो। वास्तव में, शांत-सा दिखना उसके स्वभाव का हिस्सा था।

इतना ही नहीं, मार्क जुकरबर्ग अपनी भोली सूरत व शरारती मुसकराहट से लड़कियों को भी अपनी तरफ आकर्षित करने में पूरी तरह सक्षम था। वह शायद ही कभी बिना प्रेमिका (गर्लफ्रेंड) के रहा हो। लड़कियाँ उसके आत्मविश्वास, उसकी हँसी-मजाक की लुभावनी शैली व उसके उपेक्षा-भाव को बहुत पसंद करती थीं। उसके चेहरे पर सामान्य रूप से आत्मसंतुष्टि झलकती थी, मानो वह कह रहा हो कि 'मैं जानता हूँ कि मैं क्या कर रहा हूँ?' विश्वविद्यालय के अपने मित्रों व प्रेमिकाओं के बीच वह बस 'ज्यूक' उपनाम से पुकारा जाता था। उसके पाठ्यक्रम का मुख्य विषय कंप्यूटर विज्ञान था, लेकिन अन्य विषयों में मनोविज्ञान शामिल था। प्रथम वर्ष बीतते-बीतते उसके कंप्यूटर विज्ञान के सहपाठी उसे अद्‍भुत कंप्यूटर कार्यक्रम निर्माता मानने लगे थे और उसे दिल से चाहते थे। वह हमेशा दूसरों से अलग बहुत कुछ करता रहता था।

मार्क जुकरबर्ग अपनी भोली सूरत व शरारती मुसकराहट से लड़कियों को भी अपनी तरफ आकर्षित करने में पूरी तरह सक्षम था। वह शायद ही कभी बिना प्रेमिका (गर्लफ्रेंड) के रहा हो। लड़कियाँ उसके आत्मविश्वास, उसकी हँसी-मजाक की लुभावनी शैली व उसके उपेक्षा-भाव को बहुत पसंद करती थीं। उसके चेहरे पर सामान्य रूप से आत्मसंतुष्टि झलकती थी, मानो वह कह रहा हो कि 'मैं जानता हूँ कि मैं क्या कर रहा हूँ?'

द्वितीय वर्ष में मार्क जुकरबर्ग को चार्ल्स नदी के तट पर बने 'किर्कलैंड हाउस' छात्रावास में जगह मिली थी। यह हार्वर्ड में सबसे छोटे छात्रावास सदनों में से एक है, लेकिन इसमें व्यायामशाला, बैठकखाना, खेल कक्ष, संगीत कक्ष और छात्रों के रंगमंच व अन्य प्रदर्शन योजनाओं के लिए पर्याप्त रिक्त स्थान है। भवन के तहखाने में स्थित 24 घंटे खुला रहनेवाला 'किर्कलैंड हाउस कंप्यूटर लैब' मैकिनटोश, अन्य व्यक्तिगत कंप्यूटरों, लेजर प्रिंटर, स्कैनर, फैक्स, फोटोकॉपियर आदि से पूरी तरह सुसज्जित है। किर्कलैंड हाउस ठीक बगलवाले भवन 'हिक्स हाउस' में स्थित उसका विशेष पुस्तकालय एक अद्‍भुत संसाधन है। यह निवासी छात्रों के लिए शांतिपूर्ण अध्ययन के लिए दिनभर खुला रहता है, जहाँ किताबों की लंबी सूचियों के अलावा भारी संख्या में फिल्में व कंप्यूटर गेम्स भी उपलब्ध हैं। एलियट हाउस के साथ इसका रसोईघर साझा है।

लिहाजा, यहाँ के छात्रों को दो विशाल भोजनालयों (डाइनिंग हॉल) की सुविधा उपलब्ध है। यह विश्वविद्यालय परिसर में सबसे अच्छे भोजन के लिए जाना जाता है। किर्कलैंड हाउस के पास में ही 1,000 सीटोंवाला बहुउद्देश्यीय अंतर्वासी खेल क्षेत्र 'मॉल्किन एथलेटिक सेंटर' है, जहाँ हार्वर्ड की तलवारबाजी, पुरुष व महिला वॉलीबॉल, कुश्ती की टोलियाँ अभ्यास करती हैं।

जुकरबर्ग को तीसरी मंजिल पर तीन अन्य छात्रों सहित जो दो कमरों का समूह (सुइट)—एच 33 मिला था, जो संयोगवश किर्कलैंड हाउस में सबसे छोटा था। दोनों में हरेक कमरे में दो विस्तारोंवाली बहुमंजिला चारपाई (बंक बेड) व छोटे मेज लगे हुए थे। जुकरबर्ग के कमरे का सहवासी छात्र था, क्रिस ह्यूजेस और साथ के दूसरे कमरे में दो अन्य छात्र, डस्टिन मोस्कोविज व बिल्ली ओल्सन रह रहे थे। फेसबुक की स्थापना व विस्तार में जुकरबर्ग के अलावा क्रिस ह्यूजेस व डस्टिन मोस्कोविज भी अहम भूमिका निभानेवाले थे।

जुकरबर्ग को तीसरी मंजिल पर तीन अन्य छात्रों सहित जो दो कमरों का समूह (सुइट)—एच 33 मिला था, जो संयोगवश किर्कलैंड हाउस में सबसे छोटा था। दोनों में हरेक कमरे में दो विस्तारोंवाली बहुमंजिला चारपाई (बंक बेड) व छोटे मेज लगे हुए थे। जुकरबर्ग के कमरे का सहवासी छात्र था, क्रिस ह्यूजेस और साथ के दूसरे कमरे में दो अन्य छात्र, डस्टिन मोस्कोविज व बिल्ली ओल्सन रह रहे थे। फेसबुक की स्थापना व विस्तार में जुकरबर्ग के अलावा क्रिस ह्यूजेस व डस्टिन मोस्कोविज भी अहम भूमिका निभानेवाले थे। नॉर्थ कैरोलिना प्रांत के पश्चिमी इलाके के सबसे बड़े नगर हिकॉरी में पला-बढ़ा क्रिस ह्यूजेस अखबार विक्रेता पिता व सरकारी स्कूल शिक्षिका की एकमात्र संतान है और हार्वर्ड में उसका मुख्य विषय इतिहास व साहित्य था। मनोवैज्ञानिक पिता का पुत्र मोस्कोवित्ज फ्लोरिडा प्रांत के बड़े शहर गिनेसविल्ले में जनमे के बड़े शहर ओकाला में पढ़े स्थानांतरित कर लिया था, जो हार्वर्ड में अर्थशास्त्र पढ़ रहा था।

जुकरबर्ग व क्रिस ह्यूजेस, दोनों में से कोई भी बंक बेड पर ऊपर-नीचे नहीं सोना चाहता था, लिहाजा उसे खोलकर कमरे में अलग-अलग बिछा दिया था। लिहाजा, वहाँ कोई और चीज रखने की जगह नहीं बची थी। ऐसा ही दूसरे कमरे

के साथियों ने भी कर लिया था। लिहाजा, दोनों कमरों को जोड़नेवाले सामूहिक कक्ष (कॉमन रूम) में सभी ने अपनी-अपनी मेज लगा रखी थी। इनके बीच में कुछ आराम कुरसियाँ रखी हुई थीं। कुल मिलाकर उस सुइट का हाल अस्त-व्यस्त था। जुकरबर्ग को काम करते हुए बीयर या ऊर्जा पेय (एनर्जी ड्रिंक) 'रेड बुल' पीने या फिर कुछ और चीजें खाते रहने की आदत-सी थी, लेकिन वह बोतल, डब्बे आदि को कूड़ेदान में रखने की जगह मेज के नीचे या फिर बगल की मेज पर ढेर लगाता रहता था। मोस्कोवित्ज की प्रेमिका जब कभी उनके सुइट में आती थी तो वह थोड़ा-बहुत सँभालकर देती थी, नहीं तो कई सप्ताहों तक सब कुछ जहाँ-का-तहाँ पड़ा रहता था। जुकरबर्ग की माँ ने भी एक बार यह हाल देखा था तो उसने अन्य सहवासी छात्रों से अपने बेटे की लापरवाही के लिए क्षमा माँगी थी और स्पष्टीकरण दिया था कि बचपन में आया की देख-रेख में पलने के कारण उसकी ऐसी आदत हो गई है।

छोटे कमरे के कारण ही तीनों सहवासी लड़कों के बीच अनायास ही नजदीकियाँ पनप गई थीं, जो संभवतः अधिक खुले-डुले कमरों में न हो पातीं। जुकरबर्ग स्वभाव से मुँहफट व स्पष्टवादी था, कभी-कभी क्रूर ईमानदार भी, जो विशेषताएँ उसने अपनी माँ से हासिल की थीं। भले ही मार्क कम बोलता था, लेकिन वह स्वभाव से 'नेता' था। इसका प्रमाण उसके द्वारा लगातार शुरू की गई नई परियोजनाओं व लीक से हटकर बढ़ाए गए कदमों से भी मिलता है। सीधे बात करना इस सुइट के निवासियों की आदत व नियम बन गया था। वे लोग आपस में कुछ भी ढका-छुपाकर नहीं रखते थे। चूँकि सभी को अपनी विशेषताओं व स्थितियों का पता था, इसीलिए वे दूसरे की क्षमता को चुनौती देकर विवाद नहीं करते थे, वरन् एक-दूसरे की परियोजना में भरपूर

छोटे कमरे के कारण ही तीनों सहवासी लड़कों के बीच अनायास ही नजदीकियाँ पनप गई थीं, जो संभवतः अधिक खुले-डुले कमरों में न हो पातीं। जुकरबर्ग स्वभाव से मुँहफट व स्पष्टवादी था, कभी-कभी क्रूर ईमानदार भी, जो विशेषताएँ उसने अपनी माँ से हासिल की थीं। भले ही मार्क कम बोलता था, लेकिन वह स्वभाव से 'नेता' था। इसका प्रमाण उसके द्वारा लगातार शुरू की गई नई परियोजनाओं व लीक से हटकर बढ़ाए गए कदमों से भी मिलता है।

सहयोग देने की कोशिश करते थे।

इनके बीच इंटरनेट एक बारहमासी विषय-वस्तु था। चूँकि मोस्कोवित्ज ने कंप्यूटर कार्यक्रम-निर्माण का विधिवत् प्रशिक्षण नहीं लिया था, इसीलिए उसका कंप्यूटर ज्ञान गहरा नहीं था, लेकिन कंप्यूटर व इंटरनेट उसकी स्वाभाविक चाहत थी। यही कारण था कि वह जुकरबर्ग से लगातार तर्क करता रहता था कि इंटरनेट पर क्या उचित था, क्या अनुचित; एक अच्छे वेबसाइट के लिए क्या जरूरी था या क्या नहीं; या फिर जिस तरह आधुनिक जीवन के हर क्षेत्र में इंटरनेट घुसता चला जा रहा था तो उसमें क्या कुछ होनेवाला था या क्या नहीं? बिल्ली ओल्सन भी उन दोनों की बहस में शुरू से हिस्सा लेता रहा था। शुरू में क्रिस ह्यूजेस की कंप्यूटर में कोई रुचि नहीं थी, लेकिन ज्यों-ज्यों समय बीतता गया था और जुकेरबर्ग, मोस्कोवित्ज व ओल्सन के बीच कंप्यूटर कार्यक्रमों व इंटरनेट को लेकर लगातार चर्चाओं का सिलसिला गहराता गया था, उसकी रुचि भी जाग्रत् होती चली गई थी। तीन महीनों बाद वह भी अपने विचारों के साथ उन तीनों की बहस में सक्रिय भागीदारी करने लगा था। इसीलिए जुकरबर्ग जब भी कोई नई कंप्यूटर कार्यक्रम परियोजना शुरू करता था तो तीनों के पास वैकल्पिक सुझाव होते थे कि उसे वह कार्यक्रम कैसे बनाना चाहिए।

हार्वर्ड में जुकरबर्ग ही कोई अकेला छात्र नहीं था, जो अपने छात्रावास कमरे में उद्यमशीलता के नए मानक गढ़ रहा था। यह विश्वविद्यालय प्रतिभाशाली व विशेषाधिकार प्राप्त छात्रों का विश्व का सबसे बड़ा केंद्र था, जहाँ का हर छात्र अपने जीवन में कुछ विशेष करने की कोशिशों में जुटा हुआ था। सामान्य रूप से हार्वर्ड में यह मान लिया जाता है कि वहाँ के छात्र भविष्य में विश्व पर राज करनेवाले हैं, लेकिन जुकेरबर्ग, मोस्कोवित्ज व ह्यूजेस की ऐसी कोई सचेत मंशा नहीं थी।

कुल मिलाकर किर्कलैंड हाउस की सुइट संख्या एच-33 का सामूहिक कक्ष कोई साधारण कक्ष नहीं रह गया था। वहाँ चार विशेषाधिकार प्राप्त प्रतिभाओं के बीच प्रभावशाली विचारों का आदान-प्रदान हो रहा था। वे कंप्यूटर व इंटरनेट के जिन गंभीर विषयों पर चर्चाएँ कर रहे थे, वे उस समय भले ही सामान्य-सी लगती थीं, लेकिन निकट भविष्य में उसके विशेष परिणाम आनेवाले थे। हार्वर्ड में

जुकरबर्ग ही कोई अकेला छात्र नहीं था, जो अपने छात्रावास कमरे में उद्यमशीलता के नए मानक गढ़ रहा था। यह विश्वविद्यालय प्रतिभाशाली व विशेषाधिकार प्राप्त छात्रों का विश्व का सबसे बड़ा केंद्र था, जहाँ का हर छात्र अपने जीवन में कुछ विशेष करने की कोशिशों में जुटा हुआ था। सामान्य रूप से हार्वर्ड में यह मान लिया जाता है कि वहाँ के छात्र भविष्य में विश्व पर राज करनेवाले हैं, लेकिन जुकेरबर्ग, मोस्कोवित्ज व ह्यूजेस की ऐसी कोई सचेत मंशा नहीं थी। वे तो महज अध्ययनशील लड़के थे, जिन्हें अपने विचारों पर बहस करने में आनंद मिलता था। उन्हें पता नहीं था कि शीघ्र ही उनके अनौपचारिक विचार-मंथन से एक ऐसा विचार निकलकर सामने आनेवाला था, जिसमें सचमुच विश्व को बदल देने की क्षमता व संभावना थी।

इस अनुप्रयोग के जरिए आसानी से यह पता कर सकता था कि हार्वर्ड के नए शिक्षा-सत्र में पाठ्यक्रमों की व्यवस्था किस प्रकार से हुई थी और किस वर्ग में किन छात्रों ने पंजीकरण कराया था? यह अनुप्रयोग बहुत लोकप्रिय हुआ था, क्योंकि सभी जानना चाहते थे कि उसने सहपाठी, विशेष रूप से सुंदर लड़कियाँ किस वर्ग में बैठनेवाली थीं?

'कोर्समैच' का शुभारंभ— किर्कलैंड हाउस की माथा-पच्ची का पहला प्रभावी परिणाम सितंबर 2003 में देखने को मिला था, जब जुकरबर्ग ने अनोखा अनुप्रयोग 'कोर्समैच' का शुभारंभ किया था? जैसा कि इसके नाम से झलकता है, यह पाठ्यक्रम-मिलान करने का इंटरनेट आधारित 'अनुप्रयोग' कार्यक्रम था। यह इंटरनेट आधारित सामाजिक संजालीकरण (सोशल नेटवर्किंग) की दिशा में जुकरबर्ग का पहला कदम था। इस अनुप्रयोग के जरिए आसानी से यह पता कर सकता था कि हार्वर्ड के नए शिक्षा-सत्र में पाठ्यक्रमों की व्यवस्था किस प्रकार से हुई थी और किस वर्ग में किन छात्रों ने पंजीकरण कराया था? यह अनुप्रयोग बहुत लोकप्रिय हुआ था, क्योंकि सभी जानना चाहते थे कि उसने सहपाठी, विशेष रूप से सुंदर लड़कियाँ किस वर्ग में बैठनेवाली थीं? स्पष्ट है कि सत्र शुरू होने के साथ ही इसकी आवश्यकता भी खत्म हो चुकी थी, लेकिन इससे जुकरबर्ग को अपनी अगली परियोजना के लिए महत्त्वपूर्ण जानकारियाँ मिली थीं। इसी बीच 21 सितंबर को संयुक्त राज्य अमेरिका से युवा महिलाओं की छात्रवृत्ति प्रतियोगिता 'मिस अमेरिका-2003' की घोषणा हुई थी। दो

पूर्व छात्राओं के हिस्सा लेने के चलते इस वार्षिक सुंदरता प्रतियोगिता में हार्वर्ड के छात्र-छात्राओं ने कुछ अधिक ही रुचि दिखाई थी। छात्रों के इस जुनून से जुकरबर्ग के दिमाग में एक विचार कौंधा था कि यदि हार्वर्ड छात्र-छात्राओं की ऑनलाइन सौंदर्य प्रतियोगिता कराई जाए तो वह वह लोकप्रिय सिद्ध होगी और उसके मित्रों ने भी इस क्रांतिकारी विचार पर तत्काल ही मुहर लगा दी थी।

लगातार दो महीने की मेहनत से जुकरबर्ग ने एक वेबसाइट कार्यक्रम—फेसमैश.कॉम तैयार कर लिया था। जुकरबर्ग ने इस वेबसाइट की रचना शतरंज खिलाड़ियों के ऑनलाइन मूल्यांकन की तर्ज पर की थी। इस वेबसाइट पर उपयोगकर्ताओं को समान लिंग के दो अलग-अलग चेहरों की यह तुलना करने के लिए आमंत्रित किया गया था कि कौन सा एक ज्यादा सुंदर है? योजना के मुताबिक, यह प्रतियोगिता कई दौर में संपन्न होनी थी। मतलब, विजेताओं की अन्य विजेताओं के साथ तुलना करते हुए अंतिम विजेताओं की घोषणा की जानी थी। 'फेसमैश' वेबसाइट पर तुलना के लिए प्रदर्शित तसवीरों को हार्वर्ड विश्वविद्यालय द्वारा अपने छात्रावास सदनों के निवासियों के लिए तैयार किए गए अलग-अलग विद्यार्थी निर्देशिकाओं (स्टूडेंट डायरेक्टरी) से उतारा गया था। अमेरिका के कुछ विश्वविद्यालयों की इन छात्र निर्देशिकाओं को ही बोलचाल की भाषा में 'फेसबुक' कहा जाता है, लेकिन वे चित्र अच्छे नहीं थे। इसीलिए जुकरबर्ग ने नौ छात्रावास सदनों की वेबसाइटों से इन सभी चित्रों को उतार (डाउनलोड) लिया था। अपनी अद्भुत कंप्यूटर कार्यक्रम निर्माण क्षमता के माध्यम से वह किसी भी वेबसाइट के सुरक्षा ताले को खोलने और उसमें घुसने में सक्षम था।

योजना के मुताबिक, यह प्रतियोगिता कई दौर में संपन्न होनी थी। मतलब, विजेताओं की अन्य विजेताओं के साथ तुलना करते हुए अंतिम विजेताओं की घोषणा की जानी थी। 'फेसमैश' वेबसाइट पर तुलना के लिए प्रदर्शित तसवीरों को हार्वर्ड विश्वविद्यालय द्वारा अपने छात्रावास सदनों के निवासियों के लिए तैयार किए गए अलग-अलग विद्यार्थी निर्देशिकाओं (स्टूडेंट डायरेक्टरी) से उतारा गया था।

वैसे तो बिना अनुमति के ऐसा करना गैर-कानूनी काम था, लेकिन जुकरबर्ग ने अपनी प्रौद्योगिकी कुशलता (टेक्नोलॉजिकल स्किल) को आजमाने व अपने

कौतूहल को शांत करने के लिए यह तरीका अपनाया था। उसने कभी न सोचा था कि उसका यह प्रयोग गलत मोड़ ले लेगा, उसके विरुद्ध सामाजिक संगठन खड़े हो जाएँगे और उसका हार्वर्ड का भविष्य भी खतरे में पड़ जाएगा। विश्वविद्यालय के छात्र समाचार-पत्र 'हार्वर्ड क्रिमसन' ने इस घटना को 'गुरिल्ला कंप्यूटिंग' करार दिया था, लेकिन क्रिमसन को दिए गए स्पष्टीकरण में जुकरबर्ग ने कहा था कि वेबसाइट का निर्माण करने के पीछे उसका प्राथमिक आकर्षण कार्यक्रम-निर्माण व चित्र-संकलन की प्रौद्योगिकी थी, न कि बड़े पैमाने पर उसके प्रचारित हो जाने की संभावना। उसने कहा था, "मैं एक कार्यक्रम निर्माता (प्रोग्रामर) हूँ और मेरी रुचि इसके पीछे की कलन विधि (अल्गोरिदम) व गणित में है।"

'फेसमैश.कॉम' का शुभारंभ— जुकरबर्ग ने रविवार (2 नवंबर, 2003) की दोपहर में 'फेसमैश.कॉम' सार्वजनिक परीक्षण हेतु जीवित (लाइव) कर दिया था। उसके एक घंटा बाद, किर्कलैंड हाउस में जुकरबर्ग का एक पड़ोसी समलैंगिक छात्र यह देखकर बहुत उत्साहित हो गया था कि उसके चित्र को पुरुषों के बीच सबसे आकर्षक आँका गया था। स्पष्ट है कि उसने अपने मित्रों को सावधान कर दिया था और फिर उन लोगों ने आगे अपने मित्रों को···और यह क्रम लगातार आगे बढ़ता गया था। जब उस रविवार की रात को 10 बजे जुकरबर्ग अपने कमरे में लौटा था, तो उसने पाया था कि फेसमैश उपयोगकर्ताओं की भीड़ ने उसके लैपटॉप को इतना उलझा दिया था कि उसने काम करना ही बंद कर दिया था। बात केवल छात्रावास-सदनों के छात्रों तक ही सीमित नहीं थी, बल्कि समूचे विश्वविद्यालय में फैल चुकी थी। बहुत लोग वेबसाइट की तारीफ कर रहे थे तो तीखे आलोचकों की संख्या भी कम न थी। हार्वर्ड में सक्रिय दो महिला संगठनों—फुएर्जा लैटिना व एसोसिएशन ऑफ ब्लैक हार्वर्ड वीमेन (ए.बी.एच.डब्ल्यू.) की सदस्याओं के पास लिंगवाद (सेक्सिज्म) व नस्लवाद (रेसिज्म)

हार्वर्ड में सक्रिय दो महिला संगठनों—फुएर्जा लैटिना व एसोसिएशन ऑफ ब्लैक हार्वर्ड वीमेन (ए.बी.एच.डब्ल्यू.) की सदस्याओं के पास लिंगवाद (सेक्सिज्म) व नस्लवाद (रेसिज्म) की शिकायतें भी पहुँचनी शुरू हो चुकी थीं। यह मामला हार्वर्ड के इंस्टीट्यूट ऑफ पॉलिटिक्स (आई.ओ.पी.) के छात्रों व प्राध्यापकों के बीच भी बहस का विषय बन गया था।

की शिकायतें भी पहुँचनी शुरू हो चुकी थीं। यह मामला हार्वर्ड के इंस्टीट्यूट ऑफ पॉलिटिक्स (आई.ओ.पी.) के छात्रों व प्राध्यापकों के बीच भी बहस का विषय बन गया था। जल्दी ही विश्वविद्यालय के कंप्यूटर सेवा विभाग को इसकी जानकारी मिल गई थी और उसने रात 10.30 बजे 'फेसमैश.कॉम' की वेब पहुँच को बंद कर दिया था। तब तक 450 छात्र वेबसाइट पर पहुँच चुके थे, जिन्होंने 22,000 जोड़ी तसवीरों पर मतदान किए थे।

जैसा कि अपेक्षित था, फेसमैश.कॉम अपनी शुरुआत के पहले दिन ही अप्रत्याशित रूप से लोकप्रिय व विवादित हो गया था। अगले दिन 3 नवंबर, 2003 को हार्वर्ड की अनुशासन समिति ने जुकरबर्ग सहित संबंधित सहयोगियों को 'कारण बताओ' समन भेज दिया था। शुरुआती जाँच में समिति ने बाकी लोगों की गलतियों को मामूली माना था और उन्हें माफ कर दिया था, लेकिन जुकरबर्ग को गंभीर आरोपी मानते हुए उसे परिवीक्षा (प्रोबेशन) पर डाल दिया था। जुकरबर्ग पर आरोप लगाया गया था कि वेबसाइट ने जिस तरीके से सुरक्षा (सिक्योरिटी), स्वत्वाधिकार (कॉपीराइट) व निजता (प्राइवेसी) मामले को निपटाया था, उससे विश्वविद्यालय की आचरण संहिता का उल्लंघन हुआ था। ऐसे उसे विश्वविद्यालय परामर्शदाता के सामने पेश होना पड़ा था। यह प्रकरण लगभग एक पखवाड़े तक चला था। अनुमान यही लगाया जा रहा था कि जुकरबर्ग को विश्वविद्यालय से निकाला भी जा सकता था, लेकिन जुकरबर्ग ने महिला संगठनों से तत्काल माफी माँगकर साबित कर दिया था कि उसका मूल उद्‍देश्य किसी की भावना को ठेस पहुँचाना या फिर विश्वविद्यालय की आचरण संहिता को तोड़ना नहीं था। परामर्शदाता के सामने हुई पेशी में भी जुकरबर्ग ने अपनी इसी भावना को सिद्ध करने की कोशिश की थी। फिर 17 सितंबर, 2003 को अंतिम सुनवाई के दौरान अनुशासन समिति ने भविष्य के लिए

जुकरबर्ग को गंभीर आरोपी मानते हुए उसे परिवीक्षा (प्रोबेशन) पर डाल दिया था। जुकरबर्ग पर आरोप लगाया गया था कि वेबसाइट ने जिस तरीके से सुरक्षा (सिक्योरिटी), स्वत्वाधिकार (कॉपीराइट) व निजता (प्राइवेसी) मामले को निपटाया था, उससे विश्वविद्यालय की आचरण संहिता का उल्लंघन हुआ था। ऐसे उसे विश्वविद्यालय परामर्शदाता के सामने पेश होना पड़ा था।

चेतावनी देकर उसे आरोपमुक्त कर दिया था और उसकी परिवीक्षा समाप्त कर दी गई थी।

फेसमैश की दुर्घटना ने मार्क जुकरबर्ग को एकबारगी झटका तो दिया था, लेकिन इसके चलते उसने न केवल अपनी योग्यता को सिद्ध किया था, वरन् हार्वर्ड का लोकप्रिय चेहरा हो गया था। अब वह जिधर से भी निकलता था, सभी उसके बारे में बात करने लगते थे। मार्क की आयु से काफी कम दिखनेवाली भोली सूरत व रहस्यमयी मुसकान पर तो पहले से ही लड़कियाँ मोहित थीं, अब उसकी संख्या में बहुत अधिक वृद्धि हो गई थी, लेकिन जुकरबर्ग अपने लक्ष्य से भटक नहीं सकता था। नए कंप्यूटर कार्यक्रमों का निर्माण उसका जुनून था। सतही तौर पर एक उद्यम के रूप में 'फेसमैश' दुर्घटनाग्रस्त हो चुका था, लेकिन इससे जुकरबर्ग ने बहुत कुछ सीखा था और नए कारनामे को अंजाम देने की तैयारियों में जुट गया था।

फेसमैश की दुर्घटना ने मार्क जुकरबर्ग को एकबारगी झटका तो दिया था, लेकिन इसके चलते उसने न केवल अपनी योग्यता को सिद्ध किया था, वरन् हार्वर्ड का लोकप्रिय चेहरा हो गया था। अब वह जिधर से भी निकलता था, सभी उसके बारे में बात करने लगते थे। मार्क की आयु से काफी कम दिखनेवाली भोली सूरत व रहस्यमयी मुसकान पर तो पहले से ही लड़कियाँ मोहित थीं, अब उसकी संख्या में बहुत अधिक वृद्धि हो गई थी, लेकिन जुकरबर्ग अपने लक्ष्य से भटक नहीं सकता था।

'कोर्समैच' व 'फेसमैश' के कार्यक्रमों के निर्माण में उलझे रहने के चलते जुकरबर्ग द्वितीय वर्ष के पहले सत्र के काफी कम वर्गों में उपस्थित हो सका था। कंप्यूटर विज्ञान के अलावा बाकी विषय लगभग छूट-से गए थे या यूँ कहें कि उसके पास बिल्कुल ही समय नहीं था कि वह उनकी तरफ ध्यान दे पाता। ज्यों-ज्यों सत्र-परीक्षा का समय नजदीक आ रहा था, उसकी चिंताएँ भी बढ़ती जा रही थीं। इसके लिए भी उसने अपनी वेब कार्यक्रम निर्माण की क्षमता का उपयोग कर अध्ययन-सहायता (स्टडी ऐड) वेब कार्यक्रम बनाया था। उसने उस वेबसाइट पर संबंधित वर्ग की कला-छवियों को एक साथ जोड़कर एक चित्रपट-समूह तैयार किया था। फिर उसने अपने वर्ग के सहपाठियों को वेबसाइट पर आने, उसका उपयोग करने व हर छवि पर टिप्पणी करने के लिए

इ-मेल निमंत्रण भेज दिया था। अधिकांश सहपाठियों ने उसके अध्ययन-सहायता सामग्री की सराहना की थी और संकेत-छवियों पर टिप्पणियाँ की थीं। जब उन लोगों ने इसका उपयोग कर लिया तो जुकरबर्ग ने अपने सहपाठियों की टिप्पणियों की छँटनी की और उस विषय की सत्र-परीक्षा में पहला स्थान प्राप्त किया था।

फेसबुक.कॉम की दिशा में बढ़ते कदम—'फेसमैश' मामले के चर्चा में आते ही हार्वर्ड के तीन वरिष्ठ छात्रों ने अपनी सामाजिक संजालीकरण परियोजना—हार्वर्ड कनेक्शन—के विकास के लिए मार्क जुकरबर्ग से संपर्क साधा था। बाद में, जब फरवरी 2004 में जुकरबर्ग ने 'द फेसबुक' का शुभारंभ किया था, तो उस पर 'हार्वर्ड कनेक्शन' के विचार चुराने के आरोप लगे थे। जुकरबर्ग का तर्क था कि 'द फेसबुक.कॉम' की बनावट, संरचना व कार्यात्मक कूटलिपि का 'हार्वर्ड कनेक्शन' से कोई लेना-देना नहीं था। यह उसके पक्ष में सबसे ठोस तकनीकी प्रमाण था कि उसने किसी प्रकार की कोई चोरी नहीं की थी, लेकिन दोनों पक्षों के बीच इ-मेल का आदान-प्रदान, व्यक्तिशः मुलाकातें यह साबित करने के लिए पर्याप्त थीं कि आरोप को सिरे से खारिज नहीं किया जा सकता था। लिहाजा, कानूनी जाँच प्रक्रियाओं का लंबा दौर चला था। फिर 28 जून, 2008 (न्यूयॉर्क टाइम्स) को खबर आई थी कि दोनों पक्ष के बीच कुल प्रभावी बंदोबस्त मूल्य करीब 6.50 करोड़ डॉलर (2 करोड़ डॉलर नकद व 12,53,326 फेसबुक शेयर) पर अदालत के बाहर समझौता हो गया था, लेकिन कुछ विवाद बाद में भी जारी थे।

जुकरबर्ग का तर्क था कि 'द फेसबुक.कॉम' की बनावट, संरचना व कार्यात्मक कूटलिपि का 'हार्वर्ड कनेक्शन' से कोई लेना-देना नहीं था। यह उसके पक्ष में सबसे ठोस तकनीकी प्रमाण था कि उसने किसी प्रकार की कोई चोरी नहीं की थी, लेकिन दोनों पक्षों के बीच इ-मेल का आदान-प्रदान, व्यक्तिशः मुलाकातें यह साबित करने के लिए पर्याप्त थीं कि आरोप को सिरे से खारिज नहीं किया जा सकता था।

मार्क जुकरबर्ग पर यह कहावत सटीक बैठती है कि 'कुछ दुश्मनों के बिना आपको करोड़ों मित्र नहीं मिल सकते।' हार्वर्ड में आने से पहले ही जुकरबर्ग के दिमाग में सामाजिक संजालीकरण सबंधी ऑनलाइन विकल्प पेश करने की विचारों

की कुलबुलाहट शुरू हो गई थी। यह सोच 2003 की गरमी की छुट्टियों में तब और भी पक्की हो गई थी, जब वह हार्वर्ड बिजनेस स्कूल के छात्रावास में एक्सेटर अकेडमी के अपने दो पूर्व सहपाठियों—एडम डी' एंजेलो व कैंग-जिंग साथ रह रहा था। एंजेलो कैलटेक का छात्र था, जबकि कैंग-जिंग हार्वर्ड में जुकरबर्ग के साथ ही कंप्यूटर विज्ञान पढ़ रहा था। तीनों के पास कंप्यूटर कार्यक्रम निर्माण करने की काफी कमाई करनेवाली ग्रीष्मकालीन नौकरियाँ थीं, लेकिन किसी का भी उसमें मन नहीं लग रहा था, विशेष रूप से जुकरबर्ग का अपनी प्रेमिका से संबंध-विच्छेद हो गया था। तीनों के पास मौज-मस्ती करते हुए नए विचारों पर माथा-पच्ची करने का भरपूर समय था। सभी इंटरनेट की अगली क्रांतिकारी सॉफ्टवेयर रचना के बारे में सोच रहे थे और इस चिंतन के केंद्र में 'सामाजिक संजालीकरण' ही था। अपने पाठ्यक्रम व 'हार्वर्ड कनेक्शन' के विचारों के बीच उसके दिमाग में अगली परियोजना ठोस आकार लेती जा रही थी। लिहाजा शीतकालीन अवकाश (20 दिसंबर, 2003 से 2 जनवरी, 2004) के दौरान उसने नई वेबसाइट कूटलिपि रचना (कोडिंग) का काम तेज कर दिया था। एक अलग परियोजना पर काम शुरू किया था। अवकाश से लौटने के बाद 11 जनवरी, 2004 को वह ज्ञानक्षेत्र पंजीकरण (डोमेन रजिस्ट्रेशन) करनेवाली सबसे बड़ी कंपनियों में से एक—रजिस्टर.कॉम—पर गया था और अपने साख-पत्रक (क्रेडिट कार्ड) से 35 डॉलर का भुगतान कर एक वर्ष के ली वेबपता/नाम—'द फेसबुक.कॉम' (thefacebook.com)—का स्वत: ऑनलाइन पंजीकरण करा लिया था।

इंटरनेट की अगली क्रांतिकारी सॉफ्टवेयर रचना के बारे में सोच रहे थे और इस चिंतन के केंद्र में 'सामाजिक संजालीकरण' ही था। अपने पाठ्यक्रम व 'हार्वर्ड कनेक्शन' के विचारों के बीच उसके दिमाग में अगली परियोजना ठोस आकार लेती जा रही थी। लिहाजा शीतकालीन अवकाश (20 दिसंबर, 2003 से 2 जनवरी, 2004) के दौरान उसने नई वेबसाइट कूटलिपि रचना (कोडिंग) का काम तेज कर दिया था।

जुकरबर्ग ने सोचा था कि कुछ असामान्य घटना हो सकती थी। इसीलिए उसने व्यापार की समझ रखनेवाले सहपाठी एडुआर्डो सवेरिन के साथ भी एक सौदा किया था। उसने शुरुआती छोटे निवेश व व्यापारिक मामले को सँभालने के बदले में

सवेरिन को द फेसबुक.कॉम में एक-तिहाई हिस्सा देने का प्रस्ताव किया था। दोनों ने इस परियोजना में एक-एक हजार डॉलर का निवेश करने का फैसला किया था। एडुआर्डो लुइज सवेरिन साओ पाउलो (ब्राजील) में धनाढ्य यहूदी ब्राजील परिवार में पैदा (19 मार्च, 1982) हुआ था। उसका परिवार बाद में रियो डी जनेरियो में स्थानांतरित हो गया था। एडुआर्डो के पिता उद्योगपति थे, जो निर्यात, वस्त्र, नौवहन (शिपिंग) व अचल संपत्ति (रियल एस्टेट) आदि कारोबार में सक्रिय थे। इस प्रकार बुधवार, 4 फरवरी, 2004 की दोपहर में जुकरबर्ग ने अपने लैपटॉप पर 'मैनेज.कॉम' के अपने खाते को खोला था, फिर उसकी एक खास वेब-कड़ी (वेब लिंक) पर 'क्लिक' किया था और द फेसबुक.कॉम जीवित (लाइव) हो गया था।

एडुआर्डो लुइज सवेरिन साओ पाउलो (ब्राजील) में धनाढ्य यहूदी ब्राजील परिवार में पैदा (19 मार्च, 1982) हुआ था। उसका परिवार बाद में रियो डी जनेरियो में स्थानांतरित हो गया था। एडुआर्डो के पिता उद्योगपति थे, जो निर्यात, वस्त्र, नौवहन (शिपिंग) व अचल संपत्ति (रियल एस्टेट) आदि कारोबार में सक्रिय थे। इस प्रकार बुधवार, 4 फरवरी, 2004 की दोपहर में जुकरबर्ग ने अपने लैपटॉप पर 'मैनेज.कॉम' के अपने खाते को खोला था, फिर उसकी एक खास वेब-कड़ी (वेब लिंक) पर 'क्लिक' किया था और द फेसबुक.कॉम जीवित (लाइव) हो गया था।

इस वेबसाइट के मुख्य चित्रपट पर लिखा गया था—"द फेसबुक.कॉम एक ऑनलाइन निर्देशिका है, जो महाविद्यालयों में सामाजिक संजाल के माध्यम से लोगों को जोड़ता है। हमने हार्वर्ड विश्वविद्यालय के लोकप्रिय उपभोग के लिए द फेसबुक.कॉम को खोल दिया है। आप द फेसबुक.कॉम का उपयोग कर सकते हैं—अपने विद्यालय (महाविद्यालय) में लोगों की खोज के लिए अपने वर्ग के लोगों का पता लगाएँ, अपने दोस्त के दोस्तों को देखें, अपने सामाजिक संजाल के प्रत्यक्षीकरण (विजुअलाइजेशन) को देखें।"

बस शुरू होते ही, 'द फेसबुक' का सॉफ्टवेयर बहुत तेजी से फैलने लगा था। शुरुआती उपयोगकर्ताओं में जुकरबर्ग के किर्कलैंड हाउस छात्रावास सदन के पड़ोसी ही थे। उन्होंने अपने जानकार छात्रों को इस मंच पर शामिल होने व उनके

मित्र बनने के लिए निमंत्रण इ-मेल भेज दिया था। आगे इ-मेल प्राप्त करनेवाले छात्रों ने अपने जानकारों को निमंत्रण इ-मेल भेज दिया था। किसी ने किर्कलैंड हाउस की करीब 300 छात्रों की समूची डाक-सूची (मेलिंग लिस्ट) पर इ-मेल भेज दिया था। कई दर्जन खाते लगभग तत्काल ही खुल गए थे। जल्दी ही यह क्रम संक्रामक (वायरल) विस्फोट की शक्ल ले चुका था। शुरू होने के चार दिनों बाद, रविवार तक 650 हार्वर्ड छात्र द फेसबुक.कॉम पर पंजीकृत हो चुके थे। सोमवार को 300 और छात्र इस समुदाय में शामिल हो गए थे। हार्वर्ड के सभी छात्रावासों के भोजनालयों व कक्षाओं में 'द फेसबुक.कॉम' मुख्य चर्चा का विषय बन गया था। याद रहे कि 'द फेसबुक.कॉम' अपनी कोई सूचना-सामग्री नहीं थी। यह सिर्फ एक सॉफ्टवेयर कार्यक्रम था, जो अपने उपयोगकर्ताओं को खुद की सूचना-सामग्रियाँ रचने या भरने की सुविधा देता था। निजता-नियंत्रण (प्राइवेसी कंट्रोल) इस वेबसाइट की मूल बनावट का हिस्सा था।

हार्वर्ड के सभी छात्रावासों के भोजनालयों व कक्षाओं में 'द फेसबुक.कॉम' मुख्य चर्चा का विषय बन गया था। याद रहे कि 'द फेसबुक.कॉम' अपनी कोई सूचना-सामग्री नहीं थी। यह सिर्फ एक सॉफ्टवेयर कार्यक्रम था, जो अपने उपयोगकर्ताओं को खुद की सूचना-सामग्रियाँ रचने या भरने की सुविधा देता था। निजता-नियंत्रण (प्राइवेसी कंट्रोल) इस वेबसाइट की मूल बनावट का हिस्सा था।

ज्यों-ज्यों उपयोगकर्ताओं की संख्या बढ़ रही थी, 'द फेसबुक' के सर्वर पर भी बोझ बढ़ता जा रहा था और उसकी संख्या बढ़ानी पड़ रही थी। मतलब, लोकप्रियता के साथ-साथ संजाल-संचालन की लागत बढ़ रही थी। मार्च के अंत तक उपयोगकर्ताओं की संख्या बढ़कर 30 हजार हो चुकी थी। उसे सँभालने के लिए पाँच सर्वर का संजाल बनाना पड़ा था। इसके लिए 'द फेसबुक.कॉम' को इंटरनेट होस्टिंग कंपनी 'मैनेज.कॉम' को 450 डॉलर प्रतिमाह का भुगतान करना पड़ रहा था। लिहाजा 'जुकरबर्ग व सवेरिन' दोनों के बीच कंपनी में 10 हजार डॉलर के दूसरे निवेश की सहमति बनी थी। इस बीच सवेरिन विज्ञापन बेचने की कोशिशें शुरू कर चुका था और उसने चलती-फिरती सेवाएँ, टी-शर्ट व अन्य उत्पाद बेचनेवाली कंपनियों से छोटे-छोटे विज्ञापन अनुबंध किए थे। ये विज्ञापन अप्रैल 2004 से 'द फेसबुक' पर दिखने चालू हो गए थे।

सिलिकॉन वैली में पैठ के प्रयास—मई 2004 के अंत तक अमेरिका के प्रमुख 34 शिक्षण संस्थानों में 'द फेसबुक.कॉम' की सेवाएँ शुरू हो चुकी थीं और उपयोगकर्ताओं की संख्या 1,00,000 के पास पहुँचने जा रही थी। जून में कंपनी के मुख्य वित्तीय अधिकारी (सी.एफ.ओ./चीफ फाइनेंशियल ऑफिसर) एडुआर्डो सवेरिन ने कार्यशील पूँजी (वर्किंग कैपिटल) के लिए अपने हिस्से के 10 हजार डॉलर जमा कर दिए थे। साथ ही अब कंपनी के खाते में विज्ञापन राजस्व में जमा होना शुरू हो गया था, लेकिन दूरदर्शी मुख्य कार्यकारी अधिकारी (सी.ई.ओ.) मार्क जुकरबर्ग को कुछ समय पहले से ही यह एहसास होना शुरू हो चुका था कि हार्वर्ड में बैठकर 'द फेसबुक' की असल संभावना का आकलन नहीं किया जा सकता था। इसके लिए कंपनी को दुनिया की प्रौद्योगिकी राजधानी—सिलिकॉन वैली—में ले जाना जरूरी था, लेकिन उसने अपनी इस मंशा को किसी से साझा नहीं किया था।

यह एक खूबसूरत संयोग ही था कि जब जुकरबर्ग अपनी टोली के साथ किराना भंडार से जरूरी घरेलू सामान खरीदकर ग्रीष्मकालीन निवास—819 ला जेनिफर वे, पॉलो ऑल्टो (सांता क्लारा काउंटी/सिलिकॉन वैली) की तरफ जा रहा था, तभी सड़क के किनारे सीन पार्कर खड़ा मिल गया था। बीते अप्रैल में, न्यूयॉर्क में उन दोनों की मुलाकात हो चुकी थी, लेकिन जुकरबर्ग को पता नहीं था कि वह उसे सिलिकॉन वैली के अजनबी शहर पॉलो ऑल्टो में मिल जाएगा। जुकरबर्ग के लिए सिलिकॉन वैली एक अबूझ पहेली थी और वह तो बस यूँ ही अँधेरे में लाठी चलाने के लिए आ गया था, लेकिन सीन पार्कर के रूप में जुकरबर्ग को—भावुक दोस्त, क्रांतिकारी सहयोगी व अनुभवी मार्गदर्शक—तीनों एक साथ मिल गया था। अब जुकरबर्ग को किसी बात की कोई चिंता करने की आवश्यकता नहीं थी; क्योंकि पार्कर 'हर मर्ज की एक दवा' था।

मई 2004 के अंत तक अमेरिका के प्रमुख 34 शिक्षण संस्थानों में 'द फेसबुक.कॉम' की सेवाएँ शुरू हो चुकी थीं और उपयोगकर्ताओं की संख्या 1,00,000 के पास पहुँचने जा रही थी। जून में कंपनी के मुख्य वित्तीय अधिकारी (सी.एफ.ओ./चीफ फाइनेंशियल ऑफिसर) एडुआर्डो सवेरिन ने कार्यशील पूँजी (वर्किंग कैपिटल) के लिए अपने हिस्से के 10 हजार डॉलर जमा कर दिए थे।

आप इसे जुकरबर्ग का सौभाग्य भी कह सकते हैं कि अजनबी शहर में आते ही उसे एक चमत्कारी चाभी मिल गई थी, जिससे वह किसी भी अभेद्य किले का ताला खोल सकता था। यह शख्स जुकरबर्ग व द फेसबुक की ऐतिहासिक सफलता में अहम भूमिका अदा करनेवाला था। समुद्री वैज्ञानिक पिता व विज्ञापन पेशेवर माता का पुत्र सीन पार्कर भी बाल-प्रतिभा था। अपने पिता के उद्यमी बनने के अधूरे सपने को पूरा करने की दिशा में आगे बढ़ा था। चूँकि वह शातिर उद्यम-पूँजीपतियों द्वारा अपनी ही दो कंपनियों—नाप्स्टर व प्लाक्सो—से बाहर निकाला जा चुका था, इसीलिए उसने फेसबुक के विधिवत् गठन के समय 'बौद्धिक संपदाओं' को कंपनी के स्वामित्व के दायरे से बाहर कर दिया था। मूल रचनाकार के रूप में अधिकांश सॉफ्टवेयर व डिजाइन के अधिकार मार्क जुकरबर्ग के निजी स्वामित्व में था।

वैसे यह भी जुकरबर्ग का सौभाग्य ही था कि उसके माता-पिता उसके काम को बहुत अच्छी तरह से समझते थे और उन्हें भरोसा था कि वह सफल होगा। कुल मिलाकर उस गरमी की छुट्टियों में जुकरबर्ग व उसके परिवार ने कुल 85 हजार डॉलर का जोखिम उठाया था। इसमें से 28 हजार डॉलर की एकमुश्त राशि अकेले 25 सर्वर खरीदने पर खर्च की गई थी।

वैसे तो सिलिकॉन वैली जाते समय मार्क जुकरबर्ग के पास स्वयं की बचत की हुई अच्छी धनराशि थी, लेकिन उसे खत्म होने में बहुत समय नहीं लगा था। संकट की इस घड़ी में उसके दंत चिकित्सक पिता व मनोवैज्ञानिक माता ने ही उसका साथ देने का फैसला किया था। उन्होंने अपने बेटे के सपने को पूरा करने के लिए हजारों डॉलर झोंकने में थोड़ी सी भी हिचकिचाहट नहीं दिखाई थी। बाद में एक यह तथ्य सामने आया कि जुकरबर्ग के माता-पिता ने वह धनराशि उसके आगे के विश्वविद्यालय व छात्रावास शुल्क के लिए जमा की हुई थी। चूँकि जुकरबर्ग की तीन बहनों की पढ़ाई-लिखाई पर बहुत खर्च हो रहा था, इसीलिए उसके माता-पिता के पास इतना अधिक धन भी नहीं था कि वे इस प्रकार का जोखिम उठा सकें, लेकिन ऐसे ही अवसर पर अपने काम आते हैं। वैसे यह भी जुकरबर्ग का सौभाग्य ही था कि उसके माता-पिता उसके काम को बहुत अच्छी तरह से समझते थे और उन्हें भरोसा था कि वह सफल होगा। कुल मिलाकर उस गरमी की छुट्टियों में जुकरबर्ग व उसके परिवार ने कुल 85 हजार डॉलर का जोखिम

उठाया था। इसमें से 28 हजार डॉलर की एकमुश्त राशि अकेले 25 सर्वर खरीदने पर खर्च की गई थी।

वर्ष 2004 की गरमी की छुट्टियाँ फेसबुक के लिए कई अर्थों में उल्लेखनीय रही थीं। सीन पार्कर जैसा अनुभवी साथ आया था तो कंपनी का पुनर्गठन संभव हुआ था, लेकिन मूल संस्थापकों में से एक एडुआर्डो सवेरिन इतना गुस्सा हो गया था कि वह कंपनी के अस्तित्व को ही चुनौती देने लगा था, लेकिन जुकरबर्ग के पास अपनी बचत भी थी और माता-पिता का भी भरपूर सहयोग मिला था। इसीलिए तीन महीनों के दौरान एक लाख नए उपयोगकर्ताओं को सँभालने के सर्वर संजाल में विस्तार के लिए पैसे की कमी नहीं हुई थी, लेकिन नए सत्र के पहले महीने में ही 72 विश्वविद्यालयों के जुड़ने का सीधा अर्थ था कि फेसबुक को यातायात के दबाव को झेलने के लिए शीघ्र ही सर्वर-संजाल के विस्तार में मोटी धनराशि खर्च होगी। इसके अतिरिक्त अचानक कानूनी संकट भी बढ़ गया था। एक तरफ कंपनी को 'बंधक' बनाने के आरोप में सवेरिन तो दूसरी तरफ 'विचार चुराने' का आरोप लगाकर 'हार्वर्ड कनेक्शन' के संस्थापक मार्क जुकरबर्ग के विरुद्ध न्यायालय में चले गए थे। ऐसे में सीन पार्कर की कोशिशें सफल हुई थीं और अगस्त 2004 के अंत में सिलिकॉन वैली के बहुचर्चित उद्यमी पीटर थिएल ने फेसबुक में 5 लाख डॉलर के निवेश का साहसिक फैसला किया था। इसके अतिरिक्त कुछ अन्य ने 1 लाख डॉलर का निवेश किया था...और मार्क जुकरबर्ग अपने सपने को पूरा करने की दिशा में तेजी से आगे बढ़ता चला गया था।

❑

इवान विलियम्स

जब 20 वर्ष की आयु में इवान विलियम्स नेब्रास्का विश्वविद्यालय–लिंकन (नेब्रास्का) की पढ़ाई बीच में छोड़ सिलिकॉन वैली में अपना सौभाग्य ढूँढ़ने चला गया था तो स्वयं उसे भी अनुमान नहीं था कि वह सूचना प्रौद्योगिकी उद्योग में 'ब्लॉग' जैसी लोकप्रिय सुविधा का विकास करेगा और ट्विटर के सह-संस्थापक के रूप में विश्व प्रसिद्ध अरबपतियों की सूची में शामिल होगा।

इवान क्लार्क विलियम्स का जन्म 31 मार्च, 1972 को क्लार्क्स (मेरिक काउंटी, नेब्रास्का, संयुक्त राज्य अमेरिका) किसान परिवार में हुआ था। सड़क मार्ग द्वारा क्लार्क्स से सैन फ्रांसिस्को तक पहुँचने में 25 घंटे लगते हैं, लेकिन ऐसा करने में इवान को 25 वर्ष लगे थे, जब उसने नेब्रास्का विश्वविद्यालय–लिंकन की पढ़ाई छोड़कर सूचना–प्रौद्योगिकी आधारित व्यावसायिक जीवन को अपनाने के लिए सैन फ्रांसिस्को जाने का निर्णय किया था। आज विश्व इवान विलियम्स को ब्लॉगर व ट्विटर के सह–संस्थापक के रूप में जानता है, लेकिन प्रौद्योगिकी जगत् में आने से पहले क्लार्क्स का वह निवासी उच्च विद्यालय की संगीत, नाटक व भाषण मंडलियों का एक साधारण सदस्य मात्र था। उसे सर्वोत्तम कनिष्ठ अभिनेता के रूप में चुना गया था। क्लार्क्स ने पब्लिक स्कूल के 11वीं कक्षा के छात्र के रूप

में बास्केटबॉल प्रतियोगिता में भाग लिया था।

ग्रामीण अमेरिका के अनगिनत बच्चों की तरह इवान भी मेरिक काउंटी के 360 निवासियों के किसान समुदाय के बच्चे के रूप में माता-पिता को खेती-बाड़ी में सहयोग करने के साथ-साथ लगभग सबकुछ करता था, लेकिन उसकी अपार सफलता ने किसी को चौंकाया नहीं था। उसके मित्रों ने याद किया था कि इवान हमेशा हर प्रकार की गतिविधियों में सबसे आगे रहता था। हालाँकि इवान ने अपने व्यावसायिक जीवन के बारे में विद्रोही निर्णय लिया था, लेकिन उनके शिक्षक उसे विनम्र बच्चा ही मानते रहे थे। अन्य तीन बच्चों के लालन-पालन की तुलना में इवान माता-पिता को अधिक आसान लगा था; क्योंकि वह बाल्यकाल से अपना मनोरंजन स्वयं करने में सक्षम था, लेकिन वह हमेशा नए प्रभावों और कुछ अधिक की माँग करता था, जो कि इंटरनेट से पहले के युग में प्राप्त करना कठिन था।

इवान के पिता मोंटे विलियम्स तीसरी पीढ़ी के किसान थे, जबकि माता लॉरी होवे सार्वजनिक विद्यालय में वैकल्पिक शिक्षिका थी। इवान ने अन्य बच्चों की तुलना में कम ही समय में बोलना शुरू कर दिया था और जब उसने एक बार बोलना शुरू किया था, तो उसके मुखे से पूरे-पूरे वाक्य निकलने शुरू हो गए थे। जब इवान 12वीं में था तो उसके माता-पिता में विवाह-विच्छेद हो गया था और वह 30 मील दूर कोलंबस में रहने लगी थी। इवान व उसकी छोटी बहन अल्ली भी उसके साथ रहने लगे थे। उस समय कोलंबस की जनसंख्या लगभग 15,300 थी और वह महानगरों जैसा लगता था। ऐसे में इवान की माँ डरी हुई थी कि 12वीं से अचानक बहुत बड़े विद्यालय में आने पर वह कैसा महसूस करेगा, लेकिन इवान ने इसे अपने मानसिक क्षितिज को विस्तार देने के अवसर के रूप में लिया था। रहस्यपूर्ण दिखनेवाला इवान विलियम्स

उस समय कोलंबस की जनसंख्या लगभग 15,300 थी और वह महानगरों जैसा लगता था। ऐसे में इवान की माँ डरी हुई थी कि 12वीं से अचानक बहुत बड़े विद्यालय में आने पर वह कैसा महसूस करेगा, लेकिन इवान ने इसे अपने मानसिक क्षितिज को विस्तार देने के अवसर के रूप में लिया था। रहस्यपूर्ण दिखनेवाला इवान विलियम्स अपनी पीली बी.एम.डब्ल्यू. कार को लेकर अपने सहपाठियों के बीच जाता था, जिसमें वह बहुधा घूमता-फिरता था।

अपनी पीली बी.एम.डब्ल्यू. कार को लेकर अपने सहपाठियों के बीच जाता था, जिसमें वह बहुधा घूमता-फिरता था।

इवान का बड़ा भाई नेब्रास्का विश्वविद्यालय—लिंकन में फार्म हाउस समुदाय का अध्यक्ष था और स्नातक करने के बाद उसने जहाँ कहीं भी काम किया था, उसकी भूमिका स्वामी की थी, लेकिन इवान ने डेढ़ वर्ष बाद ही वर्ष 1992 में विश्वविद्यालय की पढ़ाई छोड़ दी थी और अगले दो वर्षों तक के वेस्ट (फ्लोरिडा), डल्लास व ऑस्टिन (टेक्सास) में विभिन्न आरंभिक कंपनियों में सूचना प्रौद्योगिकी संबंधी कार्य करता रहा था। वह 1994 में नेब्रास्का वापस लौट आया था और बड़े भाई के व्यवसाय में सहयोग देने के अतिरिक्त कई तरह के उद्यमों को करने का प्रयास किया था, लेकिन अंत में जब उसके पिता ने किसी भी उद्यम में निवेश से मना कर दिया था तो इवान विलियम्स ने मई 1997 में प्रौद्योगिकी प्रकाशक कंपनी ओ' रेइल्ली एंड एसोसिएट्स के सॉफ्टवेयर ग्रुप विपणन-संयोजन (मार्केटिंग कोऑर्डिनेटर) की नौकरी स्वीकार कर ली थी और सेबस्तोपोल (सोनोमा काउंटी, कैलिफोर्निया, सैन फ्रांसिस्को के लगभग 80 किमी. उत्तर में) स्थानांतरित हो गया था। वह 25 वर्ष का था और यह उसकी पहली पेशेवर नौकरी थी, लेकिन सात माह बाद ही उस नौकरी को छोड़ दिया था, लेकिन कंपनी ने उसे स्वतंत्र प्रक्रिया-सामग्री लेखक के रूप में नियुक्त कर लिया था और इसी क्रम में उसने इंटेल व हैवलेट पैकर्ड के लिए भी काम किया था।

सात माह बाद ही उस नौकरी को छोड़ दिया था, लेकिन कंपनी ने उसे स्वतंत्र प्रक्रिया-सामग्री लेखक के रूप में नियुक्त कर लिया था और इसी क्रम में उसने इंटेल व हैवलेट पैकर्ड के लिए भी काम किया था।

प्यरा लैब्स की स्थापना—इस बीच इवान विलियम्स की भेंट वेब विकासकर्ता मेग हौरिहन से हुई थी। दोनों इंटरनेट की संभावनाओं को लेकर एक जैसा सोचते थे। संक्षिप्त रूप से उन्होंने प्रेम-यात्राएँ भी की थीं और जनवरी 1999 में सैन फ्रांसिस्को में 'प्यरा लैब्स' नाम प्रारंभिक कंपनी की स्थापना की थी। इसका मूल उद्देश्य ऐसा वेब अनुप्रयोग विकसित करना था, जो परियोजना प्रबंधक, संपर्क प्रबंधक व कार्य-सूची प्रबंधक, तीनों को आपस में संयोजित करे, लेकिन इसके सह-उत्पाद के रूप में क्रांतिकारी अनुप्रयोग 'ब्लॉगर' का विकास हो गया था, जो उपयोगकर्ता को स्वत: ही वेब पृष्ठों का निर्माण करने व उसके प्रकाशन का अवसर

प्रदान करता था। यह इंटरनेट पत्रकारिता का सबसे सरल अनुप्रयोग था। अगस्त 1999 में इसे 'ब्लॉगर.कॉम' नाम से नि:शुल्क उपयोग के लिए इंटरनेट पर जीवंत कर दिया गया था और शीघ्र ही इसके उपयोगकर्ताओं की संख्या बढ़ने लगी थी। इसके साथ ही 'ब्लॉग' व 'ब्लॉगिंग' शब्द प्रचलन में आया था। इस प्रकार प्यरा लैब्स कभी भी अपनी मूल परियोजना को पूरा नहीं कर सकी थी और उसका ध्यान ब्लॉगर.कॉम पर केंद्रित हो गया था।

यह इंटरनेट पत्रकारिता का सबसे सरल अनुप्रयोग था। अगस्त 1999 में इसे 'ब्लॉगर.कॉम' नाम से नि:शुल्क उपयोग के लिए इंटरनेट पर जीवंत कर दिया गया था और शीघ्र ही इसके उपयोगकर्ताओं की संख्या बढ़ने लगी थी। इसके साथ ही 'ब्लॉग' व 'ब्लॉगिंग' शब्द प्रचलन में आया था। इस प्रकार प्यरा लैब्स कभी भी अपनी मूल परियोजना को पूरा नहीं कर सकी थी और उसका ध्यान ब्लॉगर.कॉम पर केंद्रित हो गया था।

वैसे तो प्यरा लैब्स के संचालन का खर्च बहुत अधिक नहीं था, लेकिन डॉट. कॉम बुलबुला फटने के बाद छोटी उद्यम पूँजी के निवेश के लिए भी निवेशकों को ढूँढ़ना कठिन हो गया था। स्पष्ट है कि संस्थापक कर्मचारियों को समय पर वेतन देने में असक्षम हो गए थे और दोनों के बीच सही रास्ते को लेकर भी झगड़े होने लगे थे। ऐसी स्थिति में जनवरी 2001 में मेग हौरिहन ने कंपनी से त्याग-पत्र दे दिया था और अन्य कर्मचारियों ने स्वयं को मुक्त कर लिया था, लेकिन इवान विलियम्स ने कंपनी को बंद नहीं होने दिया था और छोटे-छोटे सामग्री-प्रक्रिया अनुबंध के माध्यम से कंपनी की पहचान जीवित बनाए रखी थी। साथ ही, इवान ने स्वतंत्र पत्रकारिता के इस अद्भुत अनुप्रयोग को जीवित बनाए रखने के छोटे अनुदानों के लिए भी आह्वान किया था। इस प्रकार ब्लॉगर.कॉम पर पंजीकृत उपयोगकर्ताओं की संख्या 11 लाख हो चुकी थी, जब 15 फरवरी, 2003 को इंटरनेट खोज इंजन कंपनी गूगल ने प्यरा लैब्स को अघोषित राशि (अनुमानित लगभग 2 करोड़ डॉलर) अधिगृहीत करने की घोषणा की थी। उसके मुख्य उत्पाद ब्लॉगर.कॉम को ब्लॉगस्पॉट.कॉम नाम से अपनी प्रणाली एकीकृत की थी।

ओडेओ, ऑब्वियस कॉरपोरेशन व ट्विटर—प्यरा लैब्स के अधिग्रहण के बाद गूगल में छह महीने तक कार्य करने के बाद जून 2004 में पॉडकास्ट कंपनी

ओडेओ (Odeo) की स्थापना की थी। वास्तव में, इवान विलियम्स ओडेओ को 'ब्लॉगर' के श्रव्य-दृश्य (ऑडियो-विजुअल) विकल्प के रूप में विकसित करना चाहता था अर्थात् जिस प्रकार ब्लॉगर पर कोई भी उपयोगकर्ता अपने मूलपाठ (टेक्स्ट) को बिना किसी की सहायता के इंटरनेट पर प्रकाशित कर सकता, ठीक उसी प्रकार ओडेओ पर श्रव्य (ऑडियो) व दृश्य (वीडियो) सामग्रियों को प्रसारित करने (पॉडकास्ट) की योजना थी, लेकिन उस समय इंटरनेट पर ऐसी योजना को लागू करने में कठिनाई थी। ऐसे में परियोजना के व्यावसायिक स्वरूप ग्रहण करने में विलंब से जब निवेशक चिंतित होने लगे थे तो इवान विलियम्स ने क्रिस्टोफर इस्साक 'बिज' की साझेदारी में जून 2006 में ऑब्वियस कॉरपोरेशन नाम से स्वामित्वधारी कंपनी का गठन किया था और उसके माध्यम से ओडेओ की परिसंपत्तियों का अधिग्रहण कर लिया था।

इस बीच ओडेओ के कर्मचारियों ने मूल पॉडकास्ट परियोजना से अलग हटकर एस.एम.एस. प्रसारण संबंधी प्रक्रिया सामग्री पर प्रयोग शुरू किया था। इस अनुप्रयोग के माध्यम से आप अपने सभी मित्रों को एकसाथ एस.एम.एस. प्रसारित कर सकते थे। इसे 'ट्विटर' नाम दिया गया था और इसका प्रायोगिक संस्करण का मार्च 2006 में शुभारंभ कर दिया गया था। इसकी लोकप्रियता को देखते हुए जुलाई में इसका विधिवत् शुभारंभ हुआ था और दिसंबर तक इस मंच पर उपयोगकर्ताओं की संख्या 60,000 से अधिक हो गई थी। इस बीच अप्रैल 2006 में न्यूयॉर्क की आरंभिक कंपनी सोनिक माउंटेन ने ओडेओ को 10 लाख डॉलर से अधिक मूल्य पर अधिगृहीत कर लिया था और उसी समय ट्विटर को भी एक अलग व्यावसायिक

इस बीच ओडेओ के कर्मचारियों ने मूल पॉडकास्ट परियोजना से अलग हटकर एस.एम.एस. प्रसारण संबंधी प्रक्रिया सामग्री पर प्रयोग शुरू किया था। इस अनुप्रयोग के माध्यम से आप अपने सभी मित्रों को एकसाथ एस.एम.एस. प्रसारित कर सकते थे। इसे 'ट्विटर' नाम दिया गया था और इसका प्रायोगिक संस्करण का मार्च 2006 में शुभारंभ कर दिया गया था। इसकी लोकप्रियता को देखते हुए जुलाई में इसका विधिवत् शुभारंभ हुआ था और दिसंबर तक इस मंच पर उपयोगकर्ताओं की संख्या 60,000 से अधिक हो गई थी।

इकाई के रूप में गठित किया गया था, जिसमें इवान विलियम्स सह-संस्थापक, निदेशक व निवेशक के रूप में शामिल हुआ था।

ट्विटर की ओर प्रौद्योगिकी पत्रकारों व स्वतंत्र समीक्षकों का ध्यान आकर्षित हुआ था; उन लोगों ने इस सेवा को बहुत पसंद किया था और उसकी प्रशंसा की थी। इसका परिणाम यह था कि अप्रैल 2007 तक ट्विटर के उपयोगकर्ताओं की संख्या 80 लाख हो गई थी, जो पिछले पाँच महीनों में 13 गुना से अधिक बढ़ी थी।

वर्ष 2006 की शरद ऋतु से लेकर वर्ष 2007 की वसंत ऋतु के बीच की अवधि सिलिकॉन वैली में बड़े अधिग्रहणों के दृष्टिकोण से सर्वाधिक 'गरम' रही थी। इस अवधि में गूगल ने 18 महीने पुरानी कंपनी यू-ट्यूब को 1.60 अरब डॉलर में अधिगृहीत किया था। इसी क्रम में फेसबुक ने अपनी सेवाओं को सभी के लिए खोल दिया था और अब वह विश्वविद्यालय के छात्रों के बीच ही सीमित नहीं रही थी। 'टाइम' पत्रिका ने 'आप' को वर्ष का व्यक्ति घोषित किया था। वैसे तो यह निरर्थक नौटंकी थी, फिर भी इसने सामाजिक-जनसंचार माध्यम (सोशल मीडिया) के प्रचार के युग का आरंभ किया था। 29 जून, 2007 को एप्पल ने पहली पीढ़ी का आईफोन बाजार में उतारा था। इस वातावरण में ट्विटर जैक डोर्से के लक्ष्यहीन नेतृत्व में विस्फोटक रूप से बड़ा हो रहा था, तो अक्तूबर 2008 में इवान विलियम्स ने मुख्य कार्यकारी अधिकारी के रूप में कंपनी का नेतृत्व सँभाला था और उसे सभापति के पद पर सुशोभित कर दिया था।

वर्ष 2007 में प्रति तिमाही औसतन 4 लाख ट्वीट किए जा रहे थे, जो वर्ष 2008 में 10 करोड़ हो गए थे। फरवरी 2010 में उपयोगकर्ता प्रतिदिन 5 करोड़ ट्वीट कर रहे थे। मार्च 2010 तक ट्विटर ने अपने मंच पर 70,000 अनुप्रयोगों (एप्लीकेशन/एप) को पंजीकृत किया था। जून 2010 में दैनिक ट्वीट की संख्या 6.50 करोड़ हो गई थी और इस प्रकार प्रति सेकंड 750 ट्वीट किए जा रहे थे।

वर्ष 2007 में प्रति तिमाही औसतन 4 लाख ट्वीट किए जा रहे थे, जो वर्ष 2008 में 10 करोड़ हो गए थे। फरवरी 2010 में उपयोगकर्ता प्रतिदिन 5 करोड़ ट्वीट कर रहे थे। मार्च 2010 तक ट्विटर ने अपने मंच पर 70,000 अनुप्रयोगों (एप्लीकेशन/एप) को पंजीकृत किया था। जून 2010 में दैनिक ट्वीट की संख्या

6.50 करोड़ हो गई थी और इस प्रकार प्रति सेकंड 750 ट्वीट किए जा रहे थे। इस बीच, जनवरी 2009 में ट्विटर सामाजिक संजालीकरण मंचों के बीच पिछले वर्ष 22वें स्थान से ऊपर उठकर सीधे तीसरे स्थान (फेसबुक व माय स्पेस) पर आ गया था। मार्च 2011 में दैनिक ट्वीट की संख्या 14 करोड़ हो चुकी थी। इस दौरान अक्तूबर 2010 में इवान विलियम्स उत्पाद विकास पर ध्यान केंद्रित करने के लिए सी.ई.ओ. पद से नीचे उतर गया था।

6 नवंबर, 2013 को 26 डॉलर प्रति स्वामित्व हिस्सेदारी (शेयर ऑफ स्टॉक) की दर पर ट्विटर को न्यूयॉर्क स्टॉक एक्सचेंज में सूचीबद्ध सार्वजनिक किया गया था। पहले दिन के कारोबार के अंत में ट्विटर का प्रति शेयर मूल्य 44.90 डॉलर पर बंद हुआ था और कंपनी का बाजार मूल्यांकन 31 अरब डॉलर के स्तर पर पहुँच गया था। इस प्रक्रिया में सबसे अधिक 2.56 अरब डॉलर की धनराशि इवान विलियम्स को मिली थी, लेकिन, 5 फरवरी, 2014 को जब कंपनी ने बीते वर्ष की चौथी तिमाही का परिणाम घोषित किया था तो उसका घाटा 51.10 करोड़ डॉलर था। वर्ष 2017 में ट्विटर में 3,372 कर्मचारी काम कर रहे थे और कंपनी 2.44 अरब डॉलर के वार्षिक राजस्व पर 10.80 करोड़ डॉलर का शुद्ध घाटा अर्जित कर रही थी।

ब्लॉगर व ट्विटर सेवाओं की अपार लोकप्रियताओं के बाद अगस्त 2012 में इवान विलियम्स ने ऑनलाइन सामाजिक प्रकाशन मंच मीडियम.कॉम का शुभारंभ किया था, जिसका मुख्य उद्देश्य उपयोगकर्ताओं को गुणवत्तापूर्ण विषय सामग्रियों के प्रकाशन के लिए प्रोत्साहित करना और मंच पर पाठकों का अधिकतम ध्यान आकर्षित करना था।

मीडियम.कॉम की स्थापना—ब्लॉगर व ट्विटर सेवाओं की अपार लोकप्रियताओं के बाद अगस्त 2012 में इवान विलियम्स ने ऑनलाइन सामाजिक प्रकाशन मंच मीडियम.कॉम का शुभारंभ किया था, जिसका मुख्य उद्देश्य उपयोगकर्ताओं को गुणवत्तापूर्ण विषय सामग्रियों के प्रकाशन के लिए प्रोत्साहित करना और मंच पर पाठकों का अधिकतम ध्यान आकर्षित करना था। स्पष्ट है कि इवान विलियम्स ने इस मंच को संपादकीय दृष्टि से सुदृढ़ करने का स्वप्न देखा था। इसके लिए इवान ने उद्यम पूँजी संस्थानों सहित अपनी निवेश निधि

कुल 13.40 करोड़ डॉलर का वित्तपोषण किया था, लेकिन जनवरी 2017 में इवान ने घोषणा की थी कि कंपनी ने एक-तिहाई कर्मचारियों (लगभग 50) को बाहर निकाल दिया था, जिनमें से अधिकांश बिक्री व सहायता कर्मचारी थे। इसके साथ ही कंपनी ने न्यूयॉर्क व वाशिंगटन के अपने कार्यालयों को बंद किया था। स्पष्टीकरण देते हुए इवान ने कहा था कि मीडियम.कॉम जिस व्यवसाय-प्रारूप का अनुसरण करता रहा था, उसमें विज्ञापन 'बुराई' थी और 'गलत सूचनाओं' का कारण भी। उसने कहा था कि अब कंपनी विज्ञापन की बिक्री नहीं करेगी और वह आतिथेय प्रकाशकों की विज्ञापन राजस्व से सहायता नहीं करेगी। इसीलिए इन कार्यों से संबंधित कर्मचारियों की कंपनी को कोई आवश्यकता नहीं रह गई थी। कुल मिलाकर उस समय तक इवान विलियम्स मीडियम.कॉम के व्यवसाय प्रारूप को अंतिम रूप नहीं दे सका था।

❑

जैन कोउम

यहूदी विरोधी गतिविधियों के कारण यूक्रेन से माउंटेन व्यू (कैलिफोर्निया) स्थानांतरित जैन कोउम ने जब सैन जोस राज्य विद्यालय से पढ़ाई छोड़कर याहू में नौकरी शुरू की थी, तब उसे कहाँ पता था कि वह व्हाट्सएप की स्थापना करेगा और एक दिन अचानक विश्वप्रसिद्ध होकर अरबपतियों की सूची में स्थान प्राप्त करेगा।

व्हाट्सएप के सह-संस्थापक जैन कोउम के प्रति विश्व की जिज्ञासा तब अचानक बढ़ गई थी, जब 19 जनवरी, 2014 को फेसबुक ने घोषणा की थी कि वह व्हाट्सएप को 19 अरब डॉलर में अधिगृहीत करने जा रही थी, जिसने बीते वर्ष में केवल 2 करोड़ डॉलर का राजस्व अर्जित किया था। फेसबुक ने नकद में केवल 4 अरब डॉलर का ही भुगतान दिया था। शेष भुगतान स्वामित्व हिस्सेदारियों (जनरल शेयर ऑफ स्टॉक्स) के स्थानांतरण के माध्यम से हुआ था, जिनमें 3 अरब मूल्य प्रतिबंधित स्वामित्व हिस्सेदारियाँ कोउम व दूसरे सह-संस्थापक को प्रदान की गई थीं। यह उस समय तक उद्यम पूँजी से समर्थित कंपनी का सबसे बड़ा अधिग्रहण था।

आश्चर्य की बात यह थी कि जुलाई 2013 में, जब उद्यम पूँजी प्रतिष्ठान सिकोइया कैपिटल ने अंतिम निवेश-चक्र में 5.2 करोड़ डॉलर का निवेश किया

था, तो उसने व्हाट्सएप का मूल्यांकन केवल 1.5 अरब डॉलर ही किया था। इससे पूर्व जुलाई 2011 में जब सिकोइया कैपिटल ने दूसरे निवेश-चक्र में 80 लाख डॉलर का निवेश किया था तो उसने व्हाट्सएप का मूल्यांकन 8 करोड़ डॉलर किया था। इस प्रकार सिकोइया कैपिटल को इस अधिग्रहण के माध्यम से चार वर्षों के भीतर अपने कुल निवेश को 50 गुना अधिक (लगभग 3 अरब डॉलर) बढ़ाने का अवसर मिला था और तब 37 वर्षीय जैन कोउम अपनी 45 प्रतिशत स्वामित्व हिस्सेदारी के साथ अचानक 6.80 अरब डॉलर निवल मूल्य का व्यक्ति-विशेष बन गया था, लेकिन रोचक तथ्य यह है कि इस ऐतिहासिक अधिग्रहण अनुबंध पर हस्ताक्षर करने के लिए जैन कोउम ने माउंटेन व्यू में व्हाट्सएप के भव्य मुख्यालय से कुछ ब्लॉक दूर उस अनुपयोगी घोषित किए जा चुके श्वेत भवन के प्रांगण को चुना था, जहाँ पहले नॉर्थ काउंटी सोशल सर्विसेज का कार्यालय हुआ करता था; जहाँ पूरक पोषण सहायता कार्यक्रम (एस.एन.ए.पी.) के अंतर्गत कम या बिना आयवाले नागरिकों को 'फूड स्टांप' के रूप में खाद्य-खरीद सहायता प्रदान की जाती थी और उसे प्राप्त करनेवालों की पंक्तियों में कोउम भी खड़ा होता था और जैन कोउम अपने इस भावनात्मक क्षण को स्मरणीय बनाने के लिए अपने सह-संस्थापक ब्रिओन अक्टोन व उद्यम पूँजी निवेशक सिकोइया कैपिटल के जिम गोएत्ज को भी उस स्थान पर ले गया था और उन दोनों ने भी कोउम के साथ वहीं खड़े होकर हस्ताक्षर किए थे।

जैन बोरिस कोउम का जन्म यूक्रेन की राजधानी कीव के बाहर एक छोटे से गाँव में यहूदी परिवार में हुआ था। उसकी माँ गृहिणी थी और पिता निर्माण-प्रबंधक था, जो मुख्य रूप से अस्पताल व विद्यालय भवनों का निर्माण करता था। उसके माता-पिता कभी-कभी ही दूरभाष पर बातचीत करते थे, क्योंकि उन्हें आशंका थी कि सरकार उनकी बातचीत को अपरोक्ष रूप से सुनती है।

यूक्रेन से अमेरिका में विस्थापन—जैन बोरिस कोउम का जन्म यूक्रेन की राजधानी कीव के बाहर एक छोटे से गाँव में यहूदी परिवार में हुआ था। उसकी माँ गृहिणी थी और पिता निर्माण-प्रबंधक था, जो मुख्य रूप से अस्पताल व विद्यालय भवनों का निर्माण करता था। उसके माता-पिता कभी-कभी ही दूरभाष पर बातचीत करते थे, क्योंकि उन्हें आशंका थी कि सरकार उनकी बातचीत को अपरोक्ष रूप से

सुनती है। तब यूक्रेन सोवियत संघ का हिस्सा था और यहूदी मूल के नागरिकों को तत्कालीन वामपंथी सरकार द्वारा प्रताड़ित किया जाता था। ऐसे में यहूदी समुदाय के लोग विभिन्न पश्चिमी देशों में विस्थापित हो रहे थे।

वर्ष 1992 में जब जैन कोउम 16 वर्ष का था, वह अपनी माँ व दादी के साथ माउंटेन व्यू (सांता क्लारा काउंटी, कैलिफोर्निया) में विस्थापित हो गया था, जहाँ उन्हें सरकार द्वारा दो शयनकक्षों वाला छोटा घर व भोजन के लिए 'फूड स्टांप' की सुविधा प्रदान की थी। कोउम के पिता ने बाद में परिवार में शामिल होने के लिए अमेरिका यात्रा की योजना बनाई थी, लेकिन वह बीमार हो गया था और अंततः 1997 में उसकी मृत्यु हो गई थी। परिवार के भरण-पोषण के लिए कोउम की माँ ने बच्चे की देखभाल करनेवाली दाई का काम शुरू किया था, तो उसने स्वयं किराना भंडार में झाड़ू लगाना शुरू कर दिया। कोउम पहले ही पिता को खो चुका था और अब उसकी माँ भी कैंसर से ग्रसित हो गई थी, जिसकी वर्ष 2000 में मृत्यु हो गई थी, लेकिन तब तक कोउम अपने पाँव पर खड़ा हो चुका था।

अमेरिकी सहपाठियों के अनौपचारिक व चंचल स्वभाव को पसंद नहीं करता था। वह पर्याप्त रूप से अच्छी अंग्रेजी बोल लेता था। उसका पढ़ने में मन नहीं लगता था, लेकिन उसकी कंप्यूटर कार्यक्रम-निर्माण में रुचि थी। उसने पुरानी किताबों के भंडार से निर्देशिकाएँ खरीदकर स्वयं को कंप्यूटर कार्यक्रम-निर्माण (प्रोग्रामिंग) व संजालीकरण (नेटवर्किंग) के लिए प्रशिक्षित कर लिया था।

वैसे तो उच्च विद्यालय में जैन कोउम भी नटखट था, लेकिन अमेरिकी सहपाठियों के अनौपचारिक व चंचल स्वभाव को पसंद नहीं करता था। वह पर्याप्त रूप से अच्छी अंग्रेजी बोल लेता था। उसका पढ़ने में मन नहीं लगता था, लेकिन उसकी कंप्यूटर कार्यक्रम-निर्माण में रुचि थी। उसने पुरानी किताबों के भंडार से निर्देशिकाएँ खरीदकर स्वयं को कंप्यूटर कार्यक्रम-निर्माण (प्रोग्रामिंग) व संजालीकरण (नेटवर्किंग) के लिए प्रशिक्षित कर लिया था। वर्ष 1997 में उसने सैन जोस राज्य विश्वविद्यालय में नामांकन कराया था और पढ़ाई के खर्च को पूरा करने के लिए एर्नस्ट एंड यंग में सुरक्षा परीक्षक (सिक्योरिटी टेस्टर) के रूप में काम करने लगा था, जिसने उसे ग्राहक कंपनी याहू में काम करने के लिए भेजा था। यहाँ वह ब्रियन एक्टोन की बगल में बैठता था और तत्काल

दोनों मित्र बन गए थे। कोउम की कार्यकुशलता को देखकर तत्कालीन याहू मंडली प्रभावित हुई थी और उसे अपने साथ रखने का निर्णय लिया था। कोउम को पहले भी पढ़ाई में कोई रुचि नहीं थी। चूँकि अब नौकरी मिल चुकी थी, इसीलिए उसने विश्वविद्यालय की पढ़ाई को बीच में ही छोड़ दिया था।

वर्ष 2000 में माता की भी मृत्यु हो जाने के बाद जैन कोउम वास्तव में अकेला हो गया था और तब सहकर्मी मित्र ब्रियन एक्टोन ने उसकी भावनात्मक सहायता की थी। वह कोउम को अपने घर पर आमंत्रित करता था और दोनों एकसाथ स्कीइंग, सॉकर व फ्रिब्सी खेलकर मनोरंजन करते थे। याहू में लगातार 9 वर्षों तक काम करते हुए इस जोड़ी ने कंपनी के महत्त्वपूर्ण व्यावसायिक उतार-चढ़ाव को देखा था। डॉटकॉम बुलबुला में एक्टोन ने भारी निवेश किया था, जो उसके विस्फोट में डूब गया था। अंततः सितंबर 2007 में कोउम व एक्टोन ने याहू की नौकरियों से त्याग-पत्र दे दिया था और मानसिक तनाव को दूर करने के प्रयास में दोनों अगले एक वर्ष तक दक्षिणी अमेरिका में विभिन्न क्षेत्रों का भ्रमण करते रहे थे। उसके बाद दोनों ने नौकरी के लिए फेसबुक में आवेदन किया, लेकिन उन्हें अस्वीकार कर दिया गया था।

वर्ष 2000 में माता की भी मृत्यु हो जाने के बाद जैन कोउम वास्तव में अकेला हो गया था और तब सहकर्मी मित्र ब्रियन एक्टोन ने उसकी भावनात्मक सहायता की थी। वह कोउम को अपने घर पर आमंत्रित करता था और दोनों एकसाथ स्कीइंग, सॉकर व फ्रिब्सी खेलकर मनोरंजन करते थे। याहू में लगातार 9 वर्षों तक काम करते हुए इस जोड़ी ने कंपनी के महत्त्वपूर्ण व्यावसायिक उतार-चढ़ाव को देखा था। डॉटकॉम बुलबुला में एक्टोन ने भारी निवेश किया था, जो उसके विस्फोट में डूब गया था।

'व्हाट्सएप' की स्थापना—याहू की नौकरी से जैन कोउम ने 4,00,000 डॉलर की बचत की हुई थी और नौकरी छोड़ने के बाद इसी से गुजारा चल रहा था। जनवरी 2009 में जब कोउम ने आईफोन खरीदा था तो वह यह देखकर चौंक गया था कि सात महीने पहले एप्पल द्वारा शुभारंभ किए गए 'एप स्टोर' पूरी तरह से अनुप्रयोगों (एप्लीकेशन/एप) के उद्योग-मंच के रूप में विकसित हो चुके थे। इसी क्रम में एक रूसी मित्र अलेक्स फिशमैन के घर गया था, जो स्थानीय रूसी समुदाय के मित्रों को साप्ताहिक मिलन

के लिए वेस्ट सैन जोस स्थित अपने घर में आमंत्रित किया करता था। इस मिलन में सभी लोग पिज्जा खाते थे और फिल्म का आनंद लेते थे। दोनों रसोई घर में चाय पीते हुए कोउम द्वारा प्रस्तावित अनुप्रयोग पर विचार करते रहते थे।

'फोर्ब्स' पत्रिका से बातचीत में फिशमैन ने उस घटना का स्मरण किया था, "जैन मुझे अपनी एड्रेस बुक दिखाता था। वह सोच रहा था कि यह वास्तव में बहुत अच्छा रहेगा कि व्यक्ति-विशेष के नाम के बगल में उसकी वस्तु-स्थितियाँ (स्टेटस) भी हों। वस्तु-स्थितियाँ प्रदर्शित होंगी, यदि आप दूसरे से बातचीत कर रहे होंगे, आपकी बैटरी कमजोर हो रही होगी या फिर आप जिम में हैं।" कोउम इस अनुप्रयोग की आधारभूत संकेत-लिपियों को लिखने में सक्षम था, लेकिन आईफोन के एप-स्टोर मंच पर उसे संचालित करने के लिए इससे संबंधित विकासकर्ता की आवश्यकता थी। फिशमैन ने इस कार्य के लिए कोउम का रूसी मूल के कार्यक्रम विकासकर्ता इगोर सोलोमेन्नीकोव से परिचय कराया था।

कोउम को व्हाट्सएप (WhatsApp) नाम बहुत पसंद आया था, क्योंकि यह 'व्हाट इस अप' (क्या चल रहा है) जैसा सुनाई देता था और लगभग एक सप्ताह बाद कोउम ने अपने जन्मदिन के अवसर पर 24 फरवरी, 2009 को व्हाट्सएप इंक का विधिवत् गठन कर लिया था। जी हाँ, अभी तक कोउम ने अभी तक उस अनुप्रयोग को लिखा नहीं था, लेकिन उसकी संभावना को लेकर पूरी तरह आश्वस्त था।

कोउम को व्हाट्सएप (WhatsApp) नाम बहुत पसंद आया था, क्योंकि यह 'व्हाट इस अप' (क्या चल रहा है) जैसा सुनाई देता था और लगभग एक सप्ताह बाद कोउम ने अपने जन्मदिन के अवसर पर 24 फरवरी, 2009 को व्हाट्सएप इंक का विधिवत् गठन कर लिया था। जी हाँ, अभी तक कोउम ने अभी तक उस अनुप्रयोग को लिखा नहीं था, लेकिन उसकी संभावना को लेकर पूरी तरह आश्वस्त था। उस आधारभूत ढाँचे की संकेत लिपि लेखन में कोउम को कई दिन लगे थे, जो विश्व के किसी भी चल-दूरभाष (मोबाइल फोन) के साथ सामंजस्य स्थापित करने में सक्षम थे। इसके लिए उसने विकिपीडिया में सूचीबद्ध विश्वभर के अंतरराष्ट्रीय दूरभाष करने के लिए उपयोग किए जानेवाले कई आइ.एस.डी. (इंटरनेशनल सब्सक्राइबर डायलिंग) अंकों का उपयोग किया

था। क्षेत्रीय अति-सूक्ष्म अंतरों को सामयिक बनाने के लिए कोउम को खिझा देनेवाले कई महीने लगे थे।

व्हाट्सएप का परीक्षण संस्करण बहुत ध्वस्त हो जाता था या फिर भी उसमें कोई दोष आ जाता था। सबसे पहले अलेक्स फिशमैन ने व्हाट्सएप को अपने स्मार्टफोन पर स्थापित किया था, जिसकी एड्रेस बुक में कुछ सौ मोबाइल नंबर थे, जिनमें अधिकांश उसके रूसी मित्र ही थे। उन रूसी मित्रों ने भी यही क्रम दोहराया था और उनके बीच में संदेश भेजने का क्रम शुरू हो गया था। फिशमैन उसे कार्यक्रम की कमियाँ बताता था और कोउम उनका सुधार करता रहता था। आरंभिक छह महीने निराशाजनक ही रहे थे, लेकिन जून 2009 में सहायता एप्पल की ओर से ही आई थी, जब उसने एप स्टोर पर 'पुश नोटिफिकेशन' का शुभारंभ किया था, जिसके माध्यम से अनुप्रयोग विकासकर्ताओं को अपने उपयोगकर्ताओं को अधिसूचनाएँ भेजने की सुविधा मिल गई थी। कोउम ने भी व्हाट्सएप में इसी प्रकार की व्यवस्था कर दी थी, ताकि आप ज्यों ही अपनी स्थिति (स्टेटस) बदलें, इसकी अधिसूचना अपने आप ही आपके सभी संजालित मित्रों को मिल जाए। ऐसे में रूसी मित्रों को एक-दूसरे को हास्यपूर्ण स्थितियों से अपने मित्रों को अधिसूचनाएँ भेजने का अवसर मिल गया था और इस अनुप्रयोग की उपयोगिता बढ़ने लगी थी।

जैन कोउम को अनुभूति हुई थी कि उसने बिना किसी पूर्वानुमान के ऐसी निःशुल्क संदेश सेवा का आविष्कार व विकास कर लिया था, जिसके माध्यम से विश्व भर में कहीं भी, कभी भी, तत्काल संदेश भेजा जा सकता था। उस समय निःशुल्क पाठ-संदेश (टेक्स्ट मैसेज) भेजने की सुविधा ब्लैकबेरी पर ही उपलब्ध थी, जो उस उपकरण का उपयोग करनेवालों के बीच ही काम कर सकती थी।

इस प्रकार जैन कोउम को अनुभूति हुई थी कि उसने बिना किसी पूर्वानुमान के ऐसी निःशुल्क संदेश सेवा का आविष्कार व विकास कर लिया था, जिसके माध्यम से विश्व भर में कहीं भी, कभी भी, तत्काल संदेश भेजा जा सकता था। उस समय निःशुल्क पाठ-संदेश (टेक्स्ट मैसेज) भेजने की सुविधा ब्लैकबेरी पर ही उपलब्ध थी, जो उस उपकरण का उपयोग करनेवालों के बीच ही काम कर सकती थी। इसके साथ ही गूगल का जी-टॉक व स्काइप था, लेकिन व्हाट्सएप

की अद्वितीय विशेषता यह थी कि 'लॉग इन' आपकी स्वयं की मोबाइल संख्या होता था। इसके बाद कोउम ने संदेश भेजने के घटक के साथ व्हाट्सएप 2.0 का विमोचन किया था और देखते-देखते अचानक उसके उपयोगकर्ताओं की संख्या 2,50,000 हो गई थी।

अब कोउम अपने मित्र ब्रियन एक्टोन के पास पहुँचा था, जो अभी भी बेरोजगार था और किसी दूसरी प्रारंभिक कंपनी स्थापित करने के विचार पर काम कर रहा था, जो किसी भी दिशा में आगे नहीं बढ़ पा रही थी। दोनों रसोई मंच पर बैठे-बैठे एक-दूसरे को संदेश भेज रहे थे। तब तक व्हाट्सएप पर 'दोहरी जाँच का निशान' की ऐतिहासिक सुविधा जोड़ी जा चुकी थी, जिससे पता चलता था कि दूसरे मोबाइल फोन ने प्राप्त कर लिया है। अब एक्टोन को समझते देर नहीं लगी थी कि उसके मित्र जेन कोयुम ने अद्भुत अनुप्रयोग का विकास कर लिया था, जो पाठ-संदेश भेजने में एस.एम.एस. (शॉर्ट मैसेजिंग सर्विस) अनुभव से अधिक समृद्ध था और तथाकथित चित्र (फोटो), श्रव्य-दृश्य विषयक सामग्रियों (ऑडियो-विजुअल कंटेंट्स) आदि भेजनेवाली एम.एम.एस. (मल्टीमीडिया मैसेजिंग सर्विस), जो उस समय बहुधा काम ही नहीं करती थी, से अधिक प्रभावी था। जी हाँ, एक्टोन को व्हाट्सएप मंच की अनंत संभावनाओं का भी अनुमान लग गया था, क्योंकि इस पर इंटरनेट आधारित कोई भी संचार कार्यक्रम संचालित कर पाना संभव था।

संदेश भेजने में एस.एम.एस. (शॉर्ट मैसेजिंग सर्विस) अनुभव से अधिक समृद्ध था और तथाकथित चित्र (फोटो), श्रव्य-दृश्य विषयक सामग्रियों (ऑडियो-विजुअल कंटेंट्स) आदि भेजनेवाली एम.एम.एस. (मल्टीमीडिया मैसेजिंग सर्विस), जो उस समय बहुधा काम ही नहीं करती थी, से अधिक प्रभावी था।

अक्तूबर 2009 में ब्रियन यन एक्टोन पाँच मित्रों को व्हाट्सएप इंक में कुल 2,50,000 डॉलर की बीज पूँजी के निवेश के लिए तैयार कर लिया था, जिसके बदले में उन्हें स्वामित्व हिस्सेदारियाँ (शेयर ऑफ स्टॉक) प्रदान की गई थीं। ब्रियन एक्टोन आधिकारिक रूप से 1 नवंबर को कंपनी में शामिल हुआ था। अभी भी कोउम व एक्टोन ने सह-संस्थापकों के रूप में 60 प्रतिशत स्वामित्व हिस्सेदारियाँ रखी हुई थीं। चूँकि मूल विचार कोउम का था और वह अकेले ही पिछले नौ महीनों

में विकास के सभी कार्य करता रहा था, इसलिए उसको 45 प्रतिशत स्वामित्व हिस्सेदारी प्रदान की गई थी। अन्य आरंभिक कर्मचारियों को भी 1 प्रतिशत से अधिक स्वामित्व हिस्सेदारियाँ दी गई थीं।

व्हाट्सएप की बढ़ती लोकप्रियता—अब आईफोन उपयोगकर्ता ने व्हाट्सएप के दोनों सह-संस्थापकों को इस निःशुल्क संदेश सेवा से अंतरराष्ट्रीय विस्तार संबंध में इ-मेल भेजना आरंभ कर दिया था। वे ब्लैकबेरी व नोकिया के स्मार्टफोनवाले अपने विश्वभर के मित्रों को निःशुल्क संदेश भेजने के लिए व्याकुल हो रहे थे। याद रहे कि उस समय तक चल दूरभाष परिचालन प्रणाली (मोबाइल ओ.एस.)—एंड्रॉएड पर आधारित उपकरणों के आरंभिक चरण में था। 23 सितंबर, 2008 को एच.टी.सी. ड्रीम पहला उपकरण था, जिस पर एंड्रॉएड का व्यावसायिक परिचालन आरंभ किया गया था। इसीलिए कोउम ने लॉस एंजिल्स में रह रहे अपने पुराने मित्र क्रिस पेईफर को व्हाट्सएप का ब्लैकबेरी संस्करण तैयार करने के लिए नियुक्त किया था। तब कोउम ने पेईफर को बताया था कि विभिन्न देशों में एस.एम.एस. को नापा जा रहा था और उसके अनुसार दूरसंचार कंपनियाँ शुल्क वसूल कर रही थीं, जो व्हाट्सएप के आने के बाद फैक्स मशीन की तरह मृत प्रौद्योगिकी बनने जा रही थी। जब पेईपर व्हाट्सएप के उपयोगकर्ताओं की संख्या में हो रही वृद्धि को देखा था तो उसने भी तत्काल अपने मित्र की मंडली में शामिल हो जाना ही उचित समझा था।

> ***23 सितंबर, 2008 को एच.टी.सी. ड्रीम पहला उपकरण था, जिस पर एंड्रॉएड का व्यावसायिक परिचालन आरंभ किया गया था। इसीलिए कोउम ने लॉस एंजिल्स में रह रहे अपने पुराने मित्र क्रिस पेईफर को व्हाट्सएप का ब्लैकबेरी संस्करण तैयार करने के लिए नियुक्त किया था।***

आरंभिक सफलता मिलने और कर्मचारियों की संख्या में लगातार बढ़त के बाद भी कोउम व एक्टोन ने अभी तक व्हाट्सएप के किसी स्थायी कार्यालय के बारे में सोचा नहीं था। याहू के अपने परिचितों के संपर्क से उन्हें पता चला था कि इवेलिन एवेन्यू में परिवर्तित गोदाम में चल रही आरंभिक कंपनी अपने कार्यालय का कुछ हिस्सा उप-पट्टे (सब-लीज) पर दे रही थी और उन्होंने तत्काल उसे अपना अस्थायी कार्यालय बना लिया था। ऐसे में, वह कार्यालय के बाहर व्हाट्सएप की

नाम पट्टिका भी नहीं लगा सकते थे। उन्होंने सस्ती मेजों पर काम करना शुरू कर दिया था और ठंड से बचने के लिए उनके पास कंबल ओढ़ना ही विकल्प था।

वैसे तो कोउम व एक्टोन ने पहले कुछ वर्षों तक मासिक वेतन नहीं लिया था, लेकिन उनकी सबसे बड़ी आरंभिक लागत थी एस.एम.एस. के माध्यम से उपयोगकर्ताओं को सत्यापन पाठ (वेरिफिकेशन टेक्स्ट) भेजना। थोक में खरीदे जाने के बाद भी व्हाट्सएप को अमेरिका में प्रति एस.एम.एस. लागत 2 सेंट आती थी तो मध्य-पूर्व के देशों में 65 सेंट। वर्ष 2014 में भी, सत्यापन पाठ भेजने के लिए कंपनी को प्रतिमाह 5,00,000 आती थी। उन वर्षों में लागत इतनी ऊँची तो नहीं थी, लेकिन फिर भी वह कोउम के बैंक खाते को निचोड़ देने के लिए बहुत थी। सौभाग्य से व्हाट्सएप ने वर्ष 2010 के आरंभ में प्रतिमाह 5,000 डॉलर राजस्व लाना आरंभ कर दिया था, जो तब लागत निकालने के लिए पर्याप्त था।

संस्थापकों ने व्हाट्सएप की सेवा को समय-समय पर 'निःशुल्क' से 'सशुल्क' पर स्थानांतरित किया था, इसीलिए वे बहुत अधिक तेजी से आगे नहीं बढ़ पा रहे थे। दिसंबर 2009 में आईफोन पर चित्र भेजने के लिए प्रति चित्र 1 डॉलर का शुल्क रखा था, लेकिन तब भी उपयोगकर्ताओं की संख्या बढ़ रही थी। 2011 के आरंभ में व्हाट्सएप अमेरिका में शीर्ष के 20 अनुप्रयोगों में गिना जाने लगा था।

संस्थापकों ने व्हाट्सएप की सेवा को समय-समय पर 'निःशुल्क' से 'सशुल्क' पर स्थानांतरित किया था, इसीलिए वे बहुत अधिक तेजी से आगे नहीं बढ़ पा रहे थे। दिसंबर 2009 में आईफोन पर चित्र भेजने के लिए प्रति चित्र 1 डॉलर का शुल्क रखा था, लेकिन तब भी उपयोगकर्ताओं की संख्या बढ़ रही थी। 2011 के आरंभ में व्हाट्सएप अमेरिका में शीर्ष के 20 अनुप्रयोगों में गिना जाने लगा था। उस समय जब व्हाट्सएप के कर्मचारियों ने जेन कोउम को इस उपलब्धि को प्रचारित करने के लिए कहा था, तो उसने उत्तर दिया था कि विपणन व प्रचार धूल उड़ाती है, जो हमारी आँखों में भी पड़ती है और आपका ध्यान अपने उत्पाद से भटक जाता है।

लेकिन सिलिकॉन वैली के उद्यम पूँजीपतियों को व्हाट्सएप की सुगंध प्राप्त हो चुकी थी, क्योंकि वे इसके लिए समाचार-पत्रों या दूरदर्शन पर निर्भर नहीं थे। उन्होंने कोउम व एक्टोन से बातचीत का समय माँगना शुरू कर दिया था, लेकिन

वे दोनों उद्यम पूँजी को सरकारी सहायता-राशि ही मानते थे, इसीलिए उन्होंने किसी को भी समय नहीं दिया था, लेकिन फिर भी सिकोइया कैपिटल का साझेदार जिम गोएत्ज पिछले आठ महीने लगातार उनका समय लेने की कोशिशें करता आ रहा था और इसके लिए कोउम व एक्टोन के निकट के मित्रों का भी उपयोग करता रहा था। वास्तव में गोएत्ज संदेश सेवा क्षेत्र की पिंगर, टैंगो, बलुगा जैसी लगभग एक दर्जन कंपनियों के संस्थापकों से भेंटवार्त्ता कर चुका था, लेकिन यह स्पष्ट था कि उनके बीच व्हाट्सएप सबसे आगे व नेतृत्वकारी भूमिका में था। गोएत्ज को तब और भी आश्चर्य हुआ था, जब उसे जानकारी मिली थी कि आरंभिक कंपनी होने के बाद भी व्हाट्सएप इंक पहले से ही विधिवत् निगमित आयकर (कॉरपोरेट इनकम टैक्स) का भी भुगतान कर रहा था, क्योंकि उद्यम पूँजी उद्योग में उसके लिए यह पहला अनुभव था और जब गोएत्ज को स्थानीय लोकप्रिय रेस्तराँ 'रेड रॉक कैफे' में कोउम व एक्टोन में भेंटवार्त्ता करने का अवसर मिला था तो उसे कुछ भी पूछने का अवसर नहीं मिल पा रहा था; क्योंकि वे दोनों उसी पर प्रश्नों की बौछार कर रहे थे और गोएत्ज को उनकी यह शर्त माननी पड़ी थी कि वह उन पर व्यवसाय का विज्ञापन-प्रारूप नहीं थोपेगा और केवल रणनीतिक सलाहकार के रूप में अपनी भूमिका निभाएगा। इस प्रकार जुलाई 2011 में व्हाट्सएप के दोनों सह-संस्थापकों ने 8 करोड़ डॉलर के मूल्यांकन पर सिकोइया कैपिटल की ओर 80 लाख डॉलर की उद्यम पूँजी का निवेश प्राप्त करने पर सहमति दे दी थी।

इसके लगभग डेढ़ वर्ष बाद फरवरी 2013 में व्हाट्सएप का सक्रिय उपयोगकर्ता आधार लगभग 20 करोड़ तक फूल चुका था और उसके कर्मचारियों की संख्या 50 हो चुकी थी। एक्टोन की माँ माल-भाड़ा अग्रेषण (फ्रेट फॉरवर्डिंग) सेवाओं का व्यवसाय करती थीं और कर्मचारियों का वेतन समय पर भुगतान करने के लिए बहुत चिंतित रहती थीं, लेकिन एक्टोन स्वयं के साथ ऐसा नहीं होने देना चाहता था। इसीलिए दोनों सह-संस्थापकों ने आगे विस्तार की संभावनाओं को देखते हुए कुछ अधिक मात्रा में नई उद्यम पूँजी आकर्षित करने का निर्णय लिया था।

इसके लगभग डेढ़ वर्ष बाद फरवरी 2013 में व्हाट्सएप का सक्रिय

उपयोगकर्ता आधार लगभग 20 करोड़ तक फूल चुका था और उसके कर्मचारियों की संख्या 50 हो चुकी थी। एक्टोन की माँ माल-भाड़ा अग्रेषण (फ्रेट फॉरवर्डिंग) सेवाओं का व्यवसाय करती थीं और कर्मचारियों का वेतन समय पर भुगतान करने के लिए बहुत चिंतित रहती थीं, लेकिन एक्टोन स्वयं के साथ ऐसा नहीं होने देना चाहता था। इसीलिए दोनों सह-संस्थापकों ने आगे विस्तार की संभावनाओं को देखते हुए कुछ अधिक मात्रा में नई उद्यम पूँजी आकर्षित करने का निर्णय लिया था। रोचक तथ्य यह है कि इस चक्र में निवेश के लिए जब गोएत्ज ने व्हाट्सएप इंक का बैंक खाता विवरण मँगाया था, तो वह आश्चर्यचकित हुआ था कि उसमें अभी 82.57 लाख डॉलर जमा थे, अर्थात् 2.50 लाख डॉलर की बीज पूँजी व 80 लाख डॉलर के सिकोइयो के निवेश के योग से भी 7,000 डॉलर अधिक। जी हाँ, व्हाट्सएप संस्थापकों को कंपनी के संचालन के लिए अब दूसरों से पूँजी प्राप्त करने की आवश्यकता नहीं थी। फिर भी विस्तार में निवेश व आकस्मिकताओं के लिए अपने पास पर्याप्त नकदी रखना चाहते थे। इस बार जुलाई 2013 में सिकोइया कैपिटल ने कंपनी का मूल्यांकन 1.5 अरब डॉलर आँका था और 5 करोड़ डॉलर का निवेश किया था।

अब व्हाट्सएप के खाते में पर्याप्त धनराशि थी और ब्रियन एक्टोन स्थानीय अचल संपत्ति स्वामी के पास ले जाने के लिए सक्षम था, जो अपना तीन मंजिला नया भवन किराए पर देना चाहता था। वैसे तो अभी उसे व्हाट्सएप के बारे में कुछ भी नहीं पता था, लेकिन वह उसके बैंक खाते के विवरण को कैसे अस्वीकार कर सकता था।

अब व्हाट्सएप के खाते में पर्याप्त धनराशि थी और ब्रियन एक्टोन स्थानीय अचल संपत्ति स्वामी के पास ले जाने के लिए सक्षम था, जो अपना तीन मंजिला नया भवन किराए पर देना चाहता था। वैसे तो अभी उसे व्हाट्सएप के बारे में कुछ भी नहीं पता था, लेकिन वह उसके बैंक खाते के विवरण को कैसे अस्वीकार कर सकता था। तब यह भवन निर्माणाधीन ही था और जब वर्ष 2014 की ग्रीष्म ऋतु में इस भवन में व्हाट्सएप कार्यालय स्थानांतरित हुआ था, तब तक कर्मचारियों की संख्या 100 से अधिक हो चुकी थी और कोउम को अब कार्यालय के बाहर व्हाट्सएप का नाम-पट्ट लगाने का अवसर मिल चुका था। वैसे तब तक व्हाट्सएप 19 अरब डॉलर में फेसबुक द्वारा अधिकृत किया जा चुका था, लेकिन दोनों संस्थापक पहले

की तरह काम करते रहे थे, लेकिन ऐसा हमेशा नहीं होनेवाला था।

अगस्त 2014 में 60 करोड़ सक्रिय उपयोगकर्ताओं के साथ वैश्विक स्तर पर सबसे अधिक लोकप्रिय संदेश सेवा अनुप्रयोग हो गया था। जनवरी 2015 में व्हाट्सएप के मासिक सक्रिय उपयोगकर्ताओं की संख्या 70 करोड़ हो गई थी और उस समय प्रतिदिन औसत 30 अरब संदेश भेजे जा रहे थे। अप्रैल 2015 में 'फोर्ब्स' पत्रिका ने अनुमान लगाया था कि वर्ष 2012 से 2018 के बीच विश्व के दूरसंचार उद्योग को व्हाट्सएप व स्काइप जैसी ओ.टी.टी. (ओवर द टॉप) जनसंचार सेवाओं के कारण कुल 386 अरब डॉलर की क्षति होगी। उस माह व्हाट्सएप के सक्रिय उपयोगकर्ताओं की संख्या 80 करोड़ हो गई थी। सितंबर 2015 में व्हाट्सएप के उपयोगकर्ताओं की संख्या 90 करोड़ के स्तर पर चली गई थी, जो फरवरी 2016 में 1 अरब को पार कर गई थी। इस बीच 18 जनवरी, 2016 को व्हाट्सएप के संस्थापकों ने सभी सेवाओं को नि:शुल्क रखने की घोषणा कर दी थी।

अगस्त 2014 में 60 करोड़ सक्रिय उपयोगकर्ताओं के साथ वैश्विक स्तर पर सबसे अधिक लोकप्रिय संदेश सेवा अनुप्रयोग हो गया था। जनवरी 2015 में व्हाट्सएप के मासिक सक्रिय उपयोगकर्ताओं की संख्या 70 करोड़ हो गई थी और उस समय प्रतिदिन औसत 30 अरब संदेश भेजे जा रहे थे। अप्रैल 2015 में 'फोर्ब्स' पत्रिका ने अनुमान लगाया था कि वर्ष 2012 से 2018 के बीच विश्व के दूरसंचार उद्योग को व्हाट्सएप व स्काइप जैसी ओ.टी.टी. (ओवर द टॉप) जनसंचार सेवाओं के कारण कुल 386 अरब डॉलर की क्षति होगी।

इस बीच अधिग्रहण के अगले डेढ़ वर्षों में कोउम 2.4 अरब डॉलर मूल्य की फेसबुक की अपनी स्वामित्व हिस्सेदारियों को बेच चुका था, लेकिन तब भी उसके पास 2.4 अरब डॉलर मूल्य की स्वामित्व हिस्सेदारियाँ बची हुई थीं। फिर 30 अप्रैल, 2018 को कोउम ने घोषणा की थी कि वह व्हाट्सएप को छोड़ रहा है और फेसबुक के निदेशक मंडल से बाहर जा रहा है। समाचार माध्यमों में इसका कारण फेसबुक द्वारा व्हाट्सएप के मूल सुरक्षा ढाँचे में बदलाव के हुए विवाद को बताया गया था। इसके चलते अधिग्रहण अनुबंध की शर्तों के अनुसार, कोउम को अनिवेशित 1 अरब डॉलर मूल्य की फेसबुक की

स्वामित्व हिस्सेदारियाँ अर्थदंड के रूप में त्यागनी भी पड़ी थीं। फिर भी 'फोर्ब्स' पत्रिका की गतिमान मूल्यांकन सूची में 11 मई, 2018 को जैन कोउम का निवल मूल्य (नेटवर्थ) 9.2 अरब डॉलर प्रतिशत किया जा रहा था।

अधिग्रहण के समय व्हाट्सएप के दूसरे सह-संस्थापक को लगभग 20 प्रतिशत स्वामित्व हिस्सेदारी के बदले में 3.80 अरब डॉलर मूल्य की नकदी व फेसबुक की स्वामित्व हिस्सेदारियाँ मिली थीं और उसने सितंबर 2017 में ही स्वयं को सेवामुक्त कर लिया था और बाद में फेसबुक विरोधी अभियान को भी खुला समर्थन देते हुए पाया गया था। 5 मई को 'फोर्ब्स' पत्रिका की गतिमान मूल्यांकन सूची में ब्रियन एक्टोन का निवल मूल्य 6 अरब डॉलर आँका गया था।

❑

माइकल डेल

माता-पिता के कहने पर माइकल डेल ने टेक्सास विश्वविद्यालय के चिकित्सा विज्ञान की पढ़ाई अवश्य ही आरंभ कर दी थी, लेकिन अब तक उसे पैसा कमाने की आदत-सी पड़ चुकी थी। वह समाचार-पत्र की सदस्यता बेचकर पहले ही 18,000 डॉलर कमा चुका था। अब उसने छात्रावास के व्यक्तिगत कंप्यूटर का व्यवसाय शुरू कर लिया था। फिर माता-पिता के सामने लगभग 2 लाख डॉलर लाभ का आय-विवरण प्रस्तुत कर उनकी सहमति से पढ़ाई छोड़ दी थी और 27 वर्ष की आयु में फॉर्च्यून-500 कंपनियों में सबसे युवा मुख्य कार्यकारी अधिकारी बन गया था।

माइकल सौल डेल का जन्म 23 फरवरी, 1965 को ह्यूस्टन (टेक्सास) के यहूदी परिवार में हुआ था। डेल के पिता विषम दंत विशेषज्ञ (ऑर्थोडेंटिस्ट) थे और माता आर्थिक सलाहकार व स्वामित्व हिस्सेदारी दलाल (स्टॉक ब्रोकर)। बचपन से ही माइकल व्यवसाय व इलेक्ट्रॉनिक्स, दोनों से रोमांचित था और वह अपने दोनों अति-उत्साहों को सम्मिलित करने की प्रतीक्षा नहीं कर सकता था। रोचक तथ्य है कि माइकल ने आठ वर्ष की आयु में उच्च विद्यालय समकक्ष परीक्षा के लिए आवेदन किया था, क्योंकि वह उच्च विद्यालय की नियमित पढ़ाई के झंझट

से बाहर निकलकर व्यवसाय जगत् में पहले प्रवेश करने की अधिक आशा रखता था। उसने किशोरावस्था के आरंभिक वर्षों से ही अंशकालिक कार्य करना आरंभ कर दिया था और उससे प्राप्त आय को स्वामित्व हिस्सेदारियों व बहुमूल्य धातुओं में निवेश करता था। उसने 15 वर्ष की आयु में एप्पल-II व्यक्तिगत कंप्यूटर खरीदा था और यह देखने के लिए कि वह इसे संयोजित कर सकता है कि नहीं, उसके पुर्जे-पुर्जे खोलकर वियोजित कर दिया था। उच्च विद्यालय में डेल ने समाचार-पत्र की सदस्यता बेचना आरंभ किया था। उसने आँकड़ों के विश्लेषण की अपनी कुशलता का उपयोग कर अनछुए उपभोक्ता आधार को पहचाना था और पहले वर्ष में ही 18,000 डॉलर की आय अर्जित की थी। उसने नया कंप्यूटर व बी.एम.डब्ल्यू. कार से स्वयं को पुरस्कृत किया था और शीघ्र ही अपना व्यावसायिक उद्यम आरंभ करने की योजना बनाने लगा था।

कुछ माह के भीतर ही उसने छात्रावास से बाहर निकलकर विशाल अपार्टमेंट किराए पर लिया था। अब उसे कंप्यूटर के पुर्जों के भंडारण व कंप्यूटर के संयोजन के लिए पर्याप्त स्थान मिल गया था। वैसे तो उसने माता-पिता को पढ़ाई पर अपना ध्यान केंद्रित करने का आश्वासन दिया था, लेकिन अब उसने पढ़ाई को पूरी तरह से छोड़ देने का निश्चय कर लिया था।

पी.सी. लिमिटेड की स्थापना— माता-पिता की बात रखने के लिए माइकल डेल ने टेक्सास विश्वविद्यालय में चिकित्सा विज्ञान में नामांकन भी करा लिया था और परिसर के बहुमंजिला आवासीय भवन डोबी सेंटर के कमरा संख्या 2713 में रहते हुए अनौपचारिक रूप से स्व-संयोजित व्यक्तिगत कंप्यूटर का व्यवसाय शुरू किया था। वह आई.बी.एम. के खुदरा विक्रेताओं से न बिक सके कंप्यूटरों को थोक लागत मूल्य पर खरीद लेता था और उनमें ग्राहकों की माँग के अनुसार भंडारण क्षमता व अन्य सुविधाएँ बढ़ाकर बाजार मूल्य से 15 प्रतिशत सस्ते में बेच देता था। उसने 1,000 डॉलर के आरंभिक निवेश से 1 फरवरी, 1984 को पी.सी. लिमिटेड (डेल कंप्यूटर कॉरपोरेशन का आरंभिक नाम) का गठन कर लिया था। थोड़े-से प्रचार ने उसके पास विश्वविद्यालय परिसर का विशाल उपभोक्ता आधार ला दिया था और बाहर के अनुबंध शीघ्र ही उसका अनुसरण कर रहे थे।

कुछ माह के भीतर ही उसने छात्रावास से बाहर निकलकर विशाल अपार्टमेंट

किराए पर लिया था। अब उसे कंप्यूटर के पुर्जों के भंडारण व कंप्यूटर के संयोजन के लिए पर्याप्त स्थान मिल गया था। वैसे तो उसने माता-पिता को पढ़ाई पर अपना ध्यान केंद्रित करने का आश्वासन दिया था, लेकिन अब उसने पढ़ाई को पूरी तरह से छोड़ देने का निश्चय कर लिया था। इसके लिए उसने अपने माता-पिता के सामने 31 जुलाई, 1984 को खत्म हुई तिमाही में अपनी कंपनी का आय-विवरण प्रस्तुत किया था, जिसमें 8,88, 821 डॉलर के कुल राजस्व पर 1,98,307 डॉलर का सकल लाभ अर्जित किया था। इस तरह 19 वर्ष की आयु में माइकल डेल ने टेक्सास विश्वविद्यालय में प्रथम वर्ष की पढ़ाई छोड़ दी थी और अपना पूरा ध्यान व्यवसाय पर केंद्रित कर लिया था।

माइकल डेल ने दूरभाष के माध्यम से दिए गए माँग-आदेश पर कंप्यूटर की बिक्री को प्रोत्साहित किया था और वर्ष 1986 तक ग्राहकों की तकनीकी सहायता के लिए नि:शुल्क दूरभाष (टॉल फ्री टेलीफोन) की सुविधा का भी आरंभ कर दिया था। जी हाँ, बाद में इस प्रथा को कंप्यूटर उद्योग ने व्यापक रूप से अपनाया था। फिर जब कंप्यूटर की माँग बढ़ी थी तो माइकल डेल टोयोटा कॉरपोरेशन की 'जस्ट-इन-टाइम' विनिर्माण व आपूर्ति पद्धति को कंप्यूटर उद्योग में अभ्यास में लाया था। उद्योग के अन्य विनिर्माताओं के विपरीत, डेल ग्राहक द्वारा दिए गए आदेश पर आधारित पुर्जे ही खरीदता था और तत्काल पहुँचाए जाने के लिए कंप्यूटर का संयोजन करता था। चूँकि इस पद्धति को अपनाने से कंपनी को अतिरिक्त पुर्जों को भंडारित रखने, उसमें पूँजी फँसाए रखने और फिर उस व्यवस्था को संचालित करने की भी आवश्यकता नहीं होती थी। इस प्रकार कंपनी अपनी ऊपरी लागत को कम रखने और ग्राहकों को प्रतिस्पर्धी मूल्यों पर कंप्यूटर प्रदान करने में सक्षम हो गई थी। चूँकि डेल की बिक्री मात्रा बहुत अधिक थी, इसीलिए वह पुर्जों के निर्माताओं व आपूर्तिकर्ता कंपनियों को अपने गोदाम डेल की विनिर्माण सुविधा के समीप ही व्यवस्थित करने के लिए कह सकता था। इस प्रकार अपना

जब कंप्यूटर की माँग बढ़ी थी तो माइकल डेल टोयोटा कॉरपोरेशन की 'जस्ट-इन-टाइम' विनिर्माण व आपूर्ति पद्धति को कंप्यूटर उद्योग में अभ्यास में लाया था। उद्योग के अन्य विनिर्माताओं के विपरीत, डेल ग्राहक द्वारा दिए गए आदेश पर आधारित पुर्जे ही खरीदता था और तत्काल पहुँचाए जाने के लिए कंप्यूटर का संयोजन करता था।

ध्यान ग्राहक व उत्पाद निर्माण पर केंद्रित रखते हुए, डेल ने पुर्जे निर्माताओं व आपूर्तिकर्ताओं को स्वयं की लागत पर अपनी आवश्यकता के पुर्जों को हर समय उपलब्ध रखने के लिए बाध्य कर दिया था और इस बचत को ग्राहक-सेवा में झोंक दिया था।

डेल कंप्यूटर कॉरपोरेशन का आई.पी.ओ. व विश्वव्यापी विस्तार— इस बीच, माइकल डेल ने कंपनी का नाम बदलकर डेल कंप्यूटर कॉरपोरेशन कर लिया था और 22 जून, 1988 को नैस्डेक स्वामित्व विनिमय केंद्र (स्टॉक एक्सचेंज) में सूचीबद्ध होकर 8.50 डॉलर प्रति स्वामित्व हिस्सेदारी प्रस्तावित मूल्य पर 35 लाख स्वामित्व हिस्सेदारियों को सार्वजनिक कर व्यवसाय के विश्वव्यापी विस्तार के आवश्यक 3 करोड़ डॉलर की ब्याज रहित पूँजी जुटा ली थी। शीघ्र ही कंपनी ने अमेरिका सहित यूरोप, एशिया, ऑस्ट्रेलिया व लैटिन अमेरिका में अत्याधुनिक विनिर्माण केंद्रों, सहायक कंपनियों व साझेदारी कंपनियों का संजाल स्थापित कर लिया था। इस प्रकार वर्ष 1992 में डेल कंप्यूटर 'फॉर्च्यून' पत्रिका द्वारा प्रकाशित विश्व की सबसे बड़ी 500 कंपनियों की सूची में शामिल हो गया था और 27 वर्ष की आयु में माइकल इस सूची में शामिल सबसे युवा मुख्य कार्यकारी अधिकारी (सी.ई.ओ.) बन गया था।

माइकल डेल ने कंपनी का नाम बदलकर डेल कंप्यूटर कॉरपोरेशन कर लिया था और 22 जून, 1988 को नैस्डेक स्वामित्व विनिमय केंद्र (स्टॉक एक्सचेंज) में सूचीबद्ध होकर 8.50 डॉलर प्रति स्वामित्व हिस्सेदारी प्रस्तावित मूल्य पर 35 लाख स्वामित्व हिस्सेदारियों को सार्वजनिक कर व्यवसाय के विश्वव्यापी विस्तार के आवश्यक 3 करोड़ डॉलर की ब्याज रहित पूँजी जुटा ली थी।

माइकल डेल ने कंप्यूटर की ऑनलाइन बिक्री का भी नेतृत्व किया था और जुलाई 1996 में इसका शुभारंभ किया था। बिना किसी प्रचार के डेल ने अपनी वेबसाइट पर प्रतिदिन 30 से 50 कंप्यूटर बेचना आरंभ कर दिया था। जी हाँ, वर्ष 1999 के अंत में, डेल की ऑनलाइन बिक्री का दैनिक राजस्व 1.80 करोड़ डॉलर के स्तर पर पहुँच गया था और कंपनी विश्व की सबसे अधिक लाभ अर्जित करनेवाली व्यक्तिगत कंप्यूटर विनिर्माता कंपनी बन गई थी। इसके बाद, कंपनी ने

संजाल कंप्यूटर-उपकरण (नेटवर्क सर्वर), भंडारण प्रणाली (स्टोरेज सिस्टम), मुद्रक (प्रिंटर), प्रक्षेपक (प्रोजेक्टर) व अन्य व्यक्तिगत इलेक्ट्रॉनिक्स उपकरणों सहित सूचना प्रौद्योगिकी समर्थन सेवा (आई.टी. सपोर्ट सर्विसेज) क्षेत्र में भी विस्तार कर लिया था।

वर्ष 1998 में माइकल डेल ने निजी निवेश प्रतिष्ठान एम.एस.डी. कैपिटल एल.पी. की स्थापना की थी। अगले वर्ष उसने अपनी पत्नी के साथ माइकल एंड सुसन डेल फाउंडेशन की स्थापना की थी, जिसका उद्देश्य विश्व भर के बच्चों की शिक्षा, स्वास्थ्य व सुरक्षा में सुधार लाना था। फिर वर्ष 2000 में माइकल डेल ने 'डायरेक्ट फ्रॉम डेल' शीर्षक से आत्मकथा लिखी थी, जिसमें इसका रोचक वर्णन किया गया था कि 1,000 डॉलर के निवेश से उसने कैसे अरबों डॉलर की कंपनी का निर्माण और व्यक्तिगत कंप्यूटर उद्योग में क्रांतिकारी परिवर्तन का नेतृत्व किया था।

वर्ष 1998 में माइकल डेल ने निजी निवेश प्रतिष्ठान एम.एस.डी. कैपिटल एल.पी. की स्थापना की थी। अगले वर्ष उसने अपनी पत्नी के साथ माइकल एंड सुसन डेल फाउंडेशन की स्थापना की थी, जिसका उद्द्देश्य विश्व भर के बच्चों की शिक्षा, स्वास्थ्य व सुरक्षा में सुधार लाना था। फिर वर्ष 2000 में माइकल डेल ने 'डायरेक्ट फ्रॉम डेल' शीर्षक से आत्मकथा लिखी थी, जिसमें इसका रोचक वर्णन किया गया था कि 1,000 डॉलर के निवेश से उसने कैसे अरबों डॉलर की कंपनी का निर्माण और व्यक्तिगत कंप्यूटर उद्योग में क्रांतिकारी परिवर्तन का नेतृत्व किया था। वर्ष 2001 में डेल ने विश्व बाजार में कॉम्पैक को पछाड़कर प्रथम स्थान को अधिकृत किया था और दो वर्ष बाद हैवलेट पैकर्ड व कॉम्पैक को सम्मिलित रूप से पीछे छोड़ दिया था। एक ओर जब कंपनी लगातार बड़ी हो रही थी, वर्ष 2003 में उसका नाम छोटा कर 'डेल इंक' कर दिया गया था। वर्ष 2004 में माइकल डेल ने पत्नी के साथ समाज-सेवा के कार्यों में अधिक समय बिताने के लिए स्वयं को डेल इंक की दैनंदिन गतिविधियों से दूर करने का निर्णय लिया था और मुख्य कार्यकारी अधिकारी का पद त्याग दिया था। वर्ष 2005 में 'फोर्ब्स' पत्रिका ने माइकल डेल का व्यक्तिगत निवल मूल्य 20 अरब डॉलर आँका था, जब वह 40 वर्ष का हुआ

था और अमेरिका का चौथा सबसे अधिक धनी बन गया था।

निवेशकों के आग्रह पर माइकल डेल ने 31 जनवरी, 2007 को फिर से मुख्य कार्यकारी अधिकारी (सी.ई.ओ.) का कार्यभार सँभाला और एक बार फिर से कंपनी तेजी से आगे बढ़ना शुरू हो गई थी। उसी वर्ष के अंत में डेल ने सर्वाधिक शक्तिशाली कंप्यूटर 'इन्स्पिरॉन 8000' जारी किया था। फिर डेल ने वालमार्ट सहित अन्य राष्ट्रीय खुदरा श्रृंखलाओं के माध्यम से बिक्री को ठेलने का प्रयास किया था और चीन के विस्तृत बाजार में आक्रामकता के साथ प्रवेश किया था। इस प्रकार वर्ष 2008 में 60 अरब डॉलर का बिक्री राजस्व अर्जित कर नया कीर्तिमान स्थापित किया था।

लेकिन वर्ष 2013 में माइकल डेल ने तब विश्व को चौंका दिया था, जब उसने सिल्वर लेक पार्टनर्स, माइक्रोसॉफ्ट व उधार-प्रदाताओं के संघ के साथ मिलकर 'डेल इंक' को निजी कंपनी में बदलने की घोषणा की थी। अनुमानत: 25 अरब डॉलर के इस सौदे को कई महीनों तक विशेष रूप से अमेरिकी निवेशक कार्ल इचॅन का प्रतिरोध झेलना पड़ा था, लेकिन उसके रास्ते से हट जाने के बाद माइकल डेल ने निजी कंपनी में 75 प्रतिशत स्वामित्व हिस्सेदारी पर नियंत्रण प्राप्त कर लिया था। इसके बाद 12 अक्तूबर, 2015 को डेल इंक ने 67 अरब डॉलर के ऐतिहासिक मूल्यांकन पर नकद व स्वामित्व हिस्सेदारी हस्तांतरण के माध्यम से उद्यम प्रक्रिया सामग्री व भंडारण (एंटरप्राइज सॉफ्टवेयर एंड स्टोरेज) कंपनी ई.एम.सी. कॉरपोरेशन को अधिगृहीत करने की घोषणा की थी। 5 अप्रैल, 2018 को 'फोर्ब्स' पत्रिका ने माइकल डेल का व्यक्तिगत निवल मूल्य 23.5 अरब डॉलर आँका था।

❑

मैट मुलेनवेग

जब वर्ष 2003 में मैट मुलेनवेग ने मुक्त-स्रोत संकेत-लिपियों का उपयोग कर ब्लॉगिंग प्रणाली का विकास आरंभ किया था तो उसे पता नहीं था कि वह इंटरनेट प्रकाशन को सार्वभौमिक लोकतांत्रिक स्वरूप प्रदान करने का महान् कार्य करने जा रहा है और जब उसने 20 वर्ष की आयु में ह्यूस्टन विश्वविद्यालय से छुट्टी लेकर सी.एन.ई.टी. की नौकरी करने का फैसला किया था, तब भी उसे नहीं पता था कि उसे दोबारा पढ़ाई शुरू करने का अवसर नहीं मिल सकेगा, क्योंकि वह ऑटोमैटिक की स्थापना कर मुक्त-स्रोत प्रक्रिया सामग्री विकास आंदोलन को वैश्विक स्तर पर नेतृत्व प्रदान करने लगेगा।

मैथ्यू चार्ल्स 'मैट' मुलेनवेग का जन्म 11 जनवरी, 1984 को ह्यूस्टन (टेक्सास में हुआ था। उसके पिता भी कंप्यूटर कार्यक्रम निर्माता थे। वैसे तो वह पहले से ही कंप्यूटर को झपट लेने की कोशिश करता था, लेकिन उसके माता-पिता को उस पर तब भरोसा हो सका था, जब वह 3 वर्ष का हो चुका था। उसने कंप्यूटर पर बेयर गेम खेलना शुरू किया था। वह अपने पिता को कंप्यूटर बनाते या फिर उस पर

काम करते हुए बहुत ध्यान से देखा करता था और अपने पिता से अनंत प्रश्न करता था। उसके पिता ने भी उसके प्रश्नों को टालने की कोशिश नहीं की थी और सभी के उत्तर इस प्रकार देते थे, मानो वे किसी वयस्क से बात कर रहे हों। अधिक बड़ा होने पर मैट कंप्यूटर को कल-पुर्जे को अलग-अलग करने और उसे फिर से जोड़ने में बहुत अधिक समय लगाने लगा था। इसीलिए वह सांसारिक दृष्टि से समझदार होने से पहले ही पैसे कमाने लगा था, क्योंकि वह लोगों को कंप्यूटर ठीक करने में सहायता करने लगा था। रोचक तथ्य यह भी है कि मैट को बचपन से ही पटल खेल 'बिजनेस' प्रिय था; उसने अपनी कंपनी का नाम 'मैट'स क्लीनिंग कंपनी' रखा था, जिसका घोष वाक्य था—कैश इज किंग।

मैट मुलेनवेग बचपन से ही सैक्सोफोन बजाता था और उसने प्रदर्शन व दृश्य कला को समर्पित स्थानीय उच्च विद्यालय—हाईस्कूल फॉर द परफॉर्मिंग एंड विजुअल आर्ट्स—में नामांकन कराया था। 11-12 वर्ष की आयु में उसने पहली वेबसाइट बनाई थी। वर्ष 2000 में उसने स्थानीय संगीतकार व जैज शिक्षक के लिए वेबसाइट बनाई थी, जो संगीत समुदाय के बीच इतनी लोकप्रिय हुई थी कि उससे लगभग दर्जन भर अन्य संगीतकारों ने भी वेबसाइट बनवाई थी। 20 वर्ष की आयु में मैट मुलेनवेग सूचना प्रौद्योगिकी को समर्पित 'कंप्यूटर गीक' बन चुका था और स्वयं के सुंदर घर में रहने लगा था। उसके पास कंप्यूटर-प्रेमी मित्रों की मंडली भी बन गई थी, जिनमें सुरुचिपूर्ण कन्या-मित्र (गर्ल फ्रेंड्स) भी शामिल थीं। वह प्रौद्योगिकी संबंधी अपनी बातचीत को उस स्तर पर ले जाने में सक्षम था, जो उसके मित्रों की समझ में आ सकती थी। उसके लिए जैज संगीत की रचना और कंप्यूटर की प्रक्रिया सामग्री कार्यक्रम (सॉफ्टवेयर प्रोग्राम) की रचना एक जैसी ही थी। जिस प्रकार जैज संगीत की रचना के लिए कई संगीतकार मंडली में बैठते हैं, उसी प्रकार वह भी मंडली के सदस्यों की सहभागिता से सॉफ्टवेयर की रचना करता था।

20 वर्ष की आयु में मैट मुलेनवेग सूचना प्रौद्योगिकी को समर्पित 'कंप्यूटर गीक' बन चुका था और स्वयं के सुंदर घर में रहने लगा था। उसके पास कंप्यूटर-प्रेमी मित्रों की मंडली भी बन गई थी, जिनमें सुरुचिपूर्ण कन्या-मित्र (गर्ल फ्रेंड्स) भी शामिल थीं। वह प्रौद्योगिकी संबंधी अपनी बातचीत को उस स्तर पर ले जाने में सक्षम था, जो उसके मित्रों की समझ में आ सकती थी।

लेकिन बड़े होते हुए एक समस्या ने उसे बुरी तरह से परेशान कर रखा था और वह थी, अधकपारी (माइग्रेन)। वह समस्या बहुधा इतनी उग्र हो जाती थी कि उसे लंबे समय तक विद्यालय से छुट्टी लेने के लिए बाध्य होना पड़ता था। उसे तेज प्रकाश व ध्वनि से समस्या होती थी, इसीलिए वह जिस कार्य को करने में सबसे अधिक सक्षम था (कंप्यूटर प्रक्रिया सामग्री कार्यक्रम की रचना), उससे उसे दूर रहना पड़ता था। उसकी माँ उसके सिर पर कपड़ा बाँधकर अँधेरे में बैठा करती थी। यह समस्या पाँचवीं-छठी कक्षा के समय से शुरू हुई थी और उच्च विद्यालय के समय तक जारी रही थी। इस बीच मैट की माँ उसे कई चिकित्सकों के पास ले गई थी, लेकिन कहीं भी उसका रोग-निर्णय नहीं किया जा सका था। एक चिकित्सक ने तो उसकी मनोवैज्ञानिक जाँच भी की थी, लेकिन अंत में रोग-निर्णय तब हुआ था, जब एक स्वास्थ्य परिचारिका (नर्स) ने शिरानाल (साइनस) का कंप्यूटराइज्ड एक्सियल टोमोग्राफी (कैट) कराने का सुझाव दिया था, जिससे पता चला था कि उसके शिरानाल में मृत हड्डी व उत्तक के साथ जटिल घाव था, जो उसके मस्तिष्क सीमा में घुसने से कुछ मिलीमीटर दूर था और उसकी दृष्टि को बाधित कर रहा था। इस शिरानाल घाव को पूरी तरह से दूर करने के लिए मैट को एक दर्जन से अधिक बार शल्यक्रियाएँ करानी पड़ी थीं। फिर भी मैट ने उच्च विद्यालय में अच्छा प्रदर्शन किया था और उसने प्रौद्योगिकी मंडली भी आरंभ की थी, लेकिन कक्षा में बहुत कम उपस्थिति के कारण अगली कक्षा में जाने के लिए उसे विद्यालय प्रशासन से विशेष अनुमति लेनी पड़ी थी। जी हाँ, इस समस्या का सकारात्मक पक्ष भी था। उसे अपने अधिकांश समय में स्वयं को उत्साहित रखने का प्रयास करना पड़ता था और हमेशा अपना ध्यान अपने कार्य पर केंद्रित रखना पड़ता था, जो अंतत उसकी अच्छी आदत बन गई थी।

कक्षा में बहुत कम उपस्थिति के कारण अगली कक्षा में जाने के लिए उसे विद्यालय प्रशासन से विशेष अनुमति लेनी पड़ी थी। जी हाँ, इस समस्या का सकारात्मक पक्ष भी था। उसे अपने अधिकांश समय में स्वयं को उत्साहित रखने का प्रयास करना पड़ता था और हमेशा अपना ध्यान अपने कार्य पर केंद्रित रखना पड़ता था, जो अंतत उसकी अच्छी आदत बन गई थी।

वर्डप्रेस का विकास—जून 2002 में मैट मुलेनवेग ने ब्लॉग करने की मुक्त-

स्रोत प्रक्रिया सामग्री (ओपन सोर्स ब्लॉगिंग सॉफ्टवेयर) 'बी2' (b2/ cafelog) का उपयोग करना आरंभ किया था। वास्तव में, फ्रांसीसी कार्यक्रम निर्माता मिशेल वालड्रिगी ने वर्ष 2001 में इस कार्यक्रम का विकास करना आरंभ किया था और ध्यान भटक जाने के कारण उस परियोजना को बीच में ही त्यागकर उसका विकास करना बंद कर दिया था। चूँकि यह 'मुक्त-स्रोत' कार्यक्रम था, अर्थात् इस प्रक्रिया सामग्री की संकेत लिपि किसी के लिए भी इस परियोजना को आगे बढ़ाने के लिए मुक्त रूप से उपलब्ध थी। मैट व्यक्तिगत रूप से लोकतांत्रिक प्रणाली में अटूट विश्वास करता था और उसका दृढ़ मत था कि मुक्त-स्रोत प्रक्रिया सामग्री कार्यक्रम का विकास प्रक्रिया सामग्री निर्माण का सबसे अधिक लोकतांत्रिक तरीका है और अंतत: अधिक अच्छे रूप में विकसित होकर सामने आता है। उसका मानना था कि वास्तव में यह प्रक्रिया प्रतिभासंपन्न लोगों की सामूहिक सत्ता की तरह थी, जिसमें सर्वश्रेष्ठ प्रतिभा शीर्ष पर उभरती है।

मैट व्यक्तिगत रूप से लोकतांत्रिक प्रणाली में अटूट विश्वास करता था और उसका दृढ़ मत था कि मुक्त-स्रोत प्रक्रिया सामग्री कार्यक्रम का विकास प्रक्रिया सामग्री निर्माण का सबसे अधिक लोकतांत्रिक तरीका है और अंतत: अधिक अच्छे रूप में विकसित होकर सामने आता है। उसका मानना था कि वास्तव में यह प्रक्रिया प्रतिभासंपन्न लोगों की सामूहिक सत्ता की तरह थी, जिसमें सर्वश्रेष्ठ प्रतिभा शीर्ष पर उभरती है।

इस प्रकार मैट मुलेनवेग ने बहुत सोच-विचार करने के बाद इस परियोजना को आगे बढ़ाने का दृढ़ निश्चय किया था और 24 जनवरी, 2003 को अपने ब्लॉग पर इस आशय की घोषणा कर दी थी। वास्तव में, मिशेल वालड्रिगी द्वारा 'बी2' परियोजना का परित्याग करने देने से पहले मैट ने भी कुछ मूल संकेत लिपियों का योगदान किया था। चूँकि परियोजना का परित्याग किया जा चुका था, इसलिए इसने बहुत से लोगों को बीच रास्ते में छोड़ दिया था और वे नहीं जानते थे कि उन्हें कहाँ जाना है। यह वास्तव में इस प्रकार एकमात्र नि:शुल्क प्रक्रिया सामग्री थी। अब मैट ने इस परियोजना पर प्रति सप्ताह 10 से 50 घंटे लगाना आरंभ कर दिया था। उसने परियोजना के नाम पर तत्कालीन घनिष्ठ कन्या-मित्र क्रिस्टीन सेलेक ट्रेमोऊलेट के साथ गंभीर विचार-विमर्श किया था, जिसने 'वर्डप्रेस' (WordPress) नाम

सुझाया था और मैट ने उसे तत्काल स्वीकार कर परियोजना को इस नाम से आगे बढ़ाया था।

स्मरण रहे कि मैट ही एकमात्र कार्यक्रम विकासकर्ता नहीं था, जिसने 'बी2' पर विकास-कार्य को आगे बढ़ाने का निर्णय लिया था, लेकिन जब मैट ने इस कार्य को आगे बढ़ाया था तो इंग्लैंड (स्टॉकपोर्ट, ग्रेटर मैनचेस्टर, मैनचेस्टर नगर-केंद्र के 11 किमी. दक्षिण-पूर्व में स्थित शहर) के वेब कार्यक्रम विकासकर्ता माइक लिटिल ने भी उसके साथ सक्रिय सहभागिता करना आरंभ कर दिया था। बाद में विश्व भर के सैकड़ों विकासकर्ताओं ने वर्डप्रेस को और अधिक अच्छा बनाने में महत्त्वपूर्ण योगदान किया था, जिनमें कुछ फ्रांस के थे, एक इजराइल से था, जिसने बहुत अधिक योगदान करना जारी रखा हुआ था; भारत में भी बहुत से लोग इस परियोजना के समर्थक थे; मलेशिया में भी इसके उपयोगकर्ता थे और फिर चीन, जापान···और अन्य देशों में भी इसके उपयोगकर्ताओं की संख्या बढ़ने लगी थी। कुल मिलाकर यह परियोजना 'गलन-पात्र' (मेल्टिंग पॉट) की तरह थी, जिसमें विश्वभर से सर्वश्रेष्ठ विचार आए थे और पिघलकर समरस होते चले गए थे, लेकिन संपूर्ण परियोजना पर सर्वोच्च नियंत्रण मैट मुलेनवेग व उसके एक-दो घनिष्ठ विकासकर्ताओं के पास ही सिमटा रहा था।

उस समय मैट मुलेनवेग 19 वर्ष की आयु का था और ह्यूस्टन विद्यालय में स्नातक-राजनीति शास्त्र (बी.ए.-पॉलिटिकल साइंस) के प्रथम वर्ष का छात्र था। इस परियोजना पर कुछ महीने कार्य करने के बाद ही मैट को इस परियोजना की अनंत संभावनाओं का अनुमान हो गया था और मार्च 2004 में उसने एरिक ए. मेयर व टैंटेक सेलिक के साथ मिलकर ग्लोबल मल्टीमीडिया प्रोटोकॉल्स ग्रुप (जी.एम.पी.जी.) की सह-स्थापना की थी, जिसने प्रथम माइक्रोफॉर्मेट की रचना की थी।

उस समय मैट मुलेनवेग 19 वर्ष की आयु का था और ह्यूस्टन विद्यालय में स्नातक-राजनीति शास्त्र (बी.ए.-पॉलिटिकल साइंस) के प्रथम वर्ष का छात्र था। इस परियोजना पर कुछ महीने कार्य करने के बाद ही मैट को इस परियोजना की अनंत संभावनाओं का अनुमान हो गया था और मार्च 2004 में उसने एरिक ए.

मेयर व टैंटेक सेलिक के साथ मिलकर ग्लोबल मल्टीमीडिया प्रोटोकॉल्स ग्रुप (जी.एम.पी.जी.) की सह-स्थापना की थी, जिसने प्रथम माइक्रोफॉर्मेट की रचना की थी।

[एरिक ए. मेयर ने वर्ष 1992 में केस वेस्टर्न रिजर्व विश्वविद्यालय (क्लीवलैंड, ओहियो) से इतिहास, कृत्रिम बुद्धि (आर्टिफीशियल इंटेलिजेंस), खगोल विज्ञान (एस्ट्रोनॉमी) व अंग्रेजी में स्नातक करने के बाद अगले आठ वर्षों (1992 से 2000) तक विश्वविद्यालय की हाइपरमीडिया प्रणाली में प्रबंधक का कार्य किया था और फिर 2001 से 2003 तक नेटस्केप कम्युनिकेशंस कॉरपोरेशन में इंटरनेट एप्लीकेशन प्रबंधक के रूप में कार्य किया था। स्मरण रहे कि नेटस्केप अग्रदूत वेब ब्राउजर विकासकर्ता कंपनी थी, जिसे 1999 में एओल ने 10 अरब डॉलर में अधिगृहीत किया था, लेकिन माइक्रोसॉफ्ट के 'इंटरनेट एक्स्प्लोरर' से तथाकथित प्रथम ब्राउजर युद्ध में विफल होने के बाद उसकी बाजार हिस्सेदारी नगण्य रह गई थी। उसके बाद एरिक वेब डिजाइन सलाहकार व लेखक के रूप में सक्रिय हो गया था।

तुर्की मूल के अमेरिकी टैंटेक सेलिक ने स्टैनफोर्ड विश्वविद्यालय (स्टैनफोर्ड, कैलिफोर्निया; सिलिकॉन वैली के समीप) से कंप्यूटर विज्ञान में स्नातक व परास्नातक करने के बाद सन माइक्रोसिस्टम, ओरेकल कॉरपोरेशन व एप्पल में विभिन्न भूमिकाओं में कार्य करने के बाद 1997 से 2004 तक माइक्रोसॉफ्ट में इंटरनेट एक्स्प्लोरर के मैकिनटोश संस्करण के विकास प्रमुख के रूप में कार्य किया था। फिर अन्य मुक्त-स्रोत कार्यक्रमों में हिस्सेदारी निभाने के बाद वर्ष 2010 में मोजिल्ला कॉरपोरेशन द्वारा वेब स्टैंडर्ड का प्रमुख नियुक्त किया गया था।]

तुर्की मूल के अमेरिकी टैंटेक सेलिक ने स्टैनफोर्ड विश्वविद्यालय (स्टैनफोर्ड, कैलिफोर्निया; सिलिकॉन वैली के समीप) से कंप्यूटर विज्ञान में स्नातक व परास्नातक करने के बाद सन माइक्रोसिस्टम, ओरेकल कॉरपोरेशन व एप्पल में विभिन्न भूमिकाओं में कार्य करने के बाद 1997 से 2004 तक माइक्रोसॉफ्ट में इंटरनेट एक्स्प्लोरर के मैकिनटोश संस्करण के विकास प्रमुख के रूप में कार्य किया था।

अप्रैल 2004 में मैट मुलेनवेग ने अपने अनुयायी वर्डप्रेस विकासकर्ता के साथ मिलकर ब्लॉग सर्च इंजन 'पिंग-ओ-मैटिक' (Ping-O-Matic) का शुभारंभ किया था, जो ब्लॉग पर जारी की गई अद्यतन विषय-सामग्रियों का खोज-योग

बनाती थी और वेब यातायात को उसकी तरफ ले जाने में सहायता करती थी। अगले ही माह वर्डप्रेस के प्रमुख प्रतिस्पर्धी ब्लॉग मंच 'मूवेबल टाइप' (Movable Type) ने अपने शुल्क में उग्र परिवर्तन की घोषणा कर दी थी और हजारों की संख्या में उपयोगकर्ताओं ने वर्डप्रेस सहित अन्य ब्लॉग मंचों को अपनाना आरंभ कर दिया था। इसे व्यापक रूप से वर्डप्रेस के लिए 'महत्त्वपूर्ण परिवर्तन बिंदु' (टिप्पिंग पॉइंट) के रूप में देखा गया था।

यह वह समय था, जब वर्डप्रेस 29,000 उपयोगकर्ता वेबसाइट्स को प्रौद्योगिक सामर्थ्य प्रदान कर रहा था और उस मंच पर प्रति सप्ताह विश्व भर के उपयोगकर्ताओं की संख्या बढ़ रही थी। तब तक मूल कार्यक्रम 'बी2' का विकासकर्ता मिशेल वालड्रिगी भी वर्डप्रेस का भक्त बन गया था और उसे 'बी2' की 'आधिकारिक शाखा' मान लिया था और उसके बाद वर्डप्रेस के कार्यक्रम विकास में नियमित योगदानकर्ता बन गया था।

यह वह समय था, जब वर्डप्रेस 29,000 उपयोगकर्ता वेबसाइट्स को प्रौद्योगिक सामर्थ्य प्रदान कर रहा था और उस मंच पर प्रति सप्ताह विश्व भर के उपयोगकर्ताओं की संख्या बढ़ रही थी। तब तक मूल कार्यक्रम 'बी2' का विकासकर्ता मिशेल वालड्रिगी भी वर्डप्रेस का भक्त बन गया था और उसे 'बी2' की 'आधिकारिक शाखा' मान लिया था और उसके बाद वर्डप्रेस के कार्यक्रम विकास में नियमित योगदानकर्ता बन गया था।

ह्यूस्टन प्रेस से साक्षात्कार (28 अक्तूबर, 2004) में मैट मुलेनवेग ने आशा व्यक्त की थी कि वर्ष के अंत तक वर्डप्रेस के उपयोगकर्ताओं की संख्या 1,00,000 हो जाएगी। उसने कहा था कि यदि ऐसा होता है तो इस तरह विशाल परिवर्तन का स्रोत व्यक्ति विशेष नहीं वरन् कंपनियाँ होंगी, क्योंकि उनके लिए ब्लॉगिंग सॉफ्टवेयर के उपयोग की लागत बढ़नेवाली थी और वे वर्डप्रेस का उपयोग करना चाहेंगी। उस समय वह कई डेटिंग वेबसाइटों, मीडिया वेबसाइटों व खोज इंजनों से बातचीत कर रहा था, जो वर्डप्रेस की प्रौद्योगिकी का उपयोग करना चाहते थे।

ऐसे में अपनी सलाहकारी व्यस्तताओं और वेब विकास पर पुस्तक लिखने को ध्यान में रखते हुए मैट ने ह्यूस्टन विश्वविद्यालय से इस सत्र की छुट्टी ले ली थी, जहाँ वह पिछले दो वर्षों से दर्शन शास्त्र व राजनीतिशास्त्र की पढ़ाई कर रहा

था, क्योंकि उसकी विश्वविद्यालय के कंप्यूटर पाठ्यक्रम में कोई रुचि नहीं थी। इतना ही नहीं, मैट को बहुत पहले से ही नौकरी के प्रस्ताव मिल रहे थे। उसने हाल में ही सैन फ्रांसिस्को की आरंभिक खोज इंजन कंपनी के नौकरी के प्रस्ताव पर विचार किया था, लेकिन बाद में उसे मना कर दिया था। निश्चित रूप से उसे बहुत अधिक वेतन पर प्रस्ताव मिला था, लेकिन उसमें प्रति सप्ताह 50 से 70 घंटे कार्य करने की आवश्यकता थी, जिसके कारण वर्डप्रेस के लिए पर्याप्त समय निकाल पाना संभव नहीं होता और वह किसी भी स्थिति में अपनी अति संभावनाशील शिशु परियोजना से ध्यान हटाने के लिए तैयार नहीं था।

सी.एन.ई.टी. नेटवर्क द्वारा चयन—लेकिन वह प्रस्ताव किए जा रहे भारी आय के अवसर को त्यागना नहीं चाहता था, क्योंकि उसे अपनी परियोजना के लिए भी धन की आवश्यकता थी। ऐसे में अंतत: उसने सैन फ्रांसिस्को की ऑनलाइन मीडिया कंपनी सी.एन.ई.टी. नेटवर्क के प्रस्ताव को स्वीकार कर लिया था, जो वैश्विक स्तर पर प्रौद्योगिकी व उपभोक्ता इलेक्ट्रॉनिक्स पर समीक्षा, समाचार, लेख, ब्लॉग, पॉडकास्ट व वीडियो प्रकाशित करती थी। (मई 2008 में अमेरिकी जनसंपर्क माध्यम निगम सी.बी.एस. कॉरपोरेशन की सहायक कंपनी सी.बी.एस. इंटरैक्टिव ने 1.8 अरब डॉलर में अधिगृहीत कर लिया था।) इस कंपनी ने उसे नौकरी पर रहते हुए 15 प्रतिशत समय अपनी परियोजना पर उपयोग करने की छूट दे दी थी। उस समय सी.एन.ई.टी. नेटवर्क गेम्सपॉट.कॉम, सर्च.कॉम, एमपी3.कॉम, डाउनलोड.कॉम व न्यूज.कॉम का संचालन कर रही थी। सी.एन.ई.टी. के प्रस्ताव को स्वीकार करने का एक और महत्त्वपूर्ण कारण यह था कि वह मीडिया कंपनी थी, न कि सॉफ्टवेयर कंपनी। इसीलिए सी.एन.ई.टी. को अपने व्यवसाय के लिए स्वामित्वाधीन सॉफ्टवेयर की आवश्यकता नहीं थी। इसीलिए उसे सी.एन.ई.टी. के लिए वर्डप्रेस सहित अन्य मुक्त-स्रोत सॉफ्टवेयर के विकास पर ही अधिकांश समय बितानेवाला था, जो उसके

मैट को बहुत पहले से ही नौकरी के प्रस्ताव मिल रहे थे। उसने हाल में ही सैन फ्रांसिस्को की आरंभिक खोज इंजन कंपनी के नौकरी के प्रस्ताव पर विचार किया था, लेकिन बाद में उसे मना कर दिया था। निश्चित रूप से उसे बहुत अधिक वेतन पर प्रस्ताव मिला था, लेकिन उसमें प्रति सप्ताह 50 से 70 घंटे कार्य करने की आवश्यकता थी।

वर्तमान कार्य के लिए भी लाभकारी ही था। उस समय भी मैट ने विश्वविद्यालय की पढ़ाई हमेशा के लिए छोड़ने का निर्णय नहीं लिया था और फिर से पढ़ाई के लिए वापस आना चाहता था, लेकिन तब उसे यह पता नहीं था कि वह ऐसा कब कर सकने की स्थिति में होगा। ऐसी मनोस्थिति में मैट सी.एन.ई.टी. में काम करने के लिए ह्यूस्टन से सैन फ्रांसिस्को स्थानांतरित हो गया था।

फिर दिसंबर 2004 में मैट मुलेनवेग ने विचार-विमर्श मंच 'बीबी प्रेस' (bbPress) की घोषणा की थी और फरवरी 2005 में वर्डप्रेस की मंडली ने 'वर्डप्रेस 1.5' जारी किया था, जिसे 9,00,000 से अधिक बार डाउनलोड किया गया था। इस संस्करण में वर्डप्रेस ने अपनी विषयवस्तु प्रणाली (थीम सिस्टम) को नियंत्रण सुविधाओं (मॉडरेशन फीचर) को प्रस्तुत करने के साथ अग्रभाग के प्रदर्शन पटल के साथ-साथ उसके आंतरिक ढाँचागत प्रारूप में भी बदलाव किया था। मार्च के अंत व अप्रैल के आरंभ में वर्डप्रेस पर 'खोज इंजन अनुकूलन' (सर्च इंजन ऑप्टिमाइजेशन/एस.इ.ओ.) के लिए कम-से-कम 1,68,000 आलेखों का उपयोग किए जाने का आरोप लगाया गया था। मैट ने इस कमी को स्वीकार किया था और ऐसे सभी आलेखों को हटा दिया गया था। साथ ही, उसने घोषणा की थी कि वह वर्डप्रेस को अपनी व्यय-योग्य आय से संचालित रखने में सक्षम था और किसी को वर्डप्रेस के उपयोगकर्ता-अनुभव से खिलवाड़ की अनुमति नहीं दी जाएगी।

उस समय भी मैट ने विश्वविद्यालय की पढ़ाई हमेशा के लिए छोड़ने का निर्णय नहीं लिया था और फिर से पढ़ाई के लिए वापस आना चाहता था, लेकिन तब उसे यह पता नहीं था कि वह ऐसा कब कर सकने की स्थिति में होगा। ऐसी मनोस्थिति में मैट सी.एन.ई.टी. में काम करने के लिए ह्यूस्टन से सैन फ्रांसिस्को स्थानांतरित हो गया था।

ऑटोमैटिक इंक की स्थापना—और लगभग एक वर्ष कार्य करने के बाद, अक्तूबर 2005 में मैट मुलेनवेग ने वर्डप्रेस व उससे संबंधित गतिविधियों पर अपना संपूर्ण समय व ध्यान केंद्रित करने के लिए सी.एन.ई.टी. की उच्च आयवाली नौकरी का त्याग कर दिया था, लेकिन इससे पूर्व ही निजी वेब विकास निगम ऑटोमैटिक (Automattic) इंकॉर्पोरेटेड की स्थापना कर ली थी, जिसमें 'मैटिक' मैट मुलेनवेग को संदर्भित करता है। अप्रैल 2007 में कंपनी द्वारा प्रस्तुत किए गए

वैधानिक वित्तीय विवरण से स्पष्ट हुआ था कि इस कंपनी के लिए मैट ने उद्यम पूँजी प्रतिष्ठानों—पोलारिस वेंचर्स, ट्रू वेंचर्स व रडार पार्टनर्स सहित सी.एन.ई.टी. से भी कुल 11 लाख डॉलर का वित्तपोषण अर्जित किया था।

अब तक वर्डप्रेस पर अप्रासंगिक या अनुचित संदेशों (स्पैम) को लेकर उसकी चिंता बढ़ गई थी और वह इसे रोकने की दिशा में विशेष कार्यक्रम का विकास कर रहा था। नौकरी छोड़ने के कुछ दिनों बाद 25 अक्तूबर को अनुचित संदेश निस्पंदन सेवा (स्पैम फिल्टरिंग सर्विस) 'अकिसमेट' का शुभारंभ किया था। वास्तव में, मैट चाहता था कि उसकी माँ व उसके जैसे जनसाधारण उपयोगकर्ता सुरक्षित रूप से वर्डप्रेस पर ब्लॉग कर सकें। इसकी सामग्री प्रक्रिया के विकास के लिए मैट ने ऑटोमैटिक के तत्त्वावधान में भीड़-स्रोतीकरण (क्राउडसोर्सिंग) का उपयोग किया था, जिसमें विश्व भर के मुक्त-स्रोत समर्थकों ने जनसाधारण की सुविधा के लिए महत्त्वपूर्ण योगदान किया था। इसके जारी होने के बाद वर्डप्रेस के ब्लॉग पर भेजे जानेवाले संदेशों को छानने की प्रक्रिया लागू हो गई थी और अनुचित व अनावश्यक संदेशों को मिटा देने की प्रक्रिया आरंभ हो गई थी।

मैट चाहता था कि उसकी माँ व उसके जैसे जनसाधारण उपयोगकर्ता सुरक्षित रूप से वर्डप्रेस पर ब्लॉग कर सकें। इसकी सामग्री प्रक्रिया के विकास के लिए मैट ने ऑटोमैटिक के तत्त्वावधान में भीड़-स्रोतीकरण (क्राउडसोर्सिंग) का उपयोग किया था, जिसमें विश्व भर के मुक्त-स्रोत समर्थकों ने जनसाधारण की सुविधा के लिए महत्त्वपूर्ण योगदान किया था। इसके जारी होने के बाद वर्डप्रेस के ब्लॉग पर भेजे जानेवाले संदेशों को छानने की प्रक्रिया लागू हो गई थी और अनुचित व अनावश्यक संदेशों को मिटा देने की प्रक्रिया आरंभ हो गई थी।

जनवरी 2006 में मैट मुलेनवेग ने ओडपोस्ट के पूर्व संस्थापक व मुख्य कार्यकारी अधिकारी (सी.ई.ओ.) और फिर याहू डेवलपर्स नेटवर्क के उपाध्यक्ष रहे कार्यकारी टोनी श्नाइडर को ऑटोमैटिक सी.ई.ओ. के रूप में नियुक्त किया था। तब कंपनी के कर्मचारियों की संख्या 5 हो गई थी। स्मरण रहे कि ओडपोस्ट अग्रणी वेब-सेवा थी, जिसने वर्ष 2002 में 'डेस्कटॉप मेल एप्लिकेशन' की नकल करने के लिए जावास्क्रिप्ट का उपयोग

शुरू किया था; जुलाई 2004 में याहू ने उसका अधिग्रहण कर लिया था और वह याहू मेल का नया संस्करण बन गई थी। जी हाँ, गूगल ने जब दो वर्ष बाद (1 अप्रैल, 2004) जीमेल की सेवा शुरू की थी तो उसमें ओडपोस्ट के प्रौद्योगिक विचारों का व्यापक रूप से उपयोग किया था। स्विट्जरलैंड में पले-बढ़े टोनी श्नाइडर ने सांता बारबरा सिटी कॉलेज के बाद स्टैनफोर्ड विश्वविद्यालय में कंप्यूटर विज्ञान की पढ़ाई की थी, लेकिन परास्नातक के पाठ्यक्रम को बीच में छोड़कर क्रिस्टल रिवर इंजीनियरिंग में सॉफ्टवेयर इंजीनियर के रूप में अपने व्यावसायिक जीवन का आरंभ किया था, जहाँ उसने नासा वर्चुअल रियलिटी सिमुलेटर के लिए डिजिटल सिग्नल प्रोसेसिंग सिस्टम बनाने में महत्त्वपूर्व भूमिका निभाई थी।

> ***जनवरी 2008 में ऑटोमैटिक ने पोलारिस वेंचर पार्टनर्स, टू वेंचर्स, रडार पार्टनर्स व 'न्यूयॉर्क टाइम्स' कंपनी ने 2.95 लाख डॉलर का वित्तपोषण अर्जित किया था। इसके बारे में मैट मुलेनवेग ने अपने ब्लॉग में स्पष्ट किया था कि यह वित्तपोषण पिछले कई महीनों से आ रहे अधिग्रहण प्रस्तावों का तिरस्कार करने और कंपनी को स्वतंत्र बनाए रखने का परिणाम था।***

जनवरी 2008 में ऑटोमैटिक ने पोलारिस वेंचर पार्टनर्स, टू वेंचर्स, रडार पार्टनर्स व 'न्यूयॉर्क टाइम्स' कंपनी ने 2.95 लाख डॉलर का वित्तपोषण अर्जित किया था। इसके बारे में मैट मुलेनवेग ने अपने ब्लॉग में स्पष्ट किया था कि यह वित्तपोषण पिछले कई महीनों से आ रहे अधिग्रहण प्रस्तावों का तिरस्कार करने और कंपनी को स्वतंत्र बनाए रखने का परिणाम था। उस समय कंपनी के कर्मचारियों की संख्या बढ़कर 18 हो गई थी। वर्ष 2008 से ही मुलेनवेग ने देवदूत निवेश प्रतिष्ठान (एंजिल इंवेस्टमेंट फर्म) ऑड्रे कैपिटल का संचालन आरंभ किया था, जिसमें वर्ष 2017 तक लगभग 30 आरंभिक कंपनियों ने निवेश समर्थन प्रदान किया था।

जनवरी 2014 में मैट मुलेनवेग ऑटोमैटिक के सी.ई.ओ. की भूमिका में आ गया था, जबकि टोनी श्नाइडर उत्पाद विकास के प्रमुख के रूप में काम करने लगा था। इसके कुछ महीनों के बाद मई 2014 में ऑटोमैटिक ने 1.16 अरब डॉलर के मूल्यांकन पर 16 लाख डॉलर उद्यम पूँजी निवेश आकर्षित किया था।

अप्रैल 2018 में वर्डप्रेस का संचालन वर्डप्रेस फाउंडेशन द्वारा किया जा रहा था, जबकि ऑटोमैटिक इंक.वूकॉमर्स (WooCommerce), जेटपैक

(Jetpack), सिंपलनोट (Simplenote), लांगरीड्स (Longreads), अकिसमेट (Akismet), ग्रावतार (Gravatar), पोलडैडी (Polldaddy), क्लाउडअप (Cloudup) सहित कई अन्य परियोजनाओं को समर्थन कर रहा था और 715 कर्मचारियों के संजाल के साथ विश्व के 62 देशों में 81 भाषाओं में काम कर रहा था। कंपनी की अधिकांश परियोजनाएँ जी.एन.यू. जनरल पब्लिक लाइसेंस के अंतर्गत निःशुल्क उपयोग के लिए उपलब्ध थीं। उस समय शीर्ष 1 करोड़ वेबसाइटों में से 30.6 प्रतिशत वर्डप्रेस का उपयोग कर रही थी और वर्डप्रेस सबसे लोकप्रिय वेबसाइट प्रबंधन या ब्लॉगिंग प्रणाली बन चुकी थी जो 6 करोड़ से अधिक वेबसाइटों को समर्थन प्रदान कर रही थी।

…और, मैट मुलेनवेग यह घोषणा कर विश्व भर के उपयोगकर्ताओं की प्रशंसा अर्जित कर रहा था कि उसकी कंपनी ऑटोमैटिक इंक. का साझा उद्देश्य प्रकाशन को लोकतांत्रिक बनाना है ताकि जिस किसी के पास भी कहने के लिए कुछ है, कह सकता है, भले ही वह किसी भी आय समूह, लिंग, भाषा, राजनीतिक सोच का क्यों न हो और विश्व में कहीं भी रहता हो।

❑

लैरी एलिसन

लैरी एलिसन को उसकी बिन ब्याही माँ ने इसलिए त्याग दिया था कि वह बहुत बीमार था और दत्तक पिता ने भी उसे कभी अच्छा नहीं कहा था। उसे पहले इल्लिनोइस विश्वविद्यालय में पढ़ाई छोड़नी पड़ी थी और फिर शिकागो विश्वविद्यालय में पढ़ाई छोड़कर उसने सिलिकॉन वैली में प्रक्रिया-सामग्री कार्यक्रम निर्माता की नौकरी आरंभ की थी। फिर जब उसने ओरेकल कॉरपोरेशन की स्थापना की थी तो उसे पता नहीं था कि वह विश्व की सबसे बड़ी उद्यम प्रक्रिया-सामग्री निर्माता बन जाएगी और वह स्वयं शीर्ष अरबपतियों में सम्मिलित हो जाएगा।

वर्ष 1970 में ब्रिटिश कंप्यूटर वैज्ञानिक एडगर फ्रैंक 'टेड' कॉड ने आई.बी.एम. की सैन जोस स्थित अनुसंधान प्रयोगशाला में काम करते हुए 1 'संबंधपरक आँकड़ा आधार प्रबंधन प्रणाली' (ऑब्जेक्ट रैशनल डेटाबेस मैनेजमेंट सिस्टम/ओ. आर.डी.बी.एम.एस.) पर एक शोध-प्रबंध प्रकाशित किया था। टेड कॉड द्वारा जोर दिए जाने के बाद भी आई.बी.एम. प्रबंधन ने उस महत्त्वपूर्ण खोज पर कोई ध्यान नहीं दिया था, लेकिन ओरेकल के संस्थापक लॉरेंस यूसुफ 'लैरी' एलिसन ने उस शोध को पढ़ते ही भाँप लिया था कि इससे 'आँकड़ा-आधार प्रबंधन' (डेटाबेस

मैनेजमेंट) को क्रांतिकारी स्वरूप प्रदान किया जा सकता था और उसने 1977 में ओरेकल कॉरपोरेशन की स्थापना कर इस दिशा में कदम बढ़ा दिया था।

आज 'ओरेकल' नेतृत्वकारी 'उपक्रम प्रक्रिया-सामग्री' (एंटरप्राइज सॉफ्टवेयर) ब्रांड है और ओरेकल कॉरपोरेशन वर्ष 2011 से माइक्रोसॉफ्ट कॉरपोरेशन के बाद विश्व की दूसरी सबसे बड़ी प्रक्रिया-सामग्री (सॉफ्टवेयर) विकासकर्ता कंपनी। इसे विशेष रूप से 'वस्तु संबंधपरक आँकड़ा आधार प्रबंधन प्रणाली' के लिए जाना जाता है, जिसे 'ओरेकल डेटाबेस' या 'ओरेकल आर.डी.बी.एम.एस.' कहा जाता है। 'फोर्ब्स' पत्रिका ने 4 प्रतिशत बढ़त के साथ ओरेकल का ब्रांड मूल्यांकन 29.2 अरब डॉलर किया था और 'विश्व के सबसे मूल्यवान ब्रांड-2018' सूची में 18वें स्थान पर रखा। मई 2017 में 1,36,000 कर्मचारियों के विश्वव्यापी मानव-संसाधन से ओरेकल कॉरपोरेशन 37.43 अरब डॉलर का बिक्री राजस्व अर्जित कर रही थी, जबकि उसका बाजार पूँजीकरण 182.2 अरब डॉलर था। लगभग 37 वर्षों तक मुख्य कार्यकारी अधिकारी के रूप में कंपनी को नेतृत्व प्रदान करने के बाद वर्ष 2014 में लैरी एलिसन ने यह पद तो त्याग दिया था, लेकिन कार्यकारी सभापति (एक्जीक्यूटिव चेयरमैन) व मुख्य प्रौद्योगिकी अधिकारी (चीफ टेक्नोलॉजी ऑफिसर/सी.टी.ओ.) के रूप में वह 73 वर्ष की आयु में भी पूरी तरह सक्रिय था और कंपनी का मुख्य आकृति बना हुआ था। 12 मई, 2018 को 'फोर्ब्स' पत्रिका की गतिमान मूल्यांकन सूची में कंपनी लैरी एलिसन का व्यक्तिगत निवल मूल्य 57.5 अरब डॉलर आँका गया था।

न्यूयॉर्क की बिन ब्याही माँ ने निमोनिया पीड़ित नौ माह के लैरी एलिसन को दत्तक माता-पिता को सौंप दिया था और वह शिकागो के दक्षिणी छोर पर स्थित मध्यमवर्गीय यहूदी बस्ती में पला-बढ़ा था। अपनी दत्तक माँ की मृत्यु से लैरी इतना दुःखी हुआ था कि उसने इलिनोइस विश्वविद्यालय-उर्बाना शेंपेन में स्नातक की पढ़ाई दो साल बाद ही बीच में छोड़ दी थी और कुछ समय बाद फिर शिकागो विश्वविद्यालय में दाखिल हुआ था, जहाँ उसे पहली बार कंप्यूटर डिजाइन के बारे में जानने का मौका मिला था।

बिन ब्याही माँ द्वारा त्याग दिया गया बेटा—न्यूयॉर्क की बिन ब्याही

माँ ने निमोनिया पीड़ित नौ माह के लैरी एलिसन को दत्तक माता-पिता को सौंप दिया था और वह शिकागो के दक्षिणी छोर पर स्थित मध्यमवर्गीय यहूदी बस्ती में पला-बढ़ा था। अपनी दत्तक माँ की मृत्यु से लैरी इतना दुःखी हुआ था कि उसने इलिनोइस विश्वविद्यालय-उर्बाना शेंपेन में स्नातक की पढ़ाई दो साल बाद ही बीच में छोड़ दी थी और कुछ समय बाद फिर शिकागो विश्वविद्यालय में दाखिल हुआ था, जहाँ उसे पहली बार कंप्यूटर डिजाइन के बारे में जानने का मौका मिला था। उस वक्त उत्तरी कैलिफोर्निया का सांता क्लारा वैली क्षेत्र 'सिलिकॉन वैली' का स्वरूप ले रहा था और लैरी को अपना भविष्य वहीं नजर आया था। लिहाजा, उसने साल भर बाद ही फिर से स्नातक की पढ़ाई बीच में छोड़ दी और 22 वर्ष की उम्र में 1966 में सिलिकॉन वैली में अपना भाग्य आजमाने आ गया था। 1970 में जब टेड कॉड का शोध प्रकाशित हुआ था, तब लैरी एलिसन कंप्यूटर इलेक्ट्रॉनिक्स कंपनी अम्पेक्स डाटा सिस्टम्स कॉरपोरेशन (रेडवुड सिटी, सैन मातेओ काउंटी, कैलिफोर्निया) में अमेरिकी सरकार की विदेशी गुप्तचर सेवा—सेंट्रल इंटेलिजेंस एजेंसी (सी.आई.ए.) के लिए 'ओरेकल' नामक डाटा-आधार तैयार कर रहा था।

आई.बी.एम. मेनफ्रेम कंप्यूटर बाजार का बादशाह था, इसलिए उसकी डाटा आधार प्रणाली 'आई.बी.एम.-आर' को ही मानक प्रणाली माना जाता था, लेकिन आई.बी.एम. ने ओरेकल को उस प्रणाली से अनुकूलता कायम करने की इजाजत नहीं दी, लेकिन यह एलिसन के लिए महान् अवसर साबित हुआ।

ओरेकल सिस्टम्स कॉरपोरेशन— अगले कुछ वर्षों तक आई.बी.एम. या अन्य कंपनियों द्वारा इस दिशा में कोई विकास न किए जाने के बाद, लैरी एलिसन ने 1977 में दो हिस्सेदारों के मामूली निवेशों के साथ सॉफ्टवेयर डेवलपमेंट लैबोरेट्रीज (एस. डी.एल.) की स्थापना कर इस दिशा में ठोस पहल शुरू की थी और उस सॉफ्टवेयर को 'ओरेकल डेटाबेस' नाम दिया था। चूँकि आई.बी.एम. मेनफ्रेम कंप्यूटर बाजार का बादशाह था, इसलिए उसकी डाटा आधार प्रणाली 'आई.बी.एम.-आर' को ही मानक प्रणाली माना जाता था, लेकिन आई.बी.एम. ने ओरेकल को उस प्रणाली से अनुकूलता कायम करने की इजाजत नहीं दी, लेकिन यह एलिसन के लिए महान् अवसर साबित हुआ। उसने आई.बी.एम. से टकराकर चूर-चूर होने की बजाय उसके द्वारा छोड़ दिए गए 'मिनी कंप्यूटर' (महँगे मेनफ्रेम के विकल्प के

तौर पर विकसित अपेक्षाकृत छोटी कंप्यूटर प्रणाली) के व्यापक बाजार पर अपना ध्यान केंद्रित किया और उसके लिए 'यूनिक्स' व 'विंडोज' परिचालन प्रणाली की अनुकूलतावाली 'ओरेकल डेटाबेस' का दूसरा संस्करण विकसित किया। चूँकि बाजार खाली और 'ओरेकल डेटाबेस' न केवल सस्ता था, बल्कि उसकी सेवा भी बहुत अच्छी थी। इसीलिए उसे मध्यम श्रेणी के उद्यमों ने उत्साहपूर्वक अपनाया। 1982 में एलिसन ने इसी सफल पहले उत्पाद के आधार पर अपनी कंपनी का नाम 'ओरेकल सिस्टम्स कॉरपोरेशन' रख लिया था।

वर्ष 1986 में लैरी एलिसन ने कंपनी को सार्वजनिक किया था और प्रारंभिक सार्वजनिक प्रस्ताव (आई.पी.ओ.) के माध्यम से 3.15 करोड़ डॉलर की ब्याज रहित पूँजी की उगाही की थी, लेकिन आंतरिक प्रबंधन में कमियों के चलते वर्ष 1990 में ओरेकल को पहली बार हानि प्रदर्शित करनी पड़ी थी और उसका बाजार पूँजीकरण 80 प्रतिशत नीचे चला गया था। ऐसे में ओरेकल के दिवालिया हो जाने का भी अनुमान लगाया जाने लगा था, लेकिन लैरी एलिसन इसे स्वयं की गलती के रूप से स्वीकार किया था और कंपनी के प्रशासनिक ढाँचे में आमूलचूल परिवर्तन किया था। पहली बार उसने पेशेवरों को व्यवसाय के प्रबंधन पक्ष के संचालन का अधिकार सौंपा था और अपनी स्वयं की प्रौद्योगिकी कुशलता व ऊर्जा को उत्पाद विकास में केंद्रित किया था। वर्ष 1992 में ओरेकल डेटाबेस-7 जारी किया था, जिसने बाजार के अन्य प्रतिस्पर्धी उत्पादों को पछाड़ दिया था और कंपनी एक बार फिर से अपने बाजार-खंड की नेतृत्वकर्ता की स्थिति में आ गई थी। दो वर्ष के भीतर ही ओरेकल ने अपने पूर्व बाजार पूँजीकरण को प्राप्त कर लिया था।

वर्ष 1986 में लैरी एलिसन ने कंपनी को सार्वजनिक किया था और प्रारंभिक सार्वजनिक प्रस्ताव (आई.पी.ओ.) के माध्यम से 3.15 करोड़ डॉलर की ब्याज रहित पूँजी की उगाही की थी, लेकिन आंतरिक प्रबंधन में कमियों के चलते वर्ष 1990 में ओरेकल को पहली बार हानि प्रदर्शित करनी पड़ी थी और उसका बाजार पूँजीकरण 80 प्रतिशत नीचे चला गया था।

अधिग्रहणों के माध्यम से विस्तार—वैसे तो 1990 के दशक में लैरी एलिसन ने ताबड़तोड़ अधिग्रहण के माध्यम से व्यवसाय विस्तार की रणनीति को लागू किया था और ओरेकल को उपक्रम-प्रक्रिया सामग्री (एंटरप्राइज सॉफ्टवेयर)

बाजार की सबसे सामर्थ्यवान व नेतृत्वकारी कंपनी बना लिया था। ओरेकल ने केवल तीन वर्षों में छोटी-बड़ी विभिन्न कंपनियों के अधिग्रहण पर 25 अरब डॉलर से अधिक खर्च किए थे। वर्ष 2004 के अंत में एलिसन ने 10.3 अरब डॉलर में पहला प्रमुख अधिग्रहण किया था और फिर खुदरा प्रक्रिया सामग्री (रिटेल सॉफ्टवेयर) विकासकर्ता रिटेक (Retek) को प्रतिस्पर्धी कंपनी सैप के हाथों में जाने से पहले भी झपट लिया था। अगले वर्ष ओरेकल ने अपनी प्रतिस्पर्धी कंपनी सिएबेल सिस्टम्स को भी अधिगृहीत कर लिया था।

वर्ष 2007 में व्यवसाय सतर्कता प्रक्रिया सामग्री (बिजनेस इंटेलिजेंस सॉफ्टवेयर) विकासकर्ता कंपनी हाइपेरियन सलूशंस को अधिगृहीत करने के बाद एलिसन ने अपने अधिग्रहण अभियान को कुछ समय के लिए विराम दिया था, लेकिन सिलिकॉन वैली में एलिसन ने बड़ा धमाका तब किया था, जब उसने 20 अप्रैल, 2009 को 7.40 अरब डॉलर मूल्य पर सन माइक्रोसिस्टम्स को अधिगृहीत करने की घोषणा की थी। सन माइक्रोसिस्टम्स न केवल जावा प्रोग्रामिंग भाषा, सोलारिस यूनिक्स व नेटवर्क फाइल सिस्टम (एन. एफ.एस.) की रचनाकार थी, वरन् विशेष प्रकार के कंप्यूटर, कंप्यूटर-घटक, कंप्यूटर सॉफ्टवेयर व सूचना प्रौद्योगिकी सेवाओं के लिए भी जानी जाती थी। इस प्रकार विश्व की सबसे विशाल व्यवसाय प्रक्रिया सामग्री (बिजनेस सॉफ्टवेयर) कंपनी बन गई थी और फॉर्च्यून ग्लोबल-100 की सभी कंपनियों को अपने उत्पादों की आपूर्ति करने लगी थी।

इस तरह 2011 में ओरेकल ने 30.18 करोड़ डॉलर (69.40 प्रतिशत सॉफ्टवेयर कारोबार से) का राजस्व हासिल कर लिया था और माइक्रोसॉफ्ट (कुल राजस्व 67.30 अरब डॉलर में 80.50 प्रतिशत सॉफ्टवेयर कारोबार से) के बाद विश्व की सबसे बड़ी यानी सबसे ज्यादा राजस्व हासिल करनेवाली सॉफ्टवेयर निर्माता बन गई थी।

इस तरह 2011 में ओरेकल ने 30.18 करोड़ डॉलर (69.40 प्रतिशत सॉफ्टवेयर कारोबार से) का राजस्व हासिल कर लिया था और माइक्रोसॉफ्ट (कुल राजस्व 67.30 अरब डॉलर में 80.50 प्रतिशत सॉफ्टवेयर कारोबार से) के बाद विश्व की सबसे बड़ी यानी सबसे ज्यादा राजस्व हासिल करनेवाली सॉफ्टवेयर निर्माता बन गई थी। यह क्रम वर्ष 2015 में भी जारी था। वर्ष 2014 तक लगभग

100 कंपनियों का अधिग्रहण कर ओरेकल ने उपक्रम सबंधी सभी प्रकार के 'प्रक्रिया-सामग्री औजारों' (सॉफ्टवेयर टूल्स) को अपने दायरे में कर लिया था और उन्हें एकीकृत कर ग्राहकों को विभिन्न प्रकार की सेवाएँ देनी शुरू कर दी थीं। इस तरह ओरेकल की सेवाओं की जटिलता काफी कम व स्पष्ट हो सकी थी और उसकी ब्रांड छवि में निखार आया था। वैसे तो विश्व के सबसे मूल्यवान ब्रांड-2018 सूची में जर्मन कंपनी सैप (सिस्टम एडमिनिस्ट्रेटिव प्रोग्राम) ब्रांड मूल्य (23.8 अरब डॉलर) व ब्रांड राजस्व (25.9 अरब डॉलर) के साथ ओरेकल से नौ स्थान पीछे 27वें स्थान पर थी, लेकिन उपक्रम प्रक्रिया-सामग्री (एंटरप्राइज सॉफ्टवेयर) बाजार में उसकी धमक तेज हो रही थी। फिर भी, लैरी एलिसन के लिए ओरेकल को शीर्ष पर बनाए रखने की चुनौतियाँ बनी हुई थीं।

❑

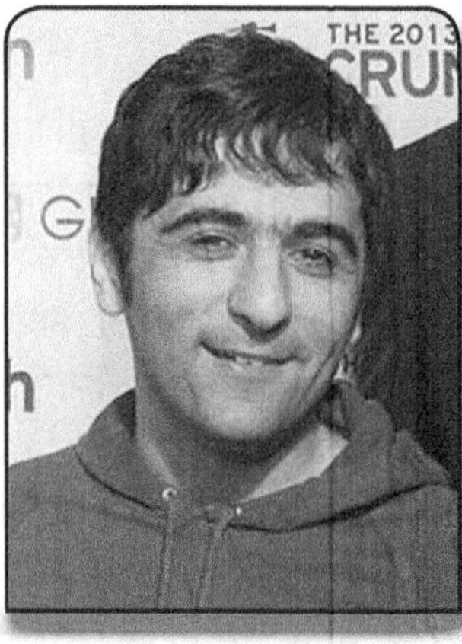

अराश फेर्डोसी

जब 2007 में अराश फेर्डोसी ने मैसाचुसेट्स इंस्टीट्यूट ऑफ टेक्नोलॉजी (एम.आई.टी.) में अंतिम वर्ष की पढ़ाई को बीच में छोड़कर ड्रियू ह्यूस्टन के साथ मेघ अभिकलन सेवा (क्लाउड कंप्यूटिंग सर्विस) 'ड्रॉपबॉक्स' का सह-संस्थापक बनने का निर्णय लिया था, तब उसे नहीं पता था कि वह कंपनी 50 करोड़ ग्राहकों को सेवा प्रदान करेगी और वह स्वयं भी अरबपति बन जाएगा।

अराश फेर्डोसी का जन्म (7 अक्तूबर, 1985) ओवरलैंड पार्क (केंसास सिटी महानगरीय क्षेत्र, कंसास, संयुक्त राज्य अमेरिका) ईरानी आप्रवासी परिवार में हुआ था। फेर्डोसी के पिता घोलम फेर्डोसी उत्तर-पूर्वी ईरान के तबरिज (पूर्वी अजरबैजान प्रांत) के मूल निवासी थे, जो गिरवी-दलाली (मोर्गेज ब्रोकर) का काम करते थे। घोलम फेर्डोसी यूनिवर्सिटी ऑफ सेंट्रल मिसौरी में पढ़ रहा था, तब उसकी भेंट तहमिनेह 'टैमी' फरिदाजर से हुई थी, जो यूनिवर्सिटी ऑफ मिसौरी—कंसास सिटी में पढ़ती थी। दोनों ने 1984 में विवाह किया था। वे लोग 1979 में ईरान आंदोलन के समय अमेरिका में निवास कर आप्रवासित हो गए थे। स्मरण रहे कि ईरान आंदोलन के माध्यम से अयातुल्ला रूहोल्लाह खोमैनी ने अमेरिका समर्थक मोहम्मद रेजा शाह पहलवी को अपदस्थ कर 2,500 वर्षों से लगातार फारसी

राजतंत्र का अंत कर दिया था और इसलामिक रिपब्लिक की स्थापना की थी।

वर्ष 2004 में स्थानीय ब्लू वैली नॉर्थवेस्ट हाईस्कूल में अपने वर्ग में प्रथम स्थान लाने के बाद अराश फेर्डोसी विद्युत् अभियांत्रिकी (इलेक्ट्रिकल इंजीनियरिंग) व कंप्यूटर विज्ञान की पढ़ाई के लिए मैसाचुसेट्स इंस्टीट्यूट ऑफ टेक्नोलॉजी (एम.आई.टी.) चला गया था। वहाँ उसकी भेंट सहपाठी एंड्र्यू डब्ल्यू 'ड्रियू' ह्यूस्टन से हुई थी, जिसके साथ मिलकर उसने वर्ष 2007 में फाइल होस्टिंग सर्विस (या क्लाउड स्टोरेज सर्विस) कंपनी 'ड्रॉपबॉक्स' की स्थापना की थी और व्यवसाय पर ध्यान स्थिर करने के लिए पाठ्यक्रम की अंतिम वर्ष की पढ़ाई बीच में छोड़ दी थी।

ड्रॉपबॉक्स की स्थापना—वास्तव में ड्रियू ह्यूस्टन के मस्तिष्क में 'ड्रॉपबॉक्स' का विचार तब आया था, जब वह दिसंबर 2006 में बस से न्यूयॉर्क जा रहा था। उसने एम.आई.टी. (बोस्टन) से न्यूयॉर्क की यात्रा के चार घंटे के समय में काम करने की योजना बना रखी थी, लेकिन वह अपना यू.एस.बी. फ्लैश ड्राइव लाना भूल गया था। ऐसे में उसके पास लैपटॉप तो था, लेकिन संबंधित प्रक्रिया-सामग्री संकेत लिपि (सॉफ्टवेयर कोड) नहीं था, जिस पर काम कर रहा था, क्योंकि यू.एस.बी. फ्लैश ड्राइव भंडारित कर रखा था। इस निराशा में उसने तत्काल ऐसी सामग्री प्रक्रिया की रचना का आरंभ कर दिया था, जो इंटरनेट पर अंकीयकृत संलेखों (डिजिटल डॉक्यूमेंट) को समक्रमिक (सिंक्रोनाइज) कर सकता था।

चार महीने बाद जब उसने प्रक्रिया सामग्री का प्रायोगिक प्रारूप विकसित कर लिया था तो उसने आरंभिक कंपनियों (स्टार्ट अप) वित्तपोषण व मार्गदर्शन प्रदान करनेवाले प्रतिष्ठान वाई. कॉम्बीनेटर (Y. Combinator) के संस्थापक पॉल ग्राहम के सामने अपने विचार को प्रस्तुत करने के लिए सैन फ्रांसिस्को के लिए उड़ान भरी थी।

चार महीने बाद जब उसने प्रक्रिया सामग्री का प्रायोगिक प्रारूप विकसित कर लिया था तो उसने आरंभिक कंपनियों (स्टार्ट अप) वित्तपोषण व मार्गदर्शन प्रदान करनेवाले प्रतिष्ठान वाई. कॉम्बीनेटर (Y. Combinator) के संस्थापक पॉल ग्राहम के सामने अपने विचार को प्रस्तुत करने के लिए सैन फ्रांसिस्को के लिए उड़ान भरी थी। ग्राहम ने उसके विचार तो सुने थे, लेकिन इस परियोजना के लिए तत्काल किसी सह-संस्थापक को ढूँढ़ने की आवश्यकता पर बल दिया था

और वह भी आवेदन-पत्र जमा करने से पहले। अब ड्रियू के सटीक सह-संस्थापक की खोज के लिए मात्र दो सप्ताहों का ही समय बचा था। एम.आई.टी. लौटने के बाद किसी मित्र ने उसे अराश फेर्डोसी का नाम सुझाया था। उन लोगों ने पहली भेंट में दो घंटे तक बात की थी और दूसरी भेंट में फेर्डोसी उसके साथ काम करने को तैयार हो गया था। फिर वाई. कॉम्बिनेटर ने इस परियोजना में 15,000 डॉलर बीज-वित्तपोषण (सीड फंडिंग) की थी, जो उन दोनों के लिए सैन फ्रांसिस्को में किराए पर अपार्टमेंट लेने व मैकिनटोश कंप्यूटर खरीदने के लिए पर्याप्त था। फिर उन दोनों ने 'ड्रॉपबॉक्स' को व्यावहारिक स्वरूप प्रदान करने के लिए 20-20 घंटों तक काम करना आरंभ कर दिया था।

जी हाँ, 'ड्रॉपबॉक्स' ने विश्व की नई व परेशान करनेवाली समस्या का समाधान प्रस्तुत किया था। तब तक अधिकांश लोग एक या दो मोबाइल फोन के साथ-साथ लैपटॉप और संभवत: टेबलेट का भी उपयोग करने लगे थे। ऐसे में विभिन्न उपकरणों में बिखरी सामग्रियों को समक्रमिक करने के लिए 'ड्रॉपबॉक्स' अनुप्रयोग प्रस्तुत किया गया था, जिसके माध्यम से सामग्रियों को तत्काल ही उसके मेघ-भंडार (क्लाउड स्टोरेज) में भंडारित किया जा सकता था। एक बार किसी ने अपनी सामग्रियों को ड्रॉपबॉक्स में रख दिया तो फिर वह किसी भी उपकरण से उन तक पहुँच सकता था और दूसरों को भी उन्हें देखने के लिए आमंत्रित कर सकता था।

नोजाद ने डॉटकॉम युग में वाणिज्यिक अचल संपत्तियों को बेचकर आरंभिक कंपनियों में निवेश करना आरंभ किया था, जिनमें पेपाल (PayPal) भी शामिल था। अराश व नोजाद में तत्काल ही फारसी में बातचीत आरंभ हो गई थी और नोजाद ने अराश सहित ह्यूस्टन को अपने पारिवारिक गलीचा भंडार में आमंत्रित किया था, जहाँ से वह उद्यम-पूँजी निवेश के व्यवसाय को भी संचालित करता था।

कुछ महीनों बाद मार्च 2008 में वार्षिक प्रौद्योगिकी सम्मेलन 'टेक क्रंच डिसरप्ट' में वाई. कॉम्बीनेटर ने दोनों संस्थापकों को प्रौद्योगिकी समुदाय के समक्ष प्रस्तुत कर 'ड्रॉपबॉक्स' की सेवा का विधिवत् शुभारंभ कराया था। उस कार्यक्रम में अराश की भेंट उद्यम पूँजी निवेशक पेजमैन नोजाद से हुई थी। नोजाद ने डॉटकॉम युग में वाणिज्यिक अचल संपत्तियों को बेचकर आरंभिक कंपनियों में निवेश करना

आरंभ किया था, जिनमें पेपाल (PayPal) भी शामिल था। अराश व नोजाद में तत्काल ही फारसी में बातचीत आरंभ हो गई थी और नोजाद ने अराश सहित ह्यूस्टन को अपने पारिवारिक गलीचा भंडार में आमंत्रित किया था, जहाँ से वह उद्यम-पूँजी निवेश के व्यवसाय को भी संचालित करता था। जब दोनों वहाँ पहुँचे थे तो उसने दोनों को भंडार के पिछले हिस्से में बिठाकर फारसी चाय के साथ मनोरंजन किया था। कुछ ही दिनों बाद नोजाद ने 'ड्रॉपबॉक्स' के दोनों सह-संस्थापकों सिलिकॉन वैली के शीर्ष उद्यम-पूँजी प्रतिष्ठान सिकोइया कैपिटल के वरिष्ठ साझीदार माइकल मोरित्ज के समक्ष प्रस्तुत कर दिया था और दावा किया था कि 'ड्रॉपबॉक्स' को विभिन्न उद्यम पूँजी प्रतिष्ठानों से निवेश प्रस्ताव मिल रहे थे। स्मरण रहे कि सिकोइया कैपिटल ने याहू, अमेजन, गूगल सहित कई प्रौद्योगिक कंपनियों में सफल निवेश किया था।

कुछ ही दिनों बाद नोजाद ने 'ड्रॉपबॉक्स' के दोनों सह-संस्थापकों सिलिकॉन वैली के शीर्ष उद्यम-पूँजी प्रतिष्ठान सिकोइया कैपिटल के वरिष्ठ साझीदार माइकल मोरित्ज के समक्ष प्रस्तुत कर दिया था और दावा किया था कि 'ड्रॉपबॉक्स' को विभिन्न उद्यम पूँजी प्रतिष्ठानों से निवेश प्रस्ताव मिल रहे थे। स्मरण रहे कि सिकोइया कैपिटल ने याहू, अमेजन, गूगल सहित कई प्रौद्योगिक कंपनियों में सफल निवेश किया था।

आनेवाले शनिवार की सुबह में माइकल मोरित्ज उस अपार्टमेंट में उपस्थित था, जहाँ 'ड्रॉपबॉक्स' के सह-संस्थापक, ड्रियू ह्यूस्टन व अराश फेर्डोसी रहते थे। एक साक्षात्कार में मोरित्ज ने याद किया था कि जब वह उस अपार्टमेंट में पहुँचा था तो उन दोनों की आँखें सूजी हुई थीं; कमरे में पिज्जा-बक्से दीवार पर चढ़ रहे और कोने में कंबल अव्यवस्थित रूप से पड़े हुए थे। ऐसी अवस्था में दोनों ने मोरित्ज के साथ बातचीत की थी और 'ड्रॉपबॉक्स' में 12 लाख डॉलर का निवेश करने का निर्णय कर लिया था।

शीघ्र ही दोनों सह-संस्थापकों ने रात-रात भर जागकर काम करनेवाले अति-उत्साही कार्यक्रम निर्माताओं की मंडली जुटाना आरंभ कर दिया था, लेकिन उन्होंने अपने व्यय को सीमित रखा था, जिससे उसे आर्थिक मंदी में भी स्वयं को संचालित रखने में सहायता मिली थी। वर्ष 2008 के अंत में जब तक 'ड्रॉपबॉक्स' में कर्मचारियों की संख्या 9 हो गई थी, तब तक उसके ग्राहकों की संख्या बढ़कर

2,00,000 हो चुकी थी। ढाई वर्ष बाद जब सह-संस्थापकों ने पाँच और कर्मचारियों को नियुक्त किया था, तब तक 'ड्रॉपबॉक्स' के ग्राहकों की संख्या 10 गुना बढ़ चुकी थी। वे दोनों बार-बार अपने कार्यालय बदलते रहे थे और अधिकतर कार्य-स्थल पर ही सो जाया करते थे। वे लोग ग्राहक-सेवा के हरेक इ-मेल पर ध्यान दे रहे थे, लेकिन उद्यम पूँजीपतियों के संदेशों को अनसुना करते रहे थे। उन्हें गूगल एडवर्ड के माध्यम से 'ड्रॉपबॉक्स' को प्रचारित करना महँगा लग रहा था और उन्होंने अपनी वेबसाइट पर ग्राहक-अनुभवों का चलचित्र प्रस्तुत कर नए ग्राहकों को अपनी सेवा की ओर आकर्षित करना अधिक अच्छा विकल्प समझ आया था। इसके साथ ही उन्होंने अपने छोटे लेकिन निष्ठावान ग्राहक-आधार को ही बिक्रीकर्मियों में बदलने की रणनीति अपनाई थी और प्रति ग्राहक-संप्रेषण के बदले में 250 एम.बी. निःशुल्क भंडारण प्रदान करना आरंभ किया था। इस प्रकार 'ड्रॉपबॉक्स' ने अप्रैल 2010 में 10 लाख पंजीकृत ग्राहकों का मील-पत्थर स्थापित कर लिया था, जो सितंबर में 20 लाख और नवंबर में 30 लाख के स्तरों पर चला गया था।

यही वह समय था, जब दिसंबर 2010 में एप्पल के सह-संस्थापक व मुख्य कार्यकारी अधिकारी स्टीव जॉब्स ने 'ड्रॉपबॉक्स' के दोनों सह-संस्थापकों, ड्रियू ह्यूस्टन व अराश फेर्डोसी को अपने क्यूपर्टिनो (सिलिकॉन में सैन जोस से पश्चिम में) मुख्यालय में बैठक के लिए बुलाया था।

यही वह समय था, जब दिसंबर 2010 में एप्पल के सह-संस्थापक व मुख्य कार्यकारी अधिकारी स्टीव जॉब्स ने 'ड्रॉपबॉक्स' के दोनों सह-संस्थापकों, ड्रियू ह्यूस्टन व अराश फेर्डोसी को अपने क्यूपर्टिनो (सिलिकॉन में सैन जोस से पश्चिम में) मुख्यालय में बैठक के लिए बुलाया था। जब उन दोनों ने जॉब्स के सामने अपने लैपटॉप से 'ड्रॉपबॉक्स' का कार्य-प्रदर्शन प्रस्तुत करना आरंभ किया था तो जॉब्स ने उन्हें यह कहते हुए बैठने के लिए कहा था, "मैं जानता हूँ कि तुम लोग क्या करते हो" जॉब्स ने 'ड्रॉपबॉक्स' को एप्पल के लिए रणनीति परिसंपत्ति बताया था और फिर उन दोनों के साथ चाय पीते हुए लगभग आधे घंटे तक बातचीत की थी। इस क्रम में जॉब्स ने टिप्पणी की थी कि वास्तव में 'ड्रॉपबॉक्स' मात्र एक 'सुविधा' है, न कि संपूर्ण 'उत्पाद'। साथ ही, जॉब्स ने कहा था कि वह 'ड्रॉपबॉक्स' का पीछा कर रहा था। कुल मिलाकर जॉब्स उन दोनों को एप्पल में शामिल हो जाने का अपरोक्ष प्रस्ताव भी दे रहा था, साथ ही धमकी

भी। बाद में 'फोर्ब्स' पत्रिका से बातचीत में ड्रियू ह्यूस्टन ने बताया था कि वैसे तो वे दोनों स्टीव जॉब्स को अपना नायक मानते थे और उन्हें एप्पल से बहुत अधिक धनराशि भी मिल सकती थी, लेकिन वे अपनी कंपनी को बहुत बड़ा बनाना जानते थे। बाद में जब जॉब्स ने उनसे 'ड्रॉपबॉक्स' सैन फ्रांसिस्को कार्यालय में भेंट का सुझाव दिया था तो वे लोग डर गए थे और उन्होंने सिलिकॉन वैली में ही मिलने का प्रस्ताव किया था, लेकिन उसके बाद जॉब्स ने पूरी तरह से चुप्पी साध ली थी। फिर स्टीव जॉब्स ने 6 जून, 2011 को एप्पल वर्ल्डवाइड डेवलपर्स कॉन्फ्रेंस में मेघ भंडारण (क्लाउड स्टोरेज) व मेघ अभिकलन सेवा (क्लाउड कंप्यूटिंग सर्विस) 'आईक्लाउड' (iCloud) की विधिवत् घोषणा कर दी थी, जिसका 12 अक्तूबर, 2011 को शुभारंभ किया गया था।

यह निश्चित रूप से 'ड्रॉपबॉक्स' के संस्थापकों के लिए खतरे की घंटी थी, लेकिन उन लोगों ने अपने कर्मचारियों को यह कहते हुए प्रोत्साहित किया था कि मायस्पेस (MySpace), नेटस्केप (नेटस्केप), पाम (Palm), याहू आदि की तरह 'आईक्लाउड' भी अपने समय की उल्काओं की तरह ही था, जिसका धरती पर गिर जाना निश्चित था। संस्थापकों की यह अतिशयोक्ति आश्चर्यजनक थी, लेकिन तथ्य यह था कि अक्तूबर 2011 में 'ड्रॉपबॉक्स' के पंजीकृत ग्राहकों की संख्या 5 करोड़ हो गई थी और राजस्व 24 करोड़ डॉलर के स्तर पर चला गया था; और ऐसा था कि 96 प्रतिशत ग्राहकों का भुगतान 'शून्य' था। इतना ही नहीं, अपने 70 वेतनभोगी कर्मचारियों के साथ, जिनमें से अधिकांश अभियंता थे, 'ड्रॉपबॉक्स' गूगल की तुलना में प्रति कर्मचारी तीन गुना अधिक राजस्व अर्जित कर रहा था। रोचक तथ्य यह भी था कि एक तरफ भुगतान न करनेवाले 96 प्रतिशत ग्राहक 'ड्रॉपबॉक्स' में इतनी अधिक तीव्रता

संस्थापकों की यह अतिशयोक्ति आश्चर्यजनक थी, लेकिन तथ्य यह था कि अक्तूबर 2011 में 'ड्रॉपबॉक्स' के पंजीकृत ग्राहकों की संख्या 5 करोड़ हो गई थी और राजस्व 24 करोड़ डॉलर के स्तर पर चला गया था; और ऐसा था कि 96 प्रतिशत ग्राहकों का भुगतान 'शून्य' था। इतना ही नहीं, अपने 70 वेतनभोगी कर्मचारियों के साथ, जिनमें से अधिकांश अभियंता थे, 'ड्रॉपबॉक्स' गूगल की तुलना में प्रति कर्मचारी तीन गुना अधिक राजस्व अर्जित कर रहा था।

से अपने संलेख डाल रहे थे कि हजारों लोगों के 2 जी.बी. (गीगाबाइट) निःशुल्क भंडार खत्म हो जा रहे थे और उन्हें प्रतिमाह 10 डॉलर के भुगतान पर 50 जी.बी. या फिर 20 डॉलर प्रतिमाह के भुगतान पर 100 जी.बी. का अतिरिक्त भंडार लेना पड़ रहा था। इस प्रकार यदि अगले एक वर्ष तक भी 'ड्रॉपबॉक्स' ग्राहक को पंजीकृत नहीं करती तो भी उसका बिक्री राजस्व दोगुना हो जानेवाला था। यही कारण था कि 'ड्रॉपबॉक्स' के संस्थापकों को आईक्लाउड की संभावित प्रतिस्पर्धा से कोई विशेष चिंता नहीं हो रही थी।

सोमवार की मध्यरात्रि में 'ड्रॉपबॉक्स' के व्यवसाय-विकास के प्रमुख, जो पहले उद्यम पूँजीपति रह चुका था, ने दोनों सह-संस्थापकों को निवेश-चक्र में विलंब करने का सुझाव दिया था, तो दोनों ने एक स्वर में उत्तर दिया था, "हमने मंगलवार कहा था और यह मंगलवार नहीं है।" जी हाँ, सह-संस्थापकों का अनुमान सटीक था। वे जानते थे कि कोई भी उद्यम-पूँजी प्रतिष्ठान 'ड्रॉपबॉक्स' जैसी ठोस संभावना को किसी भी रूप में अपने हाथ से जाने नहीं देगा।

आश्चर्यजनक मूल्यांकन—स्मरण रहे कि 'ड्रॉपबॉक्स' के संस्थापकों ने इस सामर्थ्यवान आर्थिक प्रारूप को विकसित करने के दूरगामी उद्‌देश्य को ध्यान में रखते हुए, परिचालन आरंभ के पहले वर्ष 2008 के अंत तक ही कुल 72 लाख डॉलर की पर्याप्त उद्यम पूँजी का निवेश आकर्षित कर लिया था और वे लोग इस आर्थिक प्रारूप की सफलता की संभावना को लेकर पूर्णरूपेण आश्वस्त हो गए थे तो उन्होंने अगस्त 2011 में सिलिकॉन वैली के शीर्ष सात उद्यम पूँजी प्रतिष्ठानों को चार दिनों की अवधि में सैन फ्रांसिस्को स्थित कार्यालय में आमंत्रित किया था और अगले मंगलवार तक अपने प्रस्ताव प्रस्तुत करने के लिए कहा था, लेकिन उनमें से एक ही तेजी से आया था। सोमवार की मध्यरात्रि में 'ड्रॉपबॉक्स' के व्यवसाय-विकास के प्रमुख, जो पहले उद्यम पूँजीपति रह चुका था, ने दोनों सह-संस्थापकों को निवेश-चक्र में विलंब करने का सुझाव दिया था, तो दोनों ने एक स्वर में उत्तर दिया था, "हमने मंगलवार कहा था और यह मंगलवार नहीं है।" जी हाँ, सह-संस्थापकों का अनुमान सटीक था। वे जानते थे कि कोई भी उद्यम-पूँजी प्रतिष्ठान 'ड्रॉपबॉक्स' जैसी ठोस संभावना को किसी भी रूप में अपने हाथ से जाने नहीं देगा। ऐसा ही हुआ था। अगली सुबह सभी सात

प्रतिष्ठान 'ड्रॉपबॉक्स' के कार्यालय में उपस्थित हुए थे और अपने प्रस्ताव प्रस्तुत किए थे। अंतिम सौदा वार्त्ता सितंबर 2011 के अंत में समाप्त हुई थी, जिसमें इंडेक्स वेंचर्स के नेतृत्व में सिकोइया कैपिटल, ग्रेलॉक पार्टनर्स, बेंचमार्क, एक्सेल पार्टनर्स, गोल्डमैन सैक्स व आरआईटी कैपिटल पार्टनर्स सम्मिलित हुए थे। कई प्रतिष्ठानों को इस निवेश चक्र में सम्मिलित होने के लिए अपने निवेश-दर्शन को बदलना पड़ा था और 'ड्रॉपबॉक्स' का यह सौदा सिलिकॉन वैली में किंवदंती बन गया था, क्योंकि इसमें पाँच वर्ष पुरानी कंपनी 4 अरब डॉलर के आश्चर्यजनक मूल्यांकन पर 25 करोड़ डॉलर का निवेश आकर्षित करने में सफल रही थी और वह भी अपनी शर्तों पर।

उस समय 'ड्रॉपबॉक्स' के कर्मचारियों की संख्या मात्र 70 थी और शीघ्र ही 200 तक पहुँच जानेवाली थी। ऐसे में कंपनी के सह-संस्थापकों ने मार्केट स्ट्रीट (सैन फ्रांसिस्को) स्थित अपने सस्ते एक कमरे के कार्यालय को सैन फ्रांसिस्को खाड़ी के सामने 85,000 फीट की आधुनिक सुविधा में ले जाने का निर्णय किया था। जी हाँ, 'ड्रॉपबॉक्स' के सह-संस्थापकों ने स्टीव जॉब्स के समक्ष अपनी कंपनी को विशाल स्वरूप प्रदान करने का जो दृढ़ निश्चय प्रकट किया था, वे अब उसी दिशा में सधे कदम आगे बढ़ा रहे थे। वैसे तो तब भी वे नहीं जानते थे कि उन्हें आगे क्या करना था, लेकिन वे अपने सक्षम कार्यदल के माध्यम से आगे का रास्ता भी ढूँढ़ लेने के लिए पूर्ण आश्वस्त थे।

…और उसके बाद अधिग्रहणों का क्रम आरंभ हुआ था। मार्च 2017 में ब्लूमबर्ग ने समाचार प्रकाशित किया था, जे.पी. मॉर्गन के नेतृत्व में बैंक ऑफ अमेरिका, ड्यूश बैंक, गोल्डमैन सैक्स, मैक्वेरी व रॉयल बैंक ऑफ कनाडा ने लगभग 10 अरब डॉलर के बाजार मूल्यांकन पर 60 करोड़ डॉलर की ऋण सुविधा प्रदान की थी।

…और उसके बाद अधिग्रहणों का क्रम आरंभ हुआ था। मार्च 2017 में ब्लूमबर्ग ने समाचार प्रकाशित किया था, जे.पी. मॉर्गन के नेतृत्व में बैंक ऑफ अमेरिका, ड्यूश बैंक, गोल्डमैन सैक्स, मैक्वेरी व रॉयल बैंक ऑफ कनाडा ने लगभग 10 अरब डॉलर के बाजार मूल्यांकन पर 60 करोड़ डॉलर की ऋण सुविधा प्रदान की थी। तब कंपनी का वार्षिक राजस्व 1 अरब डॉलर को पार कर जाने का अनुमान था और कंपनी लाभदायकता की स्थिति में पहुँचनेवाली थी। 23

मार्च, 2018 को 12 अरब डॉलर के बाजार मूल्यांकन पर 'ड्रॉपबॉक्स' ने नैस्डेक में सूचीकरण के साथ 29 डॉलर प्रति स्वामित्व हिस्सेदारी (शेयर ऑफ स्टॉक) के प्रस्तावित लगभग 75 करोड़ डॉलर आरंभिक सार्वजनिक प्रस्ताव (आई.पी.ओ.) लाया था। कंपनी ने अपने सूचीकरण संलेख में वर्ष 2017 में 1.11 अरब डॉलर के मूल्यांकन पर 11.17 करोड़ डॉलर का शुद्ध घाटा घोषित किया था, लेकिन निवेशकों के उत्साह का कारण यह था कि पिछले वर्ष की तुलना में राजस्व में 31 प्रतिशत की वृद्धि हुई थी, जबकि घाटे में 10 करोड़ डॉलर की कमी आई थी। उस समय पंजीकृत ग्राहकों की संख्या 50 करोड़ थी, जिनमें से 10 करोड़ वर्ष 2017 के आरंभ से अब तक पंजीकृत हुए थे। उनमें 1.10 करोड़ से अधिक भुगतान करनेवाले ग्राहक थे, लेकिन 'ड्रॉपबॉक्स' ने स्वीकार किया था कि उसे एप्पल, अमेजन.कॉम, अल्फाबेट (गूगल) व माइक्रोसॉफ्ट के साथ-साथ ऑस्ट्रेलियाई कंपनी 'अटलाशियन' में गंभीर प्रतिस्पर्धा का सामना करना पड़ रहा था।

वैसे तो अराश फेर्डोसी ने अक्तूबर 2016 में 'ड्रॉपबॉक्स' के मुख्य प्रौद्योगिक अधिकारी (सी.टी.ओ.) का पद त्याग दिया था, लेकिन सह-संस्थापक व निदेशक मंडल सदस्य के रूप में कंपनी के शीर्ष प्रबंधन में शामिल था। अप्रैल 2018 में 'फोर्ब्स' पत्रिका ने उसका व्यक्तिगत निवल मूल्य 1.1 अरब डॉलर आँका था।

❑

ट्रैविस कलानिक

जब ट्रैविस कलानिक ने 25 वर्ष की आयु में कैलिफोर्निया विश्वविद्यालय से पढ़ाई छोड़कर सहकर्मियों के बीच सूचना-संचियों को साझा करने के सेवा अनुप्रयोग 'स्कॉर' का विकास आरंभ किया था, तो उसे पता नहीं था कि वह शीघ्र ही सहकर्मियों के बीच विषय-सामग्री वितरण संजाल 'रेड स्वूश' की स्थापना करेगा, जो अंततः उसके लिए क्रांतिकारी सवारी साझा, खाद्य वितरण व परिवहन संजाल 'उबर' का मार्ग प्रशस्त कर उसे विश्व के शीर्ष अरबपतियों की सूची में शामिल करेगा।

ट्रैविस कॉर्डेल कलानिक का जन्म (6 अगस्त, 1976) सैन फर्नांडो घाटी में लॉस एंजेलिस (कैलिफोर्निया, संयुक्त राज्य अमेरिका) के पड़ोस में जातीय रूप से व्यापक विविधतावाले छोटे से शहर नार्थरिज में हुआ था। उसकी माँ बोनी रेनी होरोविट्ज कलानिक यहूदी थी, जो 'लॉस एंजेलिस डेली न्यूज' के लिए खुदरा विज्ञापन का कार्य करती थी। उसका पिता डोनाल्ड एडवर्ड कलानिक स्लोवाकियाई-ऑस्ट्रियाई कैथोलिक परिवार से था, जिसके दादा-दादी अमेरिका में आप्रवासित हो गए थे और वह लॉस एंजेलिस सिटी का नागरिक अभियंता (सिविल इंजीनियर) था। ट्रैविस के दो भाई-बहन हैं, जिनमें से एक बहन अंजी अभिनेत्री

एलिसिन एशले आर्म की माँ है और एक भाई कोरी, जो दमकलकर्मी है।

जन्मजात बिक्रीकर्मी—ट्रैविस कलानिक जन्मजात रूप से बिक्रीकर्मी था और हमेशा ही धन कमाने के लिए कोई-न-कोई उद्यम करता रहा था। वैसे तो नार्थरिज के व्यापक विविधतावाले वातावरण में बड़ा होते हुए कलानिक ने बचपन से जासूस बनने का सपना देखा था, लेकिन उसका जन्मजात आत्मविश्वास, फुसलाने की कुशलता व कठोरचित्तता उसे अपनी माँ बोनी की तरह बिक्रीकर्मी के रूप में अधिक योग्य बनाती थी। चूँकि उसकी माँ स्थानीय समाचार-पत्र 'लॉस एंजेलिस डेली न्यूज' में खुदरा विज्ञापन बिक्रीकर्मी के रूप में काम करती थी, इसलिए उसे छोटे विज्ञापनदाताओं के पास भटकना पड़ता था। कलानिक में यह प्रतिभा तब उभरकर सामने आई थी, जब उसने चाकुओं की प्रत्यक्ष बिक्री (डायरेक्ट सेल्स) कंपनी कटको कॉरपोरेशन के घर-घर जाकर बिक्री करनेवाले बिक्रीकर्मी के रूप में उत्कृष्ट प्रदर्शन किया था।

अपने बिखरे बालों और सामान्य रूप से टी-शर्ट पहने हुए, वह तब भी वैसा ही दिखता था जैसा कि अब। बाद की अप्रत्याशित सफलता के बाद भले ही कलानिक कई सुंदरियों के साथ जुड़ गया था, लेकिन महाविद्यालय के दिनों में वह पूरी तरह अलग था और किसी भी रूप में सुंदरियों का पुरुष नहीं था। स्पष्ट है कि उसे इस रूप में विकसित होने में कुछ अधिक समय लगा था।

कलानिक ने 18 वर्ष की आयु में पहला व्यवसाय स्थापित किया था, जब उसने शैक्षिक आकलन परीक्षण (स्कॉलैस्टिक असेसमेंट टेस्ट/एस.ए.टी.) की तैयारी के लिए न्यू वे अकेडमी आरंभ किया था। उसके '1500 व ऊपर' नामक एक पाठ्यक्रम तैयार किया था और दावा किया था कि उसने जिस पहले छात्र को पढ़ाया था, उसने 400 अंक अधिक प्राप्त किए थे। कलानिक ने स्वयं भी एस.ए.टी. में 1,580 अंक प्राप्त किए थे। उसने मौखिक खंड में दो प्रश्नों को हवा में उड़ा दिया था, क्योंकि वह अंकों में अधिक अच्छा था और गणित-खंड को मात्र 8 मिनटों में पूरा कर लिया था।

भले ही कलानिक ने एस.ए.टी. में अच्छे अंक प्राप्त किए और वह महत्त्वाकांक्षी भी था, फिर भी उसने स्थानीय कैलिफोर्निया विश्वविद्यालय-लॉस एंजिल्स (यू. सी.एल.ए.) में ही रहते हुए कंप्यूटर अभियांत्रिकी के साथ-साथ व्यावसायिक

अर्थशास्त्र पढ़ने का निर्णय किया था। अपने बिखरे बालों और सामान्य रूप से टी-शर्ट पहने हुए, वह तब भी वैसा ही दिखता था जैसा कि अब। बाद की अप्रत्याशित सफलता के बाद भले ही कलानिक कई सुंदरियों के साथ जुड़ गया था, लेकिन महाविद्यालय के दिनों में वह पूरी तरह अलग था और किसी भी रूप में सुंदरियों का पुरुष नहीं था। स्पष्ट है कि उसे इस रूप में विकसित होने में कुछ अधिक समय लगा था।

यह सहकर्मियों के बीच विषय-सामग्रियों, चलचित्रों, चित्रों को साझा करनेवाली पहली सबसे अधिक लोकप्रिय खोज इंजन बननेवाली थी, जो सर्वर मैसेज ब्लॉक (एस.एम.बी.) प्रोटोकॉल के माध्यम से लोगों की माइक्रोसॉफ्ट विंडोज आधारित निर्देशिकाओं पर रेंगती थी, संचियों (फाइल) को सूचीबद्ध करती थी और दूसरों को उसकी प्रतिलिपि उतारकर अपने कंप्यूटर में रखने (डाउनलोड) की सुविधा प्रदान करती थी।

स्कॉर की स्थापना—वास्तव में, नामांकन कराने के बाद से ही ट्रैविस कलानिक विश्वविद्यालय के कंप्यूटर साइंस अंडर ग्रेजुएट एसोसिएशन में शामिल हो गया था, जहाँ उसे अपने सहपाठियों, माइकल टॉड व विन्से बुसम से सहायता प्राप्त हुई थी। उस समय वे लोग व्यक्तिगत परियोजना के रूप में 'स्कॉर' नामक अनुप्रयोग पर काम कर रहे थे, जो उपयोगकर्ताओं को अपने अंकीय संलेखों को दूसरों से साझा करने की सुविधा प्रदान कर सकता था।

यह परियोजना बुसम के छात्रावास कमरे में आरंभ हुई थी, जहाँ पाँच मित्र एक साथ मिलकर अनुप्रयोग की प्रक्रिया-सामग्री की रचना कर रहे थे, लेकिन बाद में यह मंडली लॉस एंजेलिस के साउथ बे क्षेत्र के एक घर में स्थानांतरित हो गई थी। यह सहकर्मियों के बीच विषय-सामग्रियों, चलचित्रों, चित्रों को साझा करनेवाली पहली सबसे अधिक लोकप्रिय खोज इंजन बननेवाली थी, जो सर्वर मैसेज ब्लॉक (एस.एम.बी.) प्रोटोकॉल के माध्यम से लोगों की माइक्रोसॉफ्ट विंडोज आधारित निर्देशिकाओं पर रेंगती थी, संचियों (फाइल) को सूचीबद्ध करती थी और दूसरों को उसकी प्रतिलिपि उतारकर अपने कंप्यूटर में रखने (डाउनलोड) की सुविधा प्रदान करती थी।

यह आरंभिक कंपनी (स्टार्ट अप) सह-संस्थापकों में से एक के पारिवारिक

सदस्यों व मित्रों के देवदूत वित्तपोषण (एंजिल फंडिंग) से परिचालित हो रही थी। वर्ष 1998 में ट्रैविस कलानिक इसमें एक कर्मचारी के रूप में नियुक्त हुआ था और अंततः विश्वविद्यालय की पढ़ाई बीच में छोड़कर बेरोजगारी भत्ता लेने लगा था, जबकि वह पूर्णकालिक रूप से उस कंपनी में काम कर रहा था। कलानिक बहुधा स्वयं को 'स्कॉर' का सह-संस्थापक होने का दावा करता है, जो निश्चित रूप से कंपनी के कुछ वास्तविक सदस्यों को चिढ़ाता है। फिर भी, उद्यम-पूँजी निवेशकों ने उसे सह-संस्थापकों में से एक के रूप में देखा था, क्योंकि उसने कंपनी के लिए इतना अधिक कार्य किया था। तकनीकी रूप से वह कंपनी का दूसरा कर्मचारी था, फिर भी संस्थापकों को स्वामित्व हिस्सेदारी (शेयर ऑफ स्टॉक) प्रदान की गई थी और उसने पहले वर्ष में कोई वेतन नहीं लिया था।

कलानिक बहुधा स्वयं को 'स्कॉर' का सह-संस्थापक होने का दावा करता है, जो निश्चित रूप से कंपनी के कुछ वास्तविक सदस्यों को चिढ़ाता है। फिर भी, उद्यम-पूँजी निवेशकों ने उसे सह-संस्थापकों में से एक के रूप में देखा था, क्योंकि उसने कंपनी के लिए इतना अधिक कार्य किया था। तकनीकी रूप से वह कंपनी का दूसरा कर्मचारी था, फिर भी संस्थापकों को स्वामित्व हिस्सेदारी (शेयर ऑफ स्टॉक) प्रदान की गई थी और उसने पहले वर्ष में कोई वेतन नहीं लिया था।

शीघ्र ही यह मंडली वेस्टवुड (क्लब कैलिफोर्निया) बहुमंजिला अपार्टमेंट भवन में स्थानांतरित हो गई थी, जहाँ माइकल टॉड व डैन रॉड्रिग्स रहते थे। अधिकांश कर्मचारी बैठक कक्ष में काम करते थे, जबकि कलानिक रोड्रिग्स के शयनकक्ष से काम करता था। वह समय दूर नहीं था, जब वहाँ 13 कर्मचारी काम करने लगे थे और अपार्टमेंट की विद्युत् प्रणाली ध्वस्त होने लगी थी। ऐसे में जब एक दिन पुलिस आई थी तो संस्थापकों को उसे समझाना कठिन हो गया था कि वे वास्तव में वैधानिक कंपनी के लिए गंभीर कार्य कर रहे थे।

कुल मिलाकर युवाओं की इस मंडली ने 'स्कॉर' को उस स्थिति में पहुँचा दिया था, जब लाखों लोग उसका उपयोग करने लगे थे। अंततः कंपनी में लोगों की रुचि इतनी अधिक होने लगी थी कि एक आरंभिक निवेशक माइकल ओविट्ज (बहुचर्चित प्रतिभा-अभिकर्ता, जिसने बाद में 'वॉल्ट डिज्नी' कंपनी के अध्यक्ष के

रूप में भी काम किया था) ने 'स्कॉर' के सह-संस्थापकों को दूसरे उद्यम-पूँजी प्रतिष्ठानों से मोलभाव न करने की वैधानिक चेतावनी दे दी थी। वास्तव में, माइकल ओविट्ज ने उद्यम-पूँजीपति रोनाल्ड बर्कले (विशेष रूप से खुदरा उद्योग में निवेश के लिए बहुचर्चित) के साथ मिलकर 'स्कॉर' में लगभग 15 लाख डॉलर का निवेश किया था और अनुबंध-पत्र में दूसरे उद्यम-पूँजीपतियों से निवेश नहीं लेने की भी शर्त शामिल कर दी थी, जिस पर सह-संस्थापकों ने हस्ताक्षर करते समय ध्यान नहीं दिया था।

'स्कॉर' में ट्रैविस कलानिक की भूमिका विपणन व व्यवसाय विकास (मार्केटिंग एंड बिजनेस डेवलपमेंट) की थी और वह इतना निर्भीक था कि उत्पाद को आगे ठेलने के लिए किसी को भी पुकारने में हिचकिचाता नहीं था। उसने विवादित लेकिन प्रभावी छापामार विपणन अभियान चलाए थे। इस बीच 1999 में 'नाप्स्टर' ने ऐसी प्रतिस्पर्धी सेवा आरंभ कर दी थी, जिसके सामने 'स्कॉर' लड़खड़ाने लगी थी, लेकिन ये सेवाएँ इतनी अधिक लोकप्रिय हो गई थीं कि संगीत व चलचित्र उद्योग के लिए भयंकर संकट खड़ा हो गया था। ऐसे में वर्ष 2000 में मोशन पिक्चर एसोसिएशन ऑफ अमेरिका (एम.पी.ए.ए.), रिकॉर्डिंग इंडस्ट्री एसोसिएशन ऑफ अमेरिका (आर.आई.ए.ए.) व नेशनल म्यूजिक पब्लिशर्स एसोसिएशन (एन.एम.पी.ए.) ने स्वत्वाधिकार (कॉपीराइट) उल्लंघन का आरोप लगाते हुए 'स्कॉर' व 'नाप्स्टर' के विरुद्ध 250 अरब डॉलर की क्षतिपूर्ति का मुकदमा कर दिया था और इस मुकदमे से बचने के लिए 'स्कॉर' ने सितंबर 2000 में स्वयं को दिवालिया घोषित कर लिया था।

'स्कॉर' में ट्रैविस कलानिक की भूमिका विपणन व व्यवसाय विकास (मार्केटिंग एंड बिजनेस डेवलपमेंट) की थी और वह इतना निर्भीक था कि उत्पाद को आगे ठेलने के लिए किसी को भी पुकारने में हिचकिचाता नहीं था। उसने विवादित लेकिन प्रभावी छापामार विपणन अभियान चलाए थे। इस बीच 1999 में 'नाप्स्टर' ने ऐसी प्रतिस्पर्धी सेवा आरंभ कर दी थी, जिसके सामने 'स्कॉर' लड़खड़ाने लगी थी, लेकिन ये सेवाएँ इतनी अधिक लोकप्रिय हो गई थीं कि संगीत व चलचित्र उद्योग के लिए भयंकर संकट खड़ा हो गया था।

रेड स्वूश की स्थापना—भले ही 'स्कॉर' अपनी आरंभिक सफलता को आगे बढ़ा पाने में विफल रही थी, लेकिन ट्रैविस कलानिक के लिए पिछले दो वर्षों का कार्यकाल कठिन शिक्षण अनुभव रहा था। 'स्कॉर' के झटके ने उसे उद्यमी के रूप में बहुत अधिक सामर्थ्यवान बना दिया था, क्योंकि बाहरी लोगों व विवादों से निपटने में उसकी भूमिका ही प्रमुख रही थी। ऐसे में कलानिक ने 'स्कॉर' के सह-संस्थापक माइकल टॉड के साथ लगभग तत्काल ही अपने अगले उद्यम की ओर कदम बढ़ा दिया था और अपनी नई आरंभिक कंपनी का नाम रखा था—रेड स्वूश (RedSwoosh)। कलानिक ने इसे अपना 'प्रतिशोध व्यवसाय' कहा था, क्योंकि उसने इस उद्यम के माध्यम से सभी मनोरंजन कंपनियों को भुगतान करनेवाले ग्राहक के रूप में बदलने की ठानी थी, जिन्होंने 'स्कॉर' को न्यायालय में घसीटकर दिवालिया हो जाने के लिए बाध्य किया था।

कलानिक ने इसे अपना 'प्रतिशोध व्यवसाय' कहा था, क्योंकि उसने इस उद्यम के माध्यम से सभी मनोरंजन कंपनियों को भुगतान करनेवाले ग्राहक के रूप में बदलने की ठानी थी, जिन्होंने 'स्कॉर' को न्यायालय में घसीटकर दिवालिया हो जाने के लिए बाध्य किया था।

…और वर्ष 2000 में लॉस एंजेलिस के पश्चिमी क्षेत्र वेस्टवुड (जहाँ कैलिफोर्निया विश्वविद्यालय—लॉस एंजेलिस अवस्थित है) स्थित छोटे से कार्यालय में 'रेड स्वूश' का शुभारंभ हो गया था। वैसे तो यह सेवा भी सहकर्मियों के बीच संचियों को साझा करने की सेवा (पीयर-टू-पीयर फाइल शेयरिंग सर्विस) ही थी, लेकिन कलानिक व टॉड ने इस व्यवसाय में स्वत्वाधिकारवाली विषय-सामग्रियों के स्थान पर उपयोगकर्ताओं को अधिक सस्ते में बैंडविड्थ साझा करने की अनुमति प्रदान कर इंटरनेट पर उपलब्ध स्वत्वाधिकार-मुक्त सामग्रियों को पहुँचाने पर अपना ध्यान केंद्रित किया था। उन लोगों द्वारा 'स्कॉर' के कुछ मित्रों को अपनी कंपनी में लाया गया था, जिनमें वह अभियंता भी शामिल था जिसने 'स्कॉर एक्सचेंज' सेवा का अधिकांश ढाँचा निर्माण किया था, लेकिन यह सेवा अधिक बड़ी चुनौती बननेवाली थी। अगस्त 2001 तक कंपनी की नकदी समाप्त हो जाने की कगार पर पहुँच गई थी और वह सात कर्मचारियों का वेतन भुगतान करने की ही स्थिति में थी।

कुछ सप्ताहों के भीतर ट्रैविस कलानिक ने कैंब्रिज (मैसाचुसेट्स) आधारित सामग्री वितरण नेटवर्क (सी.डी.एन.) कंपनी अकामाई टेक्नोलॉजीज के मुख्य

प्रौद्योगिक अधिकारी (सी.टी.ओ.) डेनियल लेविन से भेंट का समय निश्चित कर रखा था। लेविन ने बोस्टन से उड़ान भरी थी, लेकिन अमेरिकन एयरलाइंस का वह विमान कभी भी लॉस एंजेलिस अंतरराष्ट्रीय हवाई अड्डे पर उतरनेवाला नहीं था, क्योंकि वह 11 सितंबर, 2001 को वर्ल्ड ट्रेड सेंटर के उत्तरी टावर से टकराकर लेविन सहित कुल 92 यात्रियों की अकाल मृत्यु का कारण बनने के लिए अभिशप्त था। इतना ही नहीं, इस आतंकवादी घटना ने डॉटकॉम बुलबुला फटने से आई आर्थिक मंदी को भयानक स्थिति में पहुँचा दिया था और वर्ष 2000 से 2002 के बीच अमेरिकी स्वामित्व-हिस्सेदारी बाजारों के मूल्य में 5,000 अरब डॉलर की कमी आ गई थी। परिणामस्वरूप, आरंभिक कंपनियों के वित्तपोषण के लगभग सभी स्रोत सूख गए थे।

लेविन ने बोस्टन से उड़ान भरी थी, लेकिन अमेरिकन एयरलाइंस का वह विमान कभी भी लॉस एंजेलिस अंतरराष्ट्रीय हवाई अड्डे पर उतरनेवाला नहीं था, क्योंकि वह 11 सितंबर, 2001 को वर्ल्ड ट्रेड सेंटर के उत्तरी टावर से टकराकर लेविन सहित कुल 92 यात्रियों की अकाल मृत्यु का कारण बनने के लिए अभिशप्त था।

यह कम था तो रेड स्वूश के दोनों संस्थापकों के बीच कंपनी प्रबंधन की वैधानिकता व नैतिकता के बिंदुओं पर मतभेद गंभीर रूप धारण करने लगे थे। उदाहरण के लिए, एक समय पर कंपनी ने कर्मचारियों के वेतन से आयकर काटना बंद कर दिया था, जो एक आपराधिक दोष था। बाद में कलानिक ने आरोप लगाया था कि टॉड ने ऐसा उसे संज्ञान में लिये बिना किया था, जबकि टॉड का कहना था कि निर्णय संयुक्त रूप से लिया गया था। उस समय आयकर विभाग को कंपनी की देनदारी 1.10 लाख डॉलर बनती थी और इससे कोई अंतर नहीं पड़ता था कि आपको इस तथ्य का पता था या नहीं। कंपनी के अधिकारी के रूप में उसका जेल जाना निश्चित था। ऐसे में कलानिक ने तीव्रता से वित्तपोषण का जुगाड़ किया था और अधिकांश राशि को वित्त वर्ष पूरा होने से आयकर भुगतान में झोंक दिया था। वैसे तो इस घटना ने ही दोनों सह-संस्थापकों के बीच के संबंध को स्थायी चोट पहुँचा दी थी, लेकिन टॉड की ओर से कलानिक को अंतिम घूँसा तब पड़ा था, जब उसे पता चला था कि टॉड ने सोनी वेंचर्स को गुप्त रूप से स्वयं की नियुक्ति करने का इ-मेल किया था।

ऐसी स्थिति में कलानिक ने टॉड को प्रतिस्थापित करने के लिए अभियंता से आरंभिक कंपनी सलाहकार बन गए रॉब बोवमैन को नियुक्त किया था, जो 2003 तक मुख्य कार्यकारी अधिकारी (सी.ई.ओ.) बन गया था। इस बीच टॉड एवं त्सांग को छोड़कर कई अभियंता कंपनी को छोड़ चुके थे, क्योंकि वेतन भुगतान में कई-कई महीनों की देरी होने लगी थी और स्वामित्व विकल्प (स्टॉक ऑप्शन) से भी विवाद हो गए थे। अंततः त्सांग भी बाहर निकल गया था और उसने गूगल में नौकरी ढूँढ़ ली थी, जहाँ टॉड पहले से ही काम कर रहा था। यह वही समय था, जब कलानिक एओएल के साथ 10 लाख डॉलर के वित्तपोषण अनुबंध पर हस्ताक्षर करनेवाला था, लेकिन आरंभिक कंपनियों के संघर्ष पर केंद्रित लोकप्रिय ब्लॉग 'फक्ड कंपनी' ने त्सांग के भी 'रेड स्वूश' छोड़ देने का समाचार प्रकाशित कर दिया था, जिसे पढ़कर एओएल पीछे हट गया था और उसके कुछ ही समय बाद अप्रैल 2006 में कलानिक ने लागत-बचत व काया-कल्प के उद्देश्य से शेष बची कंपनी को थाईलैंड स्थानांतरित कर लिया था।

> ***आरंभिक कंपनियों के संघर्ष पर केंद्रित लोकप्रिय ब्लॉग 'फक्ड कंपनी' ने त्सांग के भी 'रेड स्वूश' छोड़ देने का समाचार प्रकाशित कर दिया था, जिसे पढ़कर एओएल पीछे हट गया था और उसके कुछ ही समय बाद अप्रैल 2006 में कलानिक ने लागत-बचत व काया-कल्प के उद्देश्य से शेष बची कंपनी को थाईलैंड स्थानांतरित कर लिया था।***

इस बीच कई अन्य कंपनियों ने भी 'रेड स्वूश' को अधिगृहीत करने के प्रयास किए थे और कलानिक ने सफलतापूर्वक बाहर निकल जाने के अवसर को देख लिया था। यहाँ तक कि माइक्रोसॉफ्ट ने भी रुचि दिखाई थी और वर्ष 2003 के मध्य में उसके कई पदाधिकारियों ने कलानिक से मिलने व उसे प्रस्ताव देने के लिए रेडमोंड से लॉस एंजेलिस की उड़ान भरी थी, लेकिन उन्होंने 12 लाख डॉलर का ही प्रस्ताव किया था। कलानिक ने गणित मिलाया था तो पता चला था कि इस अधिग्रहण सौदे में उसके पास तो मात्र 3 लाख डॉलर ही बच रहे थे, क्योंकि कंपनी की देनदारियाँ 9 लाख डॉलर की थीं और ऐसा पहली बार हुआ था कि कलानिक ने सौदावार्त्ता करनेवाले के साथ दुर्व्यवहार का प्रदर्शन किया था, वह भी दुर्दांत कंपनी माइक्रोसॉफ्ट के अधिकारियों के साथ और बैठक को बीच में ही छोड़कर गुस्से में बाहर निकल गया था, लेकिन इस तरह की

घटनाओं ने कलानिक को अपनी सौदावार्त्ता-कुशलता को तेज करने में सहायता की थी और उसके दृढ़ निश्चय को पक्का किया था। अंतत: सात वर्षों के कठिन परिश्रम व अटूट धैर्य ने ट्रैविस कलानिक को पुरस्कृत किया था, जब अप्रैल 2007 में अकामाई टेक्नोलॉजीज ने कुल 2.3 करोड़ डॉलर में 'रेड स्वूश' को अधिगृहीत किया था। इसमें 1.90 करोड़ डॉलर स्वामित्व हिस्सेदारी के रूप में था 40 लाख डॉलर नकद।

उबर की स्थापना—अब ट्रैविस कलानिक करोड़पति था। उसके स्वामित्व में बड़ा घर था। उसका व्यक्तिगत रसोइया भी था और उसके पास दूसरे लोगों की आरंभिक कंपनियों में निवेश के लिए मोटी धनराशि भी थी। उसका घर युवा उद्यमियों के जमघट का केंद्र बन गया था, जो खाने-पीने के साथ नए व्यवसाय-विचारों को साझा करते थे और अगली सुबह होने पर टेनिस खेलते थे। उन लोगों में मेघ अभिकलन (क्लाउड कंप्यूटिंग) कामनी 'बॉक्स' के संस्थापक आरोन विंसर लेवी व बेलारूसी अमेरिकी उद्यमी-लेखक-विपणन गुरु गैरी वायनेरचुक भी थे, जो जब भी शहर में होते थे तो कलानिक के आतिथ्य-भेंट का आनंद लेते थे। इससे बहुत पहले ही कलानिक ने अपने निवेश के बारे में, अपने दर्शन के बारे में और कभी-कभी अपनी करोड़पति जीवन-शैली के बारे में ब्लॉग लिखना आरंभ कर दिया था। कुल मिलाकर कलानिक ने अपने धनी होने का पहला वर्ष यात्राओं व निवेश करने में बिताया था। उसने स्पेन, जापान, ग्रीस, आइसलैंड, ग्रीनलैंड, हवाई (दो बार), फ्रांस (दो बार), ऑस्ट्रेलिया, पुर्तगाल, केप वर्ड व सेनेगल की यात्राएँ की थीं। इसी क्रम में उसने अग्रणी उद्यम सामग्री विपणन कंपनी 'न्यूजक्रेड' (NewsCred) के सह-संस्थापक व मुख्य कार्यकारी अधिकारी (सी.ई.ओ.) को जिनेवा में स्वच्छंद रात्रिकालीन मनोरंजन के लिए आमंत्रित किया था। दिसंबर 2008 में कलानिक ने 'स्टंबल अपॉन' (StumbleUpon) के संस्थापक गैरेट

अब ट्रैविस कलानिक करोड़पति था। उसके स्वामित्व में बड़ा घर था। उसका व्यक्तिगत रसोइया भी था और उसके पास दूसरे लोगों की आरंभिक कंपनियों में निवेश के लिए मोटी धनरा शि भी थी। उसका घर युवा उद्यमियों के जमघट का केंद्र बन गया था, जो खाने-पीने के साथ नए व्यवसाय-विचारों को साझा करते थे और अगली सुबह होने पर टेनिस खेलते थे।

कैंप व अन्य मित्रों के साथ पेरिस में आयोजित प्रौद्योगिकी सम्मेलन 'ली वेब' (LeWeb) में भाग लिया था, जहाँ उसने पहली बार टैक्सी साझा सेवा का विचार सुना था, जो शीघ्र ही 'उबर' (Uber) के रूप में सामने आया था।

'उबरकैब' (UberCab), जो 'उबर' का आरंभिक नाम था, के आरंभिक प्रारूप (प्रोटोटाइप) का निर्माण गैरेट कैंप और दो मित्रों ऑस्कर सलाजर व कौनराड व्हेलन ने किया था। उसमें ट्रैविस कलानिक ने सबसे बड़े सलाहकार के रूप में सहभागिता की थी। उस समय कलानिक का आधिकारिक पदनाम चीफ इनक्यूबेटर अर्थात् मुख्य संरक्षक था।

उबरकैब काली कार सेवा थी, जो उपयोगकर्ताओं को स्मार्टफोन पर एक बटन दबाकर या पाठ-संदेश (टेक्स्ट मैसेज) भेजकर कार बुलाने की अनुमति प्रदान करती थी और उस सेवा का मूल्य सैन फ्रांसिस्को की अन्य कार सेवाओं से डेढ़ गुना अधिक होता था, लेकिन आरंभ में कलानिक व कैंप, दोनों उबर को विकसित तो करना चाहते थे, लेकिन उनमें कोई भी कंपनी को संचालित करने में रुचि नहीं ले रहा था, क्योंकि कार-सेवा कंपनी को अपनी प्रौद्योगिकी प्रतिभा के अनुकूल मानने के लिए तैयार नहीं थे।

उबरकैब काली कार सेवा थी, जो उपयोगकर्ताओं को स्मार्टफोन पर एक बटन दबाकर या पाठ-संदेश (टेक्स्ट मैसेज) भेजकर कार बुलाने की अनुमति प्रदान करती थी और उस सेवा का मूल्य सैन फ्रांसिस्को की अन्य कार सेवाओं से डेढ़ गुना अधिक होता था, लेकिन आरंभ में कलानिक व कैंप, दोनों उबर को विकसित तो करना चाहते थे, लेकिन उनमें कोई भी कंपनी को संचालित करने में रुचि नहीं ले रहा था, क्योंकि कार-सेवा कंपनी को अपनी प्रौद्योगिकी प्रतिभा के अनुकूल मानने के लिए तैयार नहीं थे। यही वह समय था, जब रयान ग्रावेस कंपनी में आया था। शिकागो निवासी ग्रावेस ने मियामी विश्वविद्यालय (ऑक्सफोर्ड, ओहियो) से स्नातक-अर्थशास्त्र करने के बाद जनरल इलेक्ट्रिक हेल्थकेयर में दो वर्षों तक काम किया था और अपनी कंपनी आरंभ करने में रातों व सप्ताहांतों को बिताया था, जो धरातल पर नहीं आ सकी थी। फिर स्थानीय खोज व अन्वेषण सेवा मोबाइल अनुप्रयोग फोरस्कवायर (न्यूयॉर्क) में व्यवसाय-विकास प्रमुख ट्रिस्टन वॉकर के साथ 'छद्म प्रशिक्षु' के रूप में अवैतनिक रूप से

बिताया था। तभी उसने कलानिक का ट्वीट पढ़ा था, जिसमें 'उबरकैब' के लिए महाप्रबंधक-व्यवसाय विकास ढूँढ़ने की बात कही गई थी। ग्रावेस ने इसके प्रत्युत्तर में अपना इ-मेल पता भेजा था और फिर फरवरी 2010 में उबरकैब में नियुक्त हो गया था। फिर सैन फ्रांसिस्को में छोटे से कार्यालय में आवश्यक मंडली जुटाई गई थी और जून 2010 में औपचारिक रूप से 'उबरकैब' की सेवा का शुभारंभ किया गया था।

चल दूरभाष अनुप्रयोग (मोबाइल एप्लीकेशन) पर आरंभ की गई यह कार-सेवा शीघ्र ही विशेष रूप से सैन फ्रांसिस्को बे एरिया के प्रौद्योगिकी कर्मियों के बीच सनसनी बन गई थी और कुछ ही महीनों बाद ग्रावेस को 'उबरकैब' का मुख्य कार्यकारी अधिकारी (सी.ई.ओ.) नामित कर दिया गया था। स्पष्ट है कि उद्यम पूँजीपतियों ने निवेश अवसर की खोज में 'उबरकैब' के कार्यालय के चक्कर काटना आरंभ कर दिया था, लेकिन उनकी दो मुख्य चिंताएँ थीं। पहली यह कि क्या इस सेवा का विस्तार संभव है? और दूसरी कि क्या अनुभवहीन उद्यमी ग्रावेस इस सेवा को प्रभावी रूप से संचालित करने में सक्षम था? अंतत: 'उबरकैब' ने बीज पूँजी निवेश चक्र में 12.50 लाख डॉलर आकर्षित कर लिये थे और दिसंबर 2010 में 'उबरकैब' के प्रबंधन में अनपेक्षित परिवर्तन हुआ था—ट्रैविस कलानिक ने सी.ई.ओ. का पद ले लिया था और रयान ग्रावेस फिर से महाप्रबंधक बन गया था। वैसे तो ग्रावेस के लिए इस परिवर्तन को स्वीकार करना आसान नहीं था, फिर भी उसने विनम्रतापूर्वक इसे स्वीकार कर लिया था।

> ***क्लानिक ने फेसबुक संस्थापक मार्क जुकरबर्ग के सिद्धांत को पूरी तरह से अपना लिया था—तेजी से आगे बढ़ें और चीजों को तोड़ दें। उसने फेसबुक की तरह ही अति-उत्साही उपयोगकर्ताओं को स्थानीय प्रशासन के विरुद्ध भड़का दिया था और 'उबरकैब' के लिए प्रशासनिक द्वार खुलते चले गए थे, लेकिन अंतत: कंपनी को वाहन चालकों के व्यवहार के बारे में विचार करना पड़ा था, जो कंपनी के कर्मचारी नहीं थे, वरन् स्वतंत्र रूप से काम करते थे।***

पदभार सँभालते ही क्लानिक ने 'उबरकैब' सेवा का तीव्रता से 60 नगरों में विस्तार कर दिया था, सामान्य रूप से स्थानीय कानूनों और टैक्सी कंपनियों के गुस्से की अनदेखी करते हुए। वास्तव में, क्लानिक ने फेसबुक संस्थापक मार्क जुकरबर्ग

के सिद्धांत को पूरी तरह से अपना लिया था—तेजी से आगे बढ़ें और चीजों को तोड़ दें। उसने फेसबुक की तरह ही अति-उत्साही उपयोगकर्ताओं को स्थानीय प्रशासन के विरुद्ध भड़का दिया था और 'उबरकैब' के लिए प्रशासनिक द्वार खुलते चले गए थे, लेकिन अंतत: कंपनी को वाहन चालकों के व्यवहार के बारे में विचार करना पड़ा था, जो कंपनी के कर्मचारी नहीं थे, वरन् स्वतंत्र रूप से काम करते थे। उन लोगों ने कंपनी को न्यायालय में घसीटना आरंभ कर दिया था और वे हड़ताल पर जाने की धमकी भी देने लगे थे। बाद में 'उबर' का मूल्य-निर्धारण प्रारूप भी विवाद का कारण बना था, लेकिन सभी प्रकार के विवादों से निपटते हुए कलानिक ने उबर टेक्नोलॉजीज इंक. को बहुराष्ट्रीय कंपनी में बदल दिया था और उसके व्यक्तित्व की तुलना एप्पल संस्थापक स्टीव जॉब्स व अमेजन.कॉम के संस्थापक जेफ बेजोस से की जाने लगी थी।

जनवरी 2018 में उबर ने सॉफ्टबैंक, ड्रैगोनर इंवेस्टमेंट ग्रुप, सिकोइया कैपिटल सहित एक निवेश समूह से 68 अरब डॉलर के मूल्यांकन पर 1.25 अरब डॉलर का निवेश आकर्षित किया था। इस प्रकार 18 निवेश-चक्रों में 'उबर' ने कुल 22 अरब डॉलर उद्यम पूँजी निवेश आकर्षित कर लिया था।

इस बीच 2011 के अंत में 'उबर' ने 4.45 करोड़ का वित्तपोषण आकर्षित किया था। फिर 2013 में गूगल वेंचर्स ने 3.4 अरब डॉलर के मूल्यांकन पर 'उबर' में 25.8 करोड़ डॉलर निवेश किया था। दिसंबर 2014 में चीनी खोज इंजन बायदु ने अघोषित राशि का निवेश किया था, जिसके अंतर्गत 'उबर' को बायदु के मानचित्रण अनुप्रयोग के साथ जोड़ने का रणनीतिक अनुबंध भी शामिल था। मई 2015 में 'उबर' ने 50 अरब डॉलर से अधिक के मूल्यांकन पर 2 अरब डॉलर के निवेश का रहस्योद्घाटन किया था। सितंबर 2015 में 'उबर' ने बायदु के नेतृत्व में 1.2 अरब डॉलर के एक अन्य निवेश-चक्र के बारे में सूचित किया था। वर्ष 2016 में टॉयोटा ने अघोषित धनराशि का निवेश किया था, जिसमें कंपनी की कारों को सेवा में सम्मिलित करने का विकल्प शामिल था। जून 2016 में मध्य-पूर्व के देशों में विस्तार के लिए पब्लिक इंवेस्टमेंट फंड ऑफ सऊदी अरेबिया से 3.5 अरब डॉलर प्राप्त किए थे, लेकिन अगस्त 2016 में स्थानीय शासन के दबाव में 'उबर' ने अपनी सहायक कंपनी 'उबर चाइना' को स्थानीय कार-सेवा दीदी चुक्सिंग को बेच दिया था और उसके बदले में दीदी उबर

ग्लोबल में 1 अरब डॉलर के निवेश के लिए सहमत हुई थी। जनवरी 2018 में उबर ने सॉफ्टबैंक, ड्रैगोनर इंवेस्टमेंट ग्रुप, सिकोइया कैपिटल सहित एक निवेश समूह से 68 अरब डॉलर के मूल्यांकन पर 1.25 अरब डॉलर का निवेश आकर्षित किया था। इस प्रकार 18 निवेश-चक्रों में 'उबर' ने कुल 22 अरब डॉलर उद्यम पूँजी निवेश आकर्षित कर लिया था।

इस बीच 20 जून, 2017 को कंपनी की अनैतिक संस्कृति सहित यौन उत्पीड़न से संबंधित प्रतिवेदनों को अनदेखा करने के आरोप और निवेशकों के दबाव पर ट्रैविस कलानिक को सी.ई.ओ. पद से त्याग-पत्र देना पड़ा था, लेकिन वह सह-संस्थापक व निदेशक मंडल सदस्य के रूप में कंपनी के शीर्ष प्रबंधन में शामिल था। 17 मई, 2018 को 'फोर्ब्स' पत्रिका ने अपनी गतिशील मूल्यांकन सूची में उसकी निजी परिसंपत्ति का निवल मूल्य 4.80 अरब डॉलर आँका था।

❑

रिचर्ड ब्रैनसन

बचपन में अपपठन से पीड़ित रिचर्ड ब्रैनसन ने जब 17 वर्ष की आयु में उच्च विद्यालय की पढ़ाई छोड़कर 'स्टूडेंट' पत्रिका का प्रकाशन आरंभ किया था, तो उसे नहीं पता था कि यह उसे संगीत व्यवसाय का मार्ग प्रशस्त करनेवाली थी और जब उसने वर्जिन रिकॉर्ड्‌स की स्थापना की तो भी उसे नहीं पता था कि वह विमान सेवाओं सहित 200 से अधिक कंपनियों में स्वामित्ववाली हिस्सेदारी धारण कर विशाल व्यवसाय साम्राज्य का संचालक बन जाएगा।

रिचर्ड चार्ल्स निकोलस ब्रैनसन का जन्म 18 जुलाई, 1950 को ब्लैकहीथ (दक्षिण पूर्व लंदन, इंग्लैंड) में हुआ था। उसकी माँ एवेट हंटले ब्रैनसन (जन्म 1924) पूर्व बैले नृत्यांगना व विमान परिचारिका थी और पिता एडवर्ड जेम्स ब्रैनसन (1918–2011) वकील था। वह अपनी माता-पिता की ज्येष्ठ संतान था और उसकी दो छोटी बहनें हैं। उसका दादा जॉर्ज ऑर्थर हरविन उच्च न्यायालय का न्यायाधीश था।

बालक रिचर्ड ब्रैनसन अपपठन (डिस्लेक्सिया) का शिकार था और उसे पढ़ना सीखने व शब्दों की व्याख्या करने में कठिनाई होती थी। ऐसे में आठ वर्ष की आयु में उसे तैयारी करानेवाले निजी आवासीय विद्यालय स्काईक्लिफ स्कूल

(एघम, सुरी) में प्रवेश दिलाया गया था। वहाँ छात्रावास में रहना आरंभ करते हुए रिचर्ड ने रात में गंभीर अकेलापन अनुभव किया था, जब अन्य छात्र खर्राटे लेते हुए सो रहे थे। ऐसे डर के कारण उसने बिस्तर पर ही उलटी कर दी थी। यह समाचार सुनकर जब रिचर्ड का पिता उससे मिलने आया था तो उसे ऐसा न करने के लिए समझाया था। रिचर्ड ब्रैनसन ने आत्मकथा 'लूजिंग माय वर्जिनिटी' में अपनी मनोदशा का वर्णन करते हुए लिखा था कि उसके पिता बच्चों को स्वतंत्र रूप से विकसित करने की अपनी पारिवारिक परंपरा का पालन कर रहे थे, क्योंकि उन्हें भी इस आयु में छात्रावास में भेजा गया था और ऐसे ही उसके दादा व परदादा को भी, लेकिन रिचर्ड को घर से बाहर भेजे जाने से घृणा थी।

अपपठन के कारण स्वाभाविक रूप से रिचर्ड अपने साथियों के बीच हास्य का ही विषय बना रहा था, लेकिन उसने खेल-कूद में उत्कृष्ट प्रदर्शन किया था और छात्रों के बीच स्वयं को लोकप्रिय बनाने में सफल रहा था। तीन वर्ष बाद जब वह 11 वर्ष की आयु में पहुँचा था तो एक अंतर विद्यालय फुटबॉल प्रतियोगिता के दौरान उसकी टाँग में गंभीर चोट आई थी, जबकि वह कप जीतने में सफल रहा था। उसे स्वस्थ होने में बहुत अधिक समय लग गया था। ऐसी अवस्था में उसने सामान्य प्रवेश परीक्षा (कॉमन एंट्रेंस एग्जाम) दी थी। जब उसके परिणाम आए थे तो उसके माता-पिता को पता चला था कि वह कक्षा की पढ़ाई में कितना कमजोर रहा था, क्योंकि वह किसी भी विषय में उत्तीर्ण नहीं हो सका था।

यह विद्यालय ऐसा था जहाँ खेल-कूद की कोई सुविधा नहीं थी और बच्चों का ध्यान पढ़ाई पर ही केंद्रित रखा जाता था। यदि किसी छात्र को कोई चीज याद नहीं होती थी तो तब तक पीटना जारी रखा जाता था, जब तक वह उसे सीख न ले। भले ही रिचर्ड अपपठन से पीड़ित था, लेकिन उसे भी किसी प्रकार की छूट नहीं दी गई थी।

ऐसे में उसके माता-पिता ने उसे ससेक्स समुद्र तट के पास स्थित एक दूसरे आवासीय विद्यालय क्लिफ व्यू हाउस में स्थानांतरित कर दिया था। यह विद्यालय ऐसा था जहाँ खेल-कूद की कोई सुविधा नहीं थी और बच्चों का ध्यान पढ़ाई पर ही केंद्रित रखा जाता था। यदि किसी छात्र को कोई चीज याद नहीं होती थी तो तब तक पीटना जारी रखा जाता था, जब तक वह उसे सीख न ले। भले ही रिचर्ड अपपठन से पीड़ित था, लेकिन उसे भी किसी प्रकार की छूट नहीं दी गई थी। ऐसी

स्थिति में वह कोई गलत उत्तर देता था तो उसकी भी पिटाई की जाती थी और चूँकि वह विषयों को सीख पाने में असक्षम था, इसलिए उसने पिटाई को सहन करने की आदत ही बना ली थी। वहाँ खेल-कूद के नाम पर सुबह की दौड़ भर थी और छात्रों की छात्रावास में भी छोटी सी गलती पर पिटाई की जाती थी।

ऐसे वातावरण में रिचर्ड का एकमात्र आकर्षण था, विद्यालय के प्रधानाचार्य की 18 वर्ष की बेटी। वह रात को अपने छात्रावास की खिड़की से कूद जाता था और दीवार पर चढ़कर उसके शयनकक्ष में घुस जाता था। एक दिन किसी शिक्षक ने उसे ऐसा करते हुए देख लिया था और अगली सुबह उसे प्रधानाचार्य के कार्यालय में प्रस्तुत होने को कहा गया था, जहाँ विद्यालय से निष्कासित किए जाने का आदेश सुना दिया गया था और माता-पिता को उसे विद्यालय से ले जाने का संदेश भेज दिया गया था। स्पष्ट है कि यह रिचर्ड के लिए बहुत भी शर्मनाक स्थिति थी और उसके मन में आत्महत्या कर लेने तक का विचार आया था, लेकिन तब उसके आश्चर्य का कोई ठिकाना नहीं रहा था, जब समूचे प्रकरण को सुनने के बाद भी उसके पिता ने कोई तीखी प्रतिक्रिया का प्रदर्शन नहीं किया था। उलटे, उसने टिप्पणी की थी कि चार्लोटे बहुत ही सुंदर लड़की थी।

रिचर्ड ब्रैनसन को एक बड़े आवासीय विद्यालय स्टोव स्कूल (स्टोव, बकिंघमशायर) में भेजा गया था, जहाँ 800 बच्चे पढ़ते थे, लेकिन यहाँ उसे एक अन्य समस्या का सामना करना पड़ा था। वरिष्ठ छात्र कनिष्ठों से नौकरों जैसा व्यवहार करते थे। टाँग में चोट आ जाने के बाद से रिचर्ड के लिए खेल-कूद की गतिविधियों में अच्छा प्रदर्शन कर पाना अब संभव नहीं रह गया था और पढ़ाई में कमजोर होने के कारण कक्षा में भी उसे बगल हटा दिया गया था, इसलिए पुस्तकालय में समय बिताने के अतिरिक्त उसके पास कोई विकल्प नहीं बचा था।

इसके बाद रिचर्ड ब्रैनसन को एक बड़े आवासीय विद्यालय स्टोव स्कूल (स्टोव, बकिंघमशायर) में भेजा गया था, जहाँ 800 बच्चे पढ़ते थे, लेकिन यहाँ उसे एक अन्य समस्या का सामना करना पड़ा था। वरिष्ठ छात्र कनिष्ठों से नौकरों जैसा व्यवहार करते थे। टाँग में चोट आ जाने के बाद से रिचर्ड के लिए खेल-कूद की गतिविधियों में अच्छा प्रदर्शन कर पाना अब संभव नहीं रह गया था और पढ़ाई

में कमजोर होने के कारण कक्षा में भी उसे बगल हटा दिया गया था, इसलिए पुस्तकालय में समय बिताने के अतिरिक्त उसके पास कोई विकल्प नहीं बचा था। यहाँ पुस्तकों में डूबे रहने के बाद रिचर्ड ने उपन्यास व लेख लिखना आरंभ कर दिया था और उसमें पत्रकारिता के प्रति आकर्षण बढ़ता चला गया था। विद्यालय के प्रधानाचार्य ने उसे युवा संस्कृति पर केंद्रित 'छात्रों द्वारा छात्रों के लिए' पत्रिका आरंभ करने का सुझाव दिया था। एक मित्र के साथ मिलकर उसने इसकी पूरी तैयारी की थी और उसका नाम रखा था 'स्टूडेंट'।

फिर रिचर्ड ने छात्रावास को ही कार्यालय बनाकर संभावित विज्ञापनदाताओं से संपर्क करना आरंभ किया था और उन्हें बताता कि ब्रिटेन की सबसे बड़ी युवा पत्रिका प्रकाशित होने जा रही थी। पहले तो किसी ने भी अप्रकाशित पत्रिका के विज्ञापन के प्रस्ताव पर ध्यान नहीं दिया तो रिचर्ड ने नया तरीका निकाला था। अब उसने नेशनल वेस्टमिंस्टर बैंक को दूरभाष किया था और उसके प्रबंधक से पूछा था कि लॉयड्स बैंक ने पूरे पृष्ठ का विज्ञापन जारी कर दिया है, क्या वह उसके सामने का पृष्ठ खरीदना पसंद करेंगे? फिर उसने कोकाकोला को दूरभाष किया था कि पेप्सी ने पत्रिका के लिए बड़ा विज्ञापन आरक्षित कर लिया है, लेकिन पिछला आवरण पृष्ठ अभी भी अनारक्षित था। इसी प्रकार उसने 'डेली टेलीग्राफ' से संपर्क किया था और कहा था कि क्या वे 'डेली एक्सप्रेस' के विज्ञापन से पहले के या बाद के पृष्ठ का विज्ञापन आरक्षित करना पसंद करेंगे?

अब उसने नेशनल वेस्टमिंस्टर बैंक को दूरभाष किया था और उसके प्रबंधक से पूछा था कि लॉयड्स बैंक ने पूरे पृष्ठ का विज्ञापन जारी कर दिया है, क्या वह उसके सामने का पृष्ठ खरीदना पसंद करेंगे? फिर उसने कोकाकोला को दूरभाष किया था कि पेप्सी ने पत्रिका के लिए बड़ा विज्ञापन आरक्षित कर लिया है, लेकिन पिछला आवरण पृष्ठ अभी भी अनारक्षित था।

इस प्रकार अब रिचर्ड ब्रैनसन का अधिकांश समय पत्रिका के प्रकाशन की तैयारी पर केंद्रित हो गया था, इसलिए उसने अपनी विशेष रुचि के प्राचीन इतिहास के अतिरिक्त सभी विषयों की पढ़ाई बंद कर दी थी। अब वह बहुधा लंदन जाने लगा था और वहाँ पत्रिका आरंभ करने के लिए उसने आवश्यक कर्मचारियों व अन्य व्यवस्थाओं को जुटाना आरंभ कर दिया था और अंतत: उसने वर्ष 1967

के ग्रीष्मकालीन सत्र के अंत में, लगभग 17 वर्ष की आयु में स्वयं की पत्रिका का प्रकाशन आरंभ करने के लिए पढ़ाई छोड़ देने का निर्णय कर लिया था और जब इस आशय की सूचना देने के उद्देश्य से प्रधानाचार्य के समक्ष उपस्थित हुआ था, तो उसने टिप्पणी की थी, "बधाई, ब्रैनसन। मैं भविष्यवाणी करता हूँ कि तुम या तो कारागार में जाओगे या करोड़पति बन जाओगे।"

अब रिचर्ड ब्रैनसन अपने सहपाठी जोन्नी जेम्स के साथ उसके माता-पिता के लंदन (कनाट स्क्वायर, एडगवारे रोड के सामने) स्थित निवास के तलघर (बेसमेंट) में स्थानांतरित हो गया था और पत्रिका के प्रकाशन की अंतिम तैयारियाँ आरंभ कर दी थीं। संपादकीय दृष्टि से पत्रिका को श्रेष्ठ बनाने के लिए उसने अस्तित्ववादी ज्याँ-पॉल सार्त्र, उपन्यासकार जेम्स बाल्डविन व एलिस वॉकर और कवि रॉबर्ट ग्रेव्स जैसे बड़े नामों सहित कई लोगों को साक्षात्कार व आलेख के लिए जोड़ा था।

'स्टूडेंट' का प्रकाशन—अब रिचर्ड ब्रैनसन अपने सहपाठी जोन्नी जेम्स के साथ उसके माता-पिता के लंदन (कनाट स्क्वायर, एडगवारे रोड के सामने) स्थित निवास के तलघर (बेसमेंट) में स्थानांतरित हो गया था और पत्रिका के प्रकाशन की अंतिम तैयारियाँ आरंभ कर दी थीं। संपादकीय दृष्टि से पत्रिका को श्रेष्ठ बनाने के लिए उसने अस्तित्ववादी ज्याँ-पॉल सार्त्र, उपन्यासकार जेम्स बाल्डविन व एलिस वॉकर और कवि रॉबर्ट ग्रेव्स जैसे बड़े नामों सहित कई लोगों को साक्षात्कार व आलेख के लिए जोड़ा था। समूची गरमी दोनों ने तलघर में बिताई थी और जमीन पर गद्दे बिछाकर सोते रहे थे। शीघ्र ही वह स्थान कॉफी कप व फिश एंड चिप्स के लपेटनों से भर गया था। जब उन्हें अधिक भूख लगती तो वे चुपके से ऊपर की मंजिल में घुस जाते थे और जोन्नी के माता-पिता के फ्रिज से चोरी कर लेते थे।

इस क्रम में संपादकीय सामग्रियों को जुटाने के साथ-साथ रिचर्ड ब्रैनसन ने विज्ञापनदाताओं से संपर्क जारी रखा था। उसने समूचे पृष्ठ के विज्ञापन की दर 250 पौंड रखी थी, जबकि उसके आठवें हिस्से की 40 पौंड। अनगिनत भेंटों व संपर्कों के बाद, रिचर्ड ने पहले अंक के लिए नौ कंपनियों को समूचे पृष्ठों के विज्ञापन के लिए सहमत कर लिया था, जिनमें जे. वॉल्टर थॉम्पसन, मेटल बॉक्स, द संडे टाइम्स, द

टेलीग्राफ, गैस कौंसिल, द इकोनॉमिस्ट, लॉयड्स बैंक, रैंक ऑर्गेनाइजेशन व जॉन लैंग बिल्डर्स शामिल थे। जी हाँ, इन नौ कंपनियों को खोजने के लिए रिचर्ड ने 300 विज्ञापनदाताओं से संपर्क साधा था। अब कुल 2,250 पौंड के विज्ञापन का जुगाड़ हो गया था, जो प्रथम अंक की 30,000 प्रतियों के प्रकाशन के लिए पर्याप्त धनराशि थी। इन विज्ञापनों के चेक को जमा कर रिचर्ड ने पत्रिका के नाम से निजी बैंक काउट्स एंड कंपनी में खाता खुलवाया था, जहाँ उसके माता-पिता का भी खाता था। इसके साथ ही उसने बैंक को 1,000 पौंड के अधिविकर्षण (ओवरड्राफ्ट) की सुविधा देने के लिए भी तैयार कर लिया था।

जनवरी 1968 में 'स्टूडेंट' का पहला अंक प्रकाशित हुआ था। शीघ्र ही रिचर्ड ब्रैनसन प्रसिद्ध होने लगा था, लेकिन कुछ ही महीनों में रिचर्ड को स्पष्ट हो गया था कि 'स्टूडेंट' को आर्थिक रूप से सफल बनाना बहुत ही भीषण कार्य है।

कुछ समय बाद युवाओं व पत्रकारों की आवाजाही बढ़ने के कारण 'स्टूडेंट' का कार्यालय 44-अल्बिअन स्ट्रीट (पश्चिमी लंदन) में स्थानांतरित हो गया था। वहाँ पर रिचर्ड ने 'स्टूडेंट एडवाइजरी सेंटर' भी स्थापित कर लिया था, जो युवाओं को विशेष रूप से यौनरोग के उपचार सुझाता था। ऐसे में वहाँ पर युवाओं का जमघट बहुत अधिक बढ़ गया था और पड़ोस के निवासी कठिनाई महसूस करने लगे थे। उन्हें वहाँ पर 'ड्रग' के सेवन का संदेह भी हो गया था और वे बहुधा पुलिस से इसकी शिकायत करने लगे थे। ऐसे में, एक बार रिचर्ड को थाने में भी बुलवाया गया था, लेकिन उसकी माँ ने समय पर हस्तक्षेप किया था और कार्यालय का स्थान बदल लेने का आश्वासन देकर पुलिस को संतुष्ट कर लिया था। अब वे लोग नया कार्यालय ढूँढ़ने लगे थे और उन्हें सबसे सस्ते में सैंट जोंस चर्च (बेजवाटर रोड के ठीक बगल में) के पादरी ने तलघर को

एक बार रिचर्ड को थाने में भी बुलवाया गया था, लेकिन उसकी माँ ने समय पर हस्तक्षेप किया था और कार्यालय का स्थान बदल लेने का आश्वासन देकर पुलिस को संतुष्ट कर लिया था। अब वे लोग नया कार्यालय ढूँढ़ने लगे थे और उन्हें सबसे सस्ते में सैंट जोंस चर्च (बेजवाटर रोड के ठीक बगल में) के पादरी ने तलघर को कार्यालय के रूप में उपयोग करने की अनुमति दे दी थी। ऐसे में उन लोगों ने निवास को वहीं रखा था और कार्यालय को स्थानांतरित कर लिया था।

कार्यालय के रूप में उपयोग करने की अनुमति दे दी थी। ऐसे में उन लोगों ने निवास को वहीं रखा था और कार्यालय को स्थानांतरित कर लिया था।

लेकिन नवंबर 1969 में दो पुलिसकर्मियों ने 'स्टूडेंट' के कार्यालय का निरीक्षण किया था और रिचर्ड को अश्लील विज्ञापन अधिनियम-888, यौन रोग अधिनियम-997 के बारे में उसका ध्यान आकर्षित किया था। वैसे तो रिचर्ड को अब तक इन अधिनियमों के बारे में कोई जानकारी नहीं थी, लेकिन उसने प्रतिवाद किया था कि 'स्टूडेंट एडवाइजरी सेंटर' केवल परामर्श सेवा प्रदान करता था और रोग पाए जाने पर छात्रों को सैंट मेरी हॉस्पिटल के प्रामाणिक चिकित्सकों के पास जाने का सुझाव देता था, लेकिन दिसंबर 1969 में पुलिस फिर से आई थी और रिचर्ड को गिरफ्तार कर लिया गया था। समाचार-पत्रों ने पुलिस की इस काररवाई की भर्त्सना की थी और दूसरी सुनवाई में न्यायाधीश ने 7 पौंड का आर्थिक दंड देकर रिचर्ड ब्रेनसन को तत्कालीन अधिनियम के अंतर्गत दो वर्षों के कारावास से बचा लिया था।

दिसंबर 1969 में पुलिस फिर से आई थी और रिचर्ड को गिरफ्तार कर लिया गया था। समाचार-पत्रों ने पुलिस की इस काररवाई की भर्त्सना की थी और दूसरी सुनवाई में न्यायाधीश ने 7 पौंड का आर्थिक दंड देकर रिचर्ड ब्रेनसन को तत्कालीन अधिनियम के अंतर्गत दो वर्षों के कारावास से बचा लिया था।

वर्जिन रिकॉर्ड्स की स्थापना— अब तक रिचर्ड का ध्यान 'स्टूडेंट' पत्रिका के सफल संचालन और उसकी आय से 'स्टूडेंट एडवाइजरी सेंटर' की लागत को पूरा करने पर केंद्रित था, लेकिन शीघ्र ही किसी मित्र ने उसका ध्यान संगीत-अभिलेखों (म्यूजिक रिकॉर्ड्स) के आकर्षक व्यवसाय की ओर खींचा था। अब तक पत्रिका के युवा कर्मचारियों की संख्या 20 हो गई थी, जो अभी भी 44-अल्बिअन स्ट्रीट में रहते हुए चर्च के तलघर स्थित कार्यालय में काम करते थे। खर्च बढ़ रहा था, जिसे पूरा करने के लिए रिचर्ड को आय के नए स्रोत की खोज थी और उसने लोकप्रिय कलाकारों के संगीत अभिलेखों को पत्रिका में प्रचारित कर डाक आदेश से अपेक्षाकृत सस्ते मूल्यों पर बेचना आरंभ कर दिया था और इस सेवा का नाम रखा था—'वर्जिन रिकाड्र्स'। वास्तव में 'वर्जिन' नाम किसी कर्मचारी ने सुझाया था, क्योंकि वे लोग संगीत के व्यवसाय में पूरी तरह से 'कुँवारे'

व नए थे, लेकिन इस ब्रांड नाम की तत्काल ही धूम मच गई थी।

इस व्यवसाय की सबसे आकर्षक बात यह थी कि ग्राहक पहले पैसा भेजते थे और फिर उनके माँग-आदेश को पूरा किया जाता था अर्थात् रिकॉर्ड्स खरीदने के लिए पूँजी की कोई आवश्यकता नहीं थी। इस तरह बैंक में नकदी का प्रवाह तेज हो गया था और अब रिचर्ड ने पत्रिका को बेचकर इसी व्यवसाय पर ध्यान केंद्रित करने का मन बनाया था। उसने इसके लिए कई पत्रिका समूहों से बातचीत की थी, हालाँकि 'टाइम' पत्रिका के प्रकाशक आई.पी.सी./इंटरनेशनल पब्लिशिंग कॉरपोरेशन (बाद में टाइम इंक यूके) ने 'स्टूडेंट' पत्रिका को खरीदने में रुचि दिखाई थी, लेकिन रिचर्ड ब्रैनसन जैसे सनकी व्यक्ति को संपादक नहीं बनाना चाहते थे और अंत में वे सौदे से पीछे हट गए थे। ऐसे में, 'स्टूडेंट' पत्रिका की मृत्यु तय हो गई थी, क्योंकि रिचर्ड ने संगीत व्यवसाय की महत्त्वाकांक्षा को पूरा करने पर अपना ध्यान केंद्रित कर लिया था।

इस व्यवसाय की सबसे आकर्षक बात यह थी कि ग्राहक पहले पैसा भेजते थे और फिर उनके माँग-आदेश को पूरा किया जाता था अर्थात् रिकॉर्ड्स खरीदने के लिए पूँजी की कोई आवश्यकता नहीं थी। इस तरह बैंक में नकदी का प्रवाह तेज हो गया था और अब रिचर्ड ने पत्रिका को बेचकर इसी व्यवसाय पर ध्यान केंद्रित करने का मन बनाया था।

फिर सन् 1971 में रिचर्ड ने अपने मित्र निक पॉवेल के साथ मिलकर ऑक्सफोर्ड स्ट्रीट पर 'वर्जिन रिकॉर्ड्स एंड टेप्स' नाम से छोटा सा भंडार स्थापित किया था। यह भी 'स्टूडेंट' पत्रिका का विस्तार ही था, जो तत्काल ही युवा संगीत-प्रेमियों का जमघट केंद्र बन गया था। अगले एक वर्ष में ही इस व्यवसाय से इतनी आय हो गई थी कि रिचर्ड व पॉवेल ने अपना संगीत ब्रांड 'वर्जिन रिकॉर्ड्स' आरंभ करने के दूरगामी उद्देश्य को ध्यान में रखकर ऑक्सफोर्ड के उत्तर में ऑक्सफोर्डशायर के गाँव शिपटन-ऑन-चेरवेल में बड़ा भू-खंड खरीदकर आवासीय अभिलेखन स्टूडियो की स्थापना की थी, जिसका नाम रखा था—'मनोर स्टूडियो'। फिर उन्होंने अनुभवहीन लेकिन संभावनाशील कलाकारों को स्टूडियो का समय किराए पर देना आरंभ किया था, जिनमें बहु-वाद्ययंत्र वादक माइक ऑयलफील्ड भी शामिल था। माइक का पहला संगीत-संग्रह 'ट्यूबलर बेल' (1973) 'वर्जिन रिकॉर्ड्स' का पहला विमोचन था, जो तत्काल

संगीत-सारणियों में शीर्ष पर चला गया था। उसके बाद 'वर्जिन रिकाड्र्स' ने 'सेक्स पिस्तौल' जैसी विवादित संगीत मंडली के साथ अनुबंध किया था, जिससे अन्य संगीत कंपनियाँ स्वयं को दूर रखती थीं। बाद में, रोलिंग स्टोन्स, पीटर गेब्रियल, यूबी 40, स्टीव विनवुड व पाउला अब्दुल के साथ हस्ताक्षर कर 'वर्जिन रिकॉर्ड्स' विश्व का सबसे बड़ा संगीत ब्रांड बननेवाला था। (वर्ष 1992 में अपनी विमान सेवा को जारी रखने के लिए रिचर्ड ब्रैनसन ने 'वर्जिन रिकाड्र्स' को 50 करोड़ पौंड में ई.एम.आई. को बेच दिया)

वर्ष 1983 तक रिचर्ड ब्रैनसन के व्यवसाय साम्राज्य में 50 कंपनियाँ सम्मिलित हो गई थीं, जो फिल्म निर्माण से लेकर वातानुकूलन यंत्र की सफाई करने तक का व्यवसाय कर कुल 1.70 करोड़ डॉलर का संयुक्त राजस्व अर्जित कर रही थीं, लेकिन रोचक तथ्य है कि रिचर्ड विविध व्यवसायों में विस्तार को धन अर्जित करने का सचालन-बल नहीं मानता है।

व्यवसाय-साम्राज्य विस्तार—वर्ष 1983 तक रिचर्ड ब्रैनसन के व्यवसाय साम्राज्य में 50 कंपनियाँ सम्मिलित हो गई थीं, जो फिल्म निर्माण से लेकर वातानुकूलन यंत्र की सफाई करने तक का व्यवसाय कर कुल 1.70 करोड़ डॉलर का संयुक्त राजस्व अर्जित कर रही थीं, लेकिन रोचक तथ्य है कि रिचर्ड विविध व्यवसायों में विस्तार को धन अर्जित करने का सचालन-बल नहीं मानता है। वास्तव में, इन प्रयासों के पीछे उसका मुख्य उद्देश्य दूसरे लोगों की तुलना में अधिक अच्छा करने का आनंद रहा था और वर्ष 1984 में ब्रैनसन ने अपने व्यावसायिक जीवन की सबसे बड़ी चुनौती को स्वीकार किया था और 'वर्जिन अटलांटिक' विमान सेवा की स्थापना की थी।

अपनी श्रेष्ठतर सेवा व भव्य सुविधाओं के लिए 'वर्जिन अटलांटिक' तत्काल ही प्रसिद्ध हो गई थी, लेकिन वर्ष 1991 में ब्रिटिश एयरवेज ने रिचर्ड ब्रैनसन को इस व्यवसाय से बाहर निकालने का गुप्त अभियान छेड़ दिया था। वर्ष 1992 में कंपनी की आर्थिक स्थिति इतनी बिगड़ गई थी कि वित्तीय संस्थानों ने रिचर्ड को 'वर्जिन रिकॉर्ड्स' को बेच देने के लिए बाध्य कर दिया था। वैसे तो इस बिक्री से प्राप्त धन से बैंकों के भुगतान कर वह 'वर्जिन अटलांटिक' पर संपूर्ण स्वामित्व स्थापित करने में सफल रहा था, लेकिन 'वर्जिन रिकॉर्ड्स' को खोने की पीड़ा वह कभी भी भूल नहीं सका था। यही वह घटना थी जब ब्रैनसन ने भविष्य में बैंकों के चंगुल में

कभी नहीं फँसने की शपथ ली थी और 'वर्जिन' ब्रांड के नाम पर उद्यम-पूँजी जुटाने की रणनीति को व्यवहार में लाना आरंभ कर दिया था। अब 'वर्जिन' अपने नाम के बदले में संबंधित कंपनी में नियंत्रणकारी हिस्सेदारी लेने लगा था, जबकि उसके धनाढ्य साझेदार अधिकांश कार्यशील पूँजी झोंकने लगे थे।

इसी रणनीति का परिणाम है कि अब रिचर्ड ब्रैनसन 200 से अधिक विभिन्न कंपनियों को अपने स्वामित्व या हिस्सेदारी को नियंत्रित करता है, जिनमें दो विमान सेवाएँ—वर्जिन अटलांटिक व वर्जिन गैलानटिक, वर्जिन इंटरैक्टिव एंटरटेनमेंट, वर्जिन रेडियो, वर्जिन स्टूडियोज, वर्जिन होटल्स, वर्जिन ब्राइडल, वर्जिन क्लब्स, वर्जिन कोला, वर्जिन पब्लिशिंग, वर्जिन वोदका, वर्जिन नेट, वर्जिन मेगास्टोर शृंखला, वैश्विक संगीत अभिलेखन कंपनी 'वी-2', उच्च गति रेल सेवा यूरोस्टार आदि शामिल हैं। 18 मई, 2018 को 'फोर्ब्स' पत्रिका की गतिमान मूल्यांकन सूची में रिचर्ड ब्रैनसन की निजी परिसंपत्तियों का निवल मूल्य 5.1 अरब डॉलर आँका गया था।

❑

डेविड कार्प

जब 12वीं की कक्षा में प्रवेश करने से पहले डेविड कार्प की माँ ने उसे अपनी कंप्यूटर परियोजना में व्यस्त देखा था तो अपनी सहेली के माध्यम से फ्रेडरेटर स्टूडियो (न्यूयॉर्क) में उसके प्रशिक्षण की व्यवस्था की थी, तो उसे पता नहीं था कि मात्र 15 वर्ष की आयु में वह अर्बनबेबी.कॉम का मुख्य प्रौद्योगिकी अधिकारी बन जाएगा और उसे आगे पढ़ाई करने की आवश्यकता ही नहीं होगी। फिर कार्प ने जब 2007 में 'टंबलर.कॉम' का शुभारंभ किया तो उसे भी पता नहीं था कि वर्ष 2013 में याहू उसे 1.1 अरब डॉलर में खरीद लेगी और वह 20 करोड़ डॉलर का स्वामी बनकर प्रौद्योगिक उद्योग का बहुचर्चित मुख्य कार्यकारी अधिकारी बन जाएगा।

डेविड कार्प का जन्म 6 जुलाई, 1986 को न्यूयॉर्क के मैनहट्टन में अपर वेस्ट साइड में हुआ था। उसकी माँ बारबरा एकरमैन स्थानीय प्रगतिशील उच्च विद्यालय काल्होउन स्कूल में विज्ञान पढ़ाती है, जबकि पिता माइकल डी. कार्प फिल्म संगीतकार था। (वे अलग-अलग हो गए थे, जब कार्प 17 वर्ष का था)। कार्प ने 3 वर्ष की आयु से 8वीं कक्षा तक काल्होउन स्कूल में पढ़ाई की

थी। उसी समय 11 वर्ष की आयु में कार्प 'एच.टी.एम.एल. फॉर डमीज' पुस्तक को पढ़कर स्थानीय व्यवसायियों के लिए वेबसाइट की रचना करने लगा था। फिर कार्प ने विशिष्ट उच्च विद्यालय प्रवेश परीक्षा दी और उसे न्यूयॉर्क शिक्षा विभाग द्वारा संचालित स्थानीय ब्रोंक्स हाईस्कूल ऑफ साइंस में नामांकन प्राप्त हुआ था। इस विद्यालय को अमेरिका के शीर्ष विशिष्ट उच्च विद्यालयों में गिना जाता है। यहाँ कार्प ने नौवीं से 11वीं तक की पढ़ाई की थी और इस बीच 'एच.टी.एम.एल.' स्वयं शिक्षा भी जारी रखी हुई थी।

फ्रेडरेटर स्टूडियो में प्रशिक्षण—12वीं की पढ़ाई आरंभ करने से पहले वह वेबसाइट निर्माण की प्रक्रिया में इतना अधिक ध्यान केंद्रित हो गया था कि उसकी माँ ने उसे घर से ही पढ़ाई करने और अपने सपने को पूरा करने की दिशा में आगे बढ़ने के लिए प्रोत्साहित किया था। उस समय कार्प मैसाचुसेट्स इंस्टीट्यूट ऑफ टेक्नोलॉजी (एम.आई.टी.) या फिर न्यूयॉर्क में ही विश्वविद्यालय में जाने की भी आकांक्षा रखता था, लेकिन उसकी माँ ने कार्प के लिए फ्रेडरेटर स्टूडियो (न्यूयॉर्क) में प्रशिक्षु के रूप में प्रशिक्षण प्राप्त करना सुनिश्चित किया था। इस जीवन-संचारित दूरदर्शन कार्यक्रमों (एनिमेटेड टेलीविजन प्रोग्राम) के निर्माण के लिए प्रसिद्ध इस स्टूडियो की स्थापना एम.टी.वी. के बहुचर्चित प्रथम रचनात्मक निदेशक (क्रिएटिव डायरेक्टर) फ्रेडरिक सीबर्ट ने की थी। वास्तव में, कार्प की माँ ने फ्रेडरिक सीबर्ट के बच्चों को काल्होउन स्कूल में पढ़ाया था और सीबर्ट की पत्नी उसकी सहेली थी। ऐसे में जब कार्प की माँ ने उससे कार्प के झुकाव के बारे में बात की थी तो उसने सीबर्ट के अधीन प्रशिक्षण दिलाने का सुझाव दिया था।

> ***कार्प फ्रेडरेटर स्टूडियो के कंप्यूटर अभियंताओं के कार्य से चमत्कृत हुआ था और उसने वहाँ पर नियमित रूप से जाना व सीखना जारी रखा था। इसके साथ ही कार्प ने जापान सोसाइटी (मैनहट्टन) की जापानी की कक्षाओं में जाना और एक गणित अनुशिक्षक से ब्लैकजैक व पोकर में जीतने के लिए सॉफ्टवेयर लेखन भी सीखना आरंभ किया था।***

कार्प फ्रेडरेटर स्टूडियो के कंप्यूटर अभियंताओं के कार्य से चमत्कृत हुआ था और उसने वहाँ पर नियमित रूप से जाना व सीखना जारी रखा था। इसके साथ ही कार्प ने जापान सोसाइटी (मैनहट्टन) की जापानी की कक्षाओं में जाना और एक

गणित अनुशिक्षक से ब्लैकजैक व पोकर में जीतने के लिए सॉफ्टवेयर लेखन भी सीखना आरंभ किया था।

अर्बनबेबी में मुख्य प्रौद्योगिकी अधिकारी—इस बीच जब ऑनलाइन मंच अर्बनबेबी.कॉम (UrbanBaby.com) के लिए तकनीकी सहायता की माँग की गई थी तो फ्रेडरेटर के एक कर्मचारी ने इस काम के लिए डेविड कार्प की अनुशंसा की थी। जिस कार्य को पूरा करने में कुछ दिन लगनेवाले थे, कार्प ने उसे केवल चार घंटों में पूरा कर दिया था। कार्प की इस प्रौद्योगिकी प्रतिभा से मंच के संस्थापक उद्यमी जॉन मेलोनी ने उसे अपनी आरंभिक कंपनी में कुछ स्वामित्व हिस्सेदारी प्रदान कर मुख्य प्रौद्योगिकी अधिकारी (सी.टी.ओ.) नियुक्त कर दिया था।

अर्बनबेबी के संचालकों को तीन महीने तक पता ही नहीं चला था कि कार्प न्यूयॉर्क में था ही नहीं। वह तो जापान में पाँच महीनों की यात्रा पर था। वास्तव में, अर्बनबेबी में लगभग एक वर्ष काम करने के बाद कार्प के पास इस यात्रा का खर्च वहन करने के लिए पर्याप्त धनराशि एकत्र हो गई थी और वह अकेले ही जापान के भ्रमण पर निकल गया था।

जी हाँ, तब डेविड कार्प की आयु मात्र 16 वर्ष थी। अब उसे न तो उच्च विद्यालय वापस जाने की आवश्यकता थी और न ही एम.आई.टी. में कंप्यूटर विज्ञान की शिक्षा प्राप्त करने की, क्योंकि उसे इतनी कम आयु में वह अवसर मिल गया था, जो उसकी दूरगामी महत्त्वाकांक्षा को पूरा करने के लिए पर्याप्त था। चूँकि वह सी.टी.ओ. के रूप में अपने घर से ही काम करता था, इसलिए अर्बनबेबी के संचालकों को तीन महीने तक पता ही नहीं चला था कि कार्प न्यूयॉर्क में था ही नहीं। वह तो जापान में पाँच महीनों की यात्रा पर था। वास्तव में, अर्बनबेबी में लगभग एक वर्ष काम करने के बाद कार्प के पास इस यात्रा का खर्च वहन करने के लिए पर्याप्त धनराशि एकत्र हो गई थी और वह अकेले ही जापान के भ्रमण पर निकल गया था।

वहाँ से आने के बाद कार्प वर्ष 2006 तक अर्बनबेबी के लिए काम करता रहा था, जब सैन फ्रांसिस्को आधारित सी.बी.एस. समूह की ऑनलाइन मीडिया कंपनी सी.इन.ई.टी. ने उसे अधिगृहीत कर लिया था। चूँकि अर्बनबेबी में कार्प की भी स्वामित्व हिस्सेदारी थी, इसलिए उसको भी अच्छी धनराशि प्राप्त हुई थी और

वह अपनी महत्त्वाकांक्षा को आकार प्रदान करने के लिए अपनी आरंभिक कंपनी की स्थापना कर सकता था।

डेविडविल्ले की स्थापना—अब डेविड कार्प ने वेबसाइट प्रारूप रचना व विकास कंपनी 'डेविडविल्ले' की स्थापना की थी और फ्रेडरिक सीबर्ट ने उसे अपने स्टूडियो कार्यालय से इस व्यवसाय को संचालित करने की सुविधा प्रदान कर दी थी। उसने ऑनलाइन वर्गीकृत विज्ञापन मंच क्रैग्सलिस्ट.कॉम पर कंप्यूटर अभियंता के लिए विज्ञापन प्रकाशित किया था, लेकिन वह घबराया हुआ था कि यदि कोई विज्ञापन पढ़कर उसके सामने प्रस्तुत होगा तो वह उसका साक्षात्कार कैसे लेगा, क्योंकि वह स्वयं शिक्षित कंप्यूटर अभियंता तो था ही नहीं। ऐसे में उसने साक्षात्कार के समय फ्रेडरिक सीबर्ट को अपने साथ बैठने के लिए सहमत कर लिया था। इस प्रकार कार्प ने अपनी कंपनी के लिए मार्को आरमेंट का चयन किया था।

अब डेविड कार्प ने वेबसाइट प्रारूप रचना व विकास कंपनी 'डेविडविल्ले' की स्थापना की थी और फ्रेडरिक सीबर्ट ने उसे अपने स्टूडियो कार्यालय से इस व्यवसाय को संचालित करने की सुविधा प्रदान कर दी थी। उसने ऑनलाइन वर्गीकृत विज्ञापन मंच क्रैग्सलिस्ट.कॉम पर कंप्यूटर अभियंता के लिए विज्ञापन प्रकाशित किया था, लेकिन वह घबराया हुआ था कि यदि कोई विज्ञापन पढ़कर उसके सामने प्रस्तुत होगा तो वह उसका साक्षात्कार कैसे लेगा, क्योंकि वह स्वयं शिक्षित कंप्यूटर अभियंता तो था ही नहीं।

आरमेंट के पास ब्लूमबर्ग से नौकरी के प्रस्ताव थे, इसलिए वह इस बात को लेकर थोड़ा भ्रम में अवश्य आया था कि उसे किसके अधीन काम करना था, लेकिन उसे डेविड कार्प के साथ काम करना अधिक संभावनाशील लगा था। कुछ समय तक दोनों ग्राहकों के वेबसाइट विकास का काम करते रहे थे, जिनमें से कई जनसंपर्क माध्यम कंपनियाँ थीं। जब वे सभी काम पूरे हो गए थे तो अन्य ग्राहक का काम लेने से पहले डेविड कार्प ने कुछ समय तक खाली रहने और अपने महत्त्वाकांक्षी विचार पर काम करने का निर्णय किया था।

और वह विचार था 'टंबलब्लॉगिंग' या 'माइक्रोब्लॉगिंग' सॉफ्टवेयर विकसित करने का, जिसके माध्यम से उपयोगकर्ताओं को लघु वाक्य, व्यक्तिगत चित्रों या

चलचित्रों की कड़ियों के आदान-प्रदान करने की अनुमति दी जा सके। चूँकि यह ब्लॉग करने की प्रक्रिया की तुलना में अधिक सरल थी और उसे तत्काल संदेश सेवा (इंस्टेंट मैसेजिंग सर्विस) की तरह भी उपयोग करना संभव था, इसलिए कार्प इसकी लोकप्रियता की संभावनाओं का बहुत अच्छी तरह अनुमान लगा सकता था।

मार्को आरमेंट तब और भी आश्चर्यचकित हुआ था, जब कार्प ने उसे बताया था कि वह पहले ही इंटरनेट अधिकार-क्षेत्र में इसका नाम टंबलर.कॉम (tumbler.com) पंजीकृत करा चुका था। वास्तव में, डेविड कार्प पिछले एक वर्ष से भी अधिक समय से इस बात की प्रतीक्षा कर रहा था कि कोई और इस प्रकार का कार्य कर सकता है और वह उसके बाद ही अपनी परियोजना आरंभ करना चाहता था, लेकिन अब उसके पास पर्याप्त साधन थे और वह अधिक प्रतीक्षा किए बिना आगे बढ़ सकता था। तो, कार्प ने आरमेंट के साथ कार्यशील प्रारूप का विकास आरंभ कर दिया था। वह ब्लॉगिंग की समूची प्रक्रिया को अपने अनुप्रयोग के पाँच बटनों में समेटना चाहता था, जो थे—टेक्स्ट (मूल पाठ), फोटो (चित्र), वीडियो (चलचित्र), क्वोट (उद्धरण) व डायलॉग (संवाद)।

19 फरवरी, 2007 को 'टंबलर.कॉम' को उपयोगकर्ताओं के लिए जीवंत कर दिया गया था। प्रौद्योगिक ब्लॉग लेखकों ने इस नए आविष्कार को अपने पाठकों तक पहुँचाया था और दो सप्ताह के भीतर ही इस माइक्रोब्लॉगिंग मंच पर 75,000 उपयोगकर्ता पंजीकृत हो गए थे। शीघ्र ही स्पार्क कैपिटल, यूनियन स्क्वायर वेंचर्स सहित देवदूत निवेशकों के एक छोटे समूह ने 30 लाख डॉलर के मूल्यांकन पर टंबलर इंकॉर्पोरेटेड में बीज-पूँजी के रूप में 7,75,000 डॉलर का निवेश किया था।

टंबलर.कॉम का शुभारंभ—19 फरवरी, 2007 को 'टंबलर.कॉम' को उपयोगकर्ताओं के लिए जीवंत कर दिया गया था। प्रौद्योगिक ब्लॉग लेखकों ने इस नए आविष्कार को अपने पाठकों तक पहुँचाया था और दो सप्ताह के भीतर ही इस माइक्रोब्लॉगिंग मंच पर 75,000 उपयोगकर्ता पंजीकृत हो गए थे। शीघ्र ही स्पार्क कैपिटल, यूनियन स्क्वायर वेंचर्स सहित देवदूत निवेशकों के एक छोटे समूह ने 30 लाख डॉलर के मूल्यांकन पर टंबलर इंकॉर्पोरेटेड में बीज-पूँजी के रूप में 7,75,000 डॉलर का निवेश किया था। अब कार्प ने कंपनी के व्यावसायिक विषयों

को सँभालने के लिए अपने पूर्ण नियोक्ता जॉन मालोनी को बुला लिया था, ताकि वह अपना व आरमेंट का पूरा ध्यान अधिक सूक्ष्म प्रौद्योगिक चुनौतियों पर केंद्रित रख सके। जी हाँ, उस समय कार्प की आयु 20 वर्ष ही थी।

उपयोगकर्ताओं की संख्या वृद्धि के साथ मंच के संचालन का व्यय भी बढ़ रहा था, लेकिन इसके लिए कार्प को उद्यम-पूँजी जुटाने में कोई कठिनाई नहीं आ रही थी। कंपनी ने उद्यम-पूँजी के रूप में दिसंबर 2008 में 45 लाख डॉलर, अप्रैल 2010 में 50 लाख डॉलर, दिसंबर 2010 में 3 करोड़ डॉलर आकर्षित किए थे। इस प्रकार टंबलर का बाजार मूल्यांकन लगातार बढ़ता हुआ सितंबर 2011 में 80 करोड़ डॉलर के स्तर पर पहुँच गया था, जिस पर ग्रेलॉक पार्टनर्स व इनसाइट वेंचर पार्टनर्स ने 8.50 करोड़ डॉलर का निवेश किया था। इस बीच वर्ष 2010 में मार्को आरमेंट ने अपनी परियोजना पर ध्यान केंद्रित करने के लिए टंबलर के मुख्य प्रौद्योगिक अधिकारी का पद त्याग दिया था।

अब डेविड कार्प पर राजस्व अर्जित करने का दबाव बढ़ने लगा था और सितंबर 2012 में उसने घोषित किया था कि मंच को विज्ञापन के माध्यम से मुद्रीकृत किया जाएगा। वर्ष 2012 में टंबलर ने विज्ञापन के माध्यम से 1.30 करोड़ डॉलर अर्जित करने की सूचना दी थी, जब उसका परिचालन व्यय 2.50 करोड़ डॉलर रहा था। तब कंपनी ने दावा किया था कि वर्ष 2013 में उसका विज्ञापन राजस्व 10 करोड़ डॉलर के स्तर को पार कर लेगा और कंपनी लाभ की स्थिति में आ जाएगी, लेकिन इससे पूर्व 20 मई, 2013 को याहू द्वारा 1.1 अरब डॉलर नकद में अधिकृत कर लिये जाने की सूचना आई थी। उस समय 'फोर्ब्स' पत्रिका ने डेविड कार्प की व्यक्तिगत परिसंपत्तियों का मूल्यांकन 20 करोड़ डॉलर किया था।

तब कंपनी ने दावा किया था कि वर्ष 2013 में उसका विज्ञापन राजस्व 10 करोड़ डॉलर के स्तर को पार कर लेगा और कंपनी लाभ की स्थिति में आ जाएगी, लेकिन इससे पूर्व 20 मई, 2013 को याहू द्वारा 1.1 अरब डॉलर नकद में अधिकृत कर लिये जाने की सूचना आई थी। उस समय 'फोर्ब्स' पत्रिका ने डेविड कार्प की व्यक्तिगत परिसंपत्तियों का मूल्यांकन 20 करोड़ डॉलर किया था।

मई 2018 में टंबलर.कॉम विश्व की 18 भाषाओं में कुल 41.47 करोड़ ब्लॉग

को आतिथेय मंच प्रदान कर रहा था, जिस पर प्रतिदिन 2.74 करोड़ डाक भेजे जा रहे थे।

इस बीच फरवरी 2017 में याहू को बहुराष्ट्रीय दूरसंचार समूह वरीजॉन कम्युनिकेशंस द्वारा अधिकृत कर लिये जाने के बाद भी डेविड कार्प टंबलर के मुख्य कार्यकारी अधिकारी (सी.ई.ओ.) के रूप में काम करता रहा था, लेकिन अचानक नवंबर 2017 में उसने घोषित किया था कि वह दिसंबर 2017 तक ही अपने पद पर रहेगा।

❑

जोए लेविस

जब उच्च विद्यालय की पढ़ाई छोड़कर 15 वर्ष की आयु में जोए लेविस को अपने पिता के खान-पान प्रबंध व्यवसाय में ग्राहक को परोसनेवाले (वेटर) का काम करना पड़ा था, तो उसने नहीं सोचा था कि वह शीघ्र ही अपने पिता के व्यवसाय का रेस्तराँ श्रृंखला में विस्तार करेगा और वेस्ट एंड (लंदन) के लोकप्रिय क्लब हनोवर ग्रैंड को भी खरीद लेगा। फिर जब उसने आयकर विभाग से बचने के लिए समूचा व्यवसाय बेचकर कर-मुक्त क्षेत्र ब्रह्मास द्वीप समूह में पलायन कर मुद्रा व्यवसाय आरंभ किया था तो भी उसे पता नहीं था कि वह टैविस्टॉक ग्रुप का विश्व के 10 देशों में 200 से अधिक परिसंपत्तियों का विशाल साम्राज्य बना डालेगा और स्वयं को 5 अरब डॉलर से अधिक का स्वामी।

जोए लेविस का जन्म ग्रेटर लंदन क्षेत्र के उपनगर बाउ में एक यहूदी परिवार में हुआ था, जो रोमन रोड स्थित शराबखाने (पब) के ऊपर निवास करता था। उसका पिता लंदन के मुख्य वाणिज्यिक व मनोरंजन केंद्र 'वेस्ट एंड ऑफ लंदन' में टैविस्टॉक बैंक्वेटिंग नाम से खान-पान प्रबंध (कैटरिंग) का व्यवसाय

करता था। जब वह 15 वर्ष की आयु का था, तभी उसे उच्च विद्यालय की पढ़ाई छोड़कर अपने पिता की व्यवसाय में हाथ बँटाना पड़ा था और सबसे पहले पिता ने उसे ग्राहकों को भोजन परोसनेवाले (वेटर) का काम दिया था। फिर जब उसे पूरे व्यवसाय को सँभालना आरंभ करना पड़ा तो शीघ्र ही उसने अमेरिकी यात्रियों के आकर्षण को ध्यान में रखते हुए विलासितापूर्ण वस्तुओं की बिक्री करनेवाली विशेष रेस्तराँ शृंखला का विस्तार किया था और फिर वेस्ट एंड के सर्वाधिक लोकप्रिय क्लब हनोवर ग्रैंड को भी खरीद लिया था।

जोए लेविस का आकर्षण मुद्रा व्यापार (करेंसी ट्रेडिंग) की ओर बढ़ा था। वर्ष 1979 में जब उस पर आयकर विभाग का शिकंजा कसना आरंभ हुआ था तो वह रेस्तराँ व होटल व्यवसाय को बेचकर 'कर मुक्त क्षेत्र' ब्रह्मास द्वीप समूह में पलायन कर गया था। वहाँ पर उसने मुद्रा व्यापार पर ध्यान केंद्रित किया था। शीघ्र ही वह अपनी जोखिम उठाने की क्षमता व साख के लिए अंतरराष्ट्रीय मुद्रा बाजार में 'बॉक्सर' के नाम से जाना जाने लगा था।

जी हाँ, जोए लेविस ने ही रॉबर्ट अर्ल को हनोवर ग्रैंड में पहली नौकरी का अवसर दिया था, जिसने बाद में 'प्लैनेट हॉलीवुड' रेस्तराँ शृंखला सहित लास वेगास में प्लैनेट हॉलीवुड रिजॉर्ट एंड कैसीनो की स्थापना की थी। वर्ष 1973 में जोए लेविस ने पाँच बहनों की पॉप संगीत-नृत्य मंडली 'द सिंगिंग नोलंस' को प्रस्तुति देते हुए देखा था और उसे पाँच वर्षों के लिए हनोवर ग्रैंड में अनुबंधित किया था, जिसके बाद यह मंडली 'द नोलंस' नाम से प्रसिद्ध हुई थी।

ब्रह्मास पलायन व मुद्रा व्यापार— इसी क्रम में जोए लेविस का आकर्षण मुद्रा व्यापार (करेंसी ट्रेडिंग) की ओर बढ़ा था। वर्ष 1979 में जब उस पर आयकर विभाग का शिकंजा कसना आरंभ हुआ था तो वह रेस्तराँ व होटल व्यवसाय को बेचकर 'कर मुक्त क्षेत्र' ब्रह्मास द्वीप समूह में पलायन कर गया था। वहाँ पर उसने मुद्रा व्यापार पर ध्यान केंद्रित किया था। शीघ्र ही वह अपनी जोखिम उठाने की क्षमता व साख के लिए अंतरराष्ट्रीय मुद्रा बाजार में 'बॉक्सर' के नाम से जाना जाने लगा था। जी हाँ, तब तक जोए लेविस अंतरराष्ट्रीय मुद्रा बाजार के प्रमुख 'सट्टेबाज' के रूप में स्थापित हो चुका था और विभिन्न देशों में परिसंपत्तियाँ खरीदने लगा था।

स्मरण रहे कि यह वही समय था, जब यूरोपीय देशों के बीच आर्थिक

एकीकरण के उद्देश्य से गठित संगठन यूरोपीय आर्थिक समुदाय (यूरोपियन इकोनॉमिक कम्युनिटी/ई.ई.सी.) ने यूरोपीय मौद्रिक प्रणाली (यूरोपियन मोनेटरी सिस्टम/ई.एम.एस.) में 13 मार्च, 1979 को यूरोपीय विनिमय दर तंत्र (यूरोपियन एक्सचेंज रेट मेकैनिज्म/ई.आर.एम.) आरंभ किया था। इसका उद्देश्य विनिमय दर परिवर्तनशीलता को कम करना और यूरोप में मौद्रिक स्थिरता प्राप्त करना और अंततः समूचे यूरोप में एक मुद्रा 'यूरो' को प्रस्तुत करना था, जो दो दशकों बाद 1 जनवरी, 1999 को संभव हुआ था। इस बीच 1990 के दशक के आरंभ से ही बर्लिन की दीवार गिरने के बाद पूर्वी व पश्चिमी जर्मनी के एकीकरण पर अतिरिक्त व्यय से संबंधित मुद्रास्फीति प्रभावों का सामना करने के लिए वहाँ के केंद्रीय बैंक बुंडेसबैंक (अब ड्यूश बुंडेसबैंक) द्वारा उच्च ब्याज दरों के निर्धारण से यूरोपीय विनिमय दर तंत्र (ई.आर.एम.) में तनाव की स्थितियाँ पैदा की थीं। यूके व इटली में अतिरिक्त कठिनाइयाँ भी थीं, उन्हें अपने घरेलू आर्थिक तनावों के कारण दोहरी घाटे की स्थिति से जूझना पड़ रहा था, विशेष रूप से वर्ष 1992 की गरमियों में यूके को अमेरिकी डॉलर के तेजी से मूल्य ह्रास से भी भारी चोट लगी थी, क्योंकि उसी मुद्रा में उसका अधिकांश निर्यात होता था। ऐसे में राष्ट्रीय प्रतिष्ठा के मुद्दों और ई.आर.एम. के भीतर विनिमय दरों का निर्धारण कर एकल यूरोपीय मुद्रा के विकास के सिद्धांत के प्रति प्रतिबद्धता के बीच के टकराव ने विनिमय दर के समायोजन की प्रक्रिया को रोक दिया था। वर्ष 1992 के वसंत में जनमत संग्रह में डेनमार्क के मतदाताओं ने यूरोपीय संघ की स्थापना के लिए की गई 'मास्ट्रिच संधि' को अस्वीकार कर दिया था और फिर फ्रांस में भी इस विषय पर जनमत संग्रह की घोषणा हो गई थी। ऐसे में ई.आर.एम. मुद्राएँ, जो अपनी ई.आर.एम. सीमा के नीचे व्यापार कर रही थीं, विदेशी मुद्रा व्यापारियों के दबाव में आ गई थीं।

वर्ष 1992 के वसंत में जनमत संग्रह में डेनमार्क के मतदाताओं ने यूरोपीय संघ की स्थापना के लिए की गई 'मास्ट्रिच संधि' को अस्वीकार कर दिया था और फिर फ्रांस में भी इस विषय पर जनमत संग्रह की घोषणा हो गई थी। ऐसे में ई.आर.एम. मुद्राएँ, जो अपनी ई.आर.एम. सीमा के नीचे व्यापार कर रही थीं, विदेशी मुद्रा व्यापारियों के दबाव में आ गई थीं।

ऐसे में हंगरी मूल के बहुचर्चित अमेरिकी निवेशक जॉर्ज सोरोस ने बहुत

पहले ही भाँप लिया था कि बहुत कम समय में पौंड स्टर्लिंग ई.आर.एम. की निचली सीमा तक गिर जाएगा और उसने 'शॉर्ट पोजीशन' बनाना आरंभ कर दिया था अर्थात् उसने मुद्रा बाजार से भारी मात्रा में पौंड स्टर्लिंग उधार लेकर खरीदकर खुले बाजार में बेचना आरंभ कर दिया था, इस आशा में, कि जब वह न्यूनतम स्थिति में जाएगी तो वह उधार चुकता कर लाभ कमा लेगा। वास्तव में सोरोस ने उस प्रतिकूल परिस्थिति को पहचान लिया था, जिस पर यू.के. ई.आर.एम. में शामिल हुआ था। उसका अनुमान सटीक था कि जिस दर पर यू.के. ई.आर.एम. में लाया गया था, वह यू.के. के लिए बहुत ही ऊँची थी; यू.के. की मुद्रास्फीति जर्मनी की तुलना में तीन गुना अधिक थी; ब्याज दरें परिसंपत्तियों के मूल्यों को भारी क्षति पहुँचा रही थीं; और ऐसे पौंड स्टर्लिंग का ई.आर.एम. की न्यूनतम सीमा से गिरना तय था। ऐसे में सोरोस अपनी शॉर्ट स्थिति को लगातार विशाल बनाता चला जा रहा था और उसके साथ जोए लेविस सहित कई अन्य मुद्रा व्यापारियों ने भी भयंकर सट्टेबाजी की स्थिति बना दी थी।

अंततः यूके की तत्कालीन कंजर्वेटिव पार्टी की जॉन मेजर की नेतृत्ववाली सरकार भुगतान संकट की स्थिति में आ गई थी और 16 सितंबर, 1992 को अपनी मुद्रा पौंड स्टर्लिंग को यूरोपीय विनिमय दर तंत्र (ई.आर.एम.) से बाहर निकालना पड़ा था। उस दिवस को 'काला बुधवार' के नाम से जाना जाता है। पाँच वर्षों बाद हुए रहस्योद्घाटन से विश्व को पता चल सका था कि उस 'काला बुधवार' में यूके के राजकोष को 3.4 अरब पौंड स्टर्लिंग की हानि हुई थी। यदि उस समय यूके के पास 24 अरब डॉलर का विदेशी मुद्रा भंडार होता तो उस दिन न्यूनतम दर पर पौंड स्टर्लिंग के अवमूल्यन से 2.4 अरब पौंड का लाभ हुआ होता, लेकिन ऐसा नहीं हुआ था। अगस्त व सितंबर माह का व्यापार घाटा 80 करोड़ पौंड स्टर्लिंग आँका गया था।

उस दिवस को 'काला बुधवार' के नाम से जाना जाता है। पाँच वर्षों बाद हुए रहस्योद्घाटन से विश्व को पता चल सका था कि उस 'काला बुधवार' में यूके के राजकोष को 3.4 अरब पौंड स्टर्लिंग की हानि हुई थी। यदि उस समय यूके के पास 24 अरब डॉलर का विदेशी मुद्रा भंडार होता तो उस दिन न्यूनतम दर पर पौंड स्टर्लिंग के अवमूल्यन से 2.4 अरब पौंड का लाभ हुआ होता, लेकिन ऐसा नहीं हुआ था।

इसके विपरीत जॉर्ज सोरोस ने 'शॉर्ट सेलिंग' (न्यूनतम मूल्य पहले का उधार वापस बेचकर) 1 अरब डॉलर से अधिक का लाभ कमाया था। जोए लेविस को भी इस स्थिति में अपने लिए बहुत बड़ा सौभाग्य अर्जित करने का अवसर मिला था/किया था।

टैविस्टॉक ग्रुप का विस्तार—अगले तीन दशकों में जोए लेविस ने टैविस्टॉक ग्रुप को 170 से अधिक कंपनियों के विशाल विश्वव्यापी व्यवसाय-साम्राज्य में बदल दिया था। 'आवासीय बुलबुला' फटने के बाद वर्ष 2008 की आर्थिक मंदी में वैश्विक निवेश बैंक बेयर स्टर्न्स (16 मार्च, 2008 में जे.पी. मोर्गन चेज द्वारा अधिगृहीत) के ध्वस्त होने से पहले 'फोर्ब्स' पत्रिका ने जोए लेविस की व्यक्तिगत परिसंपत्तियों का मूल्यांकन 3 अरब डॉलर किया था।

अगले तीन दशकों में जोए लेविस ने टैविस्टॉक ग्रुप को 170 से अधिक कंपनियों के विशाल विश्वव्यापी व्यवसाय-साम्राज्य में बदल दिया था। 'आवासीय बुलबुला' फटने के बाद वर्ष 2008 की आर्थिक मंदी में वैश्विक निवेश बैंक बेयर स्टर्न्स (16 मार्च, 2008 में जे.पी. मोर्गन चेज द्वारा अधिगृहीत) के ध्वस्त होने से पहले 'फोर्ब्स' पत्रिका ने जोए लेविस की व्यक्तिगत परिसंपत्तियों का मूल्यांकन 3 अरब डॉलर किया था।

इस प्रकरण में जोए लेविस को एक दिन में लगभग 1.60 अरब डॉलर का घाटा हुआ था, क्योंकि सितंबर 2007 में उसने 86.04 करोड़ डॉलर में बेयर स्टर्न्स की 7 प्रतिशत स्वामित्व हिस्सेदारी खरीदी, जिसे दिसंबर में बढ़ाकर 9.4 प्रतिशत कर लिया था। इस प्रकार जोए की प्रति स्वामित्व हिस्सेदारी में 107 डॉलर की लागत आई थी, जबकि जे.पी. मोर्गन ने कंपनी को 10 प्रति स्वामित्व हिस्सेदारी की दर पर अधिगृहीत किया था, लेकिन तब भी जोए लेविस पर इसका कोई प्रभाव स्पष्ट नहीं हो सका था। वह पहले की तरह गुप्त रूप से अपना व्यवसाय करता रहा था और मई 2018 में 'फोर्ब्स' पत्रिका ने जोए लेविस की व्यक्तिगत परिसंपत्तियों का मूल्यांकन 5 अरब डॉलर किया था। उस समय वह न्यू प्रोविडेंस (ब्रह्मास) स्थित अपने वैभवशाली मनोरंजन स्थल 'अलबेनी' में निवास करता हुआ 10 देशों में फैली 200 से अधिक परिसंपत्तियों का संचालन कर रहा था।

टैविस्टॉक ग्रुप के उल्लेखनीय उद्यमों पर एक दृष्टि डालना आवश्यक है, नहीं तो हम जोए लेविस की अदुभुत व्यावसायिक कुशलता का अनुमान नहीं लगा सकते। वह इस प्रकार है—

• **खेल व जनसंचार माध्यम**—टोटेनहम हॉटस्पर फुटबॉल क्लब (टोटेनहम, लंदन, यूनाइटेड किंगडम), इस लंदन प्रीमियर लीग फुटबॉल टीम का संचालन ब्रिटिश निवेश कंपनी ई.एन.आई.सी. ग्रुप द्वारा किया जाता है, जो टैविस्टॉक कप जैसे खेल समारोहों का आयोजन करती है; टाइमवीव (लंदन, यू.के.), जो सहायक कंपनी टिमवेव एंड रेसकोर्स मीडिया सर्विसेज लिमिटेड (टर्फ टी.वी.) के माध्यम से यूनाइटेड किंगडम के सर्वोत्तम रेसकोर्स का सीधा प्रसारण करती है और डी.सी.डी. मीडिया के माध्यम से तथ्यात्मक, वास्तविकता व नाटकों के दूरदर्शन कार्यक्रमों का वैश्विक स्तर पर वितरण करती है।

• **रेस्तराँ**—फ्रीबर्ड वर्ल्ड बरिटो (ऑस्टिन, टेक्सास, संयुक्त राज्य अमेरिका यू.एस.ए.) 90 स्थानों पर रेस्तराओं का संचालन करती है। मांसाहारी व्यंजनों के लिए प्रसिद्ध रेस्तराँ एबे एंड लोइए'स, जिसकी दो शाखाएँ बोस्टन (मैसाचुसेट्स) व बोका रटन (फ्लोरिडा) में हैं; मिशेल एंड बटलर (बर्मिंघम, इंग्लैंड, यूनाइटेड किंगडम), जो ऑल बार वन, मिलर एंड कार्टर, निकॉल्सन, टोबी कैरवेरी, हार्वेस्टर, ब्राउन रेस्टोरेंट्स, विंटेज इन्स एंड प्रीमियम कंट्री पब्स आदि ब्रांड नामों से समूचे यूनाइटेड किंगडम में 40,000 कर्मचारियों के माध्यम से 1,700 रेस्तराओं व मदिरालयों का संचालन कर कुल 2 अरब पौंड का वार्षिक राजस्व अर्जित करती हैं।

• **योजनाबद्ध समुदाय**—लेक नोना (ऑरलैंडो, फ्लोरिडा), जो 7,000 एकड़ में फैला हुआ है, जिसमें लेक नोना गोल्फ एंड कंट्री क्लब व जैव चिकित्सा अनुसंधान व शैक्षणिक केंद्र—लेक नोना मेडिकल सिटी भी शामिल है। यह अमेरिका के सबसे तेजी से बढ़ते हुए समुदायों में से एक है। वर्ष 2017 में यू.एस. टेनिस एसोसिएशन ने यहाँ 6.3 करोड़ डॉलर के अपने नए परिसर का शुभारंभ किया था और के.पी.एम.जी. ने 40 करोड़ डॉलर के भव्य शिक्षण-प्रशिक्षण केंद्र का भूमि-पूजन किया था···और अभी भी जोए लेविस इस समुदाय के विकास में अपनी भव्य दूरदृष्टि से विस्तार देने में जुटा हुआ था।

• **मनोरंजन व निवास स्थल (रिसोर्ट)**—लेक नोना गोल्फ एंड कंट्री क्लब, 600 एकड़ में फैला प्रसिद्ध आवासीय गोल्फ क्लब; अल्बेनी (न्यू प्रोविडेंस,

ब्रह्मास), 600 एकड़ समुद्र तटीय क्षेत्र में गोल्फ मैदान व अन्य विलासिता सुविधाओंवाला मनोरंजन व निवास-स्थल; हॉर्मनी कोवे, जमैका के उत्तरी समुद्र तट पर 2300 एकड़ की परिसंपत्ति, जिसमें 7.5 अरब डॉलर की लागत से विश्वस्तरीय गोल्फ मैदान सहित अन्य विलासितापूर्ण मनोरंजन व निवास सुविधाएँ विकसित की जा रही हैं; सेंट रेजिस अटलांटा (बकहेड, अटलांटा, जॉर्जिया, यू.एस.ए.), विलासिता मनोरंजन व निवास-स्थल और इस्लेवर्थ गोल्फ एंड कंट्री क्लब (इस्लेवर्थ, विंडरमेरे, फ्लोरिडा, यू.एस.ए.)।

• **जीवन विज्ञान**—बॉक्सर कैपिटल (विंडरमेरे, फ्लोरिडा, यू.एस.ए.), जैव प्रौद्योगिकी (बायोटेक्नोलॉजी) उद्योग पर केंद्रित उद्यम-पूँजी कंपनी।

• **तेल, गैस व ऊर्जा**—अमेरिकन रिन्यूएबल्स (बोस्टन, मैसाचुसेट्स), जैव-ईंधनवाली बिजली उत्पादन सुविधाओं की संचालक कंपनी; बेयक्रॉप होल्डिंग्स (पोर्ट्सर्माउथ, न्यू हैम्पशायर), जो सहायक कंपनियों के माध्यम से बिजली, कच्चे तेल व गैस का उत्पादन व आपूर्ति करती है; नियो एनर्जी सॉल्यूशंस (फिलाडेल्फिया, पेंसिल्वेनिया, यू.एस.ए.), जो स्पेन व संयुक्त राज्य अमेरिका में पवन ऊर्जा टर्बाइन के रखरखाव व सुधार की सेवाएँ प्रदान करती है; पम्पा एनर्जीया (ब्यूनोस एयर्स, अर्जेंटीना), अर्जेंटीना में सबसे बड़ी विद्युत् उत्पादन (जनरेशन), पारेषण (ट्रांसमिशन) व वितरण (डिस्ट्रीब्यूशन) कंपनी; ट्रांसेनर (ब्यूनोस एयर्स, अर्जेंटीना), 8,800 कि.मी. लंबा राष्ट्रीय अतिरिक्त उच्च विद्युत्-दाब पारेषण संजाल (एक्स्ट्रा हाई वोल्टेज ट्रांसमिशन नेटवर्क) की संचालक कंपनी, जो सहायक कंपनी के माध्यम से इतने ही बड़े दूसरे संजाल को भी संचालित करती है।

• **खुदरा/थोक/उपभोक्ता उत्पाद**—टाइफून स्पोर्ट्स कोएलिशन (मैक्सिको), 150 खुदरा भंडारों के साथ मैक्सिको की सबसे बड़ी खेल-सामग्री खुदरा भंडार शृंखला व थोक विक्रेता कंपनी; कोंडीसी लिमिटेड (लंदन, यू.के.), विशेष आयोजन विलासिता वस्त्रों की निर्माता कंपनी।

• **वित्तपोषण व सेवाएँ**—25 कैपिटल पार्टनर्स (शेर्लोट, नॉर्थ कैरोलिना, यू.एस.ए.), निवेश सलाहकार सेवा प्रदाता कंपनी; राउंडपॉइंट मोर्गेज सर्विसिंग कॉरपोरेशन (शेर्लोट, नॉर्थ कैरोलिना, यू.एस.ए.), आवासीय बंधक ऋण समाधान सेवाओं की विशेषज्ञ कंपनी; स्पोर्टिंगविंस (लंदन, यू.के.), विश्व के 20 देशों में व्यावसायिक खेलों की वित्तीय संस्थाओं को जोखिम प्रबंधन सेवाएँ प्रदान करती हैं; अल्टीमेट फाइनेंस ग्रुप (ब्रिस्टल, साउथ-वेस्ट इंगलैंड, यू.के.), मुख्य रूप

से यू.के. में लघु व मध्यम स्तर के उद्यमों को वित्तीय समाधान प्रदान करनेवाली कंपनी; एवेन्यू इंश्योरेंस पार्टनर्स (लंदन, यू.के.), बीमा दलाली व साख-बीमा सेवा प्रदाता कंपनी।

- **कृषि-पशुपालन**—ऑस्ट्रेलियन एग्रीकल्चर कंपनी/ए.ए.सी.ओ. (ब्रिस्बेन, ऑस्ट्रेलिया), क्वींसलैंड व नॉर्दर्न टेरिटरी में 70 लाख हेक्टेयर भूखंड में 24 पशुपालन केंद्रों का स्वामित्व धारण व संचालन करनेवाली कंपनी, जो विश्व की उत्तम गौमांस उत्पादक भी है; पोलैंड लैंड कंपनी, समूचे पोलैंड में कृषि भूमि व पशुपालन क्षेत्रों की स्वामी व संचालक कंपनी।

❑

फ्रेंकोइस पिनॉल्ट

जब 11 वर्ष की आयु में सहपाठियों द्वारा गरीबी के उपहास से तंग आकर फ्रेंकोइस पिनॉल्ट ने उच्च विद्यालय की पढ़ाई छोड़कर पिता के आरा मशीन पर काम करते हुए लकड़ी के व्यवसाय में कदम बढ़ाया तो उसे यह तो पता था कि वह अपने दृढ़ निश्चय से अवश्य ही अपनी आर्थिक स्थिति में सुधार कर लेगा, लेकिन उसे यह नहीं पता था कि अपनी दुस्साहसी रणनीति के कारण लकड़ी व्यवसाय से इतना अधिक धन अर्जित कर लेगा कि उसकी मित्रता प्रधानमंत्री से हो जाएगी और फिर विशाल विलासिता साम्राज्य का निर्माण कर अपने पुत्र के नेतृत्व में पारिवारिक परिसंपत्ति को 33.3 अरब डॉलर के स्तर पर पहुँचा देगा।

फ्रेंकोइस पिनॉल्ट का जन्म (21 अगस्त, 1936) ब्रिटेनी (उत्तर-पश्चिमी फ्रांस) के उत्तर में स्थित लेस चैम्प्स-गेरौक्स नामक ग्रामीण क्षेत्र में हुआ था। द्वितीय विश्वयुद्ध के दौरान जब नाजी जर्मनी ने उस क्षेत्र पर कब्जा कर लिया था, सात वर्ष की आयु में वह अपने पिता के उस क्षेत्र में छिपे मित्र देशों की सेनाओं को खाना पहुँचाने जाता था। एक दिन जब घर लौटते समय जर्मन प्रहरियों ने उन्हें पकड़ लिया

और चाबुक से इतना अधिक पीटा कि दोनों एक-दूसरे से बात करने की स्थिति में भी नहीं बचे थे। किंवदंती है कि उसने चाबुक की मार को चुपचाप सहन कर लिया था। यहाँ तक कि न तो उसकी आँखों से आँसू निकले थे और न ही मुँह से आह! अनुमान लगाना कठिन है कि सात वर्ष की आयु में भी फ्रेंकोइस कितना अधिक दृढ़ निश्चयी, दुस्साहसी व प्राधिकार को चुनौती देनेवाला हो चुका था। संभवत: उसकी इन विशेषताओं ने ही लगभग 50 वर्षों बाद उसे फ्रांस का सबसे अधिक धनी बना दिया था।

वर्ष 1956 में ब्रिटेनी को विधिवत् 'रीजन ऑफ ब्रिटेनी' के रूप में पुनर्गठित किया जा चुका था और नए सांस्कृतिक-आर्थिक पुनरुत्थान की प्रक्रिया तेज हो गई थी। वैसे तो पिता की मृत्यु हो जाने के बाद फ्रेंकोइस ने पारिवारिक व्यवसाय को बेच दिया था, लेकिन अंतत: उसे फिर से अधिकृत कर लिया था और 1963 में रेंस में 'पिनॉल्ट एस्टाब्लिशमेंट' नाम से लकड़ी का व्यवसाय आरंभ किया था। उसने बिचौलियों को अनदेखा कर सीधे आपूर्तिकर्ताओं व परिवहन संचालकों के साथ व्यापार करने की रणनीति अपनाई थी।

लेकिन फ्रेंकोइस का बचपन किसी भी गरीब परिवार के बच्चों की तरह ही कठिन रहा था। उसका पिता आरा मशीन चलाता था और स्थानीय स्तर पर लकड़ी का छोटा व्यवसाय करता था। फ्रेंकोइस के परिवार की आर्थिक स्थिति का अनुमान इसी तथ्य से लगाया जा सकता है कि उसे 11 वर्ष की आयु (1947) में केवल इसलिए उच्च विद्यालय की पढ़ाई छोड़ देनी पड़ी थी; क्योंकि वह सहपाठियों द्वारा अपनी गरीबी का उपहास सहन करने योग्य नहीं रह गया था। वह रेंस (अब ब्रिटेनी की राजधानी व औद्योगिक नगर) स्थित सरकारी उच्च विद्यालय कॉलेज सैंट मार्टिन में पढ़ रहा था। इसके बाद उसके पास एक ही विकल्प था कि वह अपने पिता के साथ आरा मशीन चलाए और लकड़ी का व्यवसाय करे; और फ्रेंकोइस ने ऐसा ही किया था। वह तो जन्मजात रूप से दृढ़निश्चयी व दुस्साहसी था, इसलिए उसके लिए स्वयं को व्यावसायिक रूप से कुशल बनाना बहुत कठिन नहीं था।

पिनॉल्ट एस्टाब्लिशमेंट—इस बीच वर्ष 1956 में ब्रिटेनी को विधिवत् 'रीजन ऑफ ब्रिटेनी' के रूप में पुनर्गठित किया जा चुका था और नए सांस्कृतिक-

आर्थिक पुनरुत्थान की प्रक्रिया तेज हो गई थी। वैसे तो पिता की मृत्यु हो जाने के बाद फ्रेंकोइस ने पारिवारिक व्यवसाय को बेच दिया था, लेकिन अंततः उसे फिर से अधिकृत कर लिया था और 1963 में रेंस में 'पिनॉल्ट एस्टाब्लिशमेंट' नाम से लकड़ी का व्यवसाय आरंभ किया था। उसने बिचौलियों को अनदेखा कर सीधे आपूर्तिकर्ताओं व परिवहन संचालकों के साथ व्यापार करने की रणनीति अपनाई थी। स्पष्ट है कि फ्रेंकोइस की इस दुस्साहसिक रणनीति ने उसे बिचौलिया व्यापारियों के बीच अलोकप्रिय बना दिया था, लेकिन इसके माध्यम से वह निश्चित रूप से उतना अधिक धनी हो चुका था कि उनके गुस्से को सहन कर सकता था।

अगले लगभग दो दशकों में फ्रेंकोइस पिनॉल्ट अपने लकड़ी के व्यवसाय को उस स्तर पर ले जा चुका था कि वह जैक्स रेने चिराक जैसे युवा राजनीतिज्ञ, पूर्व वामपंथी व यूनियन ऑफ डेमोक्रेट्स फॉर रिपब्लिक (यू.डी.आर.) के संस्थापक अध्यक्ष से गहरी मित्रता गाँठ सकता था, जो फ्रांस का प्रधानमंत्री (1974-76) रहा था और दोबारा प्रधानमंत्री (1986-88) व राष्ट्रपति (1995-2007) बननेवाला था। फ्रेंकोइस ने 1981 के चुनाव में एक दिवालिया लकड़ी कारखाने को खरीदकर और 20 लोगों की नौकरी को बचाकर जैक्स रेने चिराक को चुनाव जीतने में सहायता की थी। फिर जब 1986 में चिराक प्रधानमंत्री बना था तो पिनॉल्ट ने एक दूसरी बीमार कंपनी को खरीदा था, लेकिन इस बार फ्रांस सरकार से की गई प्रतिज्ञा को तथाकथित रूप से तोड़ दिया था और उस कंपनी को संचालित करने के स्थान पर 1800 कर्मचारियों को उनकी नौकरी से बाहर निकालकर कंपनी को बहुत ऊँचे मूल्य पर बेच दिया था। वैसे यह बड़ी राजनीतिक बहस का विषय बना था, फिर भी चिराक से उसकी गहरी मित्रता पहले की तरह बनी रही थी।

जब 1986 में चिराक प्रधानमंत्री बना था तो पिनॉल्ट ने एक दूसरी बीमार कंपनी को खरीदा था, लेकिन इस बार फ्रांस सरकार से की गई प्रतिज्ञा को तथाकथित रूप से तोड़ दिया था और उस कंपनी को संचालित करने के स्थान पर 1800 कर्मचारियों को उनकी नौकरी से बाहर निकालकर कंपनी को बहुत ऊँचे मूल्य पर बेच दिया था। वैसे यह बड़ी राजनीतिक बहस का विषय बना था, फिर भी चिराक से उसकी गहरी मित्रता पहले की तरह बनी रही थी।

पिनॉल्ट एस.ए. का गठन—इस प्रकार पिनॉल्ट ने व्यवस्थित संचालन व लगातार अधिग्रहणों के माध्यम से अपने व्यवसाय का विस्तार किया था। अब तक उसका लकड़ी का व्यवसाय अपने चरम पर पहुँच गया था और अब वह एक बड़ी छलाँग लगाकर दूसरे क्षेत्रों में विस्तार के लिए तैयार था। इसके लिए उसने पिनॉल्ट एस.ए. का गठन किया था और वर्ष 1998 में उसे पेरिस स्टॉक एक्सचेंज में सूचीबद्ध किया था। इससे समूह की वित्तीय क्षमता कई गुणा बढ़ गई थी।

सी.एफ.ओ. का अधिग्रहण—वर्ष 1989 में पिनॉल्ट एस.ए. ने अवमूल्यित अफ्रीकी व्यापारिक कंपनी सी.एफ.ए.ओ. में 20 प्रतिशत स्वामित्व हिस्सेदारी को खरीद लिया था। सी.एफ.ए.ओ. फ्रांस की शीर्ष व्यापारिक कंपनियों में से एक थी, जो अफ्रीकी बाजारों में व्यापार की विशेषज्ञता रखती थी। इसकी स्थापना वर्ष 1887 में मार्सिलेस (अब भूमध्य सागरीय तट पर फ्रांस के सबसे बड़े शहर और वाणिज्य, माल व क्रूज जहाजों के लिए सबसे बड़ा बंदरगाह) में हुई थी। वह पहले यूरोपीय बाजारों, विशेष रूप से मैनचेस्टर से माल खरीदकर अफ्रीका में बेचती रही थी; फिर फोर्ड मोटर कंपनी फ्रांस की सहायक कंपनी के लिए अफ्रीकी बाजारों में उसके मोटर वाहन भी बेचने लगी थी; और बाद में अमेरिकी कंपनियों को इंटरनेशनल हार्वेस्टर के कृषि उपकरण, रेमिंगटन के कार्यालय उपकरण, ओटिस के भारोत्तोलक यंत्र (एलीवेटर) सहित अनेक विनिर्मित उत्पादों की बिक्री कर रही थी, लेकिन 1990 के दशक तक वह इतनी बड़ी हो गई थी कि उसका प्रबंधन ढीला पड़ने लगा था और वह वित्तीय संकट में आ गई थी। ऐसे में वह फ्रेंकोइस पिनॉल्ट की शिकारी दृष्टि से बच नहीं सकी थी। वर्ष 1990 में पिनॉल्ट एस.एस. ने बहुत ही कम मूल्य पर उसका संपूर्ण अधिग्रहण प्राप्त कर लिया था।

सी.एफ.ए.ओ. फ्रांस की शीर्ष व्यापारिक कंपनियों में से एक थी, जो अफ्रीकी बाजारों में व्यापार की विशेषज्ञता रखती थी। इसकी स्थापना वर्ष 1887 में मार्सिलेस (अब भूमध्य सागरीय तट पर फ्रांस के सबसे बड़े शहर और वाणिज्य, माल व क्रूज जहाजों के लिए सबसे बड़ा बंदरगाह) में हुई थी।

[शीघ्र ही सी.एफ.ए.ओ. ने दवा उत्पादों को भी बेचना शुरू कर दिया और वर्ष 1996 में उसने अपने ऐतिहासिक प्रतिद्वंद्वी एस.सी.ओ.ए. को अपने दवा वितरण प्रभाग यूराफार्मा में एकीकृत कर लिया था। 2009 में कंपनी ने आरंभिक

सार्वजनिक प्रस्ताव (आई.पी.ओ.) के माध्यम से 80.60 करोड़ यूरो में अपनी 50.39 प्रतिशत स्वामित्व हिस्सेदारी बेच दी थी। फिर 2012 में विलासिता के उत्पादों व खेल-सामग्रियों में विस्तार के वित्तपोषण व ऋण बोझ को कम करने के लिए सी.एफ.ए.ओ. ने टॉयोटा सुशो कॉरपोरेशन को 29.8 प्रतिशत हिस्सेदारी बेच दी थी, जिसने दिसंबर में निविदा प्रस्ताव (टेंडर ऑफर) के माध्यम से सी.ए.एफ.ओ. की शेष स्वामित्व हिस्सेदारी सहित सार्वजनिक बाजार से 97.91 प्रतिशत स्वामित्व नियंत्रण प्राप्त कर लिया था। फिर 2016 में शेष स्वामित्व हिस्सेदारी खरीदकर कंपनी का निजीकरण कर लिया था।]

इस अत्यंत लाभकारी सौदे को सफल बनाने में परिबास बैंक के निवेश साहूकार (इंवेस्टमेंट बैंकर) व पूर्व नौकरशाह सर्ज वेइनबर्ग ने महत्त्वपूर्व भूमिका निभाई थी। फ्रेंकोइस पिनॉल्ट ने उसे पुरस्कार स्वरूप विलयित कंपनी पिनॉल्ट-सी.एफ.ए.ओ. का मुख्य कार्यकारी अधिकारी (सी.ई.ओ.) नियुक्त कर दिया था। इस बीच फ्रेंकोइस पिनॉल्ट ने वर्ष 1989 में पेट्रीसिया बारबिजेट को पिनॉल्ट एस. का मुख्य वित्तीय अधिकारी (चीफ फाइनेंशियल ऑफिसर/सी.एफ.ओ.) नियुक्त किया था, जो उससे पूर्व रेनॉल्ट क्रेडिट इंटरनेशनल की सी.एफ.ओ. थी। अब उसे पिनॉल्ट-सी.एफ.ए.ओ. में वित्त व संचार का उप-महानिदेशक (डिप्टी डायरेक्टर जनरल—फाइनेंस एंड कम्युनिकेशन) नियुक्त किया था। शीघ्र ये दोनों अधिकारी फ्रेंकोइस पिनॉल्ट के दाहिने-बाएँ हाथ बन गए थे और उसकी व्यावसायिक महत्त्वाकांक्षा को साकार करने में महत्त्वपूर्ण भूमिका निभाने लगे थे।

फ्रेंकोइस पिनॉल्ट ने वर्ष 1989 में पेट्रीसिया बारबिजेट को पिनॉल्ट एस. का मुख्य वित्तीय अधिकारी (चीफ फाइनेंशियल ऑफिसर/ सी.एफ.ओ.) नियुक्त किया था, जो उससे पूर्व रेनॉल्ट क्रेडिट इंटरनेशनल की सी.एफ.ओ. थी। अब उसे पिनॉल्ट-सी.एफ.ए.ओ. में वित्त व संचार का उप-महानिदेशक (डिप्टी डायरेक्टर जनरल— फाइनेंस एंड कम्युनिकेशन) नियुक्त किया था। शीघ्र ये दोनों अधिकारी फ्रेंकोइस पिनॉल्ट के दाहिने-बाएँ हाथ बन गए थे और उसकी व्यावसायिक महत्त्वाकांक्षा को साकार करने में महत्त्वपूर्ण भूमिका निभाने लगे थे।

कॉनफोर्मा का अधिग्रहण—वर्ष 1991 में पिनॉल्ट एस.ए. ने फ्रांस की उपस्कर व गृह-सज्जा (फर्नीचर एंड होम फर्निशिंग) खुदरा-भंडार श्रृंखला को अधिगृहीत कर खुदरा व्यवसाय में प्रवेश किया था। अगले दो दशकों में यह फ्रांस, स्पेन, स्विट्जरलैंड, पुर्तगाल, लक्समबर्ग, इटली व क्रोएशिया में 200 से अधिक भंडारों के साथ इकेया के बाद यूरोप की दूसरी सबसे बड़ी उपस्कर व गृह-सज्जा कंपनी बन गई थी। वर्ष 2011 में दक्षिण अफ्रीकी अंतरराष्ट्रीय खुदरा स्वामित्व कंपनी स्टीनहॉफ इंटरनेशनल ने इसे 1.2 अरब डॉलर में अधिगृहीत कर लिया था।

'एक्जीक्यूटिव लाइफ' ने 1982 से 1982 के बीच सर्वाधिक जोखिमपूर्ण उच्च उपज ऋण-पत्रों (हाई यील्ड बॉण्ड), जिसे 'कचरा ऋण-पत्र' (जंक बॉण्ड) भी कहा जाता है, में 6 अरब डॉलर का निवेश किया था। वर्ष 1991 में जब ऋण-प्रपत्रों का बाजार ध्वस्त हो गया था तो 'एक्जीक्यूटिव लाइफ' अचानक आर्थिक संकट में आ गई थी।

पिनॉल्ट-प्रिंटेमप्स-रिडूट का गठन—वर्ष 1992 में फ्रेंकोइस पिनॉल्ट ने पेरिस की विभागीय भंडार श्रृंखला प्रिंटेमप्स को अधिगृहीत किया था और उसी के माध्यम से 1994 में फ्रांस की डाक-आदेश खुदरा विक्रेता ला रिडूट की 54 प्रतिशत हिस्सेदारी भी खरीद ली थी। 1994 में ही फ्रेंकोइस नें फ्रांस की शीर्ष पुस्तक—मल्टीमीडिया-इलेक्ट्रॉनिक्स खुदरा भंडार श्रृंखला 'फ्नैक' की 1.90 अरब डॉलर में नियंत्रणकारी स्वामित्व हिस्सेदारी अधिगृहीत कर ली थी। फिर समूह की पहचान को नई गतिविधियों के समीकृत करने के लिए स्वामित्व-धारण कंपनी पिनॉल्ट-प्रिंटेमप्स-रिडूट का गठन किया गया था।

एक्जीक्यूटिव लाइफ इंश्योरेंस कंपनी का परोक्ष अधिग्रहण—लेकिन फ्रेंकोइस पिनॉल्ट अब तक के व्यावसायिक जीवन का सबसे अधिक लाभकारी, लेकिन विवादित सौदा, कैलिफोर्निया की सबसे बड़ी कंपनी एक्जीक्यूटिव लाइफ इंश्योरेंस कंपनी का परोक्ष अधिग्रहण रहा था। वास्तव में 'एक्जीक्यूटिव लाइफ' ने 1982 से 1982 के बीच सर्वाधिक जोखिमपूर्ण उच्च उपज ऋण-पत्रों (हाई यील्ड बॉण्ड), जिसे 'कचरा ऋण-पत्र' (जंक बॉण्ड) भी कहा जाता है, में 6 अरब डॉलर का निवेश किया था। वर्ष 1991 में जब ऋण-प्रपत्रों का बाजार ध्वस्त हो गया था तो 'एक्जीक्यूटिव लाइफ' अचानक आर्थिक संकट में आ गई थी। ऐसे कैलिफोर्निया

के बीमा नियामक ने उसकी परिसंपत्तियों को अधिगृहीत कर लिया था और लाखों बीमाधारकों को संकट से उबारने के लिए अधिग्रहण प्रस्ताव आमंत्रित किए थे। नियामक ने शर्त रखी थी कि इन कचरा ऋण-पत्रों का ऐसा खरीदकर्ता ढूँढ़ना आवश्यक है, जो 'एक्जीक्यूटिव लाइफ' के व्यवसाय का संचालन कर सके अर्थात् नियामक ने ऋण-पत्रों के साथ बीमा व्यवसाय को निःशुल्क देने का प्रस्ताव किया था।

नवंबर 1991 में फ्रांस के तत्कालीन सबसे बड़े बैंक क्रेडिट लियोनाइस, जिसमें उस समय फ्रांस सरकार की बहुमत स्वामित्व हिस्सेदारी थी, ने अपनी सहायक कंपनी एल्टस फाइनेंस के माध्यम से 'एक्जीक्यूटिव लाइफ' के अधिग्रहण के लिए 3.25 अरब डॉलर और बीमा व्यवसाय के संचालन के लिए औरोरा नेशनल लाइफ इंश्योरेंस कंपनी गठित करने का प्रस्ताव किया था, जिसका नियंत्रण एक अन्य कंपनी न्यू कैलिफोर्निया लाइफ होल्डिंग्स (एन.सी.एल.एच.) करनेवाली थी और कैलिफोर्निया के बीमा नियामक ने रहस्यमय ढंग से इस प्रस्ताव को स्वीकार कर लिया था अर्थात् लगभग आधे मूल्य पर ऋण-प्रपत्र बेचने के साथ-साथ 'एक्जीक्यूटिव लाइफ' का संपूर्ण ग्राहक आधार व व्यवसाय उपहार में दे दिया था।

'एक्जीक्यूटिव लाइफ' के अधिग्रहण के लिए 3.25 अरब डॉलर और बीमा व्यवसाय के संचालन के लिए औरोरा नेशनल लाइफ इंश्योरेंस कंपनी गठित करने का प्रस्ताव किया था, जिसका नियंत्रण एक अन्य कंपनी न्यू कैलिफोर्निया लाइफ होल्डिंग्स (एन.सी.एल.एच.) करनेवाली थी और कैलिफोर्निया के बीमा नियामक ने रहस्यमय ढंग से इस प्रस्ताव को स्वीकार कर लिया था अर्थात् लगभग आधे मूल्य पर ऋण-प्रपत्र बेचने के साथ-साथ 'एक्जीक्यूटिव लाइफ' का संपूर्ण ग्राहक आधार व व्यवसाय उपहार में दे दिया था।

स्पष्ट है कि खरीदकर्ता एल्टस फाइनेंस ने तुच्छ मूल्य पर विशाल 'स्वर्ण कोष' खरीद लिया था; वह दोहरा लाभ कमानेवाली थी—बाजार सुधरने के बाद ऋण-प्रपत्रों को उसके अंकित मूल्य या उच्च मूल्यों पर और फिर बीमा व्यवसाय का लाभ अलग से। लेकिन यहाँ पर वैधानिक रुकावट थी—एल्टस फाइनेंस एन.सी.एल.एच. का स्वामित्व धारण नहीं कर सकती थी, क्योंकि अमेरिकी संघीय कानून किसी भी बैंक को गैर-बैंकिंग कंपनियों में 5 प्रतिशत से अधिक स्वामित्व धारण की

अनुमति नहीं देता था। इतना ही नहीं, कैलिफोर्निया का राज्य कानून भी किसी भी सरकारी स्वामित्ववाली संस्था (जैसे कि क्रेडिट लियोनाइस) को प्रत्यक्ष या अप्रत्यक्ष रूप से अपने राज्य की बीमा कंपनियों में नियंत्रणकारी स्वामित्व धारण करने की अनुमति नहीं देता था, लेकिन एल्टस फाइनेंस ने विस्तृत धोखाधड़ी का जाल बुना था। उसने बीमा नियामक को बताया था कि फ्रांस की बीमा कंपनी एम.ए.ए.एफ. के नेतृत्व में स्वतंत्र निवेशकों का एक संघ औरोरा नेशनल लाइफ इंश्योरेंस कंपनी का स्वामित्व धारण करेगा और उसका संचालन करेगा। स्पष्ट था कि एल्टस फाइनेंस ने तथाकथित स्वतंत्र निवेशकों के संध को अपनी ढाल बनाया था।

ऐसे में जब मार्च 1992 में एल्टस फाइनेंस ने ऋण-पत्रों की खरीद प्रक्रिया का समापन किया था तो अमेरिकी बैंकिंग नियामक फेडरल रिजर्व ने उस सौदे का विवरण माँगा था, तो पता चला था कि इन ऋण-प्रपत्रों के माध्यम से एल्टस अमेरिका आधारित गैर-बैंकिंग कंपनियों में 5 प्रतिशत से अधिक स्वामित्व हिस्सेदारी अर्जित करनेवाला था। ऐसे में फेडरल रिजर्व ने एल्टस को ऋण-प्रपत्रों को बेचने का आदेश दिया था। ऐसे में उसने ग्राहक ढूँढ़ने में नौ महीने के संघर्ष का नाटक किया था और अंततः दिसंबर 1992 में फ्रेंकोइस पिनॉल्ट की तथाकथित बेनामी कंपनियों के माध्यम से किए गए जटिल सौदे में उन ऋण-प्रपत्रों को बेच दिया था। इसके साथ ही एल्टस ने पिनॉल्ट को औरोरा नेशनल लाइफ इंश्योरेंस कंपनी में अपने रहस्यपूर्ण स्वामित्व का विकल्प भी बेच दिया था। अब बड़ा प्रश्न यह खड़ा हुआ था कि फ्रेंकोइस पिनॉल्ट ने एल्टस फाइनेंस को बीमा कंपनी में उसके रहस्यपूर्ण व अवैध स्वामित्व से निकालने में सहायता करने में गहरी रुचि क्यों दिखाई थी? वास्तव में, फ्रेंकोइस पिनॉल्ट ने औरोरा में 50 प्रतिशत स्वामित्व हिस्सेदारी खरीदी थी और उसके लिए भी क्रेडिट लियोनाइस ने उसे ऋण जारी किया था।

जब मार्च 1992 में एल्टस फाइनेंस ने ऋण-पत्रों की खरीद प्रक्रिया का समापन किया था तो अमेरिकी बैंकिंग नियामक फेडरल रिजर्व ने उस सौदे का विवरण माँगा था, तो पता चला था कि इन ऋण-प्रपत्रों के माध्यम से एल्टस अमेरिका आधारित गैर-बैंकिंग कंपनियों में 5 प्रतिशत से अधिक स्वामित्व हिस्सेदारी अर्जित करनेवाला था। ऐसे में फेडरल रिजर्व ने एल्टस को ऋण-प्रपत्रों को बेचने का आदेश दिया था।

बहुत वर्ष बाद 1998 में फ्रांस के किसी अज्ञात व्यक्ति ने कैलिफोर्निया बीमा विभाग से इस आशय का रहस्योद्घाटन किया था। तब विभाग ने वर्ष 1999 में संबंधित क्रेडिट लियोनाइस, फ्रेंकोइस पिनॉल्ट सहित अन्य निवेशकों के विरुद्ध 2 अरब डॉलर की क्षतिपूर्ति भुगतान के लिए न्यायिक प्रक्रिया आरंभ की थी। जब 2003 के मध्य में सभी आरोपियों के कानूने शिकंजे में फँसने की संभावना बढ़ गई थी तो फ्रांस के तत्कालीन राष्ट्रपति जैक्स रेने चिराक (फ्रेंकोइस पिनॉल्ट का पुराना घनिष्ठ मित्र) ने अप्रत्याशित रूप से इस प्रकरण में हस्तक्षेप किया था और शरद ऋतु में दोनों पक्षों के बीच समझौता सामने आया था। इसके अंतर्गत फ्रेंकोइस पिनॉल्ट 18 करोड़ डॉलर की समाधान राशि का भुगतान करने के लिए सहमत हो गया था और क्रेडिट लियोनाइस को 55.5 करोड़ डॉलर का आर्थिक दंड भुगतना पड़ा था। कैलिफोर्निया बीमा विभाग को ये धनराशियाँ प्राप्त हो गई थीं, लेकिन नागरिक मुकदमा जारी रहा था। [इस बीच वर्ष 2001 में स्विस रे ने औरोरा नेशनल लाइफ इंश्योरेंस कंपनी पर नियंत्रणकारी स्वामित्व प्राप्त कर लिया था और वर्ष 2012 तक संपूर्ण स्वामित्व प्राप्त करने के बाद 2014 में उसे रिइंश्योरेंस ग्रुप ऑफ अमेरिका को बेच दिया था.]

फ्रेंकोइस हेनरी पिनॉल्ट का नेतृत्व : इस बीच पिनॉल्ट-प्रिंटेमप्स-रिडूट के माध्यम से फ्रेंकोइस पिनॉल्ट ने अपने खुदरा साम्राज्य का विस्तार जारी रखा था और वर्ष 1999 में 3 अरब डॉलर में गुक्की ग्रुप का 42 प्रतिशत नियंत्रकारी स्वामित्व अधिगृहीत कर लिया था। फिर, गुक्की के माध्यम से फ्रांस की विलासिता फैशन कंपनी यवेस सेंट लॉरेन एस.ए.ए. को भी अधिगृहीत कर लिया गया था। इस प्रकार, फ्रेंकोइस पिनॉल्ट ने अन्य खुदरा परिसंपत्तियों को बेचकर गुक्की ग्रुप के माध्यम से विलासितापूर्ण खुदरा साम्राज्य विस्तार की रणनीति को लागू करते हुए वर्ष 2000 में पेरिस स्थित विलासितापूर्ण घड़ियों व आभूषणों की भंडार श्रृंखला 'बाउचरन' को स्विट्जरलैंड की श्वेइजरहॉल होल्डिंग ए.जी. को 14.5 करोड़ डॉलर में अधिगृहीत कर लिया था और फिर वर्ष 2001 में इटली की चमड़े के सामानों के लिए प्रसिद्ध उच्च फैशन भंडार श्रृंखला बोटेगा वेनेटा को 15.60 करोड़ डॉलर में अधिगृहीत कर लिया था और फिर स्पेन की विलासिता वस्तु की अंतरराष्ट्रीय श्रृंखला बलेनसिएज को।

वर्ष 2003 में फ्रेंकोइस पिनॉल्ट ने अपनी पारिवारिक स्वामित्व-धारण कंपनी ग्रुप आर्टिमिस को अपने पुत्र फ्रेंकोइस हेनरी पिनॉल्ट को सौंप दिया था, जो ब्रिटिस ललित कला नीलामी घर क्रिस्टी, फ्रांसीसी वाइन संपत्ति चाटेऔ लाटूर, फ्रांस की राजनीतिक समाचार पत्रिका ली पॉइंट, स्टेड रेनेनिस फुटबॉल क्लब (रेंस, ब्रिटेनी)

व पेरिस स्थित सिनेमाघर थियेटर मैरिग्नी सहित वर्तमान केरिंग समूह का स्वामित्व धारण करती है। वर्ष 2004 में पिनॉल्ट-प्रिंटेमप्स-रिडूट ने गुक्की ग्रुप की लगभग संपूर्ण स्वामित्व हिस्सेदारी (99.4 प्रतिशत) खरीद ली थी। फिर 2005 में फ्रेंकोइस हेनरी पिनॉल्ट को पिनॉल्ट-प्रिंटेमप्स-रिडूट का मुख्य कार्यकारी अधिकारी नियुक्त कर दिया गया था और समूह का नाम संक्षिप्त कर 'पी.पी.आर.'।

उसके बाद 'पी.पी.आर.' ने अपनी सामान्य खुदरा परिसंपत्तियों को बेचकर विलासिता में निवेशित करना जारी रखा था—ली प्रिंटेंप (2006), कानफोरामा (2011), सी.एफ.ए.ओ. व फ्नैक (2012) व ला रिडूट (2013)। इस बीच पीपीआर ने वर्ष 2011 में सोविंद ग्रुप (बहुमूल्य घड़ी निर्माता गिरार्ड पेर्रेगाऊ का स्वामी), इटली की पुरुष-वस्त्र निर्माता ब्रिओनी को वर्ष 2012 में इटली के आभूषण समूह पोमेल्लाटो, चीन के आभूषण निर्माता कीलिन, फैशन डिजाइनर क्रिस्टोफर काने को और वर्ष 2014 में स्विट्ज़रलैंड के विलासिता घड़ी निर्माता उलिस नार्डिन को अधिगृहीत कर लिया था। इसके साथ ही, वर्ष 2007 में प्यूमा, वर्ष 2010 में कोबरा गोल्फ व वर्ष 2011 में वोल्कोम को अधिगृहीत कर पी.पी.आर. ने खेल व जीवन शैली निवेश-सूची का भी विकास कर लिया था और इस बीच, 22 अक्तूबर, 2013 को पी.पी.आर. का नाम बदलकर केरिंग एस.ए. रख दिया था और उसे संपूर्ण विलासिता कंपनी के रूप में प्रचारित किया गया था।

वर्ष 2004 में पिनॉल्ट-प्रिंटेमप्स-रिडूट ने गुक्की ग्रुप की लगभग संपूर्ण स्वामित्व हिस्सेदारी (99.4 प्रतिशत) खरीद ली थी। फिर 2005 में फ्रेंकोइस हेनरी पिनॉल्ट को पिनॉल्ट-प्रिंटेमप्स-रिडूट का मुख्य कार्यकारी अधिकारी नियुक्त कर दिया गया था और समूह का नाम संक्षिप्त कर 'पी.पी.आर.'।

इस प्रकार फ्रेंकोइस पिनॉल्ट के पुत्र द्वारा संचालित केरिंग समूह का बिक्री राजस्व 19 अरब डॉलर (2017) हो गया था। मई 2018 में 'फोर्ब्स' पत्रिका ने पिनॉल्ट परिवार की कुल परिसंपत्तियों का निवल मूल्य 33.3 अरब डॉलर आँका था। उस समय पिनॉल्ट परिवार के स्वामित्व पिकासो, मोंडरेन व कून्स की कलाकृतियों सहित 3,000 कलाकृतियों का संग्रह था और वे वर्ष 2019 में कला संग्रहालय का शुभारंभ करने की योजना बना रहे थे।

❑

डेविड मुर्डोक

अपपठन के शिकार होने के कारण डेविड मुर्डोक को 14 वर्ष की आयु में पढ़ाई छोड़कर ही तेल-गैस केंद्र पर काम करना पड़ा था। 17 वर्ष की आयु में माँ कैंसर की शिकार बन गई थी। द्वितीय विश्वयुद्ध के बाद 22 वर्ष की आयु में जब वह अमेरिकी सेना की सेवा के बाद डेट्रॉइट वापस लौटा था तो उसके पास फूटी कौड़ी भी नहीं थी, लेकिन एक व्यक्ति की सहायता से उसने रेस्तराँ का व्यवसाय किया था और फिर अचल संपत्तियों के व्यवसाय में भारी धन अर्जित कर कैसल एंड कुक को विशाल अचल संपत्ति साम्राज्य में और उसकी डोले फूड कंपनी को विश्व का सबसे बड़ा फल-सब्जी उत्पादक बना दिया था। इस बीच तीसरी पत्नी की कैंसर से मृत्यु के बाद वह दीर्घायु जीवन के लिए आवश्यक पौष्टिक आहार का प्रवर्तक बन गया था और 95 वर्ष की आयु में पूर्ण स्वस्थ व सक्रिय जीवन जीता हुआ 125वाँ जन्मदिन मनाने हेतु दृढ़संकल्प व्यक्त कर रहा था।

डेविड होवार्ड मुर्डोक का जन्म (11 अप्रैल, 1923) संयुक्त राज्य अमेरिका के मध्य-पश्चिमी प्रांत मिसौरी में मिसौरी नदी व कंसास नदी के मुहाने पर बसे कनास सिटी में हुआ था। उसका पिता घुमंतू बिक्रीकर्मी था, जिसकी आय नियमित नहीं थी। इसीलिए उसकी माँ को परिवार के भरण-पोषण के लिए दूसरे घरों में कपड़े धोने व झाड़ू-पोंछा लगाने का काम करना पड़ता था। वह दो बड़ी व छोटी बहनों के बीच की मझली संतान था। फिर उसका परिवार 700 मील पूर्व में मोंटगोमेरी टाउनशिप (वुड काउंटी, ओहियो) के पास छोटे से गाँव वायने में स्थानांतरित हो गया था, जो डेट्रॉइट (मिशिगन) 83 मील दूर है। वह वहीं पला-बढ़ा था। चूँकि पिता घर से बाहर रहता था, इसलिए डेविड मुर्डोक ने उसे तो नहीं देखा था, लेकिन उसे माँ का भरपूर प्यार मिला था, जो उसे गोद में बिठाकर पढ़ाया करती थी, लेकिन जब मुर्डोक मात्र 17 वर्ष का था, उसकी माँ कैंसर से पीड़ित होकर 42 वर्ष की आयु में ही मृत्यु को प्राप्त हो गई थी।

मुर्डोक अपपठन (डिस्लेक्सिया) से पीड़ित था, जिसे आरंभ में किसी ने अनुभव नहीं किया था, इसलिए वह कभी 'डी' श्रेणी से अधिक अंक प्राप्त करने में सफल नहीं हो सका था। उसके सहपाठी उस पर हँसा करते थे; वे सोचते थे कि मुर्डोक मति-मंद था। इसलिए उसने विद्यालय जाने के स्थान पर तेल-गैस केंद्र के ऊपर के कमरे में रहते हुए तेल बदलने व गैस भरने का काम चुन लिया था, लेकिन उसकी पढ़ने की ललक कम नहीं हुई थी। वह खाली समय में स्वाध्याय कर औपचारिक शिक्षा की कमी को पूरा करता रहा था।

लेकिन तब तक 14 वर्ष की आयु में उच्च विद्यालय की पढ़ाई छोड़कर डेविड मुर्डोक अपने पाँवों पर खड़ा हो चुका था। वास्तव में, मुर्डोक अपपठन (डिस्लेक्सिया) से पीड़ित था, जिसे आरंभ में किसी ने अनुभव नहीं किया था, इसलिए वह कभी 'डी' श्रेणी से अधिक अंक प्राप्त करने में सफल नहीं हो सका था। उसके सहपाठी उस पर हँसा करते थे; वे सोचते थे कि मुर्डोक मति-मंद था। इसलिए उसने विद्यालय जाने के स्थान पर तेल-गैस केंद्र के ऊपर के कमरे में रहते हुए तेल बदलने व गैस भरने का काम चुन लिया था, लेकिन उसकी पढ़ने की ललक कम नहीं हुई थी। वह खाली समय में स्वाध्याय कर औपचारिक शिक्षा की कमी को पूरा करता रहा था।

बाद में एक साक्षात्कार में डेविड मुर्डोक ने कहा था कि उसे पारंपरिक रूप से शिक्षित लोगों की संकीर्णता पर आश्चर्य होता था, इसीलिए उसने वह सबकुछ मन लगाकर पढ़ा था, जिसकी उसे आवश्यकता महसूस होती थी। उसकी प्रिय पुस्तकों में एंड्रू कार्नेगी की आत्मकथा, सुकराती संवाद (प्लेटो और जेनोफोन की पुस्तकों में संरक्षित), शेक्सपीयर की चौदह पंक्तियों की लघु काव्य रचनाएँ 'सॉनेट' में सम्मिलित थीं, लेकिन वह जिस पुस्तक को जीवन भर बार-बार पढ़ता रहा था, वह थी, 'द प्रिंस', इतालवी राजनयिक व राजनीतिक सिद्धांतकार निकोलो माचियावेली द्वारा 16वीं शताब्दी में लिखा गया राजनीतिक ग्रंथ। इसके साथ ही उसने मस्तिष्क-त्वरण (ब्रेन एक्सीलरेशन) संबंधी पुस्तकों का भी अध्ययन किया था, जिनसे उसने स्वयं में एक ही समय पर तीन चीजों के बारे में सोचने-विचारने की क्षमता विकसित की थी। यही कारण था कि जब उसने नॉर्थ कैरोलिना रिसर्च कैंपस (एन.सी.आर.सी.) के निदेशक मंडल की अध्यक्षता करना आरंभ किया था तो उसे पी-एच.डी. या एम.डी. की उपाधि धारण करनेवाले सभी सदस्यों को संबोधित व मार्गदर्शित करने में कभी कोई कठिनाई महसूस नहीं हुई थी और सभी सदस्य विद्यालय की पढ़ाई छोड़ देनेवाले अध्यक्ष के हरेक शब्द को ध्यानपूर्वक सुनते थे।

यही कारण था कि जब उसने नॉर्थ कैरोलिना रिसर्च कैंपस (एन.सी.आर.सी.) के निदेशक मंडल की अध्यक्षता करना आरंभ किया था तो उसे पी-एच.डी. या एम.डी. की उपाधि धारण करनेवाले सभी सदस्यों को संबोधित व मार्गदर्शित करने में कभी कोई कठिनाई महसूस नहीं हुई थी और सभी सदस्य विद्यालय की पढ़ाई छोड़ देनेवाले अध्यक्ष के हरेक शब्द को ध्यानपूर्वक सुनते थे।

आरंभिक व्यवसाय—फिर द्वितीय विश्वयुद्ध (1939-45) के क्रम में वर्ष 1943 में उसे अमेरिकी सेना में भरती किया गया था और उसकी समाप्ति के बाद जब वह 22 वर्ष की आयु में फिर से नागरिक जीवन में लौटा था, तो उसके पास न तो एक फूटी कौड़ी थी और न ही रहने के लिए कोई घर। वह कुछ समय डेट्रॉइट के उद्यान में झाड़ियों के नीचे सोता रहा था। हाँ, उसे अपने एक मित्र के माध्यम से निःशुल्क कॉफी व कुछ खाने को अवश्य मिल जाता था, जो पास के एक सस्ते रेस्तराँ में काम करता था। फिर मुर्डोक की भेंट एक व्यक्ति से हुई, जो किसी ऋण-

प्रदाता कंपनी में काम करता था। जब उस व्यक्ति को पता चला कि वह विश्वयुद्ध से लौटा सैनिक है तो उसने उसकी सहायता के लिए हाथ बढ़ाया था।

उस व्यक्ति की सहायता से मुर्डोक ने 1,200 डॉलर की धनराशि जुटाई और उस सस्ते रेस्तराँ को खरीद लिया था। फिर उसने उस रेस्तराँ की सफाई की थी और रँगाई कर उसे पूरी तरह नया जैसा बना लिया था। वह लगभग डेढ़ वर्ष तक उस रेस्तराँ को चलाता रहा था और फिर 1,900 डॉलर में बेच दिया था। उसने लाभ के धन से 75 डॉलर कार पर खर्च किए थे और कैलिफोर्निया के लिए विदा हो गया था। रास्ते में वह फीनिक्स (एरिजोना) में रुका था, जहाँ उसे धन कमाने का ऐसा अवसर दिखाई दिया था कि आगे न जा सका था। अगले 17 वर्षों तक वह वहीं सस्ती जमीनें खरीदकर और उस पर सस्ते मकान बनाकर उन लोगों को बेचने का काम करता रहा था, जो द्वितीय विश्वयुद्ध के बाद दक्षिण व पश्चिम की ओर स्थानांतरित हो रहे थे। उसने यह काम बहुत ही तीव्रता व व्यावसायिक कुशलता के साथ किया था। वह एक भूखंड पर भूमि-पूजन कर निर्माण कार्य आरंभ करता था और मकान के पूरा होने से पहले ही उसके खरीदार को ढूँढ़ लेता था।

उस व्यक्ति की सहायता से मुर्डोक ने 1,200 डॉलर की धनराशि जुटाई और उस सस्ते रेस्तराँ को खरीद लिया था। फिर उसने उस रेस्तराँ की सफाई की थी और रँगाई कर उसे पूरी तरह नया जैसा बना लिया था। वह लगभग डेढ़ वर्ष तक उस रेस्तराँ को चलाता रहा था और फिर 1,900 डॉलर में बेच दिया था। उसने लाभ के धन से 75 डॉलर कार पर खर्च किए थे और कैलिफोर्निया के लिए विदा हो गया था।

बड़ी कंपनियों में निवेश व अधिग्रहण—धीरे-धीरे वह घरों के साथ-साथ छोटे कार्यालय भवनों का भी निर्माण करने लगा था और फिर उसने अरिजोना के साथ-साथ कैलिफोर्निया में भी बड़े-बड़े कार्यालय भवनों का विकास आरंभ किया था और अंततः मध्य-पश्चिमी क्षेत्रों में भी। अब भारी लाभ प्रवाह को वह कंपनियों की स्वामित्व हिस्सेदारियों में निवेशित करने लगा था और फिर पूरी कंपनी ही खरीदने का क्रम आरंभ किया था। वर्ष 1978 में डेविड मुर्डोक ने इंटरनेशनल माइनिंग में नियंत्रणकारी स्वामित्व हिस्सेदारियाँ खरीद ली थीं और 1980 के दशक के आरंभ में आयोवा बीफ प्रोसेसर्स (अब टायसन फ्रेश मीट्स) में 18 प्रतिशत

हिस्सेदारी को बेचकर ऑक्सीडेंटल पेट्रोलियम का सबसे बड़ा स्वामित्वधारक बन गया था। वर्ष 1982 में मुर्डोक ने वस्त्र विनिर्माता कैनन मिल्स (केनोपोलिस, उत्तरी कैरोलिना) को खरीद लिया था।

कैसल एंड कुक का अधिग्रहण—वर्ष 1985 में डेविड मुर्डोक ने कैनन मिल के कारखाना हिस्से को बेच दिया और लगभग दिवालिया हो चुकी लनाई (हवाई द्वीप समूह) आधारित कंपनी कैसल एंड कुक को अधिगृहीत कर लिया था, जिसके पास अनन्नास व केला उत्पादक डोले फूड कंपनी का स्वामित्व भी था। इसके साथ ही मुर्डोक का हवाई के छठे सबसे बड़े द्वीप के 97 प्रतिशत हिस्से पर स्वामित्व स्थापित हो गया था, जो लगभग समूचे द्वीप में फैले अनन्नास के बगीचे के कारण 'पाइनएप्पल आइलैंड' के नाम से भी जाना जाता है। (जून 2012 में मुर्डोक ने लेनाई की संपूर्ण हिस्सेदारी को ओरेकल समूह के संस्थापक लैरी एलिसन को बेच दिया था।)

आनेवाले समय में डेविड मुर्डोक ने कैसल एंड कुक को आवासीय व वाणिज्यिक परिसंपत्तियों के विशाल साम्राज्य और डोले को विश्व के सबसे बड़े फल-सब्जी उत्पादक के रूप में विकसित किया था।

यह डेविड मुर्डोक के व्यावसायिक जीवन की तीव्र ऊँचाइयों पर चढ़ने की अवधि थी, जिसमें उसकी तीसरी पत्नी गैब्रिएल ने अहम भूमिका निभाई थी। काले कौए जैसे बालोंवाली इस जर्मनी मूल की सुंदरी से मुर्डोक ने 1967 में विवाह किया था, जब वह 44 वर्ष का था, जबकि गैब्रिएल 30 के आसपास की थी। वैसे तो मुर्डोक ने इससे पहले भी दो विवाह किए थे, लेकिन उनमें उसे कोई संतान नहीं हुई थी। इस विवाह से उसे दो बेटे हुए थे और गैब्रिएल के पास एक बेटा पहले से ही था, जिसे उसने अपना लिया था।

व्यावसायिक व व्यक्तिगत जीवन का विस्तार—यह डेविड मुर्डोक के व्यावसायिक जीवन की तीव्र ऊँचाइयों पर चढ़ने की अवधि थी, जिसमें उसकी तीसरी पत्नी गैब्रिएल ने अहम भूमिका निभाई थी। काले कौए जैसे बालोंवाली इस जर्मनी मूल की सुंदरी से मुर्डोक ने 1967 में विवाह किया था, जब वह 44 वर्ष का था, जबकि गैब्रिएल 30 के आसपास की थी। वैसे तो मुर्डोक ने इससे पहले भी दो विवाह किए थे, लेकिन उनमें उसे

कोई संतान नहीं हुई थी। इस विवाह से उसे दो बेटे हुए थे और गैब्रिएल के पास एक बेटा पहले से ही था, जिसे उसने अपना लिया था। अब डेविड मुर्डोक ने अपने नए परिवार के लिए अपने व्यावसायिक परिचालन का केंद्र एरिजोना से कैलिफोर्निया स्थानांतरित किया था और बेवर्ली हिल्स (लॉस एंजेलिस और वेस्ट हॉलीवुड के शहरों से घिरा हुआ) में 1.24 करोड़ डॉलर में 7.47 एकड़ में विशाल परिसंपत्ति को खरीद लिया था, जहाँ 1979 में मृत्यु से पहले तक हिल्टन होटल समूह के संस्थापक कौनराड हिल्टन निवास करता था। इसके तुरंत बाद उसने सप्ताहांत निवास के रूप में गेटवे के लिए, 30 मिनट की कार-चालन दूरी पर वेंचुरा काउंटी में भी विशाल कृषि व पशुपालन क्षेत्र (रैंच) खरीद लिया था। लगभग 2,200 एकड़ में फैला हुआ यह रैंच अपने आप में विशाल प्राणी उद्यान की तरह है, जिसमें 600 एकड़ में फैली झील भी है।

गैब्रियल के रूप में मुर्डोक को प्रेमिका मिल गई थी और दोनों युवा दंपती की तरह रहे थे और विश्व-भ्रमण भी किया था, लेकिन वर्ष 1983 में गैब्रियल के अंडाशयी कैंसर का उन्नत अवस्था में होने का पता चला था। उसने विश्व भर से जानकारियाँ एकत्र की थीं, लेकिन कहीं भी उस बीमारी की प्रभावी चिकित्सा उपलब्ध नहीं थी। फिर मुर्डोक ने उसे मायो क्लिनिक (रोचेस्टर, मिनेसोटा) में भरती कर उसके सामने के होटल में निवास करने लगा था। फिर उसको स्वस्थ करने के लिए दृढ़ निश्चय कर मुर्डोक ने उसके व उसके समर्थन में स्वयं के लिए उपयुक्त पौष्टिक आहार पर व्यापक शोध करना आरंभ कर दिया था, लेकिन फिर भी 18 वर्षों के दांपत्य जीवन के बाद वर्ष 1985 में गैब्रियल ने 43 वर्ष की आयु में प्राण त्याग दिए थे और डेविड मुर्डोक पछतावा करता रहा था। जिस आहार को उसने दो वर्ष पहले अपनाना आरंभ किया था, यदि उसको

गैब्रियल के रूप में मुर्डोक को प्रेमिका मिल गई थी और दोनों युवा दंपती की तरह रहे थे और विश्व-भ्रमण भी किया था, लेकिन वर्ष 1983 में गैब्रियल के अंडाशयी कैंसर का उन्नत अवस्था में होने का पता चला था। उसने विश्व भर से जानकारियाँ एकत्र की थीं, लेकिन कहीं भी उस बीमारी की प्रभावी चिकित्सा उपलब्ध नहीं थी। फिर मुर्डोक ने उसे मायो क्लिनिक (रोचेस्टर, मिनेसोटा) में भरती कर उसके सामने के होटल में निवास करने लगा था।

बहुत पहले अपनाया होता तो वह न केवल गैब्रिएल को बचा लेता, वरन् उससे भी पहले अपनी माँ को भी बचा लेता, जिसकी मृत्यु भी लगभग इसी आयु में हो गई थी। अभी एक वर्ष भी नहीं बीता था कि तीन बेटों में सबसे ज्येष्ठ की मृत्यु बेवर्ली हिल्स निवास के स्वीमिंग पूल में सिर दीवार में टकरा जाने से हो गई थी। वह मात्र 23 वर्ष की आयु का ही था।

उसके बाद मुर्डोक ने बेवर्ली हिल्स निवास को लगभग त्याग ही दिया था और वर्ष 2000 में उसे 9.40 करोड़ डॉलर में बेच दिया था। अब उसका अधिकांश समय वेंचुरा काउंटी स्थित विशाल रैंच, लॉस एंजेलिस काउंटी के पश्चिम में स्थित वेस्टलेक विलेज स्थित डोले फूड कंपनी के मुख्यालय सहित लेनी में बीतने लगा था। अब उसका पूरा ध्यान कैंसर की प्रभावी चिकित्सा, आहार की पौष्टिकता बढ़ाने और जीवन-विस्तार के उपायों पर गंभीर शोध पर केंद्रित हो गया था, लेकिन मुर्डोक को अभी एक और बड़ा झटका सहना था। वर्ष 2004 में उसके दूसरे पुत्र डेविड जूनियर की 36 वर्ष की आयु में सांता मोनिका फ्रीवे पर कार दुर्घटना में मृत्यु हो गई थी।

इस प्रकार डेविड मुर्डोक का परिवार स्वयं व सबसे छोटे बेटे जस्टिन तक सिमट गया था, जो जैव प्रौद्योगिकी कंपनी नोवा आर.एक्स. (सेन डियागो, कैलिफोर्निया) का संचालन कर रहा था। उसने चौथी व पाँचवीं शादी भी की थी, लेकिन वह टिकी नहीं, क्योंकि वह कभी भी गैब्रियल की याद को पूरी तरह नहीं भुला सका था।

> ***वर्ष 2006 में जब कैनन मिल्स का स्वामित्व धारण करनेवाली कंपनी ने स्वयं को हदवालिया घोषित किया था तो मुर्डोक ने पहले बेची गई सभी कारखाना संपत्तियों को फिर से खरीद लिया था और उसके बाद सार्वजनिक सह निजी स्वामित्ववाले महत्त्वाकांक्षी जैव प्रौद्योगिकी अनुसंधान केंद्र नॉर्थ कैरोलिना रिसर्च कैंपस (एन.सी.आर.सी.) का विकास आरंभ किया था।***

इस बीच वर्ष 2003 में श्रमिकों की भारी छँटनी के कारण कैनन मिल्स (केनोपोलिस, उत्तरी कैरोलिना) का परिचालन बंद हो गया था। इस परिसर में पहले से मुर्डोक के पास विशाल परिसंपत्ति थी और उसने वर्ष 2004 में वहाँ पर डोले न्यूट्रीशन इंस्टीट्यूट की स्थापना की थी। वर्ष 2006 में जब कैनन मिल्स का स्वामित्व धारण करनेवाली कंपनी ने स्वयं को हदवालिया घोषित किया था तो

मुर्डोक ने पहले बेची गई सभी कारखाना संपत्तियों को फिर से खरीद लिया था और उसके बाद सार्वजनिक सह निजी स्वामित्ववाले महत्त्वाकांक्षी जैव प्रौद्योगिकी अनुसंधान केंद्र नॉर्थ कैरोलिना रिसर्च कैंपस (एन.सी.आर.सी.) का विकास आरंभ किया था। इसके लिए 5.40 वर्ग मीटर (58 लाख वर्ग फीट) के विशाल कारखाना परिसर को पूरी तरह से ध्वस्त कर दिया गया था। फिर उस स्थान पर डेविड एच. मुर्डोक कोर लेबोरेटरी का 3.11 लाख वर्ग फीट के भव्य भवन का निर्माण हुआ था, जो नॉर्थ कैरोलिना राज्य विश्वविद्यालय के 'प्लांट्स फॉर ह्यूमन हेल्थ इंस्टिट्यूट' भवन और उत्तरी कैरोलिना विश्वविद्यालय (चैपल हिल) न्यूट्रीशन रिसर्च इंस्टीट्यूट भवन के ठीक बगल में स्थित है।

वर्ष 2006 में ही मुर्डोक ने वेस्टविलेज स्थित डोले फूड कंपनी के मुख्यालय, जो उसके विशाल रैंच से मात्र 15 मिनट कार चालन की दूरी पर स्थित है, के पास विशाल होटल (फोर स्क्वायर द्वारा संचालित) का निर्माण कराया था, जिसमें कैलिफोर्निया हेल्थ एंड लोंगेविटी इंस्टिट्यूट का भी शुभारंभ किया था। इसके नाम से ही स्पष्ट है कि यह दीर्घायु जीवन संबंधी अनुसंधान को समर्पित है। इसे मुर्डोक ने स्वास्थ्य निवास के रूप में विकसित किया है, जहाँ ग्राहकों को स्वास्थ्य सबंधी सभी सुविधाओं के साथ दीर्घायु के लिए आवश्यक आहार-नियमों का जीवंत प्रशिक्षण दिया जाता है।

उसके बाद मुर्डोक अपना अधिकांश समय नॉर्थ कैरोलिना रिसर्च कैंपस (एन. सी.आर.सी.) स्थित अपने निवास में बिताने लगा था और उसने अपने व्यावसायिक साम्राज्य का लगभग पूरा संचालन अपने बेटे को सौंप दिया था। वर्ष 2011 में जब वह 88 वर्ष का था तो 'न्यूयॉर्क टाइम्स' के एक साक्षात्कार में 125 वर्ष तक सकुशल-सक्रिय जीवन की आकांक्षा को व्यक्त किया था। 2018 में जब वह 95 वर्ष का हो चुका था, तब भी पूरी तरह सक्रिय था और इसका रहस्य अपने फलाहार को बता रहा था। अभी भी वह अपने रैंच पर अरबी घोड़ों की सवारी का शौक पाले हुए था। मई 2018 में 'फोर्ब्स' पत्रिका ने उसकी व्यक्तिगत परिसंपत्ति का मूल्यांकन 2 अरब डॉलर आँका था।

❑❑❑